彝语

新平腊鲁话研究

王国旭◎著

云南出版集团

云南人民出版社

图书在版编目（CIP）数据

新平彝语腊鲁话研究 / 王国旭著. -- 昆明：云南
人民出版社，2020.12
ISBN 978-7-222-14254-1

Ⅰ．①新… Ⅱ．①王… Ⅲ．①彝语－研究－新平彝族
傣族自治县 Ⅳ．①H217

中国版本图书馆CIP数据核字(2020)第229975号

责任编辑：刘　焰
责任校对：姚实名
责任印制：窦雪松
封面设计：凤　涛

新平彝语腊鲁话研究
XINPING YIYU LALUHUA YANJIU

王国旭　著

出版	云南出版集团　云南人民出版社
发行	云南人民出版社
社址	昆明市环城西路609号
邮编	650034
网址	www.ynpph.com.cn
E-mail	ynrms@sina.com
开本	889mm×1194mm　1/16
印张	17.5
字数	265千
版次	2020年12月第1版第1次印刷
印刷	河北文盛印刷有限公司
书号	ISBN 978-7-222-14254-1
定价	72.00元

如需购买图书、反馈意见，请与我社联系

总编室：0871-64109126　发行部：0871-64108507　审校部：0871-64164626　印制部：0871-64191534

云南人民出版社微信公众号

前　言

　　本书对新平彝族傣族自治县建兴乡彝语腊鲁话的结构和功能做了较为系统的研究。语言结构部分，采用参考语法的研究范式和体例，以现代描写语言学、语言类型学等理论为指导，从语音、词汇、语法等方面展现了腊鲁话的基本面貌；语言的功能使用部分，借助社会语言学和应用语言学的相关理论和方法，对腊鲁人居住比较集中的两个区域——马鹿塘村和磨味村——的语言保持及青少年的词汇磨蚀进行了探讨。

　　本书共由九章组成。其中，第一章和第二章是研究的引题部分，"第一章　绪论"回顾了彝语方言研究的现状和动态，引出本课题研究的学术价值和意义；"第二章　新平彝族腊鲁人概况"在实地调查的基础上，概述了建兴的腊鲁人生活、文化、风俗、经济等基本情况。第三章到第七章属于论文的主体部分，重点对腊鲁话的语音、词汇、词类、语法等进行条分缕析。其中，"第三章　语音"描写总结了腊鲁话的声母、韵母、声调及音变的各种情况；"第四章　词汇系统"分析了腊鲁话的构词法及词汇系统的组成；"第五章　词类"详细归纳了腊鲁话的十二种词类系统；"第六章　词组"和"第七章　句子成分"分别对腊鲁话的词组和句法成分进行了描写和总结；"第八章　句子类型"把腊鲁话的句子分为单句和复句两类，并分别描写了单句和复句的基本形态。第九章主要从语言的功能的视角分析了腊鲁人的语言使用情况，同时对部分青少年的词汇磨蚀进行了相关探讨。本书最后附有新平彝语腊鲁话的词汇表、长篇语料及调查问卷。

　　通过系统描写分析，我们发现新平彝语腊鲁话主要有下面一些特征：

　　一、声母系统中，塞音、塞擦音和擦音皆有清浊对立，且塞音、塞擦音的清音有送气和不送气的区别，浊音没有送气音；没有送气擦音和舌尖中音；韵母呈松紧对立，但分布不平衡；有三种调类；音节结构简单，全部为开音节；语流音变和句尾合音现象普遍。

　　二、词序是新平彝语腊鲁话的主要构词途径。构词方式有十种；有为数不多的前加词和后加词，大多集中在名词类；谓词性词语的语法范畴相对简单，用分析性的手段表示体、态、式的区别；量词比较丰富，能描摹事物的性状和特点，存在有限的反响型量词；有丰富的结构助词和语气助词。

三、虚词和语序是新平彝语腊鲁话表达语法意义的主要手段。单句中，"主语＋宾语＋谓语"是新平彝语腊鲁话的主要语序结构；复句中，各单句之间的内在联系既可以通过语义组合来实现，也可以通过一定的关联词来达到目的，但后者数量比较有限，大多为汉语借词。

四、建兴的腊鲁人聚居区语言保持有较大的差异，在城镇化进程中，磨味村的腊鲁人母语保持良好，这与他们较强的母语态度和浓厚的乡土观念有关；马鹿塘村的腊鲁人母语已呈衰变趋势，尤其是离开母语环境的青少年，母语磨蚀是明显的，在年龄和受蚀时间方面具有显著性差异。

目　录

第一章　绪　论 ………………………………………………………………… 1

第一节　选题的意义 ………………………………………………………… 1

第二节　研究动态 …………………………………………………………… 2

第二章　新平彝族腊鲁人概况 ……………………………………………… 7

第一节　新平县概况及腊鲁人历史 ……………………………………… 7

第二节　腊鲁人现状及其文化 …………………………………………… 9

第三节　调查点及发音合作人概况 ……………………………………… 17

第三章　语　音 ……………………………………………………………… 19

第一节　声母系统 ………………………………………………………… 19

第二节　韵母系统 ………………………………………………………… 21

第三节　声调及音节结构 ………………………………………………… 23

第四节　变调和音变 ……………………………………………………… 24

第四章　词汇系统 …………………………………………………………… 27

第一节　构词法 …………………………………………………………… 27

第二节　词的聚合系统 …………………………………………………… 33

第五章　词　类 ……………………………………………………………… 40

第一节　名　词 …………………………………………………………… 40

第二节　动　词 …………………………………………………………… 49

第三节　形容词 …………………………………………………………… 62

第四节　数　词 …………………………………………………………… 71

第五节　量　词 ……………………………………………………… 74

第六节　代　词 ……………………………………………………… 83

第七节　副　词 ……………………………………………………… 90

第八节　连　词 ……………………………………………………… 102

第九节　介　词 ……………………………………………………… 107

第十节　助　词 ……………………………………………………… 109

第十一节　感叹词 …………………………………………………… 121

第十二节　拟声词 …………………………………………………… 124

第六章　词　组 ……………………………………………………… 126

第一节　词组的种类 ………………………………………………… 126

第二节　几种特殊的词组 …………………………………………… 135

第七章　句子成分 …………………………………………………… 138

第一节　主语　谓语　宾语 ………………………………………… 138

第二节　定语　状语　补语　独立语 ……………………………… 143

第八章　句子类型 …………………………………………………… 155

第一节　单　句 ……………………………………………………… 155

第二节　复　句 ……………………………………………………… 167

第九章　腊鲁人的母语保持的个案探讨 …………………………… 173

第一节　磨味腊鲁人母语使用情况 ………………………………… 173

第二节　磨味腊鲁人母语保持与母语态度 ………………………… 181

第三节　马鹿塘腊鲁人母语使用情况 ……………………………… 187

第四节　马鹿塘腊鲁人青少年词汇磨蚀及其相关因素分析 ……… 196

附录一　长篇语料 …………………………………………………… 202

附录二　词汇表 ……………………………………………………… 209

附录三　新平彝族腊鲁人语言使用情况调查问卷 ………………… 256

附录四　看下面的图，用腊鲁话说出物体的名字 ………………… 262

参考文献 ……………………………………………………………… 267

后　记 ………………………………………………………………… 272

第一章 绪 论

第一节 选题的意义

作为汉藏语系的重要组成部分，彝语方言土语的整理和描写对推动彝语语言学的深入发展具有重要的学术价值。彝族支系繁多，不同支系间在语言上有较大的差异，大多数支系语言不能通话，因此在彝语方言的划分上还存在一定的分歧。20 世纪 50 年代，我国开展了大规模的民族识别和语言调查工作，许多专家和学者奔赴云南、四川、贵州、广西等彝族居住地区对其语言和文字进行了调查。随后，大家在语音、词汇、语法比较的基础上，结合地域特征及核心词相关度，把彝语分为北部方言、东部方言、南部方言、中部方言、东南部方言、西部方言 6 个方言，依次再分出 5 个次方言、25 个土语。这种划分虽然能够大致体现彝语的整个语言分布格局，但和汉语方言的划分相比，仍然是较为粗疏的，尤其是在许多支系语言还没有完全弄清楚的情况下，同一地域的许多土语都相互交叉在一起。朱文旭提出："在 1962 年，中国科学院调查彝语的有关人员，根据几年的调查研究曾对彝语方言的划分提出过新的意见，但由于种种原因未能付诸行动。"[1] 我们认为，彝语方言划分的不满意主要还是源于学界对彝语方言土语的描写不够充分，了解不够详细的缘故。因而，我们对彝族腊鲁支系语言的描写分析，可以弥补这方面的不足，能丰富对彝语方言的认识。

新的历史阶段，我们深入研究腊鲁人的语言和文化，具有较强的理论和实践价值。云南新平彝族傣族自治县自古以来就是多民族杂居的典型地区，直到新中国成立之初，这里还居住着多个未识别的民族。20 世纪 50 年代民族识别工作结束后，这些支系语言长期处于无人问津的状态。除汉籍史册中统一的"哀牢夷"之称外，县内各个民族的支系繁多，自称也比较复杂。根据《云南民族识别参考资料·内部文件》（1955）记载，除了彝族、傣族、哈尼族、拉祜族之外，当时等待识别的民族有车苏、山苏、腊鲁、咪哩、密岔、蒙化、罗武、阿车、糯比、梭比、卡都、拉乌、黑浦等。其中："新平'腊鲁'（自称罗罗）七〇三九（7039）人，分布在四、五、六、七、八区，其中以五区最多，四区次之。"[2] 对于腊鲁的语言，调查队伍曾把它与当地彝族的主要支系"聂苏"（属南部彝语方言峨新土语）的语言相比，认为："拿新平第八区的彝语方言与'腊鲁语'作比

---

[1] 朱文旭：《彝语方言学》，中央民族大学出版社 2005 年版，第 60 页。

[2] 参见《云南民族识别参考资料》，云南省民族事务委员会研究室印，1955 年，第 35 页。

较，在八一二（812）个词中与'腊鲁'相同相近的有四二五（425）个，占百分之五二点三；……而且语法构造基本相同，所以'腊鲁'语言都是彝语方言。"[1]受当时彝语方言研究现状的制约，并没有全面展示其方言的整体面貌。

语言是一种重要的国家资源，尤其对一些功能有所衰变、人口较少的民族语言或汉语方言，我们必须像保护自然资源一样予以保护和利用，而对一种语言的保护最首要的办法就是对其语言的各要素做细致的描写记录。在云南新平彝族傣族自治县，彝族腊鲁支系在各个乡镇都有零星分布，但主要集中于建兴乡的马鹿塘和磨味两个村委会。据《新平少数民族志》记载："腊鲁、咪乌……等彝支，因长期与汉族交往杂居，除极少数老人和村寨操本民族语言外，日常生活中以操汉语为主。"实际上，通过前期调查，我们发现腊鲁人并非全民都出现语言转用，其中，马鹿塘由于是一个小镇（2009年开始作为镇政府所在地建设），与外界的互动交往较为频繁，商品经济也较为发达，汉化比较严重，中青年以下的腊鲁人基本上不说本族话。在磨味村委会，环境相对闭塞，腊鲁话仍然是老百姓主要的交际工具，但多数青少年倾向于选择说汉语，这说明腊鲁话的交际功能正逐步萎缩。

从母语保持与磨蚀的理论视角反观我国少数民族语言使用的基本现状，能对我国少数民族语言政策的制定和实施、保持语言文化生态多样性等提供较为客观而可靠的数据。受社会发展和生态变化的深刻影响，新平建兴乡的彝族腊鲁话在功能上正处在一种动态的演变格局中，母语的衰变呈现出代际分化，潜在于语言使用的各种层次之中。另外，对腊鲁青年人的母语磨蚀是一种微观的考察，本研究尝试从社会语言学的角度考察这一现象出现的诸多变数。

第二节　研究动态

一、彝语各方言土语的结构描写研究

彝语是彝族人民使用的语言。彝族作为一个历史悠久、文化丰富多彩的民族，其语言彝语记录了彝族的迁徙、经济、文化、民俗等各种社会现象，同时也塑造并影响了整个族群的思维习惯和心理特征。彝族与西南各民族长期交往，杂居而处，各民族关系密切，文化接触多元，历史文献中能找到很多用汉字记录彝语风俗、称谓的材料。如清代学者傅恒、陈大受编纂的《华夷译语》中有倮罗译语5种5册，每种收字280~740个，至今对彝语及西南少数民族语言的研究仍有参考价值。民国二十三年（1934年），由吴永立、王志高、马太元编著的《新平县志》卷六中亦记录："新邑夷民散处各区，风土既殊，言语自异。倮倮土音与罢夷迥殊，窝泥土音又与山苏绝异，其余如卡惰、喇鲁、喇乌、卜拉、车苏、罗武、苦聪、苗子、糯比等无一不各有各之土语，以为传达思想情感利器，

---

[1]　参见《云南民族识别参考资料》，云南省民族事务委员会研究室印，1955年，第36页。

兹将各种方言分列如左：天，保保谓之母^①；地曰密，日曰阿出，月曰活泼，风曰密吼，云曰阿努，雷曰母毒，雨曰阿窝，霜曰哲，雾曰阿努，田曰呢，园曰沃切，山曰白，水曰鱼结，大路曰作木，坡曰白陡，祖曰妈麻，父曰阿巴，母曰阿嫫，叔曰阿勒，兄曰摩，嫂曰面，弟曰奶秋，子曰惹，孙曰兮惹，行曰嬶，立曰黑，坐曰宜，跪曰支格，富曰拔，贵曰咔，贫曰灼，贱曰咔出，秤曰枝，戥曰鹏独，升曰赊批，斗曰得，纸曰踏衣，墨曰墨，笔曰笔，书曰书熟，柴曰兮，炭曰咔丝，油曰嬶鱼，盐曰醝，酱曰啄，醋曰卡梭，草曰白，木曰之兮，鸡曰耶，鸭曰厄，鹅曰厄落，狗曰期，猫曰阿奶，马曰嫫，牛曰呢，羊曰哈，虎曰落漠，豹曰于漠，一曰提，二曰宜，三曰沙，四曰西，五曰窝，六曰出，七曰石，八曰衡，九曰格，十曰择"等，共88个。这些记录反映了早期文人知识分子对彝族语言、风俗、社会情况的零星关注，由于两种语言在音韵上有所差别，所以用汉字词记录彝语的语音多有不确之处，属于语音面貌的感性描写。对这些语言的认识，该县志中只做了简单的归类，认为："《礼记·王制篇》云：'五方之民，言语不通。'然各地言语虽言不通，然总不出单音语系与复合语系二种，以新邑而论，任何保保、罢夷、窝泥、山苏等夷类其发音口腔虽殊要，皆一字一音属于单音语系，无变化亦无连接，间有一字两音者，亦无非凑合单音而成也。"对当地土语的复杂音系，该县志又说："土人发音难以言宣，其音浊而粗，使人易晓者为保保一种，此外如罢夷，如山苏等，其发音或带鼻或夹舌，音低而快，殊不易晓。"这些认识有一定的合理之处，但还称不上系统的科学研究。

对彝语某一方言土语的系统研究始于20世纪40年代，当时由于时局纷乱，北大、清华、南开三所大学南迁昆明，组成了空前绝后的西南联合大学。在闻一多、李方桂等人的倡导下，西南联大的师生们采用现代语言学的理论和方法，对云南少数民族语言做了细致的调查，开辟了中国西南少数民族语言研究的先河。1939年，西南联大中国文学系的傅懋勣调查了蒙自的彝语，搜集整理了语音、词汇、语法三部分，发表在中央研究院历史语言研究所《人类学集刊》第1卷第2期。1940年，他调查了彝语的一支"利波语"，写成《利波语研究》。1941年，马学良的《撒尼彝语研究》全面描写了撒尼彝语的语音、词汇、语法的详细情况。他们的著作为彝语方言语支的研究做出了开创性的贡献。1942年，高华年的《彝语语法研究》以昆明近郊核桃菁的彝语纳苏话为例，深入探讨了纳苏彝语的语法结构，是我国彝语研究较早地把描写和解释相结合的产物。1943年，袁家骅的《阿细民歌及其语言》介绍了阿细彝语的语音和语法概况，文末附上了大量的阿细民歌语料，这对阿细彝语的研究及阿细民歌的保存传承立下了汗马功劳。总的来说，新中国成立之前的彝语研究，由于人力和物力的限制，还没有形成全局性的规模化效应，但前辈专家学者的研究方法和积累的语料，为后人涉足彝语研究领域提供了宝贵的经验，对推动彝语研究深入发展起了良好的先导作用。

新中国建立以后，在1956年，国家组织了大规模的少数民族语言调查工作，其中中国科学院

---

① 该处原文通用"×，保保谓之×"格式，共记录了保保、罢夷、窝泥、卡多四种土语，本处为研究记录方便，只录保保记音，并把格式改为"×曰×"。

语言研究所川康工作队、中国科学院少数民族语言调查第四工作队对彝语进行了调查。这次调查基本上覆盖了彝语分布的 150 多个县市。调查结束后，以对比各地彝语语音、词汇的异同为主要依据，参照语法和彝族的社会历史分化情况，彝语方言土语的划分大体形成。1984 年，由陈士林、边仕明、李秀清编著的《彝语简志》对彝语各大方言的主要代表点及部分土语的语音、词汇、语法做了介绍，这对整个彝语基本现状的了解和研究具有一定的价值。

"文化大革命"期间，整个民族语言学界的研究工作基本停滞，彝语的研究也不例外。直到 20 世纪 80 年代初，国家经过"拨乱反正"之后，整个社会和科研活动重新步入正轨，彝语研究再次焕发出欣欣向荣的发展态势。近 30 年来，彝语研究以各大方言为参照，在语言各要素的研究方面都取得了显著的成果，出现了许多颇有价值的专著。比如，陈士林《彝语语言讲话》（1985），李明、马明《凉山彝语语法》（1987），丁椿寿《彝语通论》（1988），丁椿寿《黔滇川彝语比较研究》（1991），丁椿寿《现代彝语》（1991），李生福《南部彝语研究》（1996），陈康、巫达《彝语语法（诺苏话）》（1998），戴庆厦等《彝语词汇学》（1998），胡素华《彝语结构助词研究》（2002），王成有《彝语方言比较研究》（2003），朱文旭《彝语方言学》（2005）等，学者们从不同的角度出发，或以其中某个方言为参照，深入探讨其内部的规律，或以多个方言描写为基础，比较分析它们的异同。这些著作在描写和解释方面都比较充分，具有重要的理论参考和方法论价值。

21 世纪初，学界对彝语各方言土语的研究和介绍逐步展开，一些新发现的方言土语不断得到重视，相关的著作如雨后春笋般冒出来，比如王成有《彝语方言八种》（2003）、周德才《他留话研究》（2004）等。国内各种期刊发表的对彝语方言的土语进行描写研究的文献在数量上和质量上都有了较大的突破。段伶《彝语俄毛柔话该说》（1998）对自称"yo³¹mo³³zo³¹"彝族支系的语言做了分析。王成有《彝语阿哲话语音》（1998）深入探讨了彝语东南部方言阿哲话的音系概况。周德才《他留话概况》（2002）调查了云南丽江永胜县他留人的语言，从语音、语法、词汇方面做了介绍分析。王成有《彝语仆拉话概况》（2004）描写了南部彝语的一个土语，自称 pho²¹a³³（别称"仆拉"）人的语言基本状况。朱文旭、张静《彝语水田话概况》（2005）调查了属北部彝语圣乍次土语的水田话，水田人自称 mu⁴⁴hi³³su³³。语音方面，水田话的辅音清浊分化已经消失，浊音清化的趋势明显；构词方面，单音节单纯词和词根丰富；语法方面，与其他地方的彝语差别很小，语序上稍微有些不同。普丽春、王成有《小白彝语概况》指出，小白彝语属于彝语东南部方言的一种次方言，语音上，小白彝语元音呈松紧对立，有卷舌元音和舌面元音；辅音有清浊、送气不送气之别；声调有 6 个；语法上类同于彝语东南部方言。李生福《彝语峨颇话概况》（2007）介绍了分布于广西隆林、那坡和西林三县的 ŋo³³pho²¹ 人的语言，认为峨坡话属于彝语东部方言。

纵观整个彝语方言土语的研究资料，我们发现：首先，各个方言点的研究不平衡，作为彝语的基础方言，北部方言得到较为广泛的关注，所出的成果也比较丰富，几乎覆盖了整个彝语语言研究的各个分支学科，而东部方言、东南部方言、中部方言以及西部方言，对其土语划分和研究针对性不强，成果相对单薄。其次，许多新发现的土语，大多只停留在概况描写的层面，对其语言内部结构的深入描写和语言功能使用的特点并没有得到有效的开展。

二、少数民族语言保持和磨蚀研究

学界对语言保持的关注与文化存废的探讨几乎是同时提到日程上来的。特别是在全球化和城市化步伐日益加快，对文化尤其是对本土文化的现状和保存的研究成为学界关注的热点，而语言作为文化的载体及文化的重要组成部分的情况下，文化的流失同语言的濒危基本上成为一个同步的过程。从社会交流和使用范围来看，大多数处于弱势地位的地方汉语方言和少数民族语言资源引发了社会的极大关注。

母语① 保持（native language maintenance）与母语濒危相对，指在一个多语的环境中，处于弱势地位的本族语言，在社会生活中的交际功能和个体在语言能力方面都处于正常运行状态的语言现象。相对而言，母语传承作为一种无意识的活动，对我们文化的保持、社会的发展和本族人心灵的塑造起着至关重要的作用，因而语言保持研究既可以对潜在的语言规律进行探索，也可以对整个族群的集体心理和精神面貌进行动态研究。在中国，学界对语言保持的研究并不多见。其中，丁石庆《论语言保持：以北方人口较少民族语言调查材料为例》（2008）对语言保持研究的学术价值和现实意义做了全面的论述，并从社区、家庭、个体三个方面论述了语言保持的层次，指出影响语言保持的因素是复杂的，一般来说，与母语使用的人口数量及密度、传统的经济生活方式、婚姻状况、母语观、文化观等息息相关。周庆生《语言流失和语言保持：以加拿大印第安诸语和中国阿尔泰诸语为例》（2003）描述了加拿大西北部地区属于印第安语系阿塔帕斯坎语族的三种小语言和中国东北部地区属于阿尔泰语系满—通古斯语族的三种小语言的使用情况，认为这些语言都面临濒危，并介绍了加拿大政府已经采取的相应保护措施，即成立核心小组、制定语言战略规划、赢得社区支持、建立社区同盟、管理并协调语言行动。邓佑玲《谈少数族群的语言转用和语言保持》（2003）从语言政策的角度，讨论了政府在少数民族语言保持中的角色定位。

语言磨蚀（language attrition）是语言习得的伴生产物，是与习得相反的逆过程，即双语或多语使用者由于语言使用的减少或停止，其语言知识和使用能力逐渐减退和退化的现象。② 该理论出现于 20 世纪 80 年代，以 1980 年 Lambert 在宾夕法尼亚大学召开的"语言技能磨蚀研讨会"上首次引入"语言磨蚀"的概念为标志。1982 年，由 Lambert & Freed 主编的研讨会论文集《语言技能磨蚀》（*The Loss of Language Skills*）出版，语言磨蚀研究在西方应用语言学界掀起了研究热潮。1986 年，由 Weltens de Bot 及 Van Els 等人组织的"语言磨蚀研讨会"细化了研究对象和范围，对

① 如无特殊说明，本文中的母语指本族语。

② KÖpke B. Neurolinguestics aspects of attrition.Journal of Neurolinguestics, 2004（17）：3-30. 转引自倪传斌《外语磨蚀的本质属性》，载《外国语》2007 年第 1 期。

语言磨蚀的特点进行了归纳：语言磨蚀属于代内而不是代间的语言能力减退；是一种生理而不是病理现象；是个体而不是团体的语言现象。①

目前，许多语言学家通过实证分析，结合心理学、认知科学、社会学、语言学等相关理论，已初步建立了语言磨蚀理论和解释框架，如语言动态系统理论、语言提取失败、回归假设、语言变形和干扰、关键阈值等。从研究对象来看，语言磨蚀可分为母语习得磨蚀（L1 attrition）和第二语言习得磨蚀（L2 attrition）。语言磨蚀创立之初，对磨蚀产生的探讨还没有进行细致的学科分类，L1 磨蚀和 L2 磨蚀统筹兼顾，互为补充。20 世纪 90 年代，两个学科开始分道扬镳，L2 磨蚀研究的势头突飞猛进，L1 磨蚀研究也在各个交叉学科中得以发展。

语言磨蚀研究在我国同样受到学界的关注，但出于实际的需要，表现出两种不同研究取向。一方面，外语学界对外语磨蚀的研究已经取得了一定的成果,如蔡寒松、周榕（2004）、钟书能（2003）、倪传彬、严俊荣（2006）等，通过利用语言磨蚀的理念，对当前的外语教学提出了诸多建设性的意见。另一方面，对母语磨蚀的研究还没有引起人们足够的注意。

母语保持与母语磨蚀是一体两面的关系。母语保持既要关注弱势族群语言使用的状况，也要注重母语人在全球化语境下母语能力的磨蚀状况。或者说，母语的保持从宏观上把握语言发展的现实，而母语的磨蚀则从微观上探讨语言能力退化的原因。在我国，母语保持研究与母语磨蚀研究具有较强的理论价值和迫切性。马学良先生在《维护母语，发展历史文化》（1999）中说："我们调查民族语言时，往往看见一家三代，第一代会说两种语言，在社会上使用主体民族的语言，在家里使用本民族语言；第二代只能听懂而不会说本民族语言；第三代只能说一种主体民族的语言了。"近十年来，少数民族青少年母语磨蚀现象日渐凸显，已经严重影响了母语的保持。分析这种代内的语言磨蚀，探究其现状、方式及其原因，能为母语保持的研究提供更多的参照。

---

① Weltens B.The attrition of foreign language skills : A literature review. Applied Linguestics, 1987（8）, 22–37.

第二章　新平彝族腊鲁人概况

第一节　新平县概况及腊鲁人历史

一、新平县概况

位于云南省中部偏西南的新平彝族傣族自治县，地处北纬23°39′～24°27′和东经101°17′～102°36′之间。界跨哀牢山中段东麓，东与峨山彝族自治县毗邻，东南连石屏县、元江哈尼族傣族自治县，西南接墨江哈尼族自治县，西同镇沅县接壤，北隔绿汁江与双柏县相望。全县总面积有4277平方公里，广泛居住着彝族、傣族、汉族、回族、拉祜族、哈尼族等民族。2007年末，新平县总人口271040人，其中，少数民族人口194025人，占总人口的71.59%。其中，彝族人口132982人，占总人口的49.06%；傣族人口42056人，占15.52%。彝族、傣族是新平县的基本民族，占全部人口的64.58%，占少数民族人口的90.21%。[①]

新平彝族傣族自治县有着悠久的历史，根据1975年在漠沙南渡河发掘出的新石器时代的"石斧"和"石环"推断，这里早在三四千年前就有人类繁衍生息。而《史记》《汉书》中记录的元江因流经濮人的居住区而被称为"濮水"的史实，则更清晰地指出元江边畔的漠沙、嘎洒一带"濮人"活动的悠久历史。自秦汉以降，中原王朝对新平的治域常处于分合更改之中，如两汉属益州郡；蜀汉属庲降都督晋宁郡；两晋、南北朝时为胜休县地；唐、宋、元时期划江而治，唐时江东（今平甸、新化、老厂、扬武）属通海都督郡，江西（漠沙、建兴、平掌、嘎洒、水塘）属银生节度使银生府地，宋代江西为马龙部，江东为嶍峨部地，同属秀山郡。元宪宗元年（1251年），江西部及新化、老厂立为龙甸二千户所，设立土官制；平甸、扬武属嶍峨五千户所，同属宁州万户府，后改隶元江万户府。元至元十三年（1276年），并马龙等甸置马龙他郎甸司，辖今之新化、老厂及江之西部，属元江路。今之平甸、扬武地设平甸县，属嶍峨州。明洪武十七年（1348年）四月改名马龙他郎甸长官司，直隶云南布政司，实行土流并制。明万历十九年（1591年）七月建立县治，定名为新平，与新化州并属临安府。清康熙四年（1665年）裁新化州入新平县，清雍正元年（1723年）将原属双柏县的者竜划归新平。至此，新平治域的演变方复稳定，直到现在。[②]

县境内山峦起伏，群峰叠翠，景色秀美，元江自西北而东南斜贯而过，把县内山水一分为二，

---

① 该书编写组：《新平彝族傣族自治县概况》，民族出版社2008年版。

② 同上。

哀牢山侧卧江西，磨盘、邋岨二山雄踞江东，故有“两山对峙，一水中分”的说法。县内最高处是哀牢山主峰大雪锅山，海拔 3137 米；海拔最低处是漠沙镇的曼线，海拔仅 422 米。新平境内的各族人民，大多依山建房，梯田成片；少部分临水而居，别具风情。远远望去，这些村村寨寨宛若宝石，点缀于崇山峻岭与小桥流水的环境之中。

新平县山高林茂，沟壑纵横，河谷深邃，高低不均，又地处北温带，从而形成了山区立体的气候类型。河谷地区日照时间长，闷热异常，最高气温可达 42℃，如漠沙、腰街、嘎洒、水塘等地；平坝地区气温适宜，四季如春，终年花草不绝，如平甸、扬武、新化、老厂、者竜等地；高山地区四季鲜明，春风夏雨，秋雾冬雪，如建兴、平掌等地。新中国成立以后，居住在不同地区的各族儿女因地制宜，种植丰产增收的农作物，农业取得了进一步的突破，人民生活不断得到改善。

二、关于腊鲁人

历史上，明清以来的许多地方典籍中都提到了腊鲁人，对其分布也做了详细的描述。明代杨慎编辑的《南诏野史》（增订）中记载：“喇乌，又曰喇鲁。男如儸夷，女如窝泥，构楼临水而居。上人下畜，名曰掌房。其在腾跃州者，食巨蟒、毒蟲，或取蜂糟食之。”雍正《云南通志》卷二十四说：“喇乌，临安、景东有之。”其中，临安府的部分治地即在新平县。康熙《新平县志》卷二“新化州风俗”中对腊鲁人的记载更为详细：“喇鲁，性悍，居岩穴，衣麻布，捕山禽野兽度日，差徭赋役具无。”又道光《云南通志》引《伯麟图说》说：“喇鲁，亦曰喇乌。……勤本业（农业），遇人退让。其散处荒僻者，食蜂蛇。永昌府属有之。”历史上的这些记载，构成了研究腊鲁人的族源的历史资料，但由于特殊的社会文化条件，他们对腊鲁人的来历和迁徙状况都语焉不详，无从考究。对腊鲁这一称谓的解说，《临沧地区民族志》如此阐释：“明朝开国以后，大批汉人从江苏、江西、湖南等地进入云南，他们中有一部分人在今楚雄州安家，与当地彝族通婚，成为彝族，这些人后来自称‘腊鲁泼’。有一些‘腊鲁泼’在明末清初来到云县、凤庆，繁衍至今。这部分彝族都能说出自己祖先的原籍和迁入云南的大致年代，保留着汉族远祖留下的某些风俗。”①

马鹿塘的腊鲁人认为他们的祖先从江西迁来大理，然后再从大理迁往新平。由于年代久远，加之腊鲁人没有自己的文字，因而其迁徙的历史已不可考，但在磨味的叫魂仪式中口头流传着一条比较清晰的迁徙路线，却是值得关注的。根据当地的毕摩所言，他们的祖先从大理出发，途经昆明，到玉溪，进入新平，至漠沙，达瓦窑，最后定居在新平县建兴磨味村委会。据居住在马鹿塘的腊鲁人讲，他们的祖先是一个没有姓氏的小孩子，到了大理以后，伪县长赐给他姓名为“小无姓”。当时大理有一家姓鲁的缺嗣，于是把这个小孩子抚养成人。孩子二十多岁的时候，外出做盐生意，偷了盐井老板的钱逃跑了（磨味的腊鲁人则说偷的是毛驴）。盐井老板派人追踪，找到大理。鲁家人心急火燎，最后想出了一个办法，他们赶紧造了一口棺材，里面装上羊头，对盐井老板的人谎称：“小无姓已经死了，请不要再找了。”这样，小无姓躲过一劫，逃到新平建兴的马鹿塘落户。

① 临沧地区民族宗教事务局编：《临沧地区民族志》，云南民族出版社 2003 年版，第 9 页。

过了十多年，盐井老板听说小无姓还活着，就再次找上门来。小无姓走投无路，跑到墨江的团山自尽身亡。过去，马鹿塘和磨味的腊鲁人在清明节这天还要到墨江团山献祭。

小无姓有儿子七人，其中两人缺嗣，剩余的五个儿子分别居住在磨味、遇武乡、大力气和马鹿塘等地方。至今，他们的后代已经繁衍成群，这几个村子也就成为腊鲁人居住最为密集的地方，属于建兴乡管辖，新的乡政府所在地就设在马鹿塘。

第二节　腊鲁人现状及其文化

一、生产、生活情况

在新平彝族傣族自治县，居住在建兴乡的腊鲁人最多，集中居住于马鹿塘和磨味两个村委会。据 20 世纪 50 年代调查，马鹿塘村委会有腊鲁人 870 人，磨味有 993 人。根据当地政府统计，截至 2010 年 12 月，马鹿塘有腊鲁人 1552 人，磨味有 1460 人。[1]

腊鲁人普遍居住在高寒山区，以从事农耕为主，畜牧业较为普遍。乡政府治所所在地马鹿塘村委会拥有耕地 6799 亩，林地 57276 亩，人均耕地 2.12 亩；距乡政府 15 公里的磨味村委会，全村耕地面积 4344 亩，林地 51834 亩，人均拥有耕地面积 1.36 亩。[2]

（一）生产情况

山地一般只能种玉米、苦荞、洋芋、豆类等，水田多种饭谷。各种农作物播种时间不一，播谷种在阴历正月初十左右，四月栽秧，九月收成。五月二十至三十日种玉米，九月收。三月种苦荞，五六月收。八月种冬荞，十月收割。过去，主要经济作物是火麻，现在亦种植烟草等。

生产工具有犁、耙、镰刀、斧头等。解放前，腊鲁人普遍实行刀耕火种，粮食产量低，老百姓多吃不饱肚子。解放后，生产水平大幅度提高，部分水田开始精耕细作。庄稼多使用农家肥，主要为猪牛羊粪，也使用绿肥、草木灰，尤其是种植洋芋，草木灰成为主要的肥料，收成较好，远销东南亚。

劳作中，男女分工明确，各行其责。收割谷子，男人负责打谷，女人负责割稻；开荒垦地，女人负责挖地，男人负责犁地；水田劳作，男女都栽秧（在解放前，男的只犁地耙田）。解放前，女人勤劳而男人相对闲逸。

由于土地贫瘠，大多数腊鲁人过去以种植火麻、小米，养殖猪、牛、羊，是主要的经济收入来源。火麻一般在四月栽种，七月收割。火麻上市前都要进行简单的加工处理，常常把它打成线，然后放石灰一起加热，捞出后拌以羊油、猪油、白土蒸煮，最后用水洗净，成为雪白的麻线。腊

---

① 以上资料来自建兴乡文化站杨天阳老师处，深表感谢。

② 以上数据引自新平县建兴乡新农村建设信息网，网址为：http://ynszxc.cn/szxc/model/index4.aspx?departmentid=250240。

鲁妇女用这种麻线编织成牢固的麻袋，在市场上销售良好。解放前，大多数腊鲁家庭靠编织麻袋的收入可供全家的油盐、穿衣等支出，如今由于火麻的加工、麻袋的编织等程序复杂，耗时过多，这种传统的手工业已经逐渐淡出人们的经济领域。

林草丰茂，气候潮湿，特殊的地理气候环境，为畜牧业的发展提供了较好的条件。磨味、大力气等聚居区，大多数人家都养殖鸡、猪、牛、羊，其中羊种是山羊多，绵羊少。过去，马鹿塘82户腊鲁人就有60多户养羊，养得多的人家有40多只；磨味53户人家，只有五六家没有养羊，羊多的人家有十三四只，少的也有五六只。养羊除了能给农业提供大量的农家肥外，每年的正、六、八月剪羊毛，制成羊毛毡，也能获得不小的收益。另外，腊鲁人家养鸡最为普遍，基本上家家户户都养有8~15只以上的公鸡母鸡。部分人家喜欢养蜂，多为野放，蜂蜜成熟则去割取。

（二）生活状况

腊鲁人爱好酿酒，逢年过节常常以酒待客。腊鲁人家每年要用自己种的小米或苦荞酿酒四次，腊月除夕每家都酿二斗（50斤）酒，酿酒亦分节气，二月初八、清明酿的较少，八月十五酿的较多。

过去农闲时节，腊鲁的男人们三五成群地背着猎枪，带着猎狗上山打猎。猎物主要有野猪、麂子等。或者张网捕鸟，具体方法是在山头支起一张网，网的两边点上两盏灯，到了晚上，灯火闪烁，便会吸引来大量的山雀拼命往网上钻，一次能逮上百只鸟。现在，大部分的年轻人都开始外出打工，村子里大多只剩下老人和孩子。

腊鲁人勤俭节约，大多数人家一天只吃两顿饭，为主食大米配以少部分杂粮，过去为了填饱肚子的山茅野菜如今已成了许多人家的桌上佳肴。腊鲁人喜欢腌制腊肉和咸菜，富裕人家挂满腌肉，从年头吃到年尾，一年不绝，风味独特。腊鲁人喜欢喝酒，有丰富多彩的酒文化。腊鲁人喜欢吃猪肉、羊肉、牛肉，也吃狗肉和蛇肉，但不能在家里煮。

二、服饰和建筑

（一）服　饰

服饰是一个民族文化审美心理的表露，不同的民族在服饰上的区别是明显的。腊鲁男女服饰崇尚青黑色。过去，用羊皮做成的皮褂子也别具一格，在家务农的老中年以上的男女基本上每人都有一件。由于地处高寒山区，四季气候分明，春秋冬三季，天气变冷，皮褂子成为腊鲁人上山放羊、入地干活的必需品。如今，年轻人在穿衣方面的选择面更加广泛，也越发时髦和新潮，旧时的羊皮褂很少出现在年轻人身上了。

当地不出产棉花，只有磨味的腊鲁老年妇女能用麻线织成麻布衣，穿在身上冬暖夏凉，别有一番特色。但是，心灵手巧的腊鲁妇女能用五彩的线绣出斑斓的花朵。过去，腊鲁男子穿直领襟衣的传统服饰，头戴瓜皮小帽并外包黑布帕，穿大筒裤。据80岁以上的老人们讲，他们小时候看见过父辈脑后还拖着一条长发辫，后来听说大海要干，须剪掉长发去献祭，才剪了发辫。腊鲁妇女衣袖宽大而较短，服饰常用青黑色打底，边上镶有各色图案。妇女梳发结辫绕头，外包一丈黑布缠头帕，双耳戴大耳坠，手戴银镯子或银链子。内衣多蓝色，右襟三个扣子，外穿对襟黑褂，左边有银扣数个，右缝布纽。外穿围腰，上缀银泡，亮丽非常，是腊鲁妇女不可缺少的衣物。逢年过节或出访亲戚朋友，她们往往都要穿上银泡围腰，以此为美。妇女的裤子与男子的无异，不打绑腿。

（二）房屋建筑

过去，腊鲁人的房屋常以泥土夯筑而成，上盖茅草或瓦片。屋内较为宽敞，分为三间，中间为堂屋，右边为卧室，左边为厨房。架木为楼，楼面多以长枝或竹子铺就，收成的农作物多堆放其上。牛、羊、鸡、猪圈另建在屋旁，羊圈和鸡圈有两层，上住动物，下积粪肥。随着生活条件的改善，如今的磨味已很难看见传统的民居，代之以宽敞明亮的现代小洋房，部分人家配上了小轿车，生活过得殷实富足。

三、家庭关系和姓氏

（一）家庭关系

家族是人类社会的重要组成部分，腊鲁人很重视家族之间的相处，同一个村里的人们大多具有或多或少的亲戚关系，因而在逢年过节、孩子出生或红白事时，一个村子的人往往倾巢出动，极为热闹。

具体到一个家庭中，男子成年娶妻后，一般是自己建房组成小家庭，与父母分居。家庭成员一般由两代人构成，很少有三代同堂的。在传统腊鲁家庭中，男尊女卑的观念浓重，大多是男人当家作主，妇女在家中有较多的礼仪约束，如翁媳之间和夫兄与弟媳之间有回避的礼节。公公进屋时，媳妇要站起来；吃饭时，公公与儿媳不能同桌，公公在堂屋吃饭，而儿媳必须在灶房吃饭；就座时，公公和儿媳不能对面坐；公公不能到儿媳妇的房间去；等等。如果有男人在家，女人不能上楼；女人上楼，男人就会有晦气。

腊鲁人的男人具有直接的继承权，而女儿则被认为是外面的人，不能参与继承家里的财产。这在分家的时候最为明显，父母的财产都由儿子们平分。分家时，父母会专门划出养老田，名为"长子田"，分给赡养父母的孩子。老房子一般留给长子，而父母多与幼子同住。

（二）姓氏组成

在磨味和马鹿塘，腊鲁人的姓氏主要有张、鲁、何、周、自、潘、钟、者、李诸姓，各姓祖宗的灵牌所用材料有所差异。同姓之间不能通婚。有婚丧等事情时，村寨各姓都来帮忙，有来帮忙做事的，也有随身携带钱米或肉食的。在生活中，同一民族所形成的内在认同显得比姓氏更加重要。

四、婚俗、丧俗和生育习俗

（一）婚嫁习俗

腊鲁人实习一夫一妻制。过去文化较为落后，子女的婚姻基本上是由父母包办，婚前的恋爱是不自由的。通常是男方家看中了哪家的姑娘，就请媒人去提亲，媒人带上几斤肉去女方家喝一次酒，如果女方家同意，媒人就会选一个合适的时间带上一个伴（相当于证人）去喝大酒（规模更大，邀请的人也更多）"过钱"（给礼钱）。"过钱"的数目多少不等，另外还得带上一些肉、酒及给姑娘的衣服。男的17~18岁，女的15~16岁，就可以结婚了。女方家要准备嫁妆，包括衣、柜、镯子、首饰若干，但耗资仍然没有男方家多。结婚的日子，亲朋好友齐来祝贺，宾客多的人家酒席多达100多桌，连宴三天，尽欢而散。拜堂时，新婚夫妇要跪拜公婆及男方的直系长辈，并给祖先磕头，由族中较老的长辈或呗玛"退白虎"。退完白虎，拜完堂，夫妻二人要互相争抢跪拜用的垫毯，谁首先抢着垫毯，谁在将来的生活中就有了主动权。客人要离开的最后一顿饭，新娘要下厨帮忙，亲自为客人们端菜添饭。新婚的第三天，新娘子要打水给公婆洗脚，这时候往往有好事者看见新娘子快洗完了，马上又给抹上一把灰，捉弄新娘子，这样洗上四五盆水才会罢休。

腊鲁人过去也实行姑舅表亲，姑妈家的女儿要优先嫁给舅舅家的儿子。如果外孙女出嫁，舅舅一定要来送亲。也有夫兄弟的习俗，哥哥死了，嫂子可以嫁给弟弟。腊鲁人的婚姻一般比较稳定，很少有离婚的现象。

（二）生育习俗

妻子生完小孩，丈夫要带上一只鸡到妻子的父母家报喜。妻子的父母及其亲属就会备上背毡、鸡蛋、米、鸡等来看望产妇。生孩子的家庭在头三天如果来了生人，则被认为是财神，要留下来招待饭食，并让孩子拜此人为干爹或干妈。这个人还负责为孩子取名，送礼物给孩子。孩子每年都得到干爹或干妈家拜年。

（三）丧葬习俗

腊鲁人对待死者有自己的传统，如果因意外或生病等非正常死亡的，大多直接火化埋葬；如果因年龄大而正常死亡的，家人则觉得他（她）死得不合适，法事完毕后要抬到附近的山林里去"丘"，待到日子合适才下葬。合适的日期往往不等，短的几个月，长的要"丘"几十年。磨味的腊鲁人一般情况下采用棺木盛装后土葬，但如果是未成年的小孩儿则分两种情况，一岁以下的挂在树上，两岁以上的则多火化。

人死后，由亲人扶坐着为其清水擦身，男的要剃头，女的要梳发，并穿上准备好的绸衣和布鞋，再放入棺材，并在死者身上盖上一块白布。

如果死了母亲，要通知舅舅，所谓舅家为大。舅家领着猪羊，吹着号子来奔丧。到死者家时，舅家会摔碎一套碗，抬着长刀做开棺状，并大声问：眼睛闭了没有？衣服穿好没有？是怎么死的？如果死了父亲，这个仪式则由伯叔来做。

家里有人去世，还必须请腊鲁的呗玛（腊鲁的巫师）给亡魂超度，指引他回到祖先生活的地方。死者家属要杀羊献祭。

埋葬的时候，棺材上要放一只公鸡，坟地的选择由丧事主人家自己根据地理方位来定，也有请呗玛用砸鸡蛋的方式来定的。常常是看好某个地方，然后在其上面砸鸡蛋，如果一砸就破则为吉地，如数砸不破则需另择他地。埋的时候，女婿要背上牛尾围绕坟坑绕上三圈，把土拨入坟坑大家再掩埋。埋葬完，要请客一天或三天不等。三天后，死者亲属在坟山上杀鸡宰羊，名为"安龙伏山"，并平整坟山周围，校准坟头的方向。

五、节日文化

节日是一个民族休养生息的主要方式。腊鲁人节日繁多，一年中除了四月、九月和十一月没有节日外，每一个月都要选出特定的一天，作为人们团聚交流的日子。节日往往都伴随着特殊的祭祀仪式。

（一）过　年

每年阴历的腊月三十至正月初五为腊鲁人的"过大年"，最为隆重。初六开始外出干活，正月十五为过小年。腊月三十日晚的大年，在外工作的人都回家团聚，杀鸡坐席，欢歌笑语，深夜要相约偷青，到别人的地里采上一点蒜苗回家炒肉，谐趣非常。初一一大早要接新水，这一天所有家务活都由男人承担。初一一般不到处串门，如果有人不遵此道，则会被主人家灌辣椒或香油。另外，在这一天还不吃绿色的菜，也不能在家倒水、吹火，传说如果倒水，在来年栽秧过河时水会大；如果吹了火，则会有风灾。初一的白天，老年人要去村里的井边祭水龙，以祈求来年水源不干涸。当年生了孩子的人家还要杀一头羊，请全村人一起吃饭。

初一、初二、初三在吃中午饭的时候，放牧的青年男女要聚到某棵果树前，带上香、纸、粑粑、酒肉，点上香，烧完纸后，大家一起分享各自带来的食物，为"打平伙"，祝福来年牲畜健康成长，不受野兽攻击。

初一、初二，主人家要卜卦选择合适的日子，请人来踩门之后才能让客人们来拜访。踩门的人为人要正直真诚，没有劣迹，有一定的威望。踩完门后，主人家会赠送一些糖、粑粑、肉等礼物给踩门人。

过年期间，腊鲁人会举行多种多样的庆祝活动。其中，打陀螺和打秋是远近盛行的传统活动。

腊鲁人能歌善舞，每一节日大家都会聚在一起，共同欢庆节日的到来，坊间到处充满了节日的气氛。过年期间，大家会在三弦或葫芦笙音乐的伴随下纵歌跳舞，一个寨子里的男女老少都沉浸在节日的欢快之中。这种活动会从初一延续到初五。大家相聚唱歌跳舞的场面还会在正月十五、二月祭龙、八月中秋再度出现。有时候，赶上大家都从外面打工回来，整个山寨的人一起来到坝子里，场面盛大，有几百人之多。

（二）祭　龙

腊鲁祭龙有固定的日子，根据呗玛掐算，一般选在二月属牛的那一天。每个腊鲁人居住的寨子都有一棵龙树，龙树是一棵具有灵性的大栗树，在龙树下要安神石三座，石头下面要烧柏叶和松针。祭龙时，要选龙头，往往通过卜卦从寨子中轮流选任。龙头除负责筹备祭龙所用的猪、鸡、羊等用品外，还得另备一只七月二十三送火神时所用的羊。另外，龙头还要负责收集各户分摊的祭龙用的钱米等。

祭龙时，除了孕妇外，家家户户男女老少都要参与。当呗玛念起经文时，每户腊鲁人家都要派一人做代表，携带三炷香、一碗米进行献祭。献祭完毕，呗玛在一阵锣鼓声中迎空撒米，大家牵起衣服把米接住，带回家祭祀装粮食的仓神。

祭龙这天，在宽敞的腊鲁坝子中间要摆上一张桌子，上放一升米并插一条猪尾巴，点上三炷香。舞场上，年轻人在葫芦笙的伴奏下通宵跳舞，老年人在旁观望。腊鲁人跳舞有个规矩，同属一直系亲属的不能拉着手跳，必须隔着两三个人才行。跳舞中，相互爱慕的年轻男女会悄悄地走在一起，一同走到树林里互诉衷肠。

同时，在这一天，这一年生孩子的人家要有所表示，生男孩子的人家要出一只鸡，生女孩子的人家要出一锅豆腐，都交给龙头。祭龙完毕，大家都会逗趣结了婚但过两年都还未生育的夫妇，老人或同辈们常会施加一些诸如打屁股的惩罚，引以为乐。这是腊鲁人促进人口增长的乡俗，传说只要经历了这样的场合，女方来年一般都会受孕，因而被"捉弄"的夫妇反而非常乐意。

（三）其他节日

二月初八是叫魂日。呗玛要挨家给人、牲畜、庄稼叫魂，求人畜平安，五谷丰登。

三月初五是清明节。如同汉族一样，这一天既是腊鲁人到坟山上祭拜祖先，悼念已故亲人，并进行扫墓的日子，也是全家一起外出踏青，逢亲聚友的日子。在坟山上，一般要杀鸡。祭拜完后，亲朋好友相互走动，一家或几家人聚在一起野炊，其乐融融。

五月初五是端午节。端午节要以酒、肉、饭祭献祖先，门上挂艾叶。全家聚在一起包饭团粽子，喝雄黄酒，外出游玩。

六月二十四是火把节。火把节要过三天，从二十三日就已开始，到二十五日。节日里，全寨要杀羊，并点香燃纸，祭庙房。二十四日，每家杀鸡祭土地公，并在天地中点燃火把祈祷丰年。二十五日忌日子，大家都不去田里干活。

七月十五是送鬼节。七月十三日晚，腊鲁人家开始接祖，献祭时要用三种野花及石榴、梨、核桃、玉米、茄子、洋瓜等瓜果，各分成四堆一起献饭。十五日晨送鬼，这天忌日子，也不劳作。

八月十五是中秋节。这是腊鲁人比较重要的节日之一，要进行迎接庄稼成熟的仪式。每家都挑熟穗晒干，备上酒肉一起过节，谓"尝新米"。晚饭的时候，家家户户都要炒玉米、毛豆等敬献月亮。

六、民间禁忌及宗教信仰

（一）民间禁忌

禁忌是人类社会的一种普遍现象，是每一个民族在长期适应自然和改造自然的过程中逐渐形成，每一个人都要遵守，不能任意破坏的规范意识。腊鲁人的禁忌相对较少，随着社会的发展，人们大量外出务工或求学，见识和文化水平得到迅速提高，许多禁忌都已经淡化。老一辈腊鲁人中还在坚守的禁忌包括以下方面：

（1）二月属牛日不干农活，否则会雨水过多，干活者要请全寨的人吃饭。

（2）七月十五不能下地干活，否则会伤着祖先或夭折的孩子的鬼魂。

（3）在家里脚不能放在三脚架上，也不能往火里丢盐。

（4）家中不许戴斗笠。

（5）不用狗、牛肉祭献马头神（祖先死时骑的马），也不能吃马肉。人如果在外面不小心碰了狗肉、牛肉、马肉或死的东西，回来一定要用艾蒿擦手后才能参与献祭。

（6）客人不能随意上主人家的楼。

（二）宗教信仰

在现实社会中，腊鲁人具有传统的自然崇拜习俗，尤其是在祖先崇拜和鬼神崇拜方面，各种意识形态最为齐备。

1. 祖先崇拜

腊鲁人认为人死灵魂不灭，尤其是自己的祖先，死后总会化成各种鬼魂守护自己的儿孙，因而对祖宗的崇拜渗透在各种场合之中。在腊鲁人家的堂屋中，往往都要供着三代之内的祖先灵位。大凡三十岁以上逝世的老人，要请呗玛或画匠画一幅抽象的祖先骑马图，贴在堂屋的墙面上，称为 $mu^{21}tæ^{33}$，即"马头神"。另外，还要用长约五寸的松树根，雕刻成人形，女的祖先用红布或白布包裹，男的祖先用黑布或蓝布包裹，外缠丝线，放置于神龛上或堂屋正中的供桌上，称为 $pho^{21}pho^{21}$。小木人的质料因姓氏的不同而不同，磨味的腊鲁人何姓和鲁姓用扁竹根，张姓和李姓用松树根，罗姓用桑树根，艾姓用炸花树根。用不同质料的小木人的姓氏可以彼此通婚，用同一质料的小木人的姓氏则不能通婚。

不同姓氏的祖先采用不同质料的树根雕成，相传有一个传说：早时候，有户腊鲁人家，父亲早逝，只有一个儿子，母子俩相依为命。儿子上山犁地，母亲给他送饭。第一天母亲送迟了些，这个儿子就用竹棍打了自己的母亲。第二天，母亲特意早早地做好饭给儿子送来，岂料儿子仍然发怒，再次殴打了母亲。第三天，儿子正在地里干活，看见旁边的小乌鸦给老乌鸦喂食，深受感动，待快吃饭时他赶紧去路边迎接母亲。母亲看见儿子向自己走来，担心自己再次被打，于是转身就跑，儿子在后面跟着追。跑到一个池塘边，母亲纵身跳到池塘里淹死了。儿子跳进水里，却再也找不着母亲的尸体，只在池塘底找到一些扁竹根、松树根、桑树根、炸花树根等。从此以后，腊鲁人只要有老人去世，就根据自己的姓氏选择不同质料的树根雕刻成老人的形象进行供祭。

腊鲁人逢年过节，除了亲人团聚之外，往往还要祭祀死去的祖先。比如，过年的时候除了要杀猪或杀鸡祭祀祖先，还要在堂屋的供桌上摆放一盒砂糖、一升米等待祖先缯食，直至正月十五完才能撤去。正月初一要去井里取新水，然后用三碗新水和几元钱并排放在祖先的灵位前，每月初一、十五要换水、烧香、磕头。五月端午要以四碗糯米饭、四碗酒、四块或八块肉敬献祖先。六月二十四叫魂，要在门口杀公鸡祭祖先。七月十三晚上接祖先灵位，十四日晚为祖先燃香、烧纸钱。八月十五尝新米时也不能例外。

2. 鬼神崇拜

传统的腊鲁人生活中，除了祖先的灵魂不灭信仰外，他们还认为神鬼与现实同处一个空间内，人敬鬼神，才会诸事顺利。腊鲁人的鬼神崇拜中，有以下几类受到异常尊重：

（1）山神。至今在建兴乡马鹿塘的山神庙内还供奉着代表山神的石头三块，这些石头据说可以保佑人畜平安，风调雨顺。而在磨味大寨的山神庙内，供着一个山神和一个土主，山神骑着老虎守卫着牛羊免遭野兽攻击，土主骑着牛看管庄稼，不受自然灾害的干扰。祭山神的时间一般在正月初一和正月十五，比较简单，有祈求的人家到山神庙里烧香，并以酒肉献祭。六月二十三日举行的比较隆重，放牧的人家要合在一起杀一只羊，准备一碗酒、两碗饭、三炷香献祭。

（2）猎神。腊鲁话叫作"$tsh\textsubscript{l}^{33}ma^{21}ga^{21}ne^{33}$"，意译就是"追豹子的鬼神"。腊鲁的男人们在农闲时进山打猎，贴补家用。在进山之前，要举行一个简单的仪式，在院子里用一个簸箕箩或在墙上挂一小块木板代替猎神，然后烧香拜祭，打猎如果有了收获，要杀一只鸡，并把猎物的头骨挂在墙上。

（3）火神。腊鲁话称"$a^{55}tu^{55}ne^{33}$"，即火鬼神。每年的二月属虎这天，在呗玛的主持下，全寨杀一只羊或一只鸡，到每一家门前献祭。呗玛到时，每一家人要端出一小盆谷物，跟在呗玛身后。呗玛离开家门，主人家要向门外浇水，以示退击火神，保佑寨子免遭火灾。

（4）瘟神。腊鲁人家生病，一般要请呗玛到家里驱鬼，需要用一升米、一炷香和盐巴等物献之。

（5）龙间神。如果家里有人生疮，老人以一个鸡蛋、一炷香、两棵小弯树拜请龙王爷保佑病人早日康复，弯树上要缠上麻皮，送到离家较远的地方。

（6）仓神。顾名思义，仓神即管理谷物的鬼神。逢年过节要祭仓神，仓神根据月份，共有十二人，皆请画师画帖于堂屋的墙上，每一个月都有一个仓神值守，因而不能忘记。

（7）鬼。腊鲁人家如果有人生了病，要请呗玛掐算，找出是哪一块石头或哪一路鬼神上身。找出来后，要做一场法事，把鬼送走。寨中的小伙子们穿着女人的衣服，弹起三弦，吹起葫芦笙或树叶，生病的人家要杀一只羊或一只鸡敬献，并送走不好的东西。

3. 腊鲁人的呗玛、司娘、鸡卜和诅咒

（1）呗玛。腊鲁话叫"$a^{21}pe^{33}ma^{21}$"，多为男性，有独特的师传制度，一般是传男不传女，如父亲为呗玛，其男孩子中必有一个承袭父亲的衣钵，腊鲁的呗玛不懂彝文，因此没有经书典籍，但大多数能绘一种简单的马神图。呗玛家中有的供有祖师爷的图像，名为陈三老爷，有的供着七姊妹的图像。呗玛跳神时有独特的装备，身穿红色长法衣，头包黑布帕，头上有一纸人立之，手拿羊皮鼓、铃铛和师刀（法器）。

（2）司娘。腊鲁话为"sη^{33}n.a^{33}mo^{33}"，没有师传制度，大多因鬼神附身而成。司娘每年正月十五、八月十五都在家跳神，供献自己的祖师爷（与呗玛所供相似），唱调子，请天上七姊妹下凡。司娘跳神亦有羊皮鼓。

（3）鸡卜。在磨味，呗玛、司娘和一些老年人都会看鸡卜，通常在一些特殊场合下，主人家杀鸡献祭或招待客人时，就会看看鸡头、鸡嘴和大腿的一些特征，以测吉凶。

（4）诅咒。如果遭人诬陷，当事人会拿一把刀，带一只鸡或一炷香到寨子里的十字路口，然后在大家的见证下，一刀砍断鸡脖子或那炷香，口中念着：如是我所为，则如此鸡此香，以表自己的清白。

第三节　调查点及发音合作人概况

在新平建兴，腊鲁人主要分布在磨味村委会和马鹿塘村委会，其中，磨味村委会下辖11个村民小组，分别为狗头坡、高阴寨、刺竹箐、上马宗山、下马宗山、大力气、遇武乡、上磨味、下磨味、上云盘、下云盘；马鹿塘村委会下辖6个村民小组，分别为马鹿大组、腊鲁小寨、老箐、新寨、田房、梅子箐。由于交通及民族杂居的程度不同，两个村委会的腊鲁人语言结构和语言使用状况存在共同特点，但在其内部也存在一定的差异。总的看来，磨味村委会所辖的村民小组上磨味、下磨味、遇武乡、大力气语言的一致性较大，语言保持良好，代际间还看不出母语丢失或转用，而马鹿村民委员会所辖各村民小组如马鹿大组、腊鲁小寨、老箐、梅子箐等腊鲁人的聚居区则情况迥异，代际间的母语转用已成为趋势。

本次调查中，我们把田野调查点分别选在磨味村委会的上磨味、下磨味和马鹿塘村委会的马鹿大组。其中，上磨味离乡政府驻地大概有15公里，坐落在两道大山之间，形似磨盘，据说是磨味村名的来源。进村的道路崎岖不平，村民进出大多依靠步行或骑摩托，少数底盘较高的货车或小汽车能够进入。磨味的腊鲁人生活条件较好，大部分人家都已经盖上了时髦的小洋楼，电视机等现代媒体工具已经普及，生活条件好的人家甚至有了电冰箱。生活条件的改善一方面源于腊鲁人的勤俭节约，另一方面也有赖于他们的勇于开拓，大胆走出去的生存策略。磨味人绝大部分属于双语人，能够熟练使用汉语和腊鲁话，就算是外面嫁进来的汉族媳妇也能熟练地使用双语交流，只有一些还未上学的儿童和极少数的老人只能说腊鲁话。

马鹿塘村委会的马鹿大组是现在乡政府的驻地，这里是建兴到新平县城和墨江县城的交通要道，也是经济中心，人员流动频繁，商品经济意识浓郁。在马鹿大组，于2010年成立的"老年协会"成为追寻本族来源和传承民族文化的中心。尽管如此，腊鲁话在社区中的每况愈下也成为一个不争的事实。同时，民族意识的淡薄和母语认同的弱化，也似乎加剧了这一过程。除了 70 岁以上的老人能够进行腊鲁话的交流外，其他人都承认自己的腊鲁话能力及其使用频率都很低。就我们的调查所见，在马鹿大组，就算是平时经常用腊鲁话交流的老人，其语音变异和借词的程度都是很高的。

之所以选择两个不同的语言社区进行调查，我们是基于这样的考虑，语言并非存在于真空之中，而是一种不断演变的社会现象。作为一种在交际和传播上都处于弱势的腊鲁话，马鹿大组的今天也许就是磨味的明天。而现在对磨味的语言进行调查，可以探寻腊鲁话的结构现状，对马鹿大组的调查则可以找出其动态演变的痕迹及规律。因此，在调查中，除了充分注意到男女之间的发音差异之外，我们还注意到年龄和地域的组合。发音合作人的具体情况见表 2.3.1。

表 2.3.1　调查发音人资料表

男				女			
姓　名	出生日期	年　龄	住　址	姓　名	出生日期	年　龄	住　址
何文华	1945 年 7 月	65	磨味	鲁四妹	1937 年 2 月	73	马鹿
周加福	1964 年 7 月	46	磨味	周成艳	1987 年 5 月	23	磨味
何进春	1987 年 6 月	23	马鹿	鲁万芬	1986 年 4 月	24	马鹿
周成华	1984 年 1 月	26	磨味	何光秀	1962 年 5 月	48	磨味
周文贤	1936 年 3 月	70	马鹿	李何妹	1938 年 7 月	72	马鹿

第三章　语　音

语音是人类发出的能被感知到的具有一定意义的声音，是语言的物质外壳，因而对语音的客观描写，最能体现一种语言的基本面貌。作为一种声音，与自然界中的声波相似，语音能够在一定的介质中自由地传递，因而具备了音高、音长、音强等物理性因素，每一个人的发音都会由于时空的特点及其发音体的差异而产生不同。但在实际的语言生活中，同一语言的不同说话者却又都能被人脑筛选识别出来，也就是说，语音实际上又是不同群体的人们约定俗成的一套符号系统，自然属性上彼此迥异的语音在操同一语言的人群中能唤起相同的心理印象，这是语音的社会属性的体现。

作为一种有声调的语言，元辅音分析法并不能系统地呈现腊鲁话的语音情况。因而在本研究中，我们按音节的声韵调排列顺序，把腊鲁话的语音分为声母系统、韵母系统、声调系统及语流音变几个部分。

第一节　声母系统

腊鲁话共有 31 个声母，其中，塞音 9 个，鼻音 4 个，边音 1 个，塞擦音 6 个，擦音 9 个，零声母 1 个。塞音、塞擦音和擦音皆有清浊的对立，塞音、塞擦音的清音有送气和不送气的区别，浊音没有送气音，没有送气擦音。声母的区别特征如表 3.1.1。

表 3.1.1　腊鲁话的声母表

发音方法 / 发音部位	塞音			鼻音	边音	塞擦音			擦音	
	清		浊			清		浊	清	浊
	不送气	送气				不送气	送气			
双唇	p	ph	b	m						
唇齿									F	v
舌尖前						ts	tsh	ʥ	S	z
舌尖中	t	th	d	n	l					
舌面前				ȵ		tɕ	tɕh	ʥ	ɕ	ʑ
舌面中									ç	
舌根	k	kh	g	ŋ					x	ɣ

说明：

（1）d、g音在发音过程中有轻微的鼻化，实际音值为[ⁿt][ᵑk]，但并不区别意义，应是同一音位的自由变体。

（2）新派发音中，舌面前清塞擦音[tɕ][tɕh]和舌面前擦音[ɕ][ʑ]在元音[i]前时，常自由发成与之对应的舌尖前清塞擦音[ts][tsh]及舌尖前擦音[s][z]。

（3）年轻人中，常有把 sɿ⁵⁵ba²¹（草）发成 sɿ⁵⁵va²¹ 的情形。

（4）舌面中清擦音[ç]在辅音系统中仅能在中平调中与元音[o]组合。

（5）双唇音有一部分颚化的音节，如bj、phj、pj、mj能与主要元音a、o、u等相拼。

（6）双唇鼻音和舌尖中鼻音能自成音节，如m̩²¹pe³³（没做）、m̩²¹be³³（没说）、n̩²¹dʑa³³（没有）、n̩²¹nə⁵⁵（两个）等。

（7）[m][b]在动词名物化后缀lo³³mo³³中属于自由变体，本研究统一采用[m]。

声母举例：

p:	pi⁵⁵	关	pe³³	做
ph:	phe³³	辣	phe⁵⁵	叶子
b:	bi³³	满	bo³³	饱
m:	mə²¹	天	mi³³	地
pj:	pja³³	矮	pju³³	髓
phj:	phia³³	衣	phju³³	白
bj:	bja³³	（盐）淡	bju³³	漂浮
mj:	mjo²¹	多	mja²¹	活儿
f:	fu³³	蛋	fæ³³	干
v:	ve̩²¹	猪	va²¹	菜
ts:	tse⁵⁵	煮	tse³³	腌（菜）
tsh:	tshɿ⁵⁵	抽（烟）	tshɿ³³	甜
dʑ:	dzo⁵⁵	锁（门）	dzo³³	饭
s:	sæ⁵⁵	熟悉、知道	so³³	三
z:	zɿ³³	漏	ze̩³³	鸡
t:	te⁵⁵	打	to³³	人瘦
th:	the²¹	一	thi⁵⁵	吐（痰）
d:	do³³	允许	dæ²¹	打
n:	ni³³	看	ne⁵⁵	深、勒、拴
l:	li⁵⁵	苗	le⁵⁵	嫩
ɳ:	ɳæ⁵⁵	摘（花）	ɳu²¹	牛

tɕ:	tɕi⁵⁵	刺（动）	tɕa³³	疏
tɕh:	tɕhi³³	眨（眼）	tɕho³³	凿
dʑ:	dʑo³³	下落	dʑa³³	完
ɕ:	ɕi⁵⁵	山歌	ɕo³³	月
ʑ:	ʑi³³	水	ʑa²¹	他
ç:	çyo³³	养（孩子）		
k:	ko³³	走	ka⁵⁵	动
kh:	khæ⁵⁵	缺（一个口）	khɯ⁵⁵	（蚊子）叮
g:	go²¹	回	ga³³	磨面
ŋ:	ŋo⁵⁵	鱼	ŋo³³	我
x:	xo³³	娶	xe³³	房子
ɣ:	ɣo³³	得到、获得	ɣɯ³³	数（数目）
∅:	o³³	鹅	e³³	叫

第二节　韵母系统

新平腊鲁话韵母由 25 个元音音位构成，其中，10 个松元音韵母，9 个紧元音韵母，6 个复合元音韵母。

表 3.2.1　腊鲁话韵母表

松元音韵母	a	æ	e	ə	i	ɿ	u	y	ɯ	o
紧元音韵母	a̠	æ̠	e̠	ə̠	i̠		u̠			o̠
复合元音韵母	ua	ua̠	uæ	ie		iu	io	io̠	ue	

单元音格局如下：

```
          前             央            后
      i/ɿ  y                        ɯ  u
          e                ə
                    æ
                    a
```

说明：

（1）在单元音音位中，松紧对立是其主要特征。除了舌面前高圆唇元音 y、舌尖卷舌元音 ɿ

及舌面后高不圆唇元音 ɯ 没有发现松紧对立之外，其余单元音系统中皆有松紧对立的分布。

（2）复合元音出现的频率不高，多用于拼写汉借词。

（3）汉语借词中，鼻音韵尾脱落，新派的发音中多在主要元音的后面顺带不明显的鼻化，不稳定。

（4）在磨味的w腊鲁话中，部分词汇的元音u逐渐向不圆唇的ɯ推进，形成自由变体，如表示"蒸"就有pɯ⁵⁵和pu⁵⁵两说。

（5）新派发音中，松紧对立已呈弱化的态势，多数发音在音感上区别不明显。

（6）a音在实际读音中音值是前低不圆唇元音 [a]，在实际音节中还有 [ʌ][ɐ][ɑ] 三个自由变体，本研究为书写方便，统一写为 [a]。

（7）o音有两个自由变体 [o][ɔ]，本文统一记为 [o]。

韵母举例：

a:	ka⁵⁵	公（山羊）	va³³	圆（平面）
a̠:	ka̠⁵⁵	动	va̠³³	纺（纱）
æ:	væ³³	买	xæ²¹	下仔
æ̠:	væ̠³³	搂	xæ̠²¹	傻、笨
e:	ve³³	拿	ve²¹	磨（名）
e̠:	ve̠³³	花	ve̠²¹	猪
ə	ɣə²¹	在（动）	tsə³³ ko³³	蒸锅
ə̠	ɣə̠²¹	家	tsə̠³³	撕
i	li²¹	重	pi²¹	比、量
i̠	li̠²¹	脱衣	pi̠²¹	笔
ʅ:	tsʅ³³	装	tshʅ³³	甜
u	du³³	（路）通	lu³³	炒
u̠	du̠³³	出	lu̠³³	绿
y	vy²¹	远		
ɯ	kɯ³³	九	lɯ³³	滚
o	tho³³	厚	no³³	病
o̠:	tho̠³³	剁（肉）	no̠³³	豆
ua	khua³³	宽	xua³³	慌
ua̠	kua̠³³	摔、掉	xua̠³³	画（画）
uæ	kuæ³³	乖	kuæ⁵⁵	怪
ie	ça⁵⁵ lie⁵⁵	项圈	mie²¹çi⁵⁵	棉絮
iu	liu²¹xua²¹	硫黄		

ue	tshue³³	催	lue²¹la⁵⁵	轮流
io	tio³³tɕi³³	垂下（窗帘）	tsɔ²¹lio⁵⁵	作料
iǫ	thiǫ³³	跳	thiǫ²¹kɯ³³	调羹

第三节　声调及音节结构

一、声　调

声调是语言中能区别意义的相对音高。与汉藏语系其他语言一样，腊鲁话不同语音的相对音高能严格地区别语义，但并不复杂。在对整个声调系统的考察中，我们发现腊鲁话共有三种调类，即：高平调，对应调值是 55；中平调，对应调值是 33；低降调，对应调值是 21。

表 3.3.1　建兴腊鲁话声调及例词表

调 类	调 值	例　词					
高平调	55	mə⁵⁵	热	pi⁵⁵	挑	mə²¹ʑi⁵⁵	闪电
中平调	33	mə³³xə³³	云	na³³pi³³	娇气	ʑi³³	水
低降调	21	mə²¹	天	pi²¹	比	ʑi²¹pho²¹	岳父

说明：

（1）在某些音节中，出现为数不多的曲折调和高降调，如 mæ⁵⁵mæ²¹³（全部）、næ⁵⁵næ²¹³（附近）、mæ⁵⁵mæ⁵¹（自己）等。

（2）在高平调 55 调中，实际发音接近于 54 调，略微有些下降。

二、音节结构

语言是可以切分的线性的语流串，是由不同的音节彼此聚合组合在一起的符号系统。在实际的语言使用中，发音器官的肌肉紧张一次构成一个音节。根据音节所带韵尾的不同，有开音节和闭音节之分，其中开音节是指以元音字母结尾的音节，而闭音节则是由辅音字母结尾的音节。腊鲁话的音节结构有以下四种，用相应的符号表示如下（C 代表辅音，V 代表元音，T 代表声调）。

（1）VT 型：　　o³³　　　　鹅　　　　e³³　　　　响

（2）CT 型：　　ŋ̩²¹　　　　不　　　　m̩²¹be³³　　不说

（3）CVT 型：　　ko³³　　　走　　　　dʐo³³　　　下陷

（4）CVVT 型：　kua³³　　　摔　　　　thie²¹　　　贴

其中，以 CVT 型的音节形式最多，CT 型（辅音自成音节）的音节较为少见，因而腊鲁话的音节结构类型主要以开音节为主。另外，CVVT 型的音节形式主要用于拼写借词。

第四节　变调和音变

一、语法变调

腊鲁话是一种单音节词占多数的语言，词汇的形成往往要通过语素间复合和派生的方式实现，因而在语言的实际使用中就会有相应的音变现象。

（一）形容词或动词 +ne^{21} 变调

腊鲁话的形容词或心理动词接受程度副词 ne^{21} 修饰时，往往会伴随着声调的变化。其条件一般是高平调（55）和中平调（33）保持不变，次低降调（21）则变为曲折调（213）。如：

xɯ^{55}	臭：	xɯ^{55}ne^{21}	很臭	to^{33}	瘦：	to^{33}ne^{21}	很瘦
nu^{21}	软：	nu$^{21-213}$ne^{21}	很软	li^{21}	重：	li$^{21-213}$ne^{21}	很重
ne^{21}	聪明：	ne$^{21-213}$ne^{21}	很聪明	me^{21}	饿：	me$^{21-213}$ne^{21}	很饿

（二）形容词重叠变调

形容词重叠变调，与原来的调类密切相关。如果该音节是 55 调，那么重叠后不改变调值。但是，如果该音节是 33 调，重叠后调值则会重新调整，第一个音节变为 55 调，第二个音节保持 33 调不变。如果该音节是 21 调，则要与一定的词义相联系，表示状态的形容词重叠时第一个音节变为 55 调，第二个音节变为 213 调；表示性质的形容词重叠时第一个音节不变，第二个音节变为 213 调。具体如下。

1. 重叠 33 调→55+33

phju^{33}	白色：	phju$^{33-55}$phju^{33}	白生生
fæ^{33}	干：	fæ$^{33-55}$fæ^{33}	干生生
nẹ^{33}	黑色：	nẹ$^{33-55}$nẹ^{33}	黑黢黢

2. 重叠 21 调→55+213、21+213

nu^{21}	软	nu$^{21-55}$nu^{213}	软软的	bo^{21}	薄	bo$^{21-55}$bo^{213}	薄薄的
dʑa^{21}	直	dʑa$^{21-55}$dʑa^{213}	直直的	ne^{21}	早	ne^{21}ne$^{21-213}$	早早的
kha^{21}	苦	kha^{21}kha$^{21-213}$	苦苦的	phi^{21}	慢	phi^{21}phi$^{21-213}$	慢慢的

二、语流音变

语言的连续发音形成语流。在腊鲁话中，语流音变有同化、脱落、增音等几种情况。

（一）同　化

语流中，受前后音节的影响，某些音可能改变原有的读音，从而与周围的其他音相同或相似，这种情况称为同化。同化有顺同化和逆同化之分。其中，受后一个音的影响，使得前面一个音节发音与后面一个音节的发音部位趋同称为逆同化，与之相反则称为顺同化。在腊鲁话中，顺同化的情况目前没有发现，逆同化则主要表现在否定副词 $ŋ^{21}$（不）修饰限制的动词或形容词是双唇音时，则逆同化为"$m̩^{21}$"。如：

$ŋo^{33}ʑi^{33}pi^{55} ŋ̩^{21}pi^{55} → ŋo^{33}ʑi^{33}pi^{55} m̩^{21}pi^{55}$.　　　　　　　我不敢挑水。

我　水　挑　不　敢　　我　水　挑　不　敢

$ʑa^{21}ŋ̩^{21}be^{33} → ʑa^{21}m̩^{21}be^{33}$.　　　　　　　　　　他不说。

他　不　说　　他　不　说

$a^{55} tse^{33}ʂ̩^{55} tɕhie^{21}ŋ̩^{21}pe^{33}o^{33} → a^{55} tse^{33}ʂ̩^{55} tɕhie^{21}m̩^{21}pe^{33}o^{33}$.　　姐姐没做事情了。

姐姐　事情　不　做（助）　姐姐　事情　　不　做（助）

$a^{55} nu^{55} ŋ̩^{21}pe^{33}o^{33} → a^{55} nu^{55} m̩^{21}pe^{33}o^{33}$.　　　　　　狗不跑了。

狗　没　跑（助）　　狗　　没　跑（助）

（二）脱　落

脱落是指语流中的某个音丢失的情况。腊鲁话中，大多数脱落出现在音节的合并中，即在实际读音中，如果前一个音节的后面出现一个零声母的音节，就会出现音节合并的现象，从而使得前一个音节的韵母脱落。如：

$ʑa^{22}na^{21}to^{55} ni^{33}ʑa^{21}le^{55} ça^{33}la^{55} ŋ̩^{21}sæ^{55} dʑæ^{31}$?　　他难道不知道你等他吗？

他　难道　你　他（助）等（助）不知道（助）

$ʑa^{21}o^{55} duɯ^{33}no^{33}le^{33}su^{55} za^{33}ʐo^{33}$.　　　　　　他头疼还去上学。

他　头　疼　都　书　读　去（助）

$ŋo^{33}ma^{21}o^{33}ʂ̩^{55} ʑa^{21}xa^{33}a^{21}go^{21}le^{33}ka^{55}$.　　　　只有我老了，他才会回来。

我　老（助）才　他　只　回　来　会（助）

上三例中，$dʑæ^{31}$ 的出现与 $dʑa^{33}$（有存在）的韵母脱落，与语气词 $æ^{21}$ 产生合并密切相关。$ʐo^{33}$ 是由 $ʑi^{33}$（去）与语气词 o^{33} 合并后导致前一个韵母脱落而成。ka^{55} 是 $kuɯ^{55}$（能、会）与语气词 a^{55} 合并脱落所致。有趣的是，这种合并导致的脱落，往往是前一个音节的韵母丢失，与后一个音节的韵母和声调合并形成的。因此可以这样认为，声调合并但前一个音节韵母脱落是语言经济性的体现。另外，当 xo^{55}（回）出现在动词后面表示动作的方向时，xo^{55} 的声韵都消失了，只留下声调与前一个音节的韵母组合，从而形成语音的和谐。如：

$e^{33}xo^{55} le^{33}. → e^{33}e^{55} le^{33}$.　　　　　　　　　　叫回来。

叫　回　来　　叫　回　来

tsa³³xo⁵⁵ le³³. → tsa³³a⁵⁵ le³³.   转回来。

转　回　来　　　转　回　来

be̞³³xo⁵⁵ le³³. → be̞³³e⁵⁵ le³³.   说回来。

说　回　来　　　说　回　来

第四章 词汇系统

词汇是构成一座语言大厦的砖石土木，是语言表义的基础，同时也是命名和指称的聚合。每一种语言都在自己的语言词汇上打下了本民族文化的深刻烙印。因此，对词汇的探讨，尤其是从构形和语义两个方面着手，能更加全面地了解和认识语言。

第一节 构词法

从语音形式上看，腊鲁话可词汇以大致分为单音节词、双音节词、三音节词、四音节词等。其中，虽然单音节词是腊鲁话的主要语音形式，遍布于各个词类之中，但相比之下，多音节词中的双音节词的数量最为可观，尤其是在名词中；单音节词的数量其次，多为形容词和动词，三音节词、四音节词和五音节词的数量相对较少。从语素的组合和切分来看，可以把腊鲁话词语分为单纯词和合成词两大类。

一、词的语音形式

（一）单音节词

在腊鲁话中，每一种词类中都不乏单音节词，相对来看，在形容词或动词中更加集中。如：

mə²¹	天	ɣo²¹	雪	se⁵⁵	气
mi³³	地	ʑi³³	水	xɯ³³	铁
mja²¹	运气	ŋu²¹	牛	e⁵⁵	这
na³³	那	nɛ²¹	早	phi̩²¹	迟
dʑi³³	清	tsh̩²¹	湿	tsæ³³	好
tɛ³³	抱	bə²¹	背	no³³	病
lu³³	炒	dzo²¹	吃	te⁵⁵	抽打

（二）多音节词

1. 双音节词

双音节化是腊鲁话词汇语音的表现特征之一，分布在各种词类中，名词为多，是形成腊鲁话词汇的主要方向；甚至在一些单音节或三音节的形容词中，也有部分向双音节过渡的趋势。如：

fu³³lɯ⁵⁵	出嫁	da²¹xo⁵⁵	答应	the⁵⁵te̠²¹	打架
dæ²¹pɯ⁵⁵	打倒	te⁵⁵di²¹	捣碎	ʑi³³dze³³	冷水
o⁵⁵dɯ³³	头	a⁵⁵tu⁵⁵	火	tha⁵⁵tɕhu³³	发烧
di²¹ko̠²¹	反刍	kua³³tɕi³³	落下	a³³pa³³	饼
to³³	瘦	to³³ku³³ku³³	瘦精精	to³³ku³³	瘦
tshu³³	肥	tshu³³li⁵⁵li⁵⁵	肥嘟嘟	tshu³³li⁵⁵	肥

2. 三音节词

三音节词在腊鲁话的名词中占有一定的数量，多为合成词。如：

sæ²¹me̠³³xo²¹	核桃仁	ŋa⁵⁵mɯ³³tɕhi³³	蜘蛛
xɯ⁵⁵bi²¹næ³³	臭虫	ze³³ŋa³³ɕa̠³³	青蛙
bæ³³ko²¹ti⁵⁵	画眉	xa̠³³pju³³lu³³	蝙蝠
tɕi⁵⁵ne³³mo³³	雕	tha²¹lu³³mu²¹	驴

3. 四音节词

四音节词指在声音形式上有四个音节，语素间按一定的规律组合而成，韵律上大多呈现出两个双音节词拼合的特点，有一定的固定格式的词语（参见四音格词部分）。如：

a⁵⁵nu⁵⁵mo³³ge³³	母狗	ko³³tæ³³a⁵⁵tæ⁵⁵	后代
dze²¹lo⁵⁵a³³ni³³	牧童	gɯ³³di²¹ʑi³³ɕo²¹	脊梁
lə²¹ni³³sæ²¹khu³³	指甲	tshe³³tɕi⁵⁵kə²¹pə³³	膝盖
a³³vu³³li̠³³o²¹	蝌蚪	tha²¹lu³³mæ²¹tɕi³³	壁虎

4. 五音节词

腊鲁话中，五音节词相对较少，基本上都带有对某一事物进行解释的意味，但在具体使用中没有其他的说法，也没有借用汉语，在实际会话中作为一个整体使用。如：

tshŋ̍³³ma²¹ga²¹a⁵⁵nu⁵⁵	猎狗	væ³³li²¹pe³³lɯ⁵⁵tsha³³	商人
麂子 赶 狗		生意 做 为生 人	
bə²¹lɯ⁵⁵tɕi³³mɯ³³lɯ³³	茧	a⁵⁵nu⁵⁵pɯ⁵⁵sɳ²¹va²¹	折耳根
毛 毛 虫 毛 卷		狗 尿 菜	
lo³³mo³³ge³³dæ²¹su³³	石匠		
石 头 打 人			

（三）四音格词

在汉藏语系藏缅语族中，四音格词占有一定的比重，它是一种格式整齐、语义固定的词组形式。

在腊鲁话中，四音格词有以下几种形式。

1. ABAC 式

$\gamma o^{21} me^{21} \gamma o^{21} l\partial^{33}$　　连绵起伏
　山　△　座

$z̞i^{33} pho^{21} z̞i^{33} mo^{33}$　　岳父岳母
　岳　父　岳　母

$\gamma ui^{33} le^{33} \gamma ui^{33} la^{55}$　　大哭
　哭　也　哭（助）

$l æ^{33} li^{33} l æ^{33} go^{21}$　　弯弯曲曲
　弯　△　弯　回

$the^{21} ni^{33} the^{21} x\mathrm{e}^{55}$　　一天一夜
　一　天　一　夜

$t\mathrm{\varphi}a^{33} mo^{33} kho^{55} mo^{33}$　　过年过节
　节　过　年　过

$\partial^{55} li^{55} \partial^{33} x æ^{33}$　　疯疯癫癫
　二　△　二　憨

$\gamma o^{21} li^{33} \gamma o^{21} thi^{55}$　　出力使劲
　力　气　使　劲

$o^{33} t\mathrm{\varphi}i^{33} o^{33} mo^{55}$　　筲箕簸箕
　筲箕　簸箕

$l\mathrm{a}^{33} ka^{55} l\mathrm{a}^{33} gu^{33}$　　一衣带水
　涧　山腰

$\gamma o^{33} ne^{21} \gamma o^{33} ts æ^{33}$　　越早越好
　越　早　越　好

$z̞ æ^{33} le^{33} z̞ æ^{33} la^{55}$　　大笑
　笑　也　笑（助）

$khui^{21} dzo^{21} khui^{21} da^{33}$　　偷吃偷喝
　偷　吃　偷　喝

$m æ^{51} de^{33} m æ^{51} pe^{33}$　　各行其是
　自己（助）自己做

$v æ^{33} li^{33} v æ^{33} s\mathrm{l}^{33}$　　歪歪扭扭
　歪　△　歪　长

$xo^{21} phjo^{33} xo^{21} ni^{33}$　　肥肉瘦肉
　肉　白　肉　红

$ŋ^{21} \mathrm{\varphi}i^{33} ŋ^{21} ko^{55}$　　不死不活
　不　死　不　活

2. ABCB 式

$ni^{21} tshe^{21} so^{33} tshe^{21}$　　三言两语
　两　句　三　句

$ve^{21} mo^{33} ŋ̩a^{33} mo^{33}$　　姊妹
　同胞　姐妹

$zo^{21} dza^{33} nui^{55} dza^{33}$　　有儿有女
　儿　有　女　有

$va^{21} dze^{33} dzo^{33} dze^{33}$　　残汤剩饭
　菜　剩　饭　剩

$a^{21} mo^{33} ni^{33} mo^{33}$　　女祖先
　祖母　△母

$a^{21} phu^{55} ni^{33} phu^{55}$　　男祖先
　祖父　△　公

$b\partial^{21} pi^{55} pi^{55} pi^{55}$　　敢背敢抬
　背　敢　抬　敢

$ŋa^{55} tso^{21} ua^{33} tso^{21}$　　不依不饶
　粘　找　缠　找

ve²¹po⁵⁵ ve²¹mo³³　　　　公猪母猪

　猪公　猪母

3. ABCD 式

ni̠³³mo̠³³tɕe³³ne²¹　　　鸡皮疙瘩　　　　ŋa³³mæ⁵⁵ ku³³lu³³　　　　燕子

　心　紧　很　　　　　　　　　　　鸟　尾巴　卷

du³³ʑi³³go²¹le³³　　　来来回回　　　　ŋɯ⁵⁵ gu³³mi⁵⁵ dza³³　　　哭哭啼啼

　出去　回来　　　　　　　　　　　哭　想

二、单纯词和合成词

从语素的组合和语义的切分出发，我们把腊鲁话的词汇分为单纯词和合成词。其中，单纯词由一个成词语素构成，语义比较凝固。合成词由两个或两个以上的语素按一定的规律构成，但语素间结构紧密，不能插入任何成分，语义上也不是各个语素的简单相加。如："豌豆"并非 no³³（豆）与 va²¹（菜）语义的简单相加，而"白菜"则是 va²¹（菜）与 phju³³（白）两个语素义的叠加。因此，"白菜"在汉语中是一个复合词，而在腊鲁话中则是一个短语。

（一）单纯词

1. 单音节单纯词

单音节词都是单纯词。如：

mə²¹	天	kæ³³	星星	ɣo²¹	雪	mi³³	地
tshe²¹	岸	ʑi³³	水	dʐ̩³³	集市	xe³³	房子
dzo̠²¹	腰	le̠²¹	手	xo²¹	肉	sʐ̩²¹	牙
lo³³	舌头	ɕi²¹	屎	dʑi³³	皮	ze³³	鸡
a³³	鸭子	ŋa³³	鸟	thə⁵⁵	跪	dʑu³³	害怕

2. 多音节单纯词

多音节单纯词由两个或两个以上音节构成，这些音节内部通常表现为双声、叠韵或叠音关系。

叠韵关系：mæ⁵⁵ tæ⁵⁵ læ⁵⁵　　　黄鼠狼　　　　tsæ³³væ²¹　　　　线

　　　　　phu²¹tɕhu²¹lu²¹　　　球　　　　　　dʑi²¹phi²¹　　　　钱

　　　　　mə³³nə⁵⁵ kə³³lə³³　　木耳　　　　　dzo³³mo³³　　　　路

双声关系：ba³³bu³³　　　　　棍子　　　　tsa³³tsʐ̩³³　　　桌子

　　　　　lo²¹lo³³　　　　　彝族　　　　mæ⁵⁵ mæ²¹³　　　全部

（二）合成词

合成词由语素间通过一定语法规律组合而成，能丰富并增强语言的表意功能。腊鲁话的合成词主要有复合式和附加式两大类。

1. 复合式

复合式合成词有联合式、偏正式、动宾式、补充式、主谓式等。

（1）联合式。构成合成词的两个词根具有相同、相近或相反的并列排列关系，称联合式。如：

tsha^{33}pho^{21}	丈夫	ni^{21}ṇa^{33}	兄妹
人　人		妹　兄	
ʂ^{33}ṇu^{55}	长短	tshu^{33}to^{33}	肥瘦
长　短		肥　瘦	
zæ^{21}za^{33}	大小	muɯ^{33}pja^{33}	高低
大　小		高　低	

（2）偏正式。组成偏正式合成词的两个词根之间具有修饰或限制的关系。偏正式有定中关系和状中关系两种。

定中关系的前一词根一般为名词，后一词根对其进行修饰或限制，一般为形容词或名词。如：

xo^{55}vu^{21}xe^{33}	商店	li^{55}po^{55}	孙子
物品　房		苗　男	
tsha^{33}le^{55}	小伙子	gæ^{21}sæ^{21}læ^{21}	疹子
人　嫩		疮　颗　粒	
tsha^{33}no^{33}	病人	phjo^{21}po^{33}lo^{33}	花布
人　病		布　花	

状中关系的中心词为动词或形容词，在汉语中，一般表现为第一个语素修饰或限制第二个语素。腊鲁话中根据修饰词的音节有所调整，如果修饰词为单音节语素则置于中心词后，如果为多音节语素则置于中心词之前。如：

ni^{33}ɕi^{21}	好看	dzo^{21}so^{33}	难吃
看　好		吃　难	
ɣə^{21}ɕi^{21}	舒服	dzo^{21}xɯ^{33}	好吃（馋）
在　好		吃　爱	
tsæ^{33}ne^{21}	很好	dza^{33}se^{21}	还有
好　很		有　还	

（3）动宾式。腊鲁话的动宾式合成词的前一词根是名词，后一个词根是动词，二者是支配与被支配的关系。如：

tsha³³phæ⁵⁵ 　　　 派人 　　　 o⁵⁵du³³thə⁵⁵ 　　　 拜

　人　派 　　　　　　　　　　 头　跪

zo²¹mæ²¹fu³³ 　　　 嫁姑娘 　　　 tɕhi²¹mo³³xo³³ 　　　 娶媳妇

　姑　娘　嫁 　　　　　　　　　 媳　妇　娶

a³³ni³³çyo³³ 　　　 生孩子 　　　 se̠⁵⁵ga³³ 　　　 吸气

　孩子　生 　　　　　　　　　　 气　吸

lu̠⁵⁵çia⁵⁵ne̠⁵⁵ 　　　 系腰带 　　　 pɯ⁵⁵sʅ²¹tse³³ 　　　 把尿

　裤　带　拴 　　　　　　　　　 尿　把

（4）补充式。在补充式合成词中，中心词为第一个词根，第二个词根对第一个词根进行补充说明。如：

dæ²¹sa²¹ 　　　 打散 　　　 to²¹du³³ 　　　 戳破

　打　散 　　　　　　　　 戳　出

te⁵⁵di²¹ 　　　 捣碎 　　　 phu³³khæ³³ 　　　 解开

　打　碎 　　　　　　　　 解　开

kua³³pɯ⁵⁵ 　　　 摔倒 　　　 tshŋ²¹pæ³³ 　　　 湿透

　摔　倒 　　　　　　　　 湿　透

（5）主谓式。第一个词根与第二个词根是被陈述和陈述的关系，表现为"主语＋谓语"的语序形式，是为主谓式。如：

tsha³³thæ³³ 　　　 疯子 　　　 mə²¹the²¹ 　　　 天亮

　人　疯 　　　　　　　　 天　亮

me̠³³du²¹xua³³ 　　　 眼花 　　　 mi³³ɳa³³ 　　　 地震

　眼睛　花 　　　　　　　　 地　动

2. 附加式

新平的腊鲁话，通过添加相应的前加词和后加词，构成新的词，多为自然名称及亲属称谓。

（1）前加词。新平腊鲁话的前加词主要有a⁵⁵、a²¹、a³³、o³³。前加词一般都是加在动植物名称、自然物体或亲属称谓等词的前面。如：

a⁵⁵phɯ⁵⁵ 　　 祖宗 　　 a⁵⁵nu⁵⁵ 　　 狗 　　 a⁵⁵mə²¹ 　　 雨

a⁵⁵khə²¹ 　　 烟 　　 a⁵⁵phɯ⁵⁵ 　　 祖宗 　　 a⁵⁵ʑe²¹ 　　 爷爷

a²¹lo²¹ 　　 嫂子 　　 a²¹mo³³ʑa³³ 　　 继母 　　 a²¹bo²¹ʑa³³ 　　 继父

a³³ma³³ 　　 母亲 　　 a³³va³³ 　　 叔叔 　　 a³³ʑi³³o²¹ 　　 婶母

| o³³thɯ³³ | 罐子 | o³³tɕi³³ʥi³³ | 罗筛 | o³³tɕi³³tɕa³³ | 筛子 |

（2）后加词。新平腊鲁话的后加词主要有 mo³³ge³³、mo³³、lo²¹bə³³、po⁵⁵等。后加词一般加在词根后面，表示性别、性质等意义。如：

mu²¹mo³³ge³³	母马	ʐa³³mo³³ge³³	母绵羊
lo³³mo³³ge³³	石头	ȵu²¹mo³³ke³³	母黄牛
sʅ³³ȵa³³mo³³	巫婆	tɕhi²¹mo³³	儿媳妇
nə⁵⁵ mo³³	妹妹	ʐe²¹mo³³	岳母
ȵu²¹lo²¹bə³³	公黄牛	o⁵⁵ȵu⁵⁵lo²¹bə³³	公水牛
mu²¹po⁵⁵	公马	ʐa³³po⁵⁵	公绵羊
ze̠³³phu³³ma²¹	公鸡	a³³phu³³ma²¹	公鸭

另外，在腊鲁话的形容词中，根据习惯，可以添加 ɕa²¹ɕa²¹⁻²¹³、kə³³kə³³、tæ³³tæ³³、ti⁵⁵ ti⁵⁵等相应的后加词以描摹状态。如：

ne³³kə³³kə³³	黑黢黢	phæ³³ɕa²¹ɕa²¹⁻²¹³	灰扑扑的
lu³³tæ³³tæ³³	绿油油	la³³tɕho³³tɕho³³o²¹⁻³³	轻飘飘地
ʑi³³ti⁵⁵ ti⁵⁵	水淋淋	phi²¹thæ²¹thæ²¹⁻²¹³	慢吞吞地
go²¹læ⁵⁵ læ⁵⁵	赤裸裸	lu̠³³pi³³pi³³	青翠翠

3. 重叠式

通过词根的重叠，可以构成新词。如：

gæ²¹gæ²¹	疮	ga²¹ga²¹	骨头
gu³³gu³³	高兴	mæ⁵⁵ mæ⁵¹	各自
phje²¹phje²¹	瓶子	bi⁵⁵ bi³³	满
tsa³³tsa³³	渣	tɕho²¹tɕho²¹³	悄悄

第二节 词的聚合系统

一、基本词汇和一般词汇

根据词的生成能力、语义负载及其使用情况，我们把腊鲁话的词汇系统分为基本词汇和一般词汇两部分。

（一）基本词汇

基本词汇是一种语言中历史比较悠久、语义相对稳定、构词能力强、使用比较频繁的词汇。每一种语言因其基本词汇和语法的不同从而与其他语言形成差异，具有同源关系的语言一般在基本词汇上具有较大的趋同性。在腊鲁话中，基本词汇主要有以下几类：

古今一直存在的自然事物，如 mə²¹（天）、mi³³（地）、mə²¹ni³³（太阳）、ço³³bo³³（月亮）、mə³³xə̠³³（云）、mə²¹kə²¹（雷）、a⁵⁵mə²¹（雨）、a⁵⁵tu⁵⁵（火）、se̠³³dzʐ³³（树）、ve̠²¹（猪）、a⁵⁵nu⁵⁵（狗）等。

日常生活中的生活用品及生产工具，如 tshe³³（米）、no̠³³（豆）、va²¹（菜）、phjo²¹（布）、xɯ³³tɕha³³（铁锅）、a⁵⁵du²¹（门）、xe³³（房子）等。

人的身体器官、疾病等，如 o⁵⁵dɯ³³（头）、mi̠³³du²¹（眼睛）、nu³³khu³³（鼻子）、no⁵⁵pa³³（耳朵）、lə²¹（手）、tshe³³pe̠³³（脚）、no̠³³（病）、tsʅ⁵⁵ma̠³³dze³³（感冒）等。

亲属称谓，如 a⁵⁵ko³³（外公）、a⁵⁵pho²¹（外婆）、a⁵⁵ʑe²¹（爷爷）、a⁵⁵ne³³（奶奶）、a³³te³³（父亲）、a³³ma³³（母亲）、a³³ko³³（哥哥）、a⁵⁵tse³³（姐姐）、n̩a³³ma²¹（弟弟）、nɯ⁵⁵mo³³（妹妹）等。

人或事物的行为动作，如 ko³³（走）、pe̠³³（跑）、ɯ⁵⁵（坐）、gu³³pe̠³³（跳舞）、læ²¹（舔）、zæ³³（笑）、ŋɯ³³（哭）、pe³³（做）等。

人或事物的性质状态，如 mjo²¹（多）、so²¹（少）、tsæ³³（好）、tse³³（酸）、tshʅ³³（甜）、kha²¹（苦）、phe³³（辣）、ɣo²¹gɯ³³（累）等。

人或事物的指称和代替，如 ŋo³³（我）、ni³³（你）、za²¹（他）、e⁵⁵（这）、na³³（那）、a³³tso³³（什么）、a²¹se²¹（谁）、a²¹di³³（怎么样）、kho²¹mo³³ʂʅ⁵⁵（多少）等。

数量或度量，如 kɯ³³（九）、tshe³³（十）、çyo³³（百）、tu³³（千）、tɕi³³（斤）、lo²¹（两）、kho⁵⁵（年）等。

程度、范围、语气等，如 ne²¹（很）、dʑe³³（就）、mɯ⁵⁵（就）、ne²¹（和）、dʑa³³（疑问语气）、æ²¹（疑问语气）、a³³（陈述语气）、o³³（陈述语气）等。

（二）一般词汇

在语言中，除了基本词汇之外的词都是一般词汇。基本词汇和一般词汇共同构成了语言表述的基础。与基本词汇相比，一般词汇的生命力受社会历史变化的影响，并在用进废退的规则制约下出现在词汇的舞台。当然，一般词汇和基本词汇的界限并非总是泾渭分明，有的一般词汇在某个特殊的环境下会升级为基本词汇，在本族语系统中协调稳定下来。在腊鲁话中，一般词汇演变的态势逐渐被汉语借词所取代，但在借入的过程中，往往要经过本族语系统的改造和加工，使之更符合本族语的表达习惯。如 sa̠³³（沙子）、khua⁵⁵（矿）、fa̠²¹ʑe⁵⁵（法院）、lo⁵⁵tho̠²¹（骆驼）、mə²¹tsʅ³³（小麦）、to³³kua̠³³（冬瓜）、tsə³³tsu³³（珍珠）、sə²¹pha⁵⁵（手帕）等。

二、汉语借词

词汇是一个开放的系统，尤其是在多民族杂居的地区，各民族之间经济文化的往来比较频繁，为词汇的接触和借用提供了良好的土壤。腊鲁人思想开放，经济意识比同地区的其他民族更为强烈，因而早在 20 世纪 80 年代，在外辗转承包土地、工程、经商、进厂的中青年就大有人在。长期而频繁的外出活动，掌握一口流利的汉语作为族际间的共同语变得至关重要。在建兴乡的磨味村委会，大多数腊鲁人都是能流利地使用腊鲁话和当地汉语方言的双语人。当然，作为一种强势语言，当地汉语方言对腊鲁话的影响是深刻的，在一些村庄，腊鲁话已经出现断代危机（参看"第九章　腊鲁人的母语保持的个案探讨"）。就算是腊鲁话生态环境依然良好的磨味村委会，腊鲁话中依旧掺入了大量的汉语方言，而使用者却浑然不觉。在汉语借词和腊鲁话本族词共存的氛围下，汉语借词的使用频率也高于腊鲁话本族词。

归纳起来，腊鲁话中的汉语借词主要有以下几类。

（一）整词借入

在汉语借词中，这类词数目最多，一些已经具备基本词汇的相关特征。如：

$ça^{33}tshue^{33}$	香椿	$na^{21}kua^{33}$	南瓜
$tshu^{55}$	醋	$pə^{21}sa^{33}tha^{21}$	白糖
$yo^{33}sue^{21}$	莴笋	$phi^{21}xæ^{21}$	皮鞋
$mie^{21}çi^{55}$	棉絮	$po^{33}li^{21}$	玻璃
$tə^{33}pho^{33}$	灯	$za^{21}tsha^{21}$	火柴

（二）半借词

半借词通常只从汉语中借入缺少本族词或较少使用本族词的词，然后与其他的本族词结合成新词。如：

$mə^{21}dʐŋ^{33}dʐŋ^{33}$	麦秸	$phju^{33}xua^{33}tçhe̱^{21}$	银圆
$mu^{21}tshə^{33}$	马车	$le̱^{21}to^{33}$	镰刀
$zo^{55}\,du^{21}$	用处	$kho^{55}çi^{55}$	新年
$the^{21}phi^{33}$	一批	$the^{21}pe^{33}$	一倍
$e^{55}\,za^{55}$	这样	$xe^{33}pa^{33}$	搬家

借用汉语的语意，用本族词表达，如：

$gɯ^{33}va^{21}$	韭菜	$va^{21}phju^{33}$	白菜
簇　菜		菜　白色	

三、词义的聚类系统

（一）反义词

从词类来看，反义词多出现在形容词类别上。由于长期的语言接触，腊鲁话中自有的形容词数量不多，意思上彼此相对形成的形容词更少，但也并不是完全没有。反义词有互补反义词和极性反义词两类。

互补反义词的词义范围具有封闭性，即两个词所出现的环境是互补的，不可能出现非甲非乙的第三种情况，因而肯定甲则必然否定乙，而否定乙则必然肯定甲。如腊鲁话中的"ko^{55}（活）、ςi^{33}（死）""b$\ɯ^{33}$l$\ɯ^{33}$（亮）、ne^{33}ma^{21}（暗）"等词汇。

极性反义词中的两个词的词义范围比较开放，即两个词出现的环境具有渗透性，中间有第三种情况可能出现，因而肯定甲必然否定乙，肯定乙则必然否定甲，但否定甲则不一定肯定乙。如腊鲁话中的"s$\ŋ^{33}$（长）、$\ȵ$u^{55}（短）""vy^{21}（远）、næ^{21}（近）"等词汇。

如果单独从语形上考察，我们会发现腊鲁话反义词主要由两种方式构成，一种是直接形成反义关系，另一种则是在肯定的意义的基础上施加否定词，从而使其意思与之相反。如：

z̻æ^{21}	大	za^{33}	小
mɯ^{33}	高	pja^{33}	低
khua^{33}	宽	tsə^{21}	窄
tho^{33}	厚	bo^{21}	薄
ne̠^{55}	深	de^{33}	浅
mjo^{21}	多	so^{21}	少
fa^{33}	方	va^{33}	圆
bæ^{33}	平	na^{33}tsu̠^{55}	皱
li^{21}	重	la^{33}	轻
le̠^{21}la^{33}	快	phi^{21}	慢
the^{33}	锋利	me^{21}du^{21}	钝
dʑi^{33}	清	næ^{33}	浊
tshu^{33}	肥	to^{33}	瘦
ka^{33}tɕi^{21}	干净	ka^{33}ȵ̩^{21}tɕi^{21}	脏
sə^{21}no^{33}	舍得	sə^{21}ȵ̩^{21}no^{33}	舍不得
so^{55}tshe^{21}	想起	so^{55}ȵ̩^{21}tshe^{21}	忘记
tsæ^{33}	好	ȵ̩^{21}tsæ^{33}	坏
do^{33}	允许	ȵ̩^{21}do^{33}/no^{33}	禁止

（二）同义词

同义词是指语音形式不同，但语义大概相同的词语。完全同义的词只能在本族词和汉借词共存时才会出现，而大多数的同义词在使用上有一定的细微差别。如：

khu²¹muɯ³³	柴灰（本族词，内涵较小）	tshə²¹xue³³	灰（汉借词，使用更广泛）
mi³³fu³³	马铃薯（本族词，黑话）	ʑa²¹ʑi⁵⁵	洋芋（汉借词，日常使用）
phe⁵⁵	页（由"叶子"意引申而来）	tsu⁵⁵	张（专用词）
tuɯ⁵⁵ tu³³le³³	（安）装	tɕi⁵⁵ tu³³le³³	安装
a⁵⁵ tu⁵⁵ tə⁵⁵	点燃	a⁵⁵ tu⁵⁵ də²¹	燃烧（自燃）
po³³	交换（等值交换）	læ⁵⁵	换（以旧换新）
luɯ³³	躺（还具有"滚"之意）	khu³³	躺（还具有"卷"之意）
ço³³mo³³	生孩子（只用于人类的生育）	çyo³³	生孩子（除人类的生产外，还可以应用于动物）

（三）近义词

近义词是指意思相近的词，腊鲁话的近义词在使用对象、语义范围、程度等方面都有所不同，形成互为补充的格局。如：

养：		叫：	
çyo³³	养（孩子、鸡等）	buɯ³³	（公鸡）叫
tso̥⁵⁵ ko̥⁵⁵	养（老人）	ko²¹tæ³³	（母鸡）叫
借：		e³³	（猫、牛、马、猪、羊、虎等）叫
la⁵⁵	借（钱）	khuɯ⁵⁵	（狗）叫
ŋo⁵⁵	借（工具）		

（四）多义词

一个语音形式有两个或两个以上的意思，是语言经济原则的体现，但也容易形成歧义，必须依赖相应的谈话语境进行排除。腊鲁话的多义词多出现在形容词或动词中，其他词类相对较少。如：

pi⁵⁵：关、闭、挑、扛、敢、盖、收（伞）、梳等。

muɯ³³：灰、粉、高、含（一口水）、毛、升等。

ku²¹li²¹：故事、谜语、传说等。

ne⁵⁵：深、绑、勒、系、拴等。

mi³³：熟、地、名字。

luɯ³³：滚、躺、（一）度（两手伸直的长度）。

四、黑　话

黑话是新平腊鲁人中特有的一种交流用语，腊鲁话称为 tsa³³vu³³thɯ³³，直译为说转话，意指隐晦曲折地讲话。也有的直接说成 nę³³vu³³，即黑话。在过去，出于许多原因，新平的腊鲁人有时候防止其他族的人听懂自己所说的话，常常对一些迂回的特定的交际用语进行变形处理，以期达到保密的效果。或许源于民族关系紧张或文化观念之间的差异，黑话得以在腊鲁人中普遍地使用，但随着社会环境的逐渐和谐，法制社会的进步，黑话的语用功能不断萎缩，正处于消失的边缘。

我们在调查中发现，40岁以上会听说腊鲁黑话的人就已经比较少见，只有60岁以上的人能听懂并能说出几句。根据黑话语义的表达，我们把它分为以下几类。

（一）与食物有关的黑话

白话		黑话	
dʑo³³dʑo²¹	吃饭	lɯ³³pɯ³³di²¹te⁵⁵	打墙
xo²¹	肉	a³³dʑu³³mi³³du²¹	筷子眼睛
dʐ̩³³bæ²¹	酒	ʑi³³dʑi³³	白水
xo²¹phju³³	肥肉	se³³phi²¹	木板
pə²¹sa³³thạ²¹	白糖	bə²¹ʐo³³fu³³	蚂蚁蛋
ʐa²¹ʑi³³	洋芋	mi³³fu³³	地蛋
tshe³³n̠a²¹	糯米	s̩²¹n̠a²¹kha⁵⁵ mo³³	粘牙齿那个

（二）与其他民族有关的黑话

白话		黑话	
ɕi⁵⁵ pho²¹	汉族	sə²¹pə²¹ga²¹ga²¹	玉米骨头
bæ³³ʐo³³	傣族	ze³³fu³³kɯ⁵⁵	鸡蛋壳
ɣo³³ni³³	哈尼族（窝尼支系）	nę³³kə³³	黑色
lu⁵⁵ bi̠²¹	哈尼族（卢比）	mæ⁵⁵ tæ³³læ³³	长尾巴
kha²¹to³³	哈尼族（卡多）	bjo²¹pu⁵⁵ thu²¹	蜂窝
o⁵⁵ be³³	哈尼族（窝比）	o⁵⁵ dɯ³³ʐæ²¹	大头

（三）与动作行为有关的黑话

白话		黑话	
mę²¹	饿	kho³³	空
væ³³	买	ve³³	拿

ko³³ba³³a³³　　　　要走了　　　　　tshe³³mæ³³tɕha²¹li³³a³³　　双脚要走了

走　要（助）　　　　　　　　　　　脚　双　走　要（助）

ʥo²¹bo³³o³³　　　　　吃饱了　　　　　luɯ³³pɯ³³di²¹te⁵⁵bə²¹o³³　　墙打倒了

吃　饱（助）　　　　　　　　　　　墙　打　倒（助）

　　作为一种文化现象，黑话的产生和消失与社会环境的变迁密切相关，最为主要的是，黑话是多语社区和多语民族的一种产物。在建兴的腊鲁人聚居区的周围，广泛分布着汉族、哈尼族及彝族的其他支系，这些民族在过去大都知晓彼此的语言。为了形成对本民族或本支系的一种保护和认同，腊鲁人利用本族语进行特殊的修辞处理，从而制造出一种人为的语言信息干扰。这种人为的语言一旦约定俗成，就成为本族人内部通话的特殊形式，使得非本民族但能听懂腊鲁话的人无法理解。当然，我们也发现，黑话由于对语境的依赖及其多义的嬗变特征，因而使用场合是有限的，主要集中在与日常生活紧密相连的一些语义领域，且不具有危害性。严格地说，这只能算一种简单的"隐语"或"秘密语"。这种表达形式也将随着相应语言使用环境的改变和生活方式及观念的改变而产生变异或消失。

第五章 词 类

　　词类，即词语的语法分类。词类的划分，在汉语学界历来争议颇多，标准也都众说纷纭。但随着探讨的深入，学界逐渐达成一定的共识。对待像汉语这样属于分析型的语言来说，由于缺少一定的词形变化，词的语法功能也并不固定，因而词类划分的标准往往是综合的，单纯从词的意义出发，并不能完全概括词的语法分类，还应对语法意义的形态、组合能力和造句功能进行考虑。邢福义认为，从语法意义的角度对词类划分有主裁标准和辅助标准的区别。"相对来说，组合能力方面的特征覆盖面比形式标记大得多，可据性又比造句功能强得多。因此，在三个方面的特征里，只能以组合能力方面的特征作为主裁标准。"[①]但他也强调："在主裁标准的解释有所不足的时候，可以借助辅助标准。主裁标准和辅助标准如果有矛盾，服从主裁标准。"[②]作为一种分析型的语言，在腊鲁话的词类划分中，我们主要参考了传统结构主义语言学对词类划分的方法和理论，并把词汇意义和语法意义结合起来，具体把腊鲁话的词类分为名词、动词、形容词、数词、量词、代词、副词、介词、助词、连词、叹词等。其中，我们把在句中能充当句子成分，具有实在意义的词归为实词，如名词、动词、形容词、数词、量词、代词等；把不能在句中充当句子成分，只能依附于其他词并且只能表达一定的语法功能的词称为虚词，如介词、连词、助词等。

第一节 名 词

　　名词表示人或事物名称的词。系统地看，名词反映人类对事物的命名及事物之间的内在联系，因而对名词的内部形态组成及其语音语义的探讨，能够深层次地发掘并认识语言的文化属性及认知特点。从音节的特点出发，腊鲁话的名词以双音节词为主，单音节词和多音节词次之。从语义类别出发，则可以分为普通名词和专有名词。

一、名词的类别

　　根据名词所传递的内容、意义及其在语境中的特定结构，我们把腊鲁话分为普通名词和专有名词。

---

① 邢福义主编：《现代汉语语法修辞专题》，高等教育出版社 2002 年版，第 16 页。
② 同上。

（一）普通名词

普通名词可以分为表示人、事物、时间、处所等几个小类，一般都能接受数量词的修饰。

1. 表示人物

表示人物的名词有姓氏、民族、亲属称谓三种。

（1）姓氏名称。新平县建兴的腊鲁人没有本民族姓氏，基本上都沿袭汉姓，但通常要在前面加上"老"，称呼为"老×家"，哪怕自称也是如此。如：

lo²¹tsə³³ɣə²¹	老周家	lo²¹xo³³ɣə²¹	老何家
lo²¹lu³³ɣə²¹	老鲁家	lo²¹li³³ɣə²¹	老李家
lo²¹tsa³³ɣə²¹	老张家	lo²¹lo³³ɣə²¹	老罗家

ni³³tsha³³ma²¹a³³tso³³ɣə²¹⁻²¹³ŋa³³?　　　　老人家您贵姓？（问）

你　人　老　什么　家　　是

ŋo³³lo²¹tsə³³ɣə²¹⁻²¹³ŋa³³.　　　　我姓周。（答）

我　老周家　　是

（2）民族、身份。

ɕi⁵⁵ pho²¹	汉族	bæ³³ʐo³³	傣族
su⁵⁵ pi⁵⁵	哈尼族	o⁵⁵ be³³	彝族聂苏支系
tsha³³ma²¹	老头	tsha³³pho²¹	男人
zo²¹mæ²¹	妇女	zo²¹mæ²¹le⁵⁵ o²¹	姑娘
dʐ̩²¹ma²¹	官员	o⁵⁵ duɯ³³	皇帝
su⁵⁵ mo⁵⁵ pho²¹	教师	lo³³mo³³ge³³dæ²¹su³³	石匠
a²¹pe³³ma²¹	巫师	dzo̱³³me⁵⁵	乞丐

（3）亲属称谓。

a⁵⁵ ʐe̱²¹	爷爷	a⁵⁵ ne³³	奶奶
a³³te³³	爸爸	a³³ma³³	妈妈
ta⁵⁵ te³³	伯父	ta⁵⁵ ma³³	伯母
a³³va³³	叔叔	a³³ʑi³³o²¹	婶子
a⁵⁵ tɕiu⁵⁵	舅舅	a⁵⁵ tɕiu⁵⁵ ma³³	舅妈
a⁵⁵ ʑi²¹te⁵⁵	姨爹	a⁵⁵ ʑi²¹ma³³	姨妈
a³³ko³³	哥哥	a⁵⁵ tse³³	姐姐
ŋa³³ma²¹	弟弟	a²¹lo²¹	嫂子
a²¹vi²¹	姐夫	nɯ⁵⁵ mo³³	妹妹

其中，人物身份由于多涉及相关职业，因而常用背称指代。面称要根据实际的关系来界定和称呼。亲属称谓中只有爸爸妈妈背称时词形有所变化，其余背称皆在前面加上相应的人称代词来做限定。如：

a²¹bo²¹	爸爸	a²¹mo³³	妈妈
ŋo³³n̪a³³ma²¹	我弟弟	ŋo³³a²¹lo²¹	我嫂子
ŋo³³ko³³	我哥	ŋo³³a⁵⁵tse³³	我姐

2. 事物名词

（1）表示天文、地理、自然。

mə²¹ni³³	太阳	ɕo³³bo³³	月亮
mə³³xə³³	云	mə²¹ʑi⁵⁵	闪电
mə²¹se³³	风	a⁵⁵mə²¹	雨
lo̠³³mo³³ge³³	石头	mi³³	地
ɣo²¹me²¹	山坡	la³³khu²¹	山谷
la³³dza²¹	河	pa⁵⁵tha̠²¹	湖
ze²¹	树林	tsho²¹	盐

（2）表示动物、植物。

n̪u²¹	牛	o⁵⁵n̪u⁵⁵	水牛
n̪u²¹zo²¹	牛犊	tha²¹lu³³	兔子
mu²¹	马	a⁵⁵tʂʅ⁵⁵	山羊
ʐa³³	绵羊	a⁵⁵tʂʅ⁵⁵zo²¹	羊羔
tha²¹lo³³mu²¹	驴	ve̠²¹	猪
se̠³³dʐʅ³³	树	sæ²¹ɣə²¹dʐʅ³³	桃树
sæ²¹tɕo⁵⁵dʐʅ³³	李树	sæ³³li³³dʐʅ³³	梨树

（3）表示身体组成部分或排泄物。

o⁵⁵dɯ³³	头	me̠³³tɕi³³mə³³	眉毛
mi̠³³du²¹	眼睛	nu³³khu³³	鼻子
no⁵⁵pa³³	耳朵	phæ²¹me̠³³	脸
lə²¹	手	tshe³³pe̠³³	脚
ɕi²¹	屎	pɯ⁵⁵ʂʅ²¹	尿
ɕi²¹bi²¹	屁	kæ⁵⁵ʑi³³	汗

（4）表示食品。

tshe^{33}phju^{33}	米	dzo^{33}	饭
dzo^{33}xæ^{21}li^{55}	稀饭	a^{33}pa^{33}	粑粑
xo^{21}	肉	ŋu^{21}xo^{21}	牛肉
ve̱^{21}xo^{21}	猪肉	va^{21}lo^{33}be^{21}	茴香
no̱^{33}khæ^{33}	豆腐	ze̱^{33}fu^{33}	蛋
ʑi^{33}tsu^{33}	汤	dʐ̩^{33}bæ^{21}	酒

（5）表示服饰。

lu^{55} du^{21}	裤子	phia^{33}	衣
tho^{21}tɕhe̱^{21}	裙子	o^{55} tæ^{33}læ^{33}	帽子
pɯ^{33}tsho^{33}	补丁、尿布	o^{55} li^{33}	包头
tshe^{33}pe̱^{33}tho^{33}lo^{33}bo^{33}	裹腿	tshə̱^{33}nə̱^{33}	鞋
lə^{21}ɲi^{33}ɕi^{33}	戒指	lə^{21}dʐu^{33}	手镯

（6）表示房屋建筑。

xe^{33}	房子	xe^{33}phi^{21}mi^{21}	院子
lo^{33}tsu^{55} xe^{33}	厨房	ve^{21}ga^{33}xe^{33}	磨房
ŋu^{21}bɯ^{33}	牛圈	ve̱^{21}bɯ^{33}	猪圈
a^{55} du^{21}	门	a^{55} du^{21}la^{21}	门槛
ɕi^{21}tha̱^{21}	厕所	tɕho^{33}bo^{21}	篱笆

（7）表示日常生活、生产、劳动用品。

pa^{21}tə^{33}	凳子	dʐo^{21}mo^{33}	床
me^{55}sə̱^{33}	扫帚	se̱^{33}	柴
dʑi^{21}ka^{33}	垃圾	xɯ^{33}tɕha^{33}	铁锅
mɯ^{55}ɳi^{55}	甑子	ɣo^{21}pæ^{33}	碗
kha̱^{33}lu^{33}	篮子	se̱^{33}go^{21}	犁
lo^{21}tshe^{21}	铧	tɕo^{55} mo^{33}	锄头

（8）表示文化产品、娱乐。

su^{55} dʐ̩^{21}	字	su^{55} pə^{21}	书
tha^{21}ʑi^{21}	纸	pi̱^{21}	笔
ɕi^{55}	山歌	gu^{33}	舞蹈
bɯ^{33}	葫芦笙	khua^{33}sæ^{33}læ^{33}	铃

3. 时间名词

e^{55}ni^{33}	今天	a^{21}ni^{55}	昨天
sʅ^{33}ni^{33}	前天	a^{21}gɯ^{33}ni^{33}	明天
tshe̱^{55}phi^{21}ni^{33}	后天	a^{21}phe^{55}ni^{33}	大后天
the^{21}me^{33}	一夜	de̠^{33}thi^{55}	初一
kho^{55}ɕi^{55}ço^{33}	一月（正月）	sʅ^{33}n̩i^{33}te^{55}	前年
xe^{55}me^{21}tho^{21}	从前	e^{55}kɯ^{55}	现在
a^{21}gɯ^{33}tshe^{55}	将来	ni^{33}xe^{55}tsæ^{33}	吉日

4. 方位、地点名词

le̠^{21}væ^{55}	左边	ʐo^{33}bæ^{21}	右边	e^{55}bæ^{21}	这边
na^{33}ka^{33}	那里	ga^{33}bo^{21}	上面	da^{33}a^{21}lo^{33}	下面
khɯ^{33}bo^{21}	对面	ko^{33}tæ^{33}sʅ^{21}	背后	ʐa^{21}o^{55}dɯ^{33}le^{55}	顶上
a^{33}ka^{33}ka^{33}	中间	khæ^{33}bæ^{21}	旁边	tɕhi^{33}gɯ^{33}	下方
n̩a^{55}sʅ^{21}	外面	ɣɯ^{33}dʑa^{21}	里面	xe^{55}mi^{21}sʅ^{21}	前面
the^{55}lo^{33}	上	ʐa^{21}tshe^{21}	边	Kə^{21}lə^{21}	角

（二）专有名词

与普通名词相比，专有名词更强调表述对象的"独一无二"，具有浓郁的民族、地域文化特征。在腊鲁话中，专有名词可分为人名、地名和节日名等。

1. 人 名

取名也遵照当地汉族的习俗，有乳名和学名的区分。乳名在村寨中使用，老辈对晚辈或平辈之间可以直接称呼乳名，晚辈则禁止使用。学名一般作为上学或在外面进行社交时使用。一般而言，乳名比较亲切，而学名则更为正式。学名一般由家中最老的长辈或父母来取，三个字为常；乳名大都为两个音节，常常由外人来取，一般做法是孩子满月之前，如果家中有家族以外的其他人进来，那么第一个看见孩子的人就必须负责给孩子取名，并收为干儿子（女儿）。也有结合孩子出生时的生辰八字或母亲生孩子那年的运势给孩子取名的。

tsə^{33}tshə^{21}ʐa^{55}	周成艳	xo^{21}uə^{21}xua^{21}	何文华
lu^{33}ço^{33}uə^{21}	鲁学文	khua^{55}ɕie^{33}	匡仙（女名）
ɕie^{33}xua^{21}	新华（男名）	tshue^{33}me^{21}	春梅（女名）
kue^{55}ɕie^{33}	桂仙（女名）	li^{21}xo^{21}	李何（男名）

2. 地 名

根据传说，腊鲁人属于外迁过来的民族，居住地各民族交错杂居，当地汉语方言成为族际共同语，为交流方便，大部分地名也都汉化了，只有极少数的腊鲁话地名。从语义上推测，这些地名的选取往往与当地常见动物、特有人物、出产、地形、场地功能等有关。

ɕie^{55}pie^{21}	新平	ma^{21}a^{55}tha^{21}	马鹿塘	sua^{33}ko^{33}ʥŋ^{33}	双街
ua^{21}tɕo^{55}	瓦窑	ta^{55}li^{21}tɕhi^{55}	大力气	mo^{55}ve^{33}	磨味
ʑi^{55}vu^{21}ɕa^{33}	遇武乡	ma^{21}tso^{55}sa^{33}	马鬃山	la^{21}ɕi^{55}o^{21}	大河箐

汉语地名的存在说明两种情况，一是腊鲁人不是当地的土著，在他们到来之前，这些地名就已经存在，他们到来之后因袭用之；二是腊鲁人的双语能力不错，尤其是汉语水平极高，这些地名要么与他们祖籍地的名称有关，要么与他们迁到本地后的命名有关。但从当地语言的调查情况来看，老一辈的腊鲁人汉语能力并不好，前者的可能性更大。

3. 节日名称

节日是腊鲁人日常生活的一个重要活动之一，一年十二个月，基本上每个月都有节庆活动。

ŋo^{21}ɕo^{33}tɕã^{33}	端午节	ɕi^{21}ɕo^{33}tɕã^{33}	七月十五	sua^{33}ko^{33}ʥŋ^{33}	初一
kho^{55}ɕi^{55}mo^{55}	过年	ɕo^{33}gɯ^{33}	除夕	xẽ^{33}ɕo^{33}tɕã^{33}	中秋
tɕho^{55}ɕo^{33}tɕã^{33}	火把节	lu^{21}gɯ^{33}	祭龙		
kho^{55}ɕi^{55}tshe^{21}ŋo^{21}	元宵	le^{21}bæ^{33}se^{21}lɤ^{55}	清明		

腊鲁人的节庆具有多重的文化内涵，既有对祖先崇拜的传承，也有趋吉避凶的祈祷。如"祭龙"和"火把节"的节日里，家家户户都要请德高望重的老人给自家人"叫魂"，祷祝一家人身体健康，平平安安。从社会交往的角度来看，腊鲁人的节庆活动有效地维系了民间情感的纽带，不管是亲戚朋友还是兄弟姊妹，在繁忙的农作季节，在特定的日子里，大家一起载歌载舞，放松庆祝，更加有利于世俗社会的休养生息。如"le^{21}bæ^{33}se^{21}lɤ^{55}"（清明节）和"xẽ^{33}ɕo^{33}tɕã^{33}"（中秋节）是腊鲁人比较重要的节日，在这两个节日里，不管离家多远的人都要赶回老家与亲人们团聚，尤其是"xẽ^{33}ɕo^{33}tɕã^{33}"（中秋节），不管亲戚邻里，大家都要相互拜访，互致问候，增进感情。

二、名词的语法、语义范畴

（一）数

在腊鲁话的名词类别中，数的语法范畴相对有限，只有少数指人名词或动物名词拟人化使用的时候可加上后缀 ke^{33}（们），表示多数，或加上 a^{55}tɕi^{55}（那些）、a^{55}pho^{33}（那群），表示不确的多数，有定指的意味，但都不具有强制性。

（1）ke^{33} 不能单独使用，常附着于人名或称谓词后面，相当于汉语里的"们"或"他们"。如：

kua^{55}ɕie^{33}ke^{33}ɣə$^{21-213}$　匡仙家　　xə^{21}tɕie^{55}tshue^{33}ke^{33}ɣə$^{21-213}$　何进春家

匡　仙　们　家　　　　　　　　何　进　春　们　家

a³³ko³³ke³³ 哥哥他们 a⁵⁵tse³³ke³³ 姐姐他们

哥哥 们 姐姐 们

ta⁵⁵mo³³ke³³ 伯母他们 a³³te³³ke³³ 爸爸他们

大妈 们 爸爸 们

（2）a⁵⁵tɕi⁵⁵，表示"那些"，加于一般名词之后，表示定指。如：

zo²¹mæ²¹a⁵⁵tɕi⁵⁵ 姑娘们 tsha³³le⁵⁵o²¹a⁵⁵tɕi⁵⁵ 小伙们

姑娘 那些 人 嫩儿 那些

su⁵⁵mo⁵⁵pho²¹a⁵⁵tɕi⁵⁵ 老师们 mu²¹a⁵⁵tɕi⁵⁵ 一些马

教 师 那些 马 那些

（3）a⁵⁵pho³³，表示"那伙""那群"，不确定的多数，表是定指。如：

tsha³³a⁵⁵pho³³ 人群 ȵu²¹a⁵⁵pho³³ 牛群

人 那伙 牛 那群

a⁵⁵tʂʅ⁵⁵a⁵⁵pho³³ 羊群 ze̞³³a⁵⁵pho³³ 鸡群

羊 那群 鸡 那群

（4）作为一种分析型的语言，腊鲁话指人名词受到数词、数量组合或表示不定量形容词修饰或限制，词形不会发生改变。如：

tsha³³the²¹mo³³ 一个人 tsha³³ŋ²¹nə⁵⁵ 两个人

a³³ni³³o²¹the²¹pho³³ 一群孩子 ȵu²¹kho²¹mo³³sʅ³³ 很多牛

se̞³³dʐʅ³³kho²¹mo³³sʅ³³ 很多树 tsha³³so³³lə²¹ 三个人

ʐa²¹de³³a³³ni³³o²¹ 他的孩子 ŋo³³de³³su⁵⁵pə²¹ 我的书

ni³³de³³xe³³ 你的房子 lu³³du²¹the²¹ɕo³³ 一条裤子

（二）性

名词的"性"范畴在腊鲁话中不是显性物征，只有人或部分动物有性别的表示。此外，"石头"及一些日常使用的家具如簸箕、筛子等属于阴性，有较多隐喻的意味。如：

（1）mo³³表示女性或阴性，蕴含"大"的意思。

ne²¹phyo²¹mo³³ 巫婆 tɕhi²¹mo³³ 儿媳妇

li⁵⁵mo³³ 孙女儿 nɯ⁵⁵mo³³ 妹妹

ni²¹ȵa³³mo³³ 姐妹 ʐi²¹mo³³ 岳母

a²¹mo³³ʐa³³ 继母 mæ²¹tsʅ²¹mo³³ 寡妇

se̞³³dzʅ³³lə²¹mo³³ 树干 o³³mo³³ 簸箕

（2）$mo^{33}ge^{33}$ 表示阴性或动物雌性。如：

$\eta u^{21}mo^{33}ge^{33}$	母黄牛	$o^{55}\ \eta u^{55}\ mo^{33}ge^{33}$	母水牛
$\eta u^{21}mo^{33}ge^{33}$	母牛	$mu^{21}mo^{33}ge^{33}$	母马
$za^{33}mo^{33}ge^{33}$	母绵羊	$a^{55}tsh\eta^{55}mo^{33}ge^{33}$	母山羊
$ve^{21}mo^{33}ge^{33}$	母猪	$a^{55}\ nu^{55}\ mo^{33}ge^{33}$	母狗
$ze^{33}mo^{33}ge^{33}$	母鸡	$tsha^{33}mo^{33}ge^{33}$	妻子

（3）pho^{21}、po^{55}、ma^{21} 等表示男性，其中 pho^{21} 还有"具有某一专业技术或从事某一职业"的意思。如：

$tsha^{33}pho^{21}$	男人	$dz\ae^{33}pho^{21}$	贼
$zi^{21}pho^{21}$	岳父	$li^{55}\ po^{55}$	孙子
$tsha^{33}ma^{21}$	老（男）人	$a^{21}pe^{33}ma^{21}$	（男）巫师
$\eta a^{33}ma^{21}$	兄弟	$xw^{33}d\ae^{21}pho^{21}$	铁匠
$va^{21}pe^{33}pho^{21}$	厨子	$su^{55}\ mo^{55}\ pho^{21}$	教师

（4）$lo^{21}b\partial^{33}$、po^{55}、ka^{55} 表示动物雄性。如：

$\eta u^{21}lo^{21}b\partial^{33}$	公黄牛	$o^{55}\ \eta u^{55}\ lo^{21}b\partial^{33}$	公水牛
$\eta u^{21}po^{55}\ ma^{21}$	公牛	$ve^{21}po^{55}$	公猪
$a^{55}\ nu^{55}\ po^{55}$	公狗	$mu^{21}po^{55}$	公马
$za^{33}po^{55}$	公绵羊	$a^{55}\ tsh\eta^{55}\ ka^{55}$	公山羊

（5）phu^{33} 表示家禽类雄性。如：

$ze^{33}phu^{33}ma^{21}$	公鸡	$a^{33}phu^{33}ma^{21}$	公鸭	$o^{33}phu^{33}ma^{21}$	公鹅

（三）名词"指小"功能

名词的"指小"功能通常是在名词后面加上 zo^{21}（儿子），如果名词后面带上 o^{21}，则可以表示"可爱"的意思。如：

$ve^{21}zo^{21}$	小猪	$ve^{21}zo^{21}o^{21}$	小猪儿
$za^{33}zo^{21}$	小绵羊	$za^{33}zo^{21}o^{21}$	小羊羔
$mu^{21}zo^{21}$	小马	$mu^{21}zo^{21}o^{21}$	小马儿
$lo^{33}mo^{33}ge^{33}o^{21}$	小石头	$se^{33}dz\eta^{33}o^{21}$	小树
$la^{33}dza^{21}o^{21}$	小河	$\gamma o^{21}p\ae^{33}o^{21}$	小碗儿
$pa^{21}t\partial^{33}o^{21}$	小凳子	$s\eta^{55}va^{21}o^{21}$	小草

（四）名词的性状特征

不同名词所携带的性状特征反映了人们对自然和社会的文化认知，不同民族的先民们对物体的命名必然是建立在他们不断了解和认识事物的广度和深度上的。在我们对名词的认知过程中，往往伴随着联想和想象等心理活动，因而对具有相同语音要素的名词进行分析，可探视其内在的规律性，有利于我们更深入地了解和掌握该语言和文化。我们通过腊鲁话中带有 o^{55} 前加词的名词类词语进行概括分析，可以发现许多有趣现象。如：

$o^{55} du\mspace{1mu}uu^{33}$	头	$o^{55} tsh\eta^{33}$	头发
$o^{55} no^{21}$	脑髓	$o^{55} ka^{33}$	寿命
$o^{55} be^{33}$	族称（彝族）	$o^{55} du\mspace{1mu}uu^{33}$	皇帝
$o^{55} \eta u^{55}$	水牛	$o^{55} \eta u^{55} lo^{21} b\partial^{33}$	公水牛
$o^{55} \eta u^{55} mo^{33} ge^{33}$	母水牛	$o^{55} mi^{55}$	猫
$o^{55} d\partial^{21}$	狐狸	$o^{55} li^{33}$	包头
$o^{55} t\ae^{33} l\ae^{33}$	帽子	$o^{55} pi^{55}$	梳子
$o^{55} pi^{55} d\zi^{33}$	箧子	$o^{55} gu^{21} lu^{33}$	枕头
$o^{55} lu^{21}$	小土锅	$o^{33} th\mspace{1mu}uu^{33}$	罐子
$o^{33} t\ci^{33} t\ca^{33}$	筛子	$o^{33} t\ci^{33} d\zi^{33}$	罗筛
$o^{33} mo^{33}$	簸箕		

通过观察，我们可以看出，与 o^{55} 相关的词语表现出三种语义特征：与头部相关；与人类关系接近，比较聪明和机灵的动物；圆形的物体。从认知的角度说，人类正是通过对自身的认识，达到推己及物的目的的。也就是说，腊鲁人正是通过"近取诸身"的方式对自己身边的事物进行命名和区别，然后再根据命名物体与自身的相似度或在背景中的凸显度来达到对事物的命名和认识的。

三、名词的语法功能

（一）名词作主语

$s\partial^{55} p\partial^{55} e^{55} th\ae^{213} ts\ae^{33} ne^{21}$ ！   这块苞谷真好！

苞谷　这块　好　很

$tsa^{33} ts\eta^{33} ba^{21} t\partial^{33} m\ae^{55} m\ae^{213} go^{21} x\ae^{21} o^{33}$.   桌子、板凳都坏了。

桌子　板凳　全部　坏（助）

（二）名词作宾语

$\eta o^{33} phja^{33} the^{21} tho^{55} v\ae^{33} o^{33}$.   我买了一套衣服。

我　衣服一套买（助）

$e^{55} ka^{33} le^{55} tshe^{55} phju^{55} ga^{21}$.   这边种稻谷。

这边（助）　稻白　种

（三）名词作谓语

e^{55}ȵi^{33}ɕi^{21}ɕo^{33}de^{33}tshe^{33}. 今天七月初十。

今天 七月 初十

ʐa^{21}ke^{33}ni^{21}o^{33}e^{55}væ^{33}be^{33},o^{55} xu^{33}u^{55}! 他们俩这样说，哦呀

他们 俩 这种 说 哦（感叹）

the^{21}me^{21}the^{21}ka^{33}le^{33}ni^{33}ɕi^{213}ne^{21},o^{55}, ze^{21}ne^{33}ze^{21}, ve^{33}lu^{33}ne^{33}ve^{33}lu^{33}, ŋa^{33}ne^{33}ŋa^{33}.

一 山 一 谷 都 看 易 很 哦（叹） 森林 的 森林 花 的 花 鸟 的 鸟

到处都很漂亮，森林是森林。花是花，鸟是鸟。

（四）名词作定语

e^{55} me^{33}de^{33}ɕo^{33}bo^{33}va^{33}ne^{21}. 今晚的月亮真圆。

今晚 （助）月亮 圆真

le^{21}væ^{55} a^{55} phja^{213}le^{55} kho^{33}. 靠左。

左 那 边 （助）靠

第二节 动 词

动词是表示动作、行为、心理活动或存在、变化、消失的词。动词对主体的动作或状态进行说明。在世界上大多数语言中，动词都是不可或缺的语言要素，它可以通过丰富的语法手段表示复杂的语法范畴。在腊鲁话中，单音节动词占多数，多音节动词较少。

一、动词的分类

（一）及物动词和不及物动词

根据动词能否带宾语，可以把动词分为及物动词和不及物动词。

1. 及物动词

（dʑi^{21}phi^{21}）tæ^{55} 带（钱）	（dʑo^{33}mo^{33}）xæ^{21} 带（路）
（o^{55}li^{33}）ne^{55} 戴（包头）	（lə^{21}dʑu^{33}）də^{21} 戴（手镯）
（a^{55}tu^{55}）to^{55} 点（火）	（me^{33}ʑi^{33}）væ^{21} 掉（眼泪）
（bə^{21}ʂ^{33}）khɯ^{55} （蚊子）叮	（tsho^{21}）tɕi^{33} 放（盐）

2. 不及物动词

mi^{21}dze^{33}	凋谢	tsh^{55}	冻
tshu^{33}	蹲	khə^{21}phæ^{33}	躲藏

za⁵⁵khæ³³	躲开	tshe²¹	发抖
di²¹go²¹	反刍	fæ³³	干
thə̠⁵⁵	跪	lɯ³³	滚
kho²¹	（病）痊愈	ɣo²¹dʐ̩²¹	胜利
di̠²¹	碎	khə²¹pe̠³³	逃跑

（二）一价动词、二价动词和三价动词

从动词所带的论元来看，可以把动词分为一价动词、二价动词和三价动词。

1. 一价动词

a⁵⁵ mə²¹xo³³la⁵⁵ o³³.　　　　　　　　　　下雨了。

雨　　下（助）（助）

bə²¹lɯ³³di³³di³³o³³bju³³.　　　　　　　蝴蝶慢慢地飞。

蝴蝶　慢慢（助）飞

ʐa²¹pe̠³³o³³.　　　　　　　　　　　　　他跑了。

他　跑（助）

2. 二价动词

ŋo³³ tshə²¹le⁵⁵ ʑi³³bo³³.　　　　　　　我要去城里。

我　城市（助）去要

n̩²¹ke³³xe³³ga³³mja²¹mo³³bo³³.　　　　我们要做家务活。

我们　房子干活做要

ŋo³³dʑo³³dʑo²¹o³³.　　　　　　　　　　我吃过饭了。

我饭吃（助）

3. 三价动词

su⁵⁵ mo⁵⁵ pho²¹ŋo³³a⁵⁵ tɕhie³³pi²¹the²pa²¹me⁵⁵ gə²¹a³³.　　老师送我一支铅笔。

老师　　我（助）铅笔一支　送（助）

ʐa²¹ke³³ŋo³³a⁵⁵ tæ³³pjo²¹ta³³ʑi³³ɕe²¹.　　他们选我当代表。

他们我（助）代表　当去选

（三）其他小类

从语义特征来看，腊鲁话还存在一些特殊的动词小类。

1. 心理动词

ʐa⁵⁵ tæ³³	喜欢	xɯ⁵⁵	恨
gu³³gu³³	高兴	dʑu³³	害怕
ɕi⁵⁵ ta³³	害羞	dʑo²¹	想念

ça³³çie⁵⁵	相信	xɯ⁵⁵ phja²¹	讨厌
fu²¹	哄	de²¹tsha²¹	回忆
næ⁵⁵ do³³	忍耐	sæ⁵⁵	认（识）
xo⁵⁵	爱好	xɯ³³	喜好

从结构搭配上看，腊鲁话的心理动词有两类明显的分歧，一类可以接受程度副词的修饰，并能带上小句宾语；一类则不能接受程度副词的修饰，但可与小句宾语相结合。如：

ʑa⁵⁵ tæ³³ne²¹	很喜欢	çi⁵⁵ ta³³ne²¹	很害羞
喜 欢 很		害羞 很	

the²¹tɕi⁵⁵ o³³le³³ŋ²¹gu³³gu³³. 一点也不高兴。
一 点 儿 也 不 高 兴

ŋo³³ça³³çie⁵⁵ ni³³a²¹da³³le³³go²¹le³³kɯ⁵⁵ a⁵⁵. 我相信你一定会回来。
我 相 信 你 一 定 回来 会（助）

ŋo³³ni³³ŋo³³a⁵⁵ te⁵⁵ kɯ⁵⁵ dʑu³³. 我怕你会打我。
我 你 我（助）打 会 害怕

ŋo³³de²¹tsha²¹⁻²¹⁵ ʑa²¹go²¹le³³kɯ⁵⁵ a⁵⁵. 我想他会回来。
我 想 他 回 来 会（助）

2. 判断动词

腊鲁话中有两个典型的判断动词，一个是 ŋa³³，另一个是 mɯ³³。这两个动词虽然语义趋同，但在使用中却都有自己独特的分布。

（1）一般情况下，ŋa³³ 用在句末，语序变为"主语 + 宾语 +ŋa³³"。

a⁵⁵ nu⁵⁵ a⁵⁵ mo³³ɳ²¹ke³³de⁵⁵ ŋa³³. 那只狗是我家的。
狗 那个 我家（助）是

ŋo³³su⁵⁵ mo⁵⁵ pho²¹ŋa³³. 我是教师。
我 书 教 人 是

ʑa²¹a³³ko³³tɕie³³zə³³ŋa³³. 他哥哥是军人。
他 哥哥 军人 是

（2）作为判断词，mɯ⁵⁵ 表示"是"的含义时，句子结构要出现相应的变化，表示为"主语 + mɯ⁵⁵ + 宾语"，且在日常生活中的使用频率比 ŋa³³ 更高。如：

ʑæ²¹a⁵⁵ mo³³mɯ⁵⁵ a³³ko³³, ʑa³³a⁵⁵ mo³³mɯ⁵⁵ ɳa³³ma²¹. 大的是哥哥，小的是弟弟。
大 那个 是 哥哥 小 那个 是 弟弟

ŋu²¹mɯ³³mi³³mo²¹lo³³mo³³, mu²¹mɯ³³tshə³³tɕa³³lo³³mo³³. 牛犁地，马拉车。
牛 是 地 犁（名物化）， 马 是 车 拉（名物化）

（3）如果对句子中的话题予以强调，则两个词都会同时出现在句子中。不过，此种位置下的 mɯ⁵⁵在句中更像话题标记，而 ŋa³³ 则成为真正的判断动词。如：

ni³³a³³te³³mɯ⁵⁵ ʑa²¹a⁵⁵ tɕu⁵⁵ ŋa³³.　　　　　　　　　你父亲是他舅舅。

你父亲　是　他　舅舅　是

ʑa²¹a³³ko³³mɯ⁵⁵ tɕie³³zə³³ŋa³³.　　　　　　　　　　他哥哥是军人。

他哥哥　是　军人　是

（4）判断动词肯定形式有两种情况，但它们的否定形式则只有一种，即不管是 mɯ⁵⁵ 还是 ŋa³³，都只用 n̩²¹ŋa³³ 来否定。如：

phja³³phju³³tsẹ³³ŋo³³de³³n̩²¹ŋa³³.　　　　　　　　　　白衣服不是我的。

衣服　白　色　我（助）不是

3. 存在动词

（1）腊鲁话的存在动词相对单调，句子中表示某物的存在一般使用动词 ʥa³³（有）、ɣə²¹（在）。存在动词对存在体的基本情况不做具体要求，不管是人或是物，都可以使用。如：

e⁵⁵ ka³³n̩u²¹n̩²¹nə⁵⁵ dza³³, na³³ka³³mu²¹n̩²¹nə⁵⁵ dza³³.　　这里有两头牛，那里有两匹马。

这里　牛　两头　有　　那里　马　两匹　有

ɣo²¹me²¹le⁵⁵ ɕu³³du³³lu³³the²¹mo³³dza³³.　　　　　　山坡上有一个洞。

山坡　上　洞　　一　个　有

ʑa²¹su⁵⁵ za³³xe³³le⁵⁵ ɣə²¹la⁵⁵ se²¹.　　　　　　　　他还在学校。

他　书　学房（助）在（助）还

（2）存在动词的否定形式为 n̩²¹ʥa³³（没有）或 n̩²¹ɣə²¹（不在）。如：

xe⁵⁵ me²¹tho²¹ve²¹lo³³mo³³n̩²¹dza³³dzo²¹lo³³mo³³n̩²¹dza³³.　过去没吃没穿。

从　前　穿（名物化）不有　吃（名物化）不有

ʑa²¹a³³ɣə²¹⁻³³ve²¹n̩²¹dza³³.　　　　　　　　　　　　他家没有猪。

他们家　猪　没有

ʑa²¹xe³³ka³³n̩²¹ɣə²¹o³³.　　　　　　　　　　　　　他不在家了。

他　家　里　不　在（助）

4. 能愿动词

能愿动词又称为助动词。能愿动词本身并不能充当句子成分，但可以置于动词或形容词后面，对客观的可能性、必要性以及人的主观意愿进行限定。能愿动词大致可以分为三类。

（1）kɯ⁵⁵（能、会）、ɣo³³…kɯ⁵⁵（得可以）、do³³（行）、ɣo³³…do³³（得行）等表示可能。如：

xɯ³³mɯ⁵⁵ ka³³lie⁵⁵ ma⁵⁵ kɯ⁵⁵ a⁵⁵.　　　　　　　　铁可以炼成钢。

铁（助）钢　炼　成　能（助）

xɯ³³mɯ⁵⁵ ka³³lie⁵⁵ ma⁵⁵ ņ̩²¹kɯ⁵⁵ .　　　　　　　铁不可以炼成钢。

铁（助）钢炼   成   不能

ŋo³³ɣo³³go²¹ʑi³³do³³a³.　　　　　　　　　　我可以回家了。

我 得   回 去 行（助）

（2）a²¹da³³le³³（必要）、ʑe³³khæ³³（应该）等表示必要。如：

tsha³³ʐæ²¹a³³ni³³o²¹le⁵⁵ ņ̩²¹ʑe³³khæ³³te⁵⁵ .　　　大人不应该打孩子。

  人大 孩子（助）不 应 该   打

xo²¹a²¹da³³le³³lu³³mi³³o³³sʅ⁵⁵ dzo²¹do³³a³³ .　　肉必须炒熟才能吃。

肉 必须   炒 熟（助）再 吃 可以（助）

（3）gu³³mi⁵⁵ dza³³（想）、pi⁵⁵（敢）等表示意愿。如：

ŋo³³ʑi³³pi⁵⁵ a⁵⁵ .　　　　　　　　　　　　我敢去。

我 去 敢（助）

ŋo³³ʑi³³ņ̩²¹pi⁵⁵ .　　　　　　　　　　　　　我不敢去。

我 去 不 敢

ʑa²¹ŋɯ³³gu³³mi⁵⁵ dza³³.　　　　　　　　　他想哭。

他 哭   想

ʑa²¹ŋɯ³³gu³³mi⁵⁵ ņ̩²¹dza³³.　　　　　　　他不想哭。

他 哭   不 想

a³³ma³³be³³:"ŋo³³du³³ʑi³³ba³³a³³ ."　　　　妈妈说："我要出去了。"

妈妈 说 我 出 去 要（助）

二、动词的语法特点

（一）动词的使动范畴

动词的使动范畴有屈折形式和分析形式两种。

1. 屈折形式

腊鲁话动词使动形式可以通过辅音清浊交替、韵母的变化或声调的改变等形式予以实现，但这样的语法手段已经比较少见，可能是过去语音屈折形式在现代腊鲁话中的遗留，而如今正不断向分析形式靠拢。如：

ʥo²¹　　　　吃（自动）　　　tso⁵⁵　　　吃（使动）

da³³　　　　喝（自动）　　　ta³³　　　　喝（使动）

ʥu³³　　　　害怕（自动）　　　tɕu³³　　　害怕（使动）

2. 分析形式

用分析形式表现腊鲁话动词的使动范畴正成为腊鲁话的主要演变方式。动词使动范畴的分析形式有前加式和后加式两种情况。其中，前加式为：pe³³+动词，表示"弄……"；后加式为：动词+lo⁵⁵，表示"使……"。如：

dʑi³³	溶化	dʑi³³lo⁵⁵	使溶化
dzæ²¹	骑	dzæ²¹lo⁵⁵	使骑
xa³³tu³³	起	xa³³tu³³lo⁵⁵	使起
dʑe̱²¹le³³	下来	dʑe̱²¹le³³lo⁵⁵	使下来
di̱²¹	碎	pe³³di̱²¹	弄碎
tsu³³tshu²¹	醒	pe³³tsu³³tshu²¹	弄醒

ʐa²¹le⁵⁵ tsu³³tshu²¹tu³³le³³lo⁵⁵ .　　　　　让他醒起来。

他（助）　醒　起来使

ʐa²¹ʐa²¹n̩a³³ma²¹le⁵⁵ tshe³³phju³³bə²¹lo⁵⁵ .　　他让弟弟背米。

他 他 弟 弟（助）稻 白 背 使

a³³te³³ŋo³³a⁵⁵ dʑe̱²¹le³³lo⁵⁵ .　　　　　　爸爸让我下来。

爸 爸 我（助）下 来 使

ŋo³³a⁵⁵ ʑi³³tɕi⁵⁵ o²¹ta³³ .　　　　　　　　给我喝点水。

我（助）水 点 儿 喝（使动）

ni³³ŋo³³a⁵⁵ ʑi³³lo⁵⁵ bo³³æ²¹ ?　　　　　你要让我去吗？

你 我（助）去 使　要（助）

a³³ma³³a⁵⁵ nu⁵⁵ le⁵⁵ dʑo³³tso⁵⁵ la⁵⁵ .　　妈妈在给狗喂饭。

妈 妈　狗（助）饭　喂（助）

ʐa²¹a³³ni³³le⁵⁵ ŋɯ³³lo⁵⁵ o³³ .　　　　　他使孩子哭了。

他 孩子（助）哭　使（助）

（二）动词的体

经考察，腊鲁话动词的体，主要有将行体、进行体、完成体和互动体等，主要采用分析手段来表达，在主要动词的后面添加附加语法要素。

1. 将行体

将行本，即在动词后面加 ba³³ 表示某种变化将要发生，加 bo³³ 则表示主语想要做什么。如：

e⁵⁵ ni³³a⁵⁵ mə²¹xo³³ba³³a³³ .　　　　　今天要下雨了。

今天　雨　下 要（助）

e⁵⁵ ni³³a⁵⁵ mə²¹xo³³bo³³ .　　　　　　今天要下雨。

今天　雨　下 要

a⁵⁵ ni³³ka³³ʐa²¹su⁵⁵ za³³xe³³le⁵⁵ ʑi³³bo³³.　　　下午他要去学校。

下　午他书　读房（助）去要

a⁵⁵ ni³³ka³³ʐa²¹su⁵⁵ za³³xe³³le⁵⁵ ʑi³³ba³³.　　　下午他要去学校了。

下　午他书　读房（助）去要

ni³³a²¹ka³³ʑi³³bo³³.　　　你要去哪儿？

你 哪儿 去 要

ni³³a²¹ka³³ʑi³³ba³³.　　　你去哪儿了？

你 哪儿 去 要

a³³ni³³ŋo³³xæ²¹xo⁵⁵ ʑi³³ba³³.　　　娃娃我要带回去了。

孩子 我 领 回 去 要

a³³ni³³ŋo³³xæ²¹xo⁵⁵ ʑi³³bo³³.　　　我要把孩子带回去。

孩子 我 领 回 去 要

2. 进行体

进行体，表示动作行为的持续或正在进行，通常的表现形式为"动词 +la⁵⁵"。如：

ʐa²¹khæ³³xue⁵⁵ la⁵⁵.　　　他正在开会。

他 开 会（助）

ŋo³³ɕie⁵⁵ væ²¹la⁵⁵.　　　我正在写信。

我 信 写（助）

zo²¹mæ²¹a⁵⁵ mo³³gu³³pe̥³³la⁵⁵.　　　那个姑娘在跳舞。

姑娘　那 个 跳 舞（助）

3. 完成体

完成体表示动作的完成。但在实际的会话中，完成体比较复杂，可以分成以下几种情况。

（1）"动词 +ko̥²¹"表示动作的发生在过去，并不强调对现在的影响。如：

ni³³tshue³³tsa³³le⁵⁵ mja³³ko̥²¹æ³³.　　　你见过村长吗？

你 村 长（助）见 过（助）

ŋo³³pə³³tɕie³³ʑi³³ko̥²¹a³³.　　　我到过北京。

我 北 京 去 过（助）

ʐa²¹ke³³gu³³gu³³dʐɳ³³dʐɳ³³o³³ʑi³³o³³.　　　他们高高兴兴地去了。

他们　高高　兴兴（助）去（助）

lu⁵⁵ mə²¹n̩u²¹dzo²¹o³³.　　　牛吃了庄稼。

庄 稼 牛 吃（助）

（2）"动作 +pɯ⁵⁵"表示"倒""住"，强调现在的状态。如：

tsua³³puɯ⁵⁵　　抓住　　dæ²¹puɯ⁵⁵　　打倒　　tɕa³³puɯ³³　　拉住

thæ⁵⁵puɯ⁵⁵　　砍倒　　kua⁵⁵puɯ⁵⁵　　摔倒　　tho⁵⁵puɯ⁵⁵　　踩倒

ʐa²¹tha²¹lu³³the²¹mo³³tsua³³puɯ⁵⁵o³³.　　　　　他抓住一只兔子。

他　兔子　一　只　抓　住（助）

ʐa²¹ze³³zo²¹the²¹mo³³tho⁵⁵puɯ⁵⁵o³³.　　　　　他踩住一只小鸡。

他　鸡　小　一　只　踩　住（助）

（3）"动作+tæ³³"表示"中""着"，强调动作对现在的影响。如：

te⁵⁵tæ³³　　　　打中　　tho⁵⁵tæ³³　　　踩中　　mo³³tæ³³　　　摸着

bæ³³tæ³³　　　　射中　　to²¹tæ³³　　　戳着　　ʐa²¹tæ³³　　　压着

dʑo³³mo³³tso³³tæ³³ ŋ̩²¹kɯ⁵⁵a⁵⁵.　　　　　找不着路了。

　路　　找（助）不　会（助）

tsa³³la³³la³³tho³³tæ³³o³³.　　　　　圈套套着了。

圈　　套　套（助）（助）

（4）"动作+tɕhi⁵⁵"表示"好""完"，常与语气词一起连用o³³，强调动作的结果。如：

pe³³tɕhi⁵⁵o³³　　　做好了　　　　　tɕhi²¹tɕhi⁵⁵o³³　　　洗好了

væ²¹tɕhi⁵⁵o³³　　　写好了　　　　　dʑo²¹tɕhi⁵⁵o³³　　　吃好了

4.互动体

互动体，表示相互之间发生的动作或行为，腊鲁话用"动词+de̠²¹"表示。如：

xæ³³de̠²¹　　　　对骂　　　　　te⁵⁵de̠²¹　　　　　对打

da³³de̠²¹　　　　对喝　　　　　ve̠²¹de̠²¹　　　　比穿

væ²¹de̠²¹　　　　比写　　　　　ni³³de̠²¹　　　　　对看

ka̠³³vu³³de̠²¹　　比玩　　　　　ti³³de̠²¹　　　　（牛）打架

tho³³de̠²¹　　　（鸡）打架　　　khɯ⁵⁵de̠²¹　　　（狗）打架

ʐa²¹a³³te⁵⁵de̠²¹la⁵⁵.　　　　　他们在打架。

他们　打（助）（助）

ŋ̩²¹ke³³dʐ̩³³bæ²¹da⁵⁵de̠²¹la⁵⁵.　　　　　我们在比酒。

我们　酒　喝（助）（助）

5.反复体

反复体，表示短暂、尝试性、反复性的动作，腊鲁话用"动词+ɕi²¹a⁵⁵"表示。但在实际会话中，ɕi²¹a⁵⁵常常发生a元音脱落，从而演变为ɕi²¹⁵。如：

tso³³ɕi²¹⁵　　　　找找　　　　　pe³³ɕi²¹⁵　　　　　做做

ko³³ɕi²¹⁵　　　　　走走　　　　　　vҽ²¹ɕi²¹⁵　　　　　穿穿

za³³ɕi²¹⁵　　　　　学学　　　　　　vҽ³³ɕi²¹⁵　　　　　拿拿

ni³³ka⁵⁵ɕi²¹⁵ no³³n̩u⁵⁵ n̩²¹no³³?　　　　　　　你动动看痛吗？

你　动动　痛　还是不痛

ni³³vҽ³³ɕi²¹⁵ li²¹n̩u⁵⁵ n̩²¹li²¹?　　　　　　　你拿拿看重不重？

你　拿　拿　重　还是不重

6. 持续体

持续体，表示某个动作的延续，一般用"动词 +ʑi⁵⁵"表示。如：

ni³³ɣə²¹ʑi⁵⁵　　　（继续）在着　　　væ²¹ʑi⁵⁵　　　　　（继续）写着

ɯ⁵⁵ ʑi⁵⁵　　　　　（继续）坐着　　　sə³³ʑi⁵⁵　　　　　（继续）扫着

te⁵⁵ ʑi⁵⁵　　　　　（继续）打着　　　pe³³ʑi⁵⁵　　　　　（继续）做着

ŋo³³ko³³ba³³a³³, ni³³ʥo²¹ʑi⁵⁵.　　　　　我要走了，你（继续）吃。

我　走　要（助）你吃（助）

ni³³ka³³vu³³ʑi⁵⁵.　　　　　　　　　　你（继续）玩。

你　玩　（助）

（三）动词的态

根据主语与动词之间语义上的施受关系，我们把主语是动作的直接发出者，从而体现语序或虚词变化的语法形式称为主动态；把主语是动作的支配对象，从而体现语序或虚词变化的语法形式称为被动态。严格地说，腊鲁话的被动形式主要通过主语的位置，添加助词 le⁵⁵ 来实现，有时也可以用被动词 gə²¹ 来实现。

1. 主动态

ɕa³³ma²¹the²¹pa³³te⁵⁵ se⁵⁵ o³³.　　　　　　打死了一条蛇。

蛇　　　一　条　打　死（助）

ʑa²¹vҽ²¹the²¹mo³³væ³³o³³.　　　　　　　　他买了一头猪。

他　猪　一　个　买（助）

n̩²¹ke³³ʥæ³³pho²¹the²¹mo³³tsua³³pɯ⁵⁵ o³³.　　　我们抓住了一个小偷。

我们　小偷　一　个　抓　住（助）

2. 被动态

ʑa²¹le⁵⁵ ɕa³³ma²¹khɯ⁵⁵ tæ³³o³³.　　　　　　他被蛇咬了。

他（助）蛇　咬　着（助）

vҽ²¹vu²¹gə²¹o³³.　　　　　　　　　　　　猪被卖了。

猪　卖　给（助）

ʥæ³³pho²¹ŋ²¹ke³³tsuᶕ³³puɯ⁵⁵gə²¹o³³.　　　　　　　　小偷被我们抓住了。

小偷　我们　抓　住　给（助）

（四）动词的式

根据语气的差异，我们把动词的式分为疑问式、陈述式、祈使式。在腊鲁话中，动词的式没有词形的变化，往往通过语境或句末语气词的不同来进行界定。

ni³³ʥo³³ʥo²¹bo³³æ²¹?　　　　　　　　　　　你要吃饭吗？（疑问）

你　饭　吃　要（助）

a³³te³³a²¹ka³³ʐi³³o³³?　　　　　　　　　　　爸爸去哪儿了？（疑问）

爸爸　哪里　去（助）

ni³³ŋ²¹no³³bo⁵¹.　　　　　　　　　　　　　你没病吧？（疑问）

你　不　病（助）

ni³³the²¹do³³tshᶕ²¹le³³!　　　　　　　　　　你尝一下嘛！（祈使）

你　一　下　尝（助）

nᶕ³³tɕhi²¹thᶕ²¹ʥe⁵⁵o²¹,ŋo³³kho²¹o³³.　　　　不要熬药了，我好了。（祈使）（陈述）

药　别　熬（助）我康复（助）

（五）动词的趋向

有的表方向的动词能够用在别的动词后面，对动作移动的趋向进行补充说明。在腊鲁话中，动词的趋向可以用以下几种结构来完成。

1. 动词 +ɕi³³+ 趋向动词

"动词 +ɕi³³+ 趋向动词"，表示伴随主要动词发生并与谈话目标有一定的方向关系。如：

ve³³ɕi³³（ʑi³³）	拿去	ve³³ɕi³³（le³³）	拿来
pᶕ³³ɕi³³（ʑi³³）	跑去	pᶕ³³ɕi³³（le³³）	跑来
væ³³ɕi³³（ʑi³³）	买去	væ³³ɕi³³（le³³）	买来

ʐa²¹le⁵⁵phja³³the²¹ɕo³³væ³³ɕi³³gə²¹.　　　　买着一件衣服给他。

他（助）衣服　一　套　买着　给

ʐa²¹le⁵⁵phja³³the²¹ɕo³³væ³³ɕi³³le³³be³³　　叫他买着一件衣服来。

他（助）衣服　一　套　买着　来　说

2. 动词 +tu³³le³³

"动词 +tu³³le³³"，表示"把……起来"。如：

lu⁵⁵thᶕ³³a⁵⁵mo³³puɯ³³tu³³le³³.　　　　　　裤裆补起来。

裤裆　那个　补　起来

ʥi²¹phi²¹a⁵⁵tɕi⁵⁵tɕi³³tu³³le³³.　　　　　　把钱装起来。

钱　那些　装　起来

3. 动词 +tɕhi⁵⁵ le³³（ʑi³³）

"动词 +tɕhi⁵⁵ le³³（ʑi³³）"，表示"把……出来（去）"。如：

su⁵⁵ dʐ̩²¹a⁵⁵ dʐ̩²¹væ²¹tɕhi⁵⁵ le³³.　　　　　　把那个字写出来。

　字　那字　写　出　来

tso³³mæ²¹ve³³tɕhi⁵⁵ le³³.　　　　　　　　把东西拿出来。

　东西　　拿　出　来

4. 动词 +tɯ⁵⁵ le³³（ʑi³³）

"动词 +tɯ⁵⁵ le³³（ʑi³³）"，表示"把……进来（去）"。如：

ʑi³³phjo²¹tɯ⁵⁵ le³³.　　　　　　　　　把水放进来。

水　放　进　来

a³³ni³³te³³tɯ⁵⁵ ʑi³³.　　　　　　　　把孩子抱进去。

　孩子　抱　进　去

5. 动词 +te³³le³³（ʑi³³）与动词 +tɕi³³le³³（ʑi³³）

"动词 +te³³le³³（ʑi³³）"，表示"把……上来（去）"；"动词 +tɕi³³le³³（ʑi³³）"，表示"把……下来（去）"。如：

mæ³³te³³ʑi³³　　　　爬上去　　　ko³³te³³le³³　　　　走上来

tsa³³tɕi³³ʑi³³　　　　扔下去　　　thio³³tɕi³³le³³　　　跳下来

（六）动词的重叠

腊鲁话中，单个动词的重叠在句中既可以用于疑问句，表示选择，也可以用于陈述句，表示动作的短暂、重复和尝试等意思。如：

ni³³ko³³ko³³?　　　　　　　　　　　你走不走？

你　走　走

ʑa²¹ʑi³³ʑi³³?　　　　　　　　　　　他去不去？

他　去　去

但是，如果动词带上相应的语法范畴，则可以重叠，表示时长。如：

ni³³la⁵⁵ ni³³la⁵⁵　　　　看着看着　　ko³³la⁵⁵ ko³³la⁵⁵　　走着走着

nɯ³³ni³³la⁵⁵ nɯ³³ni³³la⁵⁵　听着听着　　xa³³tu³³xa³³tu³³　　起来起来

ʑa²¹ni³³la⁵⁵ ni³³la⁵⁵ mɯ⁵⁵ ŋɯ³³tu³³le³³.　　　他看着看着就哭起来了。

他　看（助）看（助）就　哭　起　来

另外，动词重叠除了表示疑问之外，在一定的语境辅助下，也可用于表示祈使语气的句子。如：

ni³³ni³³, ni³³phja³³le⁵⁵ a³³tso³³ɣə²¹la⁵⁵ dʐa³³.　　（对孩子）看看，你衣服上沾着什么？

看看　你　衣服　上　什么　在（助）（助）

ni³³bɛ³³bɛ³³, da²¹pɯ⁵⁵e⁵⁵tshe²¹xo²¹ŋ̩u⁵⁵ŋ̩²¹xo²¹.　　　你说说，这句话对不对。

你　说说　　　话这句　对　还是不对

（七）动词的否定

腊鲁话中，对动词的否定可以在动词前加上 tha²¹ 或 ŋ̩²¹，前者表示"禁止""不允许"，多带有强制性，常用于祈使句，后者则用于一般的否定句。如：

ni³³tha²¹dzo²¹ʐæ²¹tha²¹da³³ʐæ²¹.　　　　　你不要大吃大喝。

你　不　吃　大　不　喝　大

lu⁵⁵mə²¹ŋ̩u²¹dzo²¹o³³le³³ʐa²¹ŋ̩²¹sæ⁵⁵.　　　　牛吃了庄稼他也不知道。

庄稼　牛　吃（助）都他不知道

（八）动词的名物化

腊鲁话中，动词名物化有自己独特的方式。其中，"动词 +lɯ⁵⁵"表示以此为生的人；"动词 +lo³³mo³³"表示与动词语义相近的人或事物；"动词 +a⁵⁵ʐa⁵⁵"构成与动词相关的定指名词；"动词 +du²¹/ge³³"表示与动词相关的同类地方。如：

1. 动词 +lɯ⁵⁵

su⁵⁵mo⁵⁵lɯ⁵⁵　　　教书为生的　　　ga²¹lɯ⁵⁵　　　　干活为生的

khə²¹lɯ⁵⁵　　　　以偷为生的　　　ɣo²¹mo³³lɯ⁵⁵　　做小工为生

væ³³li²¹pe³³lɯ⁵⁵　　做生意为生的

ʐa²¹the²¹le³³ŋ̩²¹khu³³khə²¹lɯ⁵⁵zi³³.　　　他常常以偷为生。

他　一　时不息　偷（名物化）去

ŋo³³su⁵⁵mo⁵⁵lɯ⁵⁵　　　　la⁵⁵dʑa³³a³³.　　　我教书为生。

我　书　教（名物化）（助）（助）（助）

ʐa²²ɣo²¹mo³³lɯ⁵⁵　　　zi³³o³³.　　　他打工求生去了。

他　工　做（名物化）去（助）

2. 动词 +lo³³mo³³

dʑo²¹lo³³mo³³　　　吃的　　　　ve̩²¹lo³³mo³³　　　穿的

pi⁵⁵lo³³mo³³　　　　盖的　　　　ʐo⁵⁵lo³³mo³³　　　用的

da³³lo³³mo³³　　　　喝的　　　　də²¹lo³³mo³³　　　穿的（鞋子、帽子）

xe⁵⁵me²¹tho²¹ve̩²¹lo³³mo³³ŋ̩²¹dza³³dzo²¹lo³³mo³³ŋ̩²¹dza³³.　　　过去没吃没穿。

从　　　前穿（名物化）不有　吃（名物化）不有

ni³³pi⁵⁵lo³³mo³³dʑa³³se²¹æ²¹.　　　　　你盖的东西还有吗?

你　盖（名物化）有　还（助）

3. 动词 +a^{55}ʐa^{55}

ve̱^{21}a^{55}ʐa^{55}　　　　穿的　　　　　　　ȡo^{21}a^{55}ʐa^{55}　　　　吃的

ʐa^{21}ve̱^{21}a^{55}ʐa^{55}tsæ^{33}ne^{21}.　　　　　　　　　他穿的真好看。

他　穿　那　种　好　很

ŋo^{33}ȡo^{21}a^{55}ʐa^{55}næ^{33}ne^{21}.　　　　　　　　　我吃的那种很好吃。

我　吃　那种　好吃　很

4. 动词 +du^{21}/ge^{33}

ȡo^{21}du^{21}　　　　吃的地方　　　　　ka̱^{33}vu^{33}du^{21}　　　玩的地方

tsha^{55}du^{21}　　　唱的地方　　　　　gu^{33}pe^{33}du^{21}　　　跳舞的地方

mja^{21}ga^{21}du^{21}　　干活的地方　　　za^{33}du^{21}　　　　学习的地方

ʑi^{21}du^{21}　　　　睡的地方　　　　　væ^{33}du^{21}　　　　买的地方

ni^{33}ȡo^{21}du^{21}mja^{33}n̩^{21}kɯ^{55}æ^{21}?　　　　　你没见吃的地方吗？

你　吃　处　见　不　会（助）

e^{55}ka^{33}le^{55}ka̱^{33}vu^{33}du^{21}kho^{21}mo^{33}ʂ^{55}ȡa^{33}.　　这里有很多玩的地方。

这　里　玩　处　很多　有

三、动词的语法功能

动词在句中主要作谓语，此外还能作主语、状语、补语、定语等。

（一）作主语

be^{33}tu^{33}le^{33}be̱^{33}ɕi^{21},pe^{33}tu^{33}le^{33}pe^{33}so^{33}.　　说起来容易，做起来难。

说　起　来　说易　做　起　来　做难

（二）作谓语

a^{55}du^{21}phu^{33}o^{33}.　　　　　　　　　　　门开了。

门　　　开（助）

ʐa^{21}ʑi^{33}la^{55}ma^{33}n̩u^{55}ɯ^{55}la^{55}ȡa^{33}.　　他睡着还是坐着。

他　睡（助）　还是　坐（助）（助）

ʐa^{21}ʑi^{21}la^{55}.　　　　　　　　　　　他正在睡觉。

他　睡（助）

（三）作状语

ʐa^{21}ŋɯ^{33}la^{55}ʑi^{33}be^{33}.　　　　　　　他哭着说。

他　哭（助）（助）说

（四）作补语

a³³te³³se³³dʑɳ³³thæ⁵⁵pɯ⁵⁵o³³.　　　　　　　　爸爸把树砍倒了。

爸爸　树　　砍　倒（助）

（五）作定语

ni³³tsha³³e⁵⁵mo³³le⁵⁵tso³³dʑa³³bo⁵¹？　　　　你要找的是这个人吧？

你　人　这个（助）找（助）（助）

va²¹ga²¹a⁵⁵ʐa⁵⁵.　　　　　　　　　　　　　种的菜。

菜　种　那样

tsu³³phu²¹væ³³ɕi³³le³³.　　　　　　　　　　买来的葱。

葱　　买（助）来

第三节　形容词

形容词用于对事物的性质和状态进行描述。腊鲁话中有丰富的形容词，音节数目上以单音节的最为常见。形容词也是腊鲁话谓语的主要构成成分之一，可以通过各种分析性的语法手段达到表述的目的。

一、形容词的类别

（一）表示形象、色彩

mæ²¹ʐu⁵⁵	滑	ga³³li⁵⁵	紫色
phæ⁵⁵phæ³³	灰色	nȩ³³	黑
lṳ³³	绿	ni³³	红
phju³³	白	la̰²¹	蓝
bo̰³³lo̰³³	花（色）	tshu³³gæ²¹	粗
ni³³so⁵⁵	丑	ni³³ɕi²¹	好看
pja³³thæ³³thæ³³	瘪	va³³	圆
mæ²¹læ⁵⁵læ⁵⁵	光秃秃	mɯ³³	高

（二）表示性质

tsæ³³	好	ŋ̩²¹tsæ³³	坏
tshɳ²¹	腐烂	tshɳ³³	甜
kha²¹	苦	phe³³	辣

tse³³	酸	xɯ⁵⁵	臭
li²¹	重	la³³	轻
tho³³	厚	bo²¹	薄
nu²¹	软	kə³³	硬
phə²¹la³³	便宜	phə²¹khạ³³	贵
ma²¹	老	le⁵⁵	嫩
ɕi⁵⁵	新	be²¹ga²¹	旧

二、形容词的语法范畴

（一）形容词的名物化

（1）形容词的名物化表现为形容词与一定的语法成分组合，形成具有名词性特征的语言形式。腊鲁话的形容词名物化形式一般在其前面加上由第三人称代词单数虚化而来的 ʐa²¹，表示具有同一类特征的事物。如：

ʐa²¹ɕi⁵⁵	新的	ʐa²¹be²¹ga²¹	旧的
ʐa²¹tsæ³³	好的	ʐa²¹dʑe²¹	生的
ʐa²¹mi³³	熟的	ʐa²¹po⁵⁵	公的
ʐa²¹mo³³ge³³	母的	ʐa²¹ʐæ²¹	大的
ʐa²¹ʐa³³	小的	ʐa²¹nẹ³³	黑的
ʐa²¹phju³³	白的	ʐa²¹sɿ³³	长的

（2）形容词还可以跟指示代词和量词结合，组成"形容词 +na⁵⁵ mo³³（那个）"的结构，特指某一事物。在实际使用中，na⁵⁵ mo³³ 常常可以省略为 a⁵⁵ mo³³。如：

ni³³ɕi²¹a⁵⁵ mo³³	好看的	ni³³so³³a⁵⁵ mo³³	难看的
mɯ³³a⁵⁵ mo³³	高的	pja³³a⁵⁵ mo³³	矮的

（3）形容词也能与后缀 ge³³ 结合，表示"的地方（处）"。如：

mɯ³³ge³³	高处	pja³³ge³³	低处
mə⁵⁵ ge³³	热的地方	dʑẹ³³ge³³	冷的地方

（二）形容词的否定式

形容词的否定形式是直接在形容词前面加上否定词 ŋ̩²¹。如：

ŋ̩²¹ʐæ²¹	不大	ŋ̩²¹ʐa³³	不小
ŋ̩²¹mɯ³³	不高	ŋ̩²¹ne⁵⁵	不深
ŋ̩²¹tsæ³³	不好	ŋ̩²¹vy²¹	不远

ŋo²¹tshɿ²¹n̩²¹lo²¹, ɕi²¹tshɿ²¹xa³³a²¹lo²¹a³³.　　　　　五尺不够，七尺才够。

五　尺　不够　七尺　　才　够（助）

a⁵⁵ tshɿ⁵⁵ e⁵⁵ mo³³n̩²¹tsæ³³, na⁵⁵ mo³³tsæ³³.　　　　这只羊不好，那只好。

羊　　这只　不好　　那只　好

（三）形容词的程度变化

腊鲁话中，形容词的程度加深或减轻，可以通过前加程度副词或后加程度副词的方式表示，当然也可以使用形容词的重叠形式。其中，前加式程度副词在比较级和最高级之间有轻微的声调曲折变化，ke⁵⁵表示"更"，ke³³表示"最"。

1. 可能是借自汉语的前加式程度副词 ke⁵⁵（更）、ke³³（最）

ke⁵⁵ mɯ³³　　　　更高　　　　　　ke⁵⁵ ʑa³³　　　　　　更小

ke⁵⁵ mə⁵⁵　　　　更热　　　　　　ke⁵⁵ dʑe̞³³　　　　　更冷

ʑa²¹ke⁵⁵ mɯ³³o³³.　　　　　　　　　　他更高了。

他 更　高（助）

mə²¹ke⁵⁵ dʑe³o³³.　　　　　　　　　　天气更冷了。

天气 更　冷（助）

zo²¹mæ²¹a⁵⁵ mo³³ke³³ma²¹li⁵⁵.　　　　　那个姑娘最勤快。

姑　娘 那个　最　勤 快

2. 后加式程度副词 ne²¹（很）

程度副词出现在形容词后面时，表示程度的加深。同时，受 ne²¹ 语音形式的影响，形容词的声调如果是低降调（21），那么在语流中则相应地变为低升调（23）。如：

phə²¹la³³ne²¹　　　　很便宜　　　　tsæ³³ne²¹　　　　很好

phja³³e⁵⁵ ɕo³³ni³³ɕi²¹⁻²³ne²¹.　　　　　　这件衣服很好看。

衣服 这件　看好　　很

ʑi³³tshɿ³³ne²¹.　　　　　　　　　　　　水很甜。

水 甜 很

kha³³le⁵⁵ n̩u²¹ne²¹a⁵⁵ tshɿ⁵⁵ mjo²¹³ne²¹.　　　村里的牛和羊很多。

村 里 牛 和　羊　多　很

tsha³³e⁵⁵ mo³³xə²¹⁻³³ne²¹ŋa³³.　　　　　　这个人很能干。

人 这个 厉害　　很　是

3. 形容词重叠表示程度加深

形容词重叠时要发生明显的音变，详见音变一节。如：

sæ²¹tɕo⁵⁵ tse³³⁻⁵⁵ tse³³mo³³　　　　　　　酸酸的李子

李　子　酸酸　　的

ve^{33}lu^{33}ni$^{33-55}$ ni^{33}mo^{33}　　　　　　　　　红红的花

花　　　红红　　的

mə^{33}xə^{33}nẹ$^{33-55}$ nẹ^{33}mo^{33}　　　　　　　黑黑的乌云

云　　黑黑　　　的

4. 重叠形容词受 a^{21}de^{33}（非常）修饰时，伴随句子的语气变化，语义表述会出现差异

如果在陈述句中，a^{21}de^{33} 可以加深形容词的程度，但如果在疑问句中，则表示特殊疑问"多少"。如：

a^{21}de^{33}ʂη^{33}ʂη^{33}　　　　　非常长　　　a^{21}de^{33}mɯ^{33}mɯ^{33}　　　　　　　非常高

a^{21}de^{33}n̠u^{55} n̠u^{55}　　　　非常短　　　a^{21}de^{33}n̠u^{55} n̠u^{55}?　　　　　多短？

a^{21}de^{33}ʂη^{33}ʂη^{33}?　　　　　多长？　　　a^{21}de^{33}mɯ^{33}mɯ^{33}?　　　　　多高？

三、形容词的重叠

（一）单音节形容词重叠

单音节形容词重叠有两种情况，一种是 AA 式，另一种是 ABB 式。双音节或多音节重叠一般只重叠最后一个音节。重叠后的形容词作为后置定语，一般还要加上量词 mo^{33}，相当于汉语结构助词"的"。

1. 形容词 AA 式重叠和 AB+B 式重叠

tsie^{21} 紧：	tsie^{55} tsie^{23}	紧紧	pja^{33} 扁：	pja^{55} pja^{33}	扁扁
va^{33} 圆：	va^{55} va^{33}	圆圆	phe^{33} 辣：	phe^{55} phe^{33}	辣辣
nẹ^{21} 早：	nẹ^{21}nẹ^{23}	早早	kə^{33} 硬：	kə^{55} kə^{33}	硬硬
li^{21} 重：	li^{21}li^{23}	重重	ço^{33} 香：	ço^{55} ço^{33}	香香
phị^{21} 慢：	phị^{21}phị^{23}	慢慢	bi^{33} 满：	bi^{55} bi^{33}	满满
thọ^{33} 厚：	thọ^{55} thọ^{33}	厚厚	bo^{21} 薄：	bo^{55} bo^{23}	薄薄
me^{21}du^{21} 钝：	me^{21}du^{21}du^{21}	很钝	bɯ^{33}lɯ^{33} 亮：	bɯ^{33}lɯ^{33}lɯ^{33}	很亮
nẹ^{33}ma^{21} 暗：	nẹ^{33}ma^{21}ma^{21}	黑压压	læ^{33}go^{21} 弯：	læ^{33}go^{21}go^{21}	弯弯

ʂη^{33}va^{21}thọ^{55} thọ^{33}mo^{33}　　厚厚的草　　　ɣo^{21}me^{21}o^{55} dɯ^{33}mɯ^{33}mɯ^{33}mo^{33}　　高高的山峰

草　厚　厚　的　　　　　　　　　　　山　头　高　高　的

za^{21}phja^{33}ʂη^{33}ʂη^{33}the^{21}ço^{33}vẹ^{21}la^{55} .　　　　她穿一件长长的衣服。

她　衣服　长　长　一　套　穿（助）

a^{33}ni^{33}o^{21}na^{55} mo^{33}sæ^{33}li^{33}va^{55} va^{33}the^{21}mo^{33}vẹ^{33}la^{55} .　　　孩子拿着一个圆圆的梨

孩　子那　个　梨子　　圆圆　一　个　拿（助）

tso³³mæ²¹phju⁵⁵ phju³³a⁵⁵ ʐa⁵⁵ ŋo³³ʐa⁵⁵ n̩²¹tæ³³.　　　　我不喜欢白白的东西。

　东西　白　　白　那样　我　喜欢不

mo³³do³³læ³³go²¹go²¹o³³the²¹pa³³thæ⁵⁵.　　　　砍一根弯弯的竹子。

　竹　弯　　弯（助）一根　砍

ŋo³³ʥo³³kə⁵⁵ kə³³a⁵⁵ mu⁵⁵ ke⁵⁵ xo⁵⁵.　　　　我更爱硬硬的米饭。

　我　饭　硬　硬那　种　更　喜爱

2. 单音节形容词后面还可以加重叠的藻饰成分，形成 ABB 式形容词的生动形式

ABB 式形容词可以是形容词由单音节向双音节过渡的标志。在大多数 ABB 式形容词中，保留了三种用法，一种直接使用 A 式，即原型式；一种是 ABB 式，这种结构修饰名词表示一定的形貌特征和程度加深；还有一种是在一定的语用环境下由 ABB 式省略而来的 AB 式。如：

A 式		ABB 式		AB 式	
kha²¹	苦	kha²¹tæ³³tæ³³	苦苦的	kha²¹tæ³³	苦
lu̱³³	绿	lu̱³³pi̱³³pi̱³³	绿油油	lu̱³³pi̱³³	绿
phju³³	白	phju³³tse̱³³tse̱³³	白崭崭	phju³³tse̱³³	白
ne̱³³	黑	ne̱³³kə³³kə³³	黑黝黝	ne̱³³kə³³	黑
phæ³³	灰	phæ³³ɕa²¹ɕa²¹	灰扑扑	phæ³³ɕa²¹	灰
ni³³	红	ni³³tæ³³tæ³³	红艳艳	ni³³tæ³³	红
kə³³	硬	kə³³tu³³tu³³	硬邦邦	kə³³tu³³	硬
nu²¹	软	nu²¹li⁵⁵li⁵⁵	软软的（感觉）	nu²¹li⁵⁵	软
nu²¹	软	nu²¹pi̱³³pi̱³³	软软的（精神）	nu²¹pi̱³³	软
ȵa⁵⁵	黏	ȵa⁵⁵tɕi³³tɕi³³	黏糊糊	ȵa⁵⁵tɕi³³	黏
fæ³³	干	fæ³³tɕho³³tɕho³³	干干的	fæ³³tɕho³³	干
bja̱²¹	淡	bja̱²¹tɕi³³tɕi³³	淡淡的	bja̱²¹tɕi³³	淡
tshη³³	甜	tshη³³di³³di³³	甜蜜蜜的	tshη³³di³³	甜
to³³	瘦	to³³ku³³ku³³	瘦精精	to³³ku³³	瘦
tshu³³	肥	tshu³³li⁵⁵li⁵⁵	肥嘟嘟	tshu³³li⁵⁵	肥
tshη⁵⁵	冷	tshη⁵⁵tɕi³³tɕi³³	冷冰冰	tshη⁵⁵tɕi³³	冷

3. 形容词重叠作状语

ʐa²¹ʑi³³bi⁵⁵ bi³³the²¹pi⁵⁵ pi⁵⁵ o³³.　　　　他满满地挑了一挑水。

　他　水　满　满　一　挑　挑（助）

ʐa²¹mɯ³³mɯ³³o³³thio³³tu³³le³³.　　　　　　他高高地跳起来。

他 高 高（助）跳 起来

tse⁵⁵ tse²¹o³³ne⁵⁵ və²¹o³³.　　　　　　　牢牢地拴住了。

牢 牢（助）拴稳（助）

mə²¹nɛ³³ma²¹ba³³a³³,tɕho²¹tɕho²¹o³³ko³³.　　天要黑了，快快走吧。

　天 黑 要（助）快 快（助）走

ni³³ʥa⁵⁵ ʥa²¹⁻²³n̠æ²¹la⁵⁵.　　　　　　　　你直直地站着吧。

你 直 直 站（助）

（二）形容词重叠的副词化

重叠后的形容词本身程度增加，在句中可以作谓语中心语的状语，有副词化的倾向。如：

di³³di³³o³³ko³³.　　　　　　　　　　　　慢慢地走。

慢慢（助）走

tɕho²¹tɕho²¹o³³ʥo²¹.　　　　　　　　　　快快地吃。

　快 快（助）吃

tsie⁵⁵ tsie²³o³³ne⁵⁵ la⁵⁵.　　　　　　　　紧紧地拴着。

　紧 紧（助）拴（助）

ʥa⁵⁵ ʥa²¹⁻²³lɯ³³la⁵⁵.　　　　　　　　　直直躺着。

　直 直 躺（助）

the²¹ʐa⁵⁵ ʐa⁵⁵ o³³bɯ³³o³³.　　　　　　　平均分了。

一 样 样（助）分（助）

四、形容词的使动用法

一般而言，形容词表示性质和状态，它的使动用法则表示通过外力的作用使物体性状达到某个结果。腊鲁话中，形容词的使动用法都要在其前面加上动词 pe³³（做、弄）。如：

nɛ³³	黑	pe³³nɛ³³	弄黑
s̩³³	长	pe³³s̩³³	弄长
n̠u⁵⁵	短	pe³³n̠u⁵⁵	弄短
the³³	锋利	pe³³the³³	弄锋利
ko²¹xæ²¹	坏	pe³³xæ²¹	弄坏
tsæ³³	好	pe³³tsæ³³	弄好
tho³³	厚	pe³³tho³³	弄厚
fæ³³	干	pe³³fæ³³	弄干

buɯ³³lɯ³³	亮	pe³³buɯ³³lɯ³³	弄亮
nu²¹	软	pe³³nu²¹	弄软
xɯ⁵⁵	臭	pe³³xɯ⁵⁵	弄臭
ne⁵⁵	深	pe³³ne⁵⁵	弄深
de³³	浅	pe³³de³³	弄浅
ɕa³³	黄	pe³³ɕa³³	弄黄
phæ³³	灰	pe³³phæ³³	弄灰

tsa³³tsʅ³³bə²¹o³³.　　　　　　　　桌子倒了。

桌子　倒（助）

ʐa²¹tsa³³tsʅ³³pe³³bə²¹o³³.　　　　他把桌子弄倒了。

他　桌　子　弄倒（助）

phja³³fæ³³o³³.　　　　　　　　　衣服干了。

衣服　干（助）

ŋo³³phja³³pe³³fæ³³o³³.　　　　　　我把衣服弄干了。

我　衣服　弄　干（助）

tə³³pho³³ko²¹xæ²¹o³³.　　　　　　灯坏了。

灯泡　　坏（助）

ni³³tə³³pho³³pe³³ko²¹xæ²¹o³³.　　　你把灯弄坏了。

你　灯泡　弄　　坏（助）

sa̠³³tha²¹ni³³tæ³³nu²¹o³³.　　　　　红糖软了。

糖　　　红软（助）

a³³ma³³sa̠³³tha²¹ni³³tæ³³pe³³nu²¹o³³.　妈妈把红糖弄软了。

妈妈　糖　　红弄　软（助）

se̠³³ʥʅ³³læ³³go²¹o³³.　　　　　　　树弯了。

树　　弯（助）

ʐa²¹se̠³³ʥʅ³³pe³³læ³³go²¹o³³.　　　他把树弄弯了。

他　树　弄弯（助）

phja³³tsʅ²¹o³³.　　　　　　　　　衣服湿了。

衣服　湿（助）

a³³ni³³o²¹phja³³pe³³tsʅ²¹o³³.　　　孩子把衣服弄湿了。

孩子　衣服　弄湿（助）

五、形容词重叠表选择疑问

形容词重叠还可以表示选择疑问，与正常的选择疑问句语义相同，即"形容词 + 形容词 = 形容词 +n̠u^{55} ŋ^{21}+ 形容词"。要说明的是，形容词重叠表示疑问，声调不发生任何改变，而形容词重叠表示程度加深，声调要发生相应的变化。如：

tsæ^{33}n̠u^{33}ŋ^{21}tsæ^{33} = tsæ^{33}tsæ^{33}?　　　　好不好？
好　还是不好　　好　好

mjo^{21}n̠u^{33}ŋ^{21}mjo^{21} = mjo^{21}mjo^{21}?　　　　多不多？
多　还是不多　　多　多

sɿ^{33}n̠u^{33}ŋ^{21}sɿ^{33} = sɿ^{33}sɿ^{33}?　　　　长不长？
长　还是不长　长　长

tso^{33}mæ^{21}e^{55} mo^{33}li^{21}n̠u^{55} ŋ^{21}li^{21} = tso^{33}mæ^{21}e^{55} mo^{33}li^{21}li^{21}?　　这个东西重不重？
东西　这个　重还是不重　东　西　这个重重

i^{33}tsha^{33}be̠^{33}a^{55} mo^{33}le^{55} n̠u^{55} ŋ^{21}le^{55} = ni^{33}tsha^{33}be̠^{33}a^{55} mo^{33}le^{55} le^{55}?　　你说的那个人年轻不年轻？
你 人 说那个嫩还是不嫩　你 人 说那个 嫩嫩
你说的那个人年轻不年轻？

六、形容词的句法功能

（一）作定语
形容词作定语，修饰或限制核心名词，通常位于名词中心语的后面。如：

se̠^{33}dʐɿ^{33}zo^{21}　　　　小树　　　tsha^{33}tsæ^{33}　　　　好人
树　小　　　　　　　　　人　好

a^{55}nu^{55}ʑæ^{21}　　　　大狗　　　ve̠^{33}lu^{33}ni^{33}tæ^{33}　　红花
狗　大　　　　　　　　　花　红

phja^{33}ni^{33}çi^{21}　　　漂亮的衣服　　tɕu^{33}gu^{33}mi^{33}ɕa^{33}la^{55}　空空的园子
衣服 看 好　　　　　　　　园子　空　着

la^{33}dʑa^{33}ʑi^{33}dʑi^{55} dʑi^{33}　清清的河水　o^{55}tshɿ^{33}tɕa^{55} tɕa^{33}　稀疏的头发
河 水 清清　　　　　　　头发 疏 疏

phja^{33}ne̠^{33}kə^{33}mɯ^{55} ŋo^{33}de^{33}.　　黑衣服是我的。
衣服黑 是 我（助）

sæ^{21}tshɿ^{21}ga^{21}dʑo^{21}ŋ^{21}no^{33}.　　烂的水果不能吃。
水果 烂 吃 不能

za^{21}the^{21}le^{33}ŋ^{21}khu^{33}lu^{55} du^{21}be^{21}ga^{21}ve^{21}.　他经常穿旧裤子。
他 经常　　　裤子 旧 穿

（二）作谓语

形容词作谓语，对主语进行陈述说明，位于主语之后。

$\eta o^{33} a^{33} te^{33} x æ^{55} o^{33}.$　　　　　　　　　　　　我父亲瘦了。

我　父亲　瘦（助）

$s æ^{21} \gamma ə^{21} mi^{33} la^{55} o^{33}.$　　　　　　　　　　　桃子熟了。

桃　子　熟（助）（助）

$s æ^{21} \gamma ə^{21} ts\text{ʂ}^{21} o^{33}.$　　　　　　　　　　　　桃子烂了。

桃子　烂（助）

$tsha^{33} le^{55} o^{21} na^{55} mo^{33} ni^{33} ç i^{21-33} ne^{21}.$　　　那个小伙子真帅。

人　嫩　那　个　看易　很

$ve^{33} lu^{33} e^{55} m\text{ɯ}^{55} \text{ņ}^{21} ç o^{33}.$　　　　　　　这种花不香。

花　这　种　不　香

$\text{ʑ}i^{33} ç o^{21} na^{55} ç o^{21-23} x\text{ɯ}^{55} ne^{21}.$　　　　　那条水沟真臭。

水沟　那条　臭　很

$su^{55} pə^{33} e^{55} pə^{33-23} za^{33} so^{55} ne^{21}.$　　　　　这本书太难读了。

书　本　这本　　读难　很

（三）作补语

形容词作补语，位于谓语中心语之后，对主语或谓语成分进行补充说明。

$\text{ņ}^{21} ke^{33} \text{dʑ}o^{21} \text{dʑ}a^{33} o^{33}.$　　　　　　　　　我们吃完了。

我们　吃　完（助）

$\eta o^{33} va^{21} \text{tɕ}hi^{21} ka^{33} \text{tɕ}i^{21} o^{33}.$　　　　　　我把菜洗干净了。

我　菜　洗　干净（助）

$phja^{33} t h æ^{33} ts\text{ʂ}^{21} o^{33}.$　　　　　　　　　　衣服淋湿了。

衣服　淋　湿（助）

$\eta o^{33} m\text{ẹ}^{21} se^{55} ba^{33} a^{33}.$　　　　　　　　　我饿死了。

我　饿　杀　要（助）

（四）名物化的形容词

名物化的形容词可以成为句子的主语、宾语或话题。

$\text{ʐ}a^{21} ni^{33} t æ^{33} m\text{ɯ}^{55} \eta o^{33} de^{33}.$　　　　　　红的是我的。

红的　　是　我　的

$\text{ʐ}a^{21} \text{dʑ}e^{21} \text{dʑ}o^{21} \text{ņ}^{21} no^{33}.$　　　　　　　生的不能吃。

生的　吃　不能

$\text{ʐ}a^{21} \text{ʐ}a^{21} ts\text{ʂ}^{55} \text{ņ}^{21} li^{33}.$　　　　　　　　他不要冷的。

他　冷的　不要

ni³³ʐa²¹ʑæ²¹ʥo²¹,ŋo³³ʐa²¹ʐa³³ʥo²¹.　　　　　你吃大的，我吃小的。

你　大的　吃　我　小　的　吃

ŋo³³tsʅ³³a⁵⁵ʑa⁵⁵da³³xɯ³³.　　　　　　　　我喜欢喝甜的。

我　甜　那样　喝　喜欢

第四节　数　词

数词是表示数目和次序的词。腊鲁话的数词有自己的表达系统，但随着各种有声媒体和通信设备的普及，大多数数词都与汉语交叉混用，尤其年轻人，交际中对汉语数词的选择更为普遍。

一、数词的构成

腊鲁话中，数词可以分为基数词和序数词两类。其中，基数词反映了腊鲁人对数的观念的认识，这类词为数很多，能灵活地表示任何数目；腊鲁人有序数词的观念，但在语言中所存甚少，只出现在记日或出生排行中。

（一）基数词

基数词表示数目的多少。腊鲁话的基数词除了"万""亿"是从汉语中借词外，其他词还完好地保留着自己的系统。

the²¹	一	ni²¹	二
so³³	三	li³³	四
ŋo²¹	五	tɕho⁵⁵	六
ɕi²¹	七	xe⁵⁵	八
kɯ³³	九	tshe³³	十
ɕyo³³	百	tu³³	千
va⁵⁵	万	ʑi⁵⁵	亿

"十二"至"十九"是在 tshe³³（十）的后面加上个位数"二"到"九"的数，而"十一""二十"同彝语其他方言一样要发生音变，比如在 tshe³³ti⁵⁵（十一）中，个位数 the²¹（一）音变为 ti⁵⁵，n̩²¹tse³³（二十）中的 ni²¹（二）元音弱化，辅音自成音节，变为 n̩²¹，而 tshe³³（十）则由声母的送气塞擦音 tsh 变为不送气塞擦音 ts，元音和声调没有发生变化。从"二十一"到"二十九"，依次在 n̩²¹tse³³ 的后面添加个位数"一"到"九"，"三十"以后，没有音变现象发生。一百以上，表示"零"时用连词 ne²¹（和），如 the²¹ɕyo³³ne²¹the²¹（一百零一）、so³³tu³³ne²¹ŋo²¹tshe³³（三千零五十）。

（二）序数词

磨味的腊鲁话没有发现固有的序数词，但农历上旬十日以内的日子类似于序数的方式。另外，对孩子排行及其亲属称谓的称呼也有序数词的痕迹。

1. 农历表示

在表示农历的上旬时，可以在基数词的前面加上 de^{33} 表示"初"。如：

| $de^{33}thi^{55}$ | 初一 | $de^{33}ni^{21}$ | 初二 |
| $de^{33}so^{33}$ | 初三 | $de^{33}tshe^{33}$ | 初十 |

从"十一"开始，全部都是用基数词记日。如：

| $tshe^{33}ti^{55}$ | 十一 | $tshe^{33}ni^{21}$ | 十二 |
| $ŋ^{21}tse^{33}$ | 二十 | $so^{33}tshe^{33}$ | 三十 |

2. 孩子背称

如果对别人谈及孩子的排行即背称时，除了老大、老幺用形容词与指示代词接量词的方法表示定指外，其余的皆为"基数词 + 个体量词 + 指示代词 + 量词"的形式。如：

$ʑæ^{21}a^{55}mo^{33}$	老大	$ʑa^{33}a^{55}mo^{33}$	老幺
大 那 个		小 那 个	
$ŋ̩^{21}nə^{55}a^{55}mo^{33}$	老二	$so^{33}lə^{21}a^{55}mo^{33}$	老三
二 个 那 个		三 个 那 个	
$li^{33}lə^{21}a^{55}mo^{33}$	老四	$ŋo^{21}lə^{21}a^{55}mo^{33}$	老五
四 个 那 个		五 个 那 个	
$tɕho^{55}lə^{21}a^{55}mo^{33}$	老六		
六 个 那 个			

（三）分数、倍数和概数

1. 分 数

在磨味腊鲁话中，分数表示从分母中取出多少分子的意思。如：

| $so^{33}ko^{21-213}the^{21}ko^{21}$ | 三分之一 | $li^{33}ko^{21-213}the^{21}ko^{21}$ | 四分之一 |
| $ni^{21}ko^{21-213}the^{21}ko^{21}$ | 二分之一 | $ŋo^{21}ko^{21-213}so^{33}ko^{21}$ | 五分之三 |

2. 倍 数

倍数借用汉语的 pe^{55}（倍）、fa^{33}（翻）等表示。如：

$ŋo^{33}a^{33}te^{33}de^{33}kho^{55}$ $tho^{21}mɯ^{55}$ $ŋo^{33}de^{33}so^{21}pe^{55}$ $ŋa^{33}$.　　我父亲的年龄是我的三倍。
我 爸爸（助）年 龄 是 我 的三倍是

$e^{55}kho^{55}$ $ŋ^{21}ke^{33}de^{33}tshe^{33}phju^{33}tsha^{21}lia^{55}$ $pi^{21}xe^{55}$ $me^{21}a^{55}kho^{55}$ le^{55} $the^{21}fa^{33}fa^{33}o^{33}$.
今 年 我们（助）谷 白 产量 比 前 面 那年（助）一 翻 翻（助）。

今年的粮食产量是去年的一番。

3. 概数有不同的表示法

（1）可以直接用数字相连模糊表示。如：

tsha^{33}li^{33}ŋo^{21}lə^{21}　　　　四五个人　　　tsha^{33}the^{21}ni^{21}tse^{33}lə^{21}　　一二十人

e^{55}ka^{33}sæ^{33}li^{33}ŋo^{21}tɕho^{55}lə^{21}dza^{33}.　　　　　这儿有五六个梨。

这儿　梨　五　六　个　有

na^{55}ka^{33}ŋa^{33}ɕi^{21}xe^{55}lə^{21}dza^{33}.　　　　　　那儿有七八只鸟。

那里　鸟七八　只　有

the^{21}ɕyo^{33}lə^{21}ka^{33}dza^{21}ɕi^{21}xe^{55}tshe^{33}lə^{21}tsha^{33}tɕi^{55}su^{21}dza^{33}.　一百个人当中有七八十个人有技术。

一　百　个　　中　七八十　个　人　技　术　有

ve̞^{21}the^{21}mo^{33}ɕi^{21}xe^{55}tshe^{33}tɕi^{33}dza^{33}.　　　　一头猪有七八十斤。

猪　一　头　七八　十　斤　有

ʐa^{21}tshe^{33}ŋo^{21}tɕho^{55}kho^{55}dza^{33}la^{55}o^{33}.　　　　他有十五六岁了。

他　十　五　六　岁　有（助）（助）

（2）如果要表达"多"或"少"的概念时，概数还可以通过 ba^{33}（多、来）、ņ^{21}tɕhi^{33}（不只）、ņ^{21}di^{21}（不到）表示。其中，十多个以内的一般用 ba^{33} 表示，二十个以上的可以用 ņ^{21}tɕhi^{33} 或 ņ^{21}di^{33} 表示。另外，还可以用 ga̞^{21}ņ^{21}tɕhi^{33}（左右）表示概数。如：

kha̞^{33}e^{55}mo^{33}le^{55}tshe^{33}ba^{33}lə^{21}ta^{55}ɕo^{21}sə^{33}dza^{33}.　　这个村里有十来个大学生。

村　这个　里　十　多个大学生　有

ṇu^{21}the^{21}ɕo^{33}lə^{21}ņ^{21}tɕhi^{33}.　　　　　　一百多头牛。

牛　一　百头　不　只

the^{21}ɕo^{33}lə^{21}di^{33}ņ^{21}di^{33}.　　　　　　不到一百个。

一　百　个　到不到

a^{21}ti^{33}a^{55}ni^{33}le^{33}lu̞^{21}tie^{33}ga̞^{21}ņ^{21}tɕhi^{33}xa^{33}tu^{33}.　　每天六点钟左右起床。

每　　天　都　六点　左　右　起来

二、数词的语法特征

数词在句子中一般不单独使用，要与量词组合成量词短语方可充当句子成分。如：

ŋo^{33}phja^{33}the^{21}tho^{55}væ^{33}o^{33}.　　　　我买了一套衣服。（定语）

我　衣服　一　套　买（助）

yo^{21}me^{21}le^{55}ɕu^{33}du^{33}lu^{33}the^{21}mo^{33}dza^{33}.　　　山坡上面有一个洞。（定语）

山坡　上　洞　　一　个　有

the²¹le̢²¹ɕa³³se²¹!   等一会儿！（补语）

一 会儿 等（助）

the²¹tue³³mɯ⁵⁵ ni²¹tu³³.   一吨是两千斤。（宾语）

一 吨 是 两千

the²¹tɕi³³mɯ⁵⁵ tshe³³lo²¹.   一斤是十两。（主语）（宾语）

一 斤 是 十 两

the²¹kho⁵⁵ mɯ⁵⁵ ɕo³³bo³³tshe³³ni²¹lə²¹.   一年十二个月。（主语）（定语）

一 年 是 月 十 二个

tsha³³the²¹phe³³xɯ³³dæ²¹, tsha³³the²¹phe³³sə³³tsha²¹pe³³.   一半人打铁，一半人做生产。（定语）

人 一半 铁 打 人 一半 生 产 做

第五节 量 词

量词是对事物的形状、动作、性质等进行计算的单位。在汉藏语系中，量词的丰富多彩是其突出特点。新平磨味腊鲁话中存在为数众多的量词，这些词由于语义表现迥异和使用上的差别可以分为名量词、动量词。

一、名量词

名量词是人和事物的计量单位。名量词又可细分为类别量词、性状量词、通用型量词、反响型量词、集体量词、兼用量词、度量衡量词、不定量单位量词和时间量词等。

（一）度量衡量词

度量衡量词也可以称作标准量词或单位量词，是用于对长度、重量、容积、面积等单位进行度量的词。腊鲁话的度量衡量词有标准类和非标准类的区分。其中，标准类量词主要是为了与外界接轨，便于沟通而使用，因而大多是汉语量词；非标准类量词沿袭习惯，是腊鲁人在漫长历史长河中认识自然和改造自然的结果。

1. 表示长短

标准类量词有 tshŋ²¹（尺）、tsa⁵⁵（丈）、tshue⁵⁵（寸）、li²¹（里）等，多借自汉语，如 phyo²¹the²¹tshŋ²¹（一尺布）、lɯ³³pɯ³³di²¹the²¹tsa⁵⁵（一丈墙）、xə²¹the²¹tshue⁵⁵（一寸毯）、dʑo³³mo³³the²¹li²¹（一里路）等。

非标准化量词有 lɯ³³（庹，两臂左右平伸的距离）、tsa²¹（拃，拇指与中指展开的距离）、dʑi³³（步）、tɕio⁵⁵（指节）等，多为本族语，如 the²¹lɯ³³（一庹）、the²¹tsa²¹（一拃）、the²¹dʑi³³（一步）、the²¹tɕi⁵⁵（一指节）等。

2. 表示重量、容积、面积

腊鲁话中，对重量、容积和面积的计量只用标准类量词。其中，表示物体重量的有 $tɕi^{33}$（斤）、$ko^{33}tɕi^{33}$（公斤）、lo^{21}（两）等，表示容积的有 $tɯ^{33}$（斗）、$ʂ̩^{33}$（升）等，表示面积的有 mu^{21}（亩）、$fə^{33}$（分）等，如 $a^{55}\,tsh̩^{55}\,xo^{21}the^{21}tɕi^{33}$（一斤羊肉）、$ʐi^{33}the^{21}ko^{33}tɕi^{33}$（一公斤水）、$dʐ̩^{33}bæ^{21}the^{21}lo^{21}$（一两酒）、$sə^{33}pə^{33}the^{21}tɯ^{33}$（一斗苞谷）、$mə^{21}the^{21}ʂ̩^{33}$（一升麦子）、$mi^{33}the^{21}mu^{21}$（一亩地）、$tæ^{33}mi^{33}the^{21}fə^{33}$（一分田）。

3. 表示币值

腊鲁话中对钱币的度量只有三个，其中，bo^{21}（元）、tu^{33}（角）为本民族自有词，$fə^{33}$（分）则借自汉语。

（二）个体量词

个体量词计量事物时与事物的类别紧密相连，不同性质和形状的事物需要不同的量词与之相组合。在腊鲁话中，这类量词最能体现腊鲁人对自然社会的感知和分类，因而特征最为鲜明，数量也最多。

1. 表示事物形状

（1）phe^{55} 表示薄而小的平面（扇、片、张、口、块等）。如：

$a^{55}\,du^{21}the^{21}phe^{55}$	一扇门	$se^{33}phe^{33}the^{21}phe^{55}$	一片树叶
$tha^{21}ʐi^{21}the^{21}phe^{55}$	一张纸	$ɣo^{21}pæ^{33}the^{21}phe^{55}$	一片
$xɯ^{33}tɕha^{33}the^{21}phe^{55}$	一口锅	$næ^{33}ti^{33}the^{21}phe^{55}$	一个围腰
$ua^{21}the^{21}phe^{55}$	一片瓦		

（2）$pɯ^{33}$ 表示集中放在一起的物体（朵、堆等）。如：

$ve̦^{33}lu^{33}the^{21}pɯ^{33}$	一朵花	$su^{55}\,pə^{21}the^{21}pɯ^{33}$	一堆书
$phja^{33}the^{21}pɯ^{33}$	一堆衣服	$se̦^{33}the^{21}pɯ^{33}$	一堆柴

（3）$dʐ̩^{33}$（棵株）等。如：

$se̦^{33}dʐ̩^{33}the^{21}dʐ̩^{33}$	一棵树	$sə^{33}pə^{33}ni^{21}dʐ̩^{33}$	两棵玉米
$sæ^{21}ɣə^{21}dʐ̩^{33}so^{33}dʐ̩^{33}$	三棵桃树	$mo^{33}do^{33}the^{21}dʐ̩^{33}$	一棵竹子

（4）pja^{55}、di^{33} 表示长而厚的平面。如：

$lɯ^{33}bɯ^{33}di^{21}the^{21}pja^{55}$	一面墙	$mi^{33}di^{33}the^{21}di^{33}$	一道埂子

（5）pja^{33}（大块）等。如：

$xo^{21}the^{21}pja^{33}$	一大片肉	$ʂ̩^{21}the^{21}pha^{33}$	一片血

（6）se^{55}（小块）等。如：

$xo^{21}the^{21}se^{55}$	一小块肉	$pɯ^{33}tsho^{33}the^{21}mo^{33}$	一块补丁
$a^{33}pa^{33}the^{21}se^{55}$	一块粑粑		

（7）sæ²¹（颗粒）等。如：

tshe³³phyu³³the²¹sæ²¹	一粒米	no³³ma̠²¹the²¹sæ²¹	一颗黄豆
le̠²¹ti⁵⁵ço³³ni²¹sæ³³	两颗花生	su⁵⁵ the²¹sæ³³	一瓣大蒜

（8）pa³³（根条）等。如：

ba³³pu³³ni²¹pa³³	两根棍子	mo³³do³³the²¹pa³³	一根竹子
ze³³do³³the²¹pa³³	一根柱子	vu³³tæ³³læ³³the²¹pa³³	一根肠
a³³vu³³di³³li³³the²¹pa³³	一条蚯蚓	ze̠³³mɯ³³the²¹pa³³	一根鸡毛

（9）tsa³³（根条）等。如：

lu⁵⁵ça³³the²¹tsa³³	一条腰带	tsæ³³væ³³the²¹tsa³³	一根线

（10）tɕhi³³（条颗）等。如：

ʥo³³mo³³the²¹tɕhi³³	一条路	sɿ²¹the²¹tɕhi³³	一颗牙齿

（11）ço³³（条件）等。如：

lu³³du²¹the²¹ço³³	一条（裤子）	phja³³the²¹ço³³	一件衣服
tho²¹tɕhe²¹the²¹ço³³	一条裙子		

（12）tsu⁵⁵（床）等。如：

xə²¹lə²¹bə²¹the²¹tsu⁵⁵	一床被子	ʐa³³mɯ⁵⁵xə²¹the²¹tsu⁵⁵	一床毡子

（13）thu²¹（截）等。如：

mo³³do³³the²¹thu²¹	一截竹子	ka³³tsə²¹the²¹thu²¹	一截甘蔗

（14）phja²¹（面）等。如：

xo²¹tɕhi²¹the²¹phja²¹	一面红旗

（15）fo³³（封）等。如：

çie⁵⁵ the²¹fo³³	一封信

（16）thæ²¹（层）等。如：

lɯ³³ʥa²¹ni²¹thæ²¹	两层楼

（17）pa²¹（把）等。如：

a⁵⁵tho²¹the²¹pa²¹	一把刀	me⁵⁵sə³³the²¹pa²¹	一把扫帚
tɕo⁵⁵mo³³the²¹pa²¹	一把锄头	pi̠²¹the²¹pa²¹	一杆笔

（18）pe̠³³（只）等。如：

tshə³³nə³³the²¹pe̠³³	一只鞋	ua²¹tsɿ³³the²¹pe̠³³	一只袜子
tshe³³pe̠³³the²¹pe̠³³	一只脚	lə²¹di²¹the²¹pe̠³³	一只袖子

（19）tha̠²¹（滩）等。如：

ni⁵⁵xæ²¹the²¹tha̠²¹	一滩泥	ʑi³³the²¹tha̠²¹	一摊水

第五章 词 类

（20）tæ^{33}（泡）等。如：

ŋu^{21}ɕi^{21}the^{21}tæ^{33}　　　　　一泡牛屎　　　a^{55}nu^{55}ɕi^{21}the^{21}tæ^{33}　　　　　一泡狗屎

pu^{55}sɿ^{21}the^{21}tæ^{33}　　　　　一泡尿

（21）phu^{33}（张）等。如：

pa^{21}tə^{33}the^{21}phu^{33}　　　　　一张椅子　　　tsa^{33}tsɿ^{33}the^{21}phu^{33}　　　　　一张桌子

（22）ʥe^{21}（张）等。如

ʥo^{21}mo^{33}the^{21}ʥe^{21}　　　　　一张床

（23）tsa^{33}（匹）（条）等。如：

o^{55}li^{33}the^{21}tsa^{33}　　　　　一个包头　　　tshe^{33}pe^{33}thɔ^{33}lo^{33}mo^{33}the^{21}tsa^{33}　　　　　一个裹脚

tsæ^{33}væ^{21}the^{21}tsa^{33}　　　　　一条绳子

（24）bæ^{21}（只支）等。如：

lə^{21}the^{21}bæ^{21}　　　　　一只手　　　phæ^{33}tsɿ^{33}the^{21}bæ^{21}　　　　　一边肩膀

mi^{33}du^{21}the^{21}bæ^{21}　　　　　一只眼睛

（25）ta^{55}（段截）等。如：

ga^{21}ga^{21}the^{21}ta^{55}　　　　　一段骨头　　　se^{33}dʑɿ^{33}the^{21}ta^{55}　　　　　一段树

ʥo^{33}mo^{33}the^{21}ta^{55}　　　　　一段路

（26）thɔ^{21}（坨）等。如：

xo^{21}the^{21}thɔ^{21}　　　　　一坨肉　　　a^{55}nu^{55}ɕi^{21}the^{21}thɔ^{21}　　　　　一坨狗屎

（27）kæ^{33}（间）等。如：

xe^{33}the^{21}kæ^{33}　　　　　一间屋　　　tha^{33}vu^{33}the^{21}kæ^{33}　　　　　一间堂屋

（28）ʥe^{33}（滴）等。如：

ʑi^{33}the^{21}ʥe^{33}　　　　　一滴水　　　sɿ^{21}the^{21}ʥe^{33}　　　　　一滴血

2. 反响型量词

腊鲁话的反响型量词可分为单音节反响型量词和多音节反响型量词。其中，单音节反响型量词属于全部拷贝，而多音节反响型量词一般只拷贝最后一个音节，比较多见。如：

ɣə^{21}the^{21}ɣə^{21}　　　　　一家人　　　kha^{33}the^{21}kha^{33}　　　　　一个村子

la^{33}ʥa^{21}the^{21}ʥa^{21}　　　　　一条河　　　se^{33}dʑɿ^{33}the^{21}dʑɿ^{33}　　　　　一棵树

tshə^{33}the^{21}tshə^{33}　　　　　一辆车　　　su^{55}pə^{21}ni^{21}pə^{21}　　　　　两本书

lɔ^{33}tsu^{55}xe^{33}ni^{21}xe^{33}　　　　　两间厨房　　　se^{33}phi^{21}the^{21}phi^{21}　　　　　一块木板

ɣo^{21}me^{21}the^{21}me^{21}　　　　　一座山　　　ʑi^{33}du^{21}the^{21}du^{21}　　　　　一口井

3. 通用型量词

腊鲁话中，表示个体的通用量词有三个，即 mo^{33}、nə^{55}、lə^{21}。在用法上，这三个量词呈互补性分布。其中，mo³³和lə²¹都表示事物的个体，但使用上有所侧重，mo³³常与数词the²¹（一）或指示代词e⁵⁵（这）、na⁵⁵（那）连用，nə⁵⁵主要与数词"二"连用，三以上的数词则可以与mo³³或lə²¹连用，但lə²¹在日常生活中更加常见。

（1）通用型量词mo³³表示"个""头""条""匹""只""个""张"等，更常见于与数词the²¹（一）或指示代词na⁵⁵（那）、e⁵⁵（这）连用。如：

ʑi³³pu⁵⁵tha̠²¹the²¹mo³³	一个池塘	tsha³³the²¹mo³³	一个人
ȵu²¹the²¹mo³³	一头牛	ve̠²¹the²¹mo³³	一口猪
bə²¹the²¹mo³³	一条虫子	o⁵⁵tæ³³læ³³the²¹mo³³	一个帽子
ɕu³³du³³lu³³the²¹mo³³	一个洞	to³³kua³³the²¹mo³³	一个冬瓜
ɕi⁵⁵the²¹mo³³	一首歌	tsʰŋ²¹pɯ⁵⁵the²¹mo³³	一个肺
ȵu²¹dʑi³³the²¹mo³³	一张牛皮	se̠³³tse³³the²¹mo³³	一个根
le̠²¹bæ³³e⁵⁵mo³³	这座坟	dʐŋ³³mo³³na⁵⁵mo³³	那座桥
ɣo²¹pæ³³e⁵⁵mo³³	这个碗	no⁵⁵pa³³na⁵⁵mo³³	那只耳朵

（2）通用型量词nə⁵⁵表示"个""只"，与数词ni²¹连用。在语流中，数词ni²¹（二）常常音变为ŋ̩²¹。如：

tsha³³ŋ̩²¹nə⁵⁵	两个人	mu²¹ŋ̩²¹nə⁵⁵	两匹马
ŋa³³ŋ̩²¹nə⁵⁵	两只鸟	a⁵⁵nu⁵⁵ŋ̩²¹nə⁵⁵	两只狗
lu⁵⁵tshe³³pe̠³³ŋ̩²¹nə⁵⁵	两个裤脚	no³³gu³³ge³³ŋ̩²¹nə⁵⁵	两个医院
ze̠³³bɯ³³ŋ̩²¹nə⁵⁵	两个鸡圈	o⁵⁵gu²¹lu³³ŋ̩²¹nə⁵⁵	两个枕头
xe³³phi²¹mi²¹ŋ̩²¹nə⁵⁵	两个院子		

（3）mo³³和lə²¹通常用于对三个或三个以上的物体进行计数，二者可以换用。通常情况下，lə²¹使用的频率远远多于mo³³。如：

zo²¹mæ²¹li³³lə²¹/mo³³	四个妇女	kæ³³o²¹ŋo²¹lə²¹/mo³³	五颗星星
ga³³li⁵⁵kɯ³³lə²¹/mo³³	九个茄子	gæ²¹gæ²¹so³³lə²¹/mo³³	一个疤
mu²¹xe⁵⁵lə²¹/mo³³	八匹马	lu⁵⁵tshe³³pe̠³³li³³lə²¹/mo³³	四个裤脚

（三）集体量词

1. 集合量词

（1）dʐŋ³³（双）。如：

ua²¹tsŋ³³the²¹dʐŋ³³	一双袜子	tshə³³nə³³the²¹dʐŋ³³	一双鞋子

（2）tshu³³（簇）。如：

mo³³bi³³the²¹tshu³³	一簇竹	dʑi²¹the²¹tshu³³	一簇麻

（3）ku^{33}lu^{33}（团）。如：

tsæ^{33}væ^{21}the^{21}ku^{33}lu^{33}　　　一团线　　　o^{55}tsʅ^{33}the^{21}ku^{33}lu^{33}　　　一团头发

（4）va^{33}（片、丛）。如：

se̠^{33}dzʅ^{33}the^{21}va^{33}　　　一丛树　　　mi^{33}the^{21}va^{33}　　　一片地

ze^{21}the^{21}va^{33}　　　一片森林　　　va^{21}the^{21}va^{33}　　　一片菜（地）

tshe^{33}phyu^{33}the^{21}va^{33}　　　一片稻谷

（5）pho^{33}（窝、群、泡）。如：

ve^{21}the^{21}pho^{33}　　　一窝猪　　　n̠u^{33}the^{21}pho^{33}　　　一群牛

a^{55}nu^{55}çi^{21}the^{21}pho^{33}　　　一泡狗屎

（6）lu^{55}（行）。如：

mə^{21}tsʅ^{33}the^{21}lu^{55}　　　一行麦子　　　no̠^{33}va̠^{21}the^{21}lu^{55}　　　一行豌豆

（7）phæ^{21}（排）。如：

xe^{33}the^{21}phæ^{21}　　　一排房子　　　tsha^{33}the^{21}phæ^{21}　　　一排人

（8）ka^{33}（挂）。如：

xo^{21}the^{21}ka^{33}　　　一挂肉　　　va^{21}the^{21}ka^{33}　　　一挂菜

xo^{21}ni^{33}o^{21}the^{21}ka^{33}　　　一串干巴

（9）tio̠^{33}（串、挂）。如：

pho^{55}tsa^{33}the^{21}tio̠^{33}　　　一挂炮仗　　　la^{33}tsʅ^{21}the^{21}tio̠^{33}　　　一串辣椒

ça^{33}tço^{33}the^{21}tio̠^{33}　　　一柄香蕉　　　ŋa̠^{33}sæ^{21}the^{21}tio̠^{33}　　　一串芭蕉

（10）tsæ^{33}（把，能用手握）。如：

va^{21}the^{21}tsæ^{33}　　　一把菜　　　li^{55}the^{21}tsæ^{33}　　　一把秧

（11）tça^{33}（把，一手能容纳的体积）。如：

tshe^{33}phyu^{33}the^{21}tça^{33}　　　一把米　　　ço^{33}bo^{33}tçha^{33}la^{33}the^{21}tça^{33}　　　一把葵花

（12）ve^{33}（背）。如：

se̠^{33}the^{21}ve^{33}　　　一背柴　　　sə^{33}pə^{33}the^{21}ve^{33}　　　一背玉米

（13）tse̠^{33}（驮）。如：

dzo^{33}sæ^{21}the^{21}tse̠^{33}　　　一驮粮食　　　me^{21}the^{21}tse̠^{33}　　　一驮煤

（14）tə^{33}（捧，双手能容纳的体积）。如：

tshe^{33}phyu^{33}the^{21}tə^{33}　　　一捧（米）　　　go^{21}sæ^{21}the^{21}tə^{33}　　　一捧荞子

（15）thə^{33}（包）等。如：

na̠^{33}tçhi^{21}the^{21}thə^{33}　　　一包药　　　sa^{33}tha̠^{21}the^{21}thə^{33}　　　一包糖

（16）po^{33}（包）等。如：

ço^{33}bo^{33}tçha^{33}la^{33}the^{21}po^{33}　　　一包瓜子　　　dʑə^{21}the^{21}po^{33}　　　一包花椒

2. 不定量词

（1）the^{21}tɕi^{55}o^{21}［（一）点儿］。如：

tsho^{21}the^{21}tɕi^{55}o^{21}　　　　　一点儿盐　　　ʥo^{21}lo^{33}mo^{33}the^{21}tɕi^{55}o^{21}　　一点儿吃的

（2）the^{21}tɕi^{55}（一些）。如：

tsha^{33}the^{21}tɕi^{55}　　　　　　　一些人　　　tso^{33}mæ^{21}the^{21}tɕi^{55}　　　一些东西

（四）兼用量词

兼用量词尚未完全虚化，是在特定的语言环境下临时借用的量词。兼用量词是一个比较开放的系统，承载兼用量词功能特征的词既可以是名词，也可以是动词。

1. 名词类兼用量词

（1）bə^{21}（坛、罐）。如：

va^{21}tse^{33}the^{21}bə^{21}　　　　　一罐腌菜　　　ʥʅ^{33}bæ^{21}the^{21}bə^{33}　　　一坛酒

（2）thu^{21}（桶）。如：

ʑi^{33}the^{21}thu^{21}　　　　　　　一桶水　　　tsæ^{33}the^{21}thu^{21}　　　一桶油

（3）xo^{21}（盒）。如：

na^{33}tɕhi^{21}the^{21}xo^{21}　　　　　一盒药　　　tsʅ^{33}ma^{33}the^{21}xo^{21}　　一盒芝麻

（4）khua^{33}（筐）。如：

va^{21}the^{21}khua^{33}　　　　　　一筐菜　　　a^{33}khə^{21}phe^{55}the^{21}khua^{33}　一筐烟叶

（5）mæ^{33}li^{33}（口袋）。如：

tshe^{33}phju^{33}the^{21}mæ^{33}li^{33}　　一袋米　　　le^{21}ti^{55}ɕo^{33}the^{21}mæ^{33}li^{33}　一袋花生

（6）phie^{21}（瓶）。如：

dʑʅ^{33}bæ^{21}the^{21}phie^{21}　　　　一瓶酒

2. 动词类兼用量词

（1）pi^{55}（挑）。如：

ʑi^{33}the^{21}pi^{55}　　　　　　　　一挑水　　　tɕhi^{21}the^{21}pi^{55}　　　一挑粪

（2）te̠^{33}（抱）。如：

sʅ^{33}va^{21}the^{21}te̠^{33}　　　　　　一抱草　　　se̠^{33}the^{21}te̠^{33}　　　一抱柴

（3）tshe^{21}（口，固体）。如：

ʥo^{33}the^{21}tshe^{21}　　　　　　　一口饭　　　va^{21}the^{21}tshe^{21}　　　一口菜

（4）ʥu^{33}（口，液体）。如：

ʑi^{33}the^{21}ʥu^{33}　　　　　　　　一口水　　　dʑʅ^{33}bæ^{21}the^{21}ʥu^{33}　　一口酒

二、动量词

动量词是对动作行为进行计量的单位。动量词与数词结合成数量短语，在短语或句子中充当补语。在腊鲁话中，动量词的数量比名量词的数量少得多，大致可以分为专用的和临时借用的两大类。

（一）专用的

专用的有 do^{33}（次）、tsa^{33}（趟）、bi^{33}（顿）、tshe^{21}（句、口）、ɕa^{33}（下）等。如：

the^{21}do^{33}le^{33}	来一次	the^{21}tsa^{33}pe^{33}	跑一趟
the^{21}bi^{33}dʑo^{21}	吃一顿	the^{21}tshe^{21}khɯ^{55}	咬一口
the^{21}tshe^{21}e^{33}	喊一声	ni^{21}tshe^{21}ŋɯ^{33}	哭两声
the^{21}ɕa^{33}the^{55}	打一下	the^{21}ɕa^{33}mo^{33}	摸一下

（二）临时借用的

临时借用的有 tɕha^{33}（踢）、dʑi^{33}（步）、dʑu^{33}（口）、to^{33}（刀）、tho^{21}（拳）等。如：

the^{21}tɕha^{33}tɕha^{33}	踢一脚	ni^{21}dʑi^{33}ko^{33}	走两步
the^{21}dʑu^{33}da^{33}	喝一口	the^{21}tho^{21}te^{55}	打一拳
the^{21}to^{33}thæ^{33}	砍一刀		

三、量词的语法功能

（一）名量词和动量词的使用

名量词和动量词在句子中都不能单独使用，要与数词、名词、动词相结合，有时也能与疑问代词和指示代词相结合。

1. 名量词与数词结合

名量词与数词结合计量修饰名词，语序为中心词在前，后紧接数词和量词。如：

mu^{21}the^{21}mo^{33}　　　　一匹马　　　　se^{33}dʐ̩^{33}the^{21}dʐ̩^{33}　　　　一棵树

马　　一　个　　　　　　　　　树　　　一　　棵

se̞^{33}phe^{33}the^{21}phe^{55}　　一片叶子

树　叶　一　　片

2. 动量词与数词结合

动量词与数词结合计量修饰动词，语序为数量词在前，中心词在后。如：

the^{21}tsa^{33}pe^{33}　　　　跑一趟　　　　the^{21}do^{33}ʑi^{33}　　　　去一次

一　趟　跑　　　　　　　　　　一　　次　去

the^{21}tshe^{21}khɯ^{55}　　咬一口

一　　口　咬

3. 名量词与指示代词结合

名量词与指示代词结合修饰名词，指示代词往往位于中心词之后，数量短语之前。而且如果用来计数的数词是 the^{21}（一）的话，在结构中该词常常可以省略。如：

zo^{21}mæ^{21}e^{55}mo^{33}　　　　这个姑娘　　　　tsha^{33}e^{55}pho^{33}　　　　　　　这群人

妇　女　这　个　　　　　　　　　　人　这　群

e^{55}tso^{33}ʂ^{55}　　　　　　　这种事　　　　tho^{21}tɕhe^{21}e^{55}so^{33}ço^{33}　　　这三条裙子

这　种　事　　　　　　　　　　裙子　这　三　条

ve^{21}na^{55}ŋo^{21}lə^{21}　　　　那五头猪

猪　那　五　头

4. 量词与疑问代词结合

在腊鲁话中，疑问代词一般不会单独使用，其后面根据实际情况，要紧接名量词或者动量词。

（1）名量词与疑问代词。如：

ni^{33}a^{55}nu^{55}kho^{21}mo^{33}lə^{21}çyo^{33}la^{55}?　　　　你养了几只狗?

你　狗　　几　只　养（助）

ni^{33}xe^{33}ka^{33}kho^{21}mo^{33}ni^{33}ɣə^{21}bo^{33}?　　　　你要在家待几天?

你　家里　　几　天　在　要

ni^{33}a^{55}tse^{21}a^{21}di^{33}a^{55}mo^{33}ŋa^{33}?　　　　哪一个是你姐姐?

你　姐姐　哪　　个　是

（2）动量词与疑问代词。如：

ni^{33}khue^{33}mie^{21}kho^{21}mo^{33}do^{33}ʑi^{33}ko^{21}?　　　　你去过昆明几次?

你　昆　明　　几　次　去　过

ni^{33}a^{33}te^{33}ni^{33}a^{55}kho^{21}mo^{33}do^{33}the^{55}ko^{21}?　　　　你爸爸打过你几回?

你爸爸　你（助）几　　次　打　过

ʐa^{21}ni^{33}a^{55}kho^{21}mo^{33}do^{33}ni^{33}o^{33}?　　　　他看了你几眼?

他　你（助）几　　次　看（助）

（二）量词在句中不能单独作句子成分

量词在句中不能单独作句子成分，必须与数词、指示代词一起构成句子的主语、定语、状语。如：

ni^{21}pa^{33}mjo^{21}mjo^{21}o^{33}.　　　　两碗太多了。（主语）

两碗　多　多（助）

e^{55}pɯ^{33}ŋ^{21}ke^{33}ɣə^{213}de^{33}ŋa^{33}.　　　　这一堆是我家的。（主语）

这堆　我　们　家（助）是

ʐa^{21}so^{33}phie^{21}da^{33}o^{33}.　　　　他喝了三瓶。（宾语）

他　三　瓶　　喝（助）

ni³³so³³lə²¹li³³o³³.　　　　　　　　　　　　你要了三个。（宾语）

你　三　个　要（助）

e⁵⁵tɕi³³ni²¹o²¹de³³dʑo³³ŋa³³.　　　　　　　这些是两个人的饭。（定语）

这　些　两个（助）饭　是

su⁵⁵za³³xe³³le⁵⁵su⁵⁵mo⁵⁵pho²¹ŋo²¹lə²¹dʑa³³.　学校有五个老师。（定语）

学　校　里老　　　　师　五个有

ʐa²¹pə²¹tɕie³³the²¹do³³zi³³ko²¹a³³.　　　　　他去过一趟北京。（状语）

他　北京　一　趟　去　过（助）

ʐa²¹ŋo³³a⁵⁵ni³³ɕa³³te⁵⁵o³³.　　　　　　　他打了我两下。（状语）

他　我（助）两下　打（助）

（三）数量词重叠的语义特征

根据在短语或句子中所属成分的差异，腊鲁话中的数量词重叠表示不同的语义特征，如果作状语成分，表示按次序地进行；如果作定语成分，则表示数量多。如：

the²¹mo³³the²¹mo³³le³³　　　一个一个来　　　the²¹ni³³the²¹ni³³ʐæ²¹o³³　　一天一天大了

一　个　一　个　来　　　　　　　　一　天　一　天　大（助）

tsha³³the²¹mo³³the²¹mo³³　　一个一个的人　　ȵu³³the²¹pho³³the²¹pho³³　　一群一群的牛

人　一　个　一　个　　　　　　　　牛　一　群　一　群

tsha³³e⁵⁵tɕi⁵⁵the²¹mo³³mo³³muɯ⁵⁵ɣo²¹⁻²¹³ne²¹ŋa³³.　这些人一个个都很恶。

人　这　些　一　个　个（助）恶　　很　是

第六节　代　词

代词是具有代替、指示功能的词。在实际的语言使用中，代词的语法功能与所指代的语言单位的语法功能具有趋同性。

一、代词的分类

新平磨味腊鲁话中的代词可以分为人称代词、指示代词、疑问代词、反身代词等。

（一）人称代词

1. 人称代词有单数、双数和复数的差别

其中，除第三人称复数直接在单数的后面加上词缀 ke³³ 之外，第一人称和第二人称复数在词形上都有所变化。第一人称为前加词 a⁵⁵ 或词根 ȵ²¹ 与词缀 ke³³ 结合而成，另有一个同义词 ɣo⁵⁵a³³。

第二人称则通过单数 ni³³ 的屈折形式 næ²¹ 与词缀 ke³³ 相结合而成。第三人称为单数 ʐa²¹ 与词缀 ke³³ 相结合，另有一个同义词 ʐa²¹a³³。人称代词表双数时，皆由复数后面添加词缀 ni²¹o³³。

表 5.6.1　人称代词单数、双数、复数的区别

人　称	单　数	双　数	复　数
第一人称	ŋo³³（我）	a⁵⁵ ke³³ni²¹o³³/ɣo⁵⁵ a³³ni²¹o³³（我俩）	a⁵⁵ ke³³（咱们） n̩²¹ke³³/ɣo⁵⁵ a³³（我们）
第二人称	ni³³（你）	næ²¹ke³³ni²¹o³³（你俩）	næ²¹ke³³（你们）
第三人称	ʐa²¹（他）	ʐa²¹ke³³ni²¹o³³/ʐa²¹a³³ni²¹o³³（他俩）	ʐa²¹ke³³/ʐa²¹a³³（他们）

第一人称复数有包括式和排除式之分，n̩²¹ke³³ 是排除式，相当于汉语中的"我们"；a⁵⁵ ke³³ 为包括式，相当于汉语中的"咱们"。如：

n̩²¹ke³³ko³³ba³³a³³.　　　我们走了。（不包括对话者）

我们　走　要（助）

a⁵⁵ ke³³ko³³li³³a³³.　　　咱们该走了。（包括对话者）

咱们　走　要（助）

2. 人称代词的领属格形式

人称代词的领属格形式是在人称代词的后面加上 de³³。如：

（1）单数领属格。如：

ŋo³³de³³　　　　我的　　　ŋo³³de³³pi²¹　　　　　我的笔

ni³³de³³　　　　你的　　　ni³³de³³phia³³　　　　你的衣服

ʐa²¹de³³　　　　他的　　　ʐa²¹de³³o⁵⁵ li³³　　　他的包头

（2）双数领属格。如：

a⁵⁵ ke³³ni²¹o³³de³³　　我们俩的　　a⁵⁵ ke³³ni²¹o³³de³³xe³³　　　我们俩的房子

ɣo⁵⁵ a³³ni²¹o³³de³³　　我们俩的　　ɣo⁵⁵ a³³ni²¹o³³de³³a⁵⁵ nu⁵⁵　　我们俩的狗

næ²¹ke³³ni²¹o³³de³³　　你们俩的　　næ²¹ke³³ni²¹o³³de³³a³³ni³³　　你们俩的孩子

ʐa²¹a³³ni²¹o³³de³³　　他们俩的　　ʐa²¹a³³ni²¹o³³de³³dʑo²¹mo³³　　他们俩的床

（3）复数领属格。如：

a⁵⁵ ke³³de³³　　　咱们的　　a⁵⁵ ke³³de³³se̩³³　　　咱们的柴

n̩²¹ke³³de³³　　　我们的　　n̩²¹ke³³de³³a⁵⁵ tho²¹　　我们的刀

næ²¹ke³³de³³　　　你们的　　næ²¹ke³³de³³ɣo²¹pæ³³　　你们的碗

ʐa²¹ke³³de³³　　　他们的　　ʐa²¹ke³³de³³o³³thɯ³³　　他们的罐子

ʐa²¹a³³de³³　　　　他们的　　　ʐa²¹a³³de³³dʑi²¹phi²¹　　　他们的钱

3. 人称代词的领属格形式在句中的位置

人称代词的领属格形式在句中主要出现在前置定语的位置上,有时候也可以充任主语或宾语。如:

ʐa²¹de³³a³³te³³no³³gu³³pho²¹ŋa³³.　　　　　　他爹是医生。

他（助）爹 医　生 是

e⁵⁵mo³³ŋo³³de³³ŋa³³.　　　　　　　　这个是我的。

这 个 我（助）是

ŋo³³de³³ke⁵⁵ʐæ²¹.　　　　　　　　　　我的更大。

我（助）更 大

人称代词的领属格作为定语时,如果表示不可变更的亲属关系时,de³³常常省略。如:

ŋo³³a³³te³³　　　　　我的爸爸　　　ni³³a³³ma³³　　　你的妈妈

我 爸爸　　　　　　　你 妈妈

ni³³a³³ko³³　　　　　你的哥哥　　　ʐa²¹a⁵⁵tse³³　　　他的姐姐

你 哥哥　　　　　　　他 姐姐

另外,ʐa²¹在实际使用中还可以参与词组搭配,表示某种领属关系,无实际意义,如ʐa²¹o⁵⁵dɯ³³（顶）、ʐa²¹tse³³（根）等。如:

se̞³³dʐ̩³³na⁵⁵dʐ̩³³de³³ʐa²¹o⁵⁵dɯ³³ni³³ɕi²¹⁻²¹³ne²¹.　　　那棵树的树冠真好看。

树　那 棵（助）它 顶 看 好　真

se̞³³dʐ̩³³a⁵⁵dʐ̩³³ʐa²¹tse³³ne³³ne²¹.　　　那棵树的根很深。

树　那 棵 它 根 深 很

（二）指示代词

1. 指示代词分类

指示代词分为近指和远指两类,常与量词合用。如:

近指		远指	
e⁵⁵	这	na⁵⁵	那
va²¹e⁵⁵va³³	这片菜（地）	tshe³³phju³³na⁵⁵va³³	那片稻谷
菜 这 片		稻 米 那 片	
pa⁵⁵tha²¹e⁵⁵mo³³	这个湖	lo³³mo³³ge³³na⁵⁵mo³³	那块石头
湖 这 个		石 头 那 个	

2. 指示代词与方位名词搭配

e⁵⁵ ka³³	这里	na⁵⁵ ka³³	那里
e⁵⁵ bo²¹	这头	na⁵⁵ bo²¹	那头
e⁵⁵ bæ²¹	这边	na⁵⁵ bæ²¹/khæ³³bæ²¹	那边

e⁵⁵ ka³³mɯ⁵⁵ tshe³³phju³³.　　　　　　　这里是稻谷。

这里　是　稻　白

ŋ̩²¹ke³³ɣə²¹⁻²¹³e⁵⁵ bæ²¹ɣə²¹dʑa³³.　　　　　我们家在这边。

我们　家　　这边　在（助）

a³³te³³e⁵⁵ ka³³mja²¹ga²¹la⁵⁵.　　　　　　　爸爸正在这里干活。

爸爸　这里　　活　干（助）

a³³te³³mja²¹e⁵⁵ ka³³ga²¹dʑa³³.　　　　　　 爸爸在这里干活。

爸爸　活　这里　干（助）

e⁵⁵ bæ²¹sə³³pə³³e⁵⁵ tɕi⁵⁵ mo³³la⁵⁵ o³³.　　　这头的玉米成熟了。

这边　玉米　这些　　　熟（助）（助）

3. 指示代词与量词相结合作名词的后置定语

e⁵⁵ mo³³	这个	na⁵⁵ mo³³	那个

phie²¹ko²¹e⁵⁵ mo³³ni³³de³³ŋa³³.　　　　　　这个苹果是你的。

苹果　这　个　你（助）是

a³³ni³³na⁵⁵ mo³³ŋɯ³³la⁵⁵ o³³.　　　　　　 那个孩子哭了。

孩子　那　个　哭（助）（助）

se³³dʐ̩³³na⁵⁵ dʐ̩³³tsha³³thæ⁵⁵ o³³.　　　　　 那棵树被人砍了。

树　　那　棵　人　砍（助）

4. 性状指代词

e⁵⁵ ʐa⁵⁵ /e⁵⁵ væ³³	这样	na⁵⁵ ʐa⁵⁵ /na⁵⁵ væ³³	那样

当 e⁵⁵ væ³³ 作为状语修饰或限制形容词时，往往要前置。如果在状语和中心语之间加上结构助词 ba⁵⁵（地），则以示强调。如果在语言交际中没有特殊要求，也可以不加，ba⁵⁵ 作为状语助词没有强制性。

e⁵⁵ væ³³so²¹	这样少	na³³væ³³so²¹	那样少
e⁵⁵ væ³³mɯ³³	这样高	na³³væ³³mɯ³³	那样高
e⁵⁵ væ³³ʐæ²¹	这么大	na³³væ³³ʐæ²¹	那么大
e⁵⁵ væ³³ɕo³³	这么香	na³³væ³³ɕo³³	那么香

ȵu²¹e⁵⁵ mo³³e⁵⁵ væ³³pha⁵⁵!　　　　　　　　这头牛这么胖！

　牛　这 头　 这样　 胖

ȵu²¹e⁵⁵ mo³³e⁵⁵ væ³³ba⁵⁵ pha⁵⁵!　　　　　　这头牛那么地胖！

　牛　这 头　这 样（助）胖

a³³ni³³na⁵⁵ væ³³to²¹ʂ⁵⁵!　　　　　　　　　　孩子这么懂事！

孩子　那　 么　懂事

a³³ni³³na⁵⁵ væ³³ba⁵⁵ to²¹ʂ⁵⁵!　　　　　　　孩子这么地懂事！

　孩子　 那么　（助）懂事

ni³³e⁵⁵ væ³³ȵ²¹tsæ³³.　　　　　　　　　　　你这样不好。

你　 这　样 不 好

phja³³na³³væ³³tɕi³³la⁵⁵ mɯ⁵⁵ mə²¹kɯ⁵⁵ a⁵⁵.　衣服那样放会发霉。

衣服　 那 样 装（助）（连）霉 会（助）

5. 特殊指示代词

khə²¹ni³³a⁵⁵　　　　　　另外的

e⁵⁵ pho³³　　　　这群　　　　　　　na⁵⁵ pho³³　　　　那群

e⁵⁵ tɕi⁵⁵　　　　这些　　　　　　　na⁵⁵ tɕi⁵⁵　　　　那些

tɕa²¹tɕi²¹tɕi²¹mɯ⁵⁵ khə²¹ni³³a⁵⁵ su³³sæ⁵⁵ o³³kɯ⁵⁵ a⁵⁵.　假积极是会被人识破的。

假 积 极 是　 另外的　　人 知道（助）会（助）

tæ²¹mi³³e⁵⁵ tɕi⁵⁵ mæ⁵⁵ mæ²¹³khą³³de³³ŋa³³.　　这些田全是村子的。

田　　 这些　 全部　 村（助）是

6. 指示代词短语表示远指时词形内部的变化

由指示代词构成的短语在表示远指时词形内部有两种特殊变化，一种情况是原形 na⁵⁵ 在口语中常缩略为 a⁵⁵，另一种情况是 na⁵⁵ 变为 na³³。从这两种变化形式在口语中的使用情况来看，前者更为常见。

na⁵⁵ mo³³　　　　那个　　　　　　a⁵⁵ mo³³　　　　那个

na⁵⁵ tɕi⁵⁵　　　　那些　　　　　　a⁵⁵ tɕi⁵⁵　　　　那些

na³³ka³³　　　　　那边　　　　　　na³³le⁵⁵　　　　那里

a³³ka³³ka³³　　　　中间

（三）疑问代词

腊鲁话中，用来表示疑问的代词基本上都带有前缀 a²¹。如：

a²¹se²¹　　　　　　谁　　　　　　　a³³tso³³/a²¹tæ³³væ³³　　什么

a²¹di³³a⁵⁵ mo³³　　哪个　　　　　　a²¹ka³³le⁵⁵　　　　　　哪里

a²¹di³³a³³kɯ³³　　几时　　　　　a²¹di³³　　　　　　　怎么

a²¹da³³ŋa³³ʑi³³　　为什么

对数目进行提问时主要用 kho²¹mo³³ʂ⁵⁵（多少）、kho²¹mo³³lə²¹（几个）。

ni³³a²¹da³³ŋa³³ʑi³³ṇ²¹le³³dza³³?　　　　　你为什么不来？

　你　为 什 么　不 来（助）

ʑa²¹de³³mi³³a²¹tæ³³væ³³e³³ni³³sæ⁵⁵ æ²¹?　　　你知道他叫什么名字吗？

　他（助）名字 什么　　叫 你 知道（助）

同时，我们应注意到磨味腊鲁话中的疑问代词也可以用于非疑问的句子中，表示遍指和虚指。如：

e⁵⁵kɯ⁵⁵ a²¹se²¹le⁵⁵ dzo³³dzo²¹lo³³mo³³dza³³.　　　现在个个有饭吃。

　现在　 个 个（助）饭　吃（名物化）有

a²¹se²¹le⁵⁵ phja³³vẹ²¹lo³³mo³³dza³³.　　　　　个个有衣穿。

　个 个（助）衣服 穿（名物化）有

ʑa²¹a³³tso³³le³³dʑo²¹a³³.　　　　　　　　　他什么都吃。

　他 什么 都 吃（助）

ʑa²¹na²¹ka³³le³³ʑi³³ṇ²¹ko²¹.　　　　　　　他哪儿都没去过。

　他 哪 儿 都 去 没 过

a²¹di³³a⁵⁵ kɯ⁵⁵ me²¹，a²¹di³³a⁵⁵ kɯ⁵⁵ dzo²¹.　　什么时候饿，什么时候吃。

　什么　时候　饿　什么　时候　　吃

（四）反身代词

在语言中用来复指前面的名词或代词的词语称为反身代词。

1.反身代词的意义

反身代词有单数和复数之分。磨味腊鲁话主要通过人称代词自身的重复实现反身指代的意义，有时候也可以使用 mæ⁵⁵ mæ⁵⁵ æ²¹（自己）加以确认或强调。如：

ŋo³³ŋo³³　　我自己　　　　ni³³ni³³　　　你自己　　　ʑa²¹⁻²¹³ʑa²¹　　　他自己

a⁵⁵ke³³ni²¹o²¹a⁵⁵ke³³ni²¹o²¹　我俩自己　　næ²¹ke³³ni²¹o²¹næ²¹ke³³ni²¹o²¹　你俩自己

我们　 俩　我们 俩　　　　　　你们　 俩　你们　 俩

ʑa²¹ke³³ni²¹o²¹ʑa²¹ke³³ni²¹o²¹　他俩自己　　a⁵⁵ke³³a⁵⁵ke³³　　　　　我们自己

他们　 俩　他们　 俩　　　　　　我们　我们

næ²¹ke³³næ³³ke³³　　　你们自己　　　ʑa²¹ke³³ʑa²¹ke³³　　　　他们自己

你们　你们　　　　　　　　　他们　他们

mæ⁵⁵ mæ⁵⁵ æ²¹de³³ʂ̩⁵⁵ mæ⁵⁵ mæ⁵⁵ æ²¹pe³³.　　　自己的事自己做。

自己　　　（助）事　自己　　　做

2. 反身代词一般用于句子开头，以示对主语或话题的强调

ŋo³³ŋo³³ʑi³³.　　　　　　　　　　　　　我自己去。

我自己　去

ʑa²¹⁻²¹³ʑa²¹dʑo³³pe³³lɯ⁵⁵.　　　　　　他自己做饭吃。

他自己　　饭　做（助）

ni³³ni³³fu⁵⁵tsə²¹.　　　　　　　　　　你自己负责。

你　你　负　责 .

二、代词的句法功能

（一）作主语

ʑa²¹ŋo³³de³³su⁵⁵ mo⁵⁵ pho²¹ŋa³³.　　　他是我的老师。

他　我（助）　老　　师　是

ʑa²¹ni³³le⁵⁵ te⁵⁵.　　　　　　　　　他打你。

他　你（助）打

ŋ̩²¹ke³³mæ⁵⁵ mæ²¹³le³³dʑo³³dʑo²¹o³³.　我们全部都吃饭了。

我们　　全部　　都饭 吃（助）

ni³³a²¹da³³ŋa³³ʑi³³ŋo³³a⁵⁵ ŋ̩²¹e³³dʑa³³?　你为什么不叫我？

你　为什么　　　我（助）不叫（助）

（二）作宾语

ni³³ʑa²¹le⁵⁵ nɯ³³ni³³.　　　　　　　你问他吧。

你　他（助）问

a³³te³³ŋo³³a⁵⁵ ku²¹li⁵⁵.　　　　　　爸爸鼓励我。

爸爸　我（助）鼓励

ni³³a²¹ka³³ʑi³³bo³³?　　　　　　　你要去哪儿？

你　哪儿 去　要

ni³³a³³tso³³be̩³³dʑa³³?　　　　　　　你说的什么呀？

你　什么　说（助）

（三）作定语

ʑa²¹de³³su⁵⁵pə²¹　　　他的书　　ŋo³³a³³te³³　　我爸爸

他（助）书　　　　　　　我　爸爸

næ²¹ke³³de³³mja²¹tsæ³³ne²¹.　　　　　　　　　你们的运气很好。

　你们（助）命　好　很

ʐa²¹de³³tshə³³nə³³a³³ko³³ʐi³³le⁵⁵ lo̩³³tɯ⁵⁵ gə²¹o³³.　　哥哥把他的鞋子扔到水里了。

他（助）　鞋子　哥哥　水里　扔　进　给（助）

第七节　副　词

在句子中，副词的主要功能是对动词或形容词进行修饰、限制，并在其程度、范围、时间、方式等方面予以描写或说明。腊鲁话的副词可以是单音节的，如 ne²¹（很，程度副词）、le³³（都，范围副词）等；也可以是多音节的，如 the²¹tɕi⁵⁵o²¹（稍微，程度副词）、e⁵⁵sa⁵⁵（刚才，时间副词）等；甚至还可以通过词语的组合达到程度加强的效果，如 ɣo³³…ɣo³³（越……越……，程度副词）。

一、副词的分类

（一）程度副词

程度副词表示动作或性质的程度。在腊鲁话中，比较常用的程度副词有 ne²¹（很、真、非常、太）、ke⁵⁵（更）、ke³³（最）、the²¹tɕi⁵⁵o²¹（一点、稍微）、se⁵⁵［（死）极］、kho²¹læ³³læ³（差点）、pæ⁵⁵pæ²¹³（白白地）、ɣo³³…ɣo³³（越……越……）等。

程度副词通常置于被修饰动词或形容词的前面，作状语成分。特殊程度副词 ne²¹ 例外，不管是作状语或补语，都要置于被修饰动词或形容词后面。

1. ne²¹（很、真、非常、太）

phə²¹kha̩³³ne²¹	很贵	mjo²¹³ne²¹	非常多
贵　很		多　非常	
ni³³ɕi²¹³ne²¹	真漂亮	ʐa²¹gu³³gu³³ne²¹	他高兴极了
好看　真		他　高兴　很	
so²¹³ne²¹	很少	tsæ³³ne²¹	很好
少　很		好　很	

2. ke⁵⁵（更）、ke³³（最）

ke⁵⁵tʂhŋ³³	更甜	ke⁵⁵sŋ³³	更长
更　甜		更　长	
ke⁵⁵mjo²¹	更多	ke⁵⁵xɯ⁵⁵	更臭
更　多		更　臭	

ke^{55} tsh^{33}　　　更甜　　　　ʑa^{21}ke^{33}mɯ^{33}.　　他最高

更　甜　　　　　　　　　他　最　高

ʑa^{21}ke^{55} ɣo^{21}ni^{33}，ŋo^{33}ke^{55} ņ^{21}ɣo^{21}ni^{33}.　　他力气更大，我力气更小。

他 更 力气大　我 更 不 力气大

næ^{21}ke^{33}so^{33}o$^{21-33}$kho^{55} tho^{21}a^{21}se^{21}ke^{33}ʑæ^{21}?　你们三个谁的年龄最大？

　你 们 三个　　年纪　谁　最　大

3. the^{21}tɕi^{55} o^{21}（一点、稍微）

ʑa^{21}de^{33}no^{33}tɕi^{55} o^{21}kho^{21}la^{55} o^{33}.　　他的病稍微好了。

　他（助）病 稍微 好（助）（助）

ʑi^{33}tsu^{33}khɯ^{55} ʑi^{55} gɯ^{33}e^{55} mo^{33}tɕi^{55} o^{21}ʑæ^{21}o^{33}.　这个汤勺稍大了。

　汤　舀　勺　　　这个 稍微 大（助）

ŋo^{33}de^{33}ʥo^{33}tɕi^{33}o^{21}mjo^{21}o^{33}.　　我的饭稍多了。

　我（助）饭 稍微 多（助）

4. se^{55}、ne^{21}

se^{55}、ne^{21}，常置于动词或形容词后，对动作或状态做补充说明，充当谓词性短语的补语成分。

ɕi^{21}thaʑ^{21}e^{55} mo^{33}xɯ^{55} se^{55} o^{33}.　　这个厕所臭死了。

厕 所 这个 臭 死（助）

a^{33}pa^{33}e^{55} tso^{33}næ^{33}ne^{21}.　　这种粑粑好吃极了。

粑粑 这 种 好吃极

sæ^{21}e^{55} tso^{33}tse^{33}ne^{21}.　　这种果子酸得很。

果子 这种 酸 很

5. kho^{21}læ^{33}læ^{33}（差点）

ŋo^{33}kho^{21}læ^{33}læ^{33}ʥo^{33}ņ^{21}ɣo^{33}ʥo^{21}a^{33}.　我差点不得吃饭了。

我　差点　　饭 不 得 吃（助）

ʑa^{21}kho^{21}læ^{33}læ^{33}ŋɯ^{33}la^{55}.　　他差点哭了。

他　差　点 哭（助）

6. pæ^{55} pæ^{213}（白白地）

pæ^{55} pæ^{213}pe^{33}.　　　　白干

　白白　做

ŋo^{33}pæ^{55} pæ^{213}pe^{33}o^{33}.　　我白做了。

我 白白　　做（助）

7. ɣo³³…ɣo³³（越……越……）

ɣo³³dʑo²¹ɣo³³dʑo²¹gu³³mi⁵⁵dʑa³³　越吃越想吃　　ɣo³³ga³³vu³³ɣo³³ga³³vu³³xɯ³³　越玩越爱玩

越　吃　越　吃　想　　　　　　　　　越　玩　越　玩喜欢

su⁵⁵za³³a³³ni³³a⁵⁵tɕi⁵⁵ɣo³³ɯ⁵⁵la⁵⁵ɣo³³ʑi²¹mi⁵⁵kɯ⁵⁵．　　　　学生们会越坐越困。

书　读孩子那些　越坐（助）越　　困　会

另外，在具体的语境中，ɣo³³…ɣo³³ 还可以作为连词，表示并列的两个成分，相当于汉语"一边……一边……"，如：

ŋo³³ɣo³³ko³³ɣo³³tsha⁵⁵　　　　　我边走边唱　　za²¹ɣo³³pe³³ɣo³³dʑo²¹　　他边做边吃

我　边　走　边　唱　　　　　　　　他　边　做　边　吃

（二）范围副词

范围副词对主体的动作或性质进行语义制约。在腊鲁话中，表示范围的副词主要有mæ⁵mæ²¹³（全部、统统）、le³³（都、也）、ŋ̩²¹tɕhi³³（不只）、xa³³a²¹（只）、ŋ̩²¹ʂ̩⁵⁵（也）等。

1. mæ⁵⁵mæ²¹⁻³³ 表示"全部、统统"

ze³³mæ⁵⁵mæ²¹³ɕi³³dʑa³³o³³．　　　　　　　鸡全死完了。

鸡　全　部　死　完（助）

za²¹ke³³mæ⁵mæ²¹³ŋ̩²¹ze⁵⁵ʑi⁵⁵ʑi³³．　　　　他们全都不愿意去。

他们 全部　　不愿意去

mja²¹e⁵⁵tɕi⁵⁵ŋo³³mæ⁵⁵mæ²¹³pe³³dʑa³³o³³．　　这些农活我全都干完了。

活　这些　我全部　　干完（助）

2. le³³ 表示"都、也"

ŋo³³le³³m̩²¹be³³se²¹．　　　　　　　　　　我都还没说。

我　都没说还

a³³ko³³ne²¹a³³tse²¹le³³le³³o³³．　　　　　　哥哥姐姐都来了。

哥哥和　姐姐　都来（助）

ve²¹xo²¹væ³³le³³do³³mɯ⁵⁵ŋ̩u²¹xo²¹væ³³le³³do³³．　买猪肉、牛肉都可以。

猪肉买也行（助）牛肉买也行

a³³va³³ke³³kha³³na⁵⁵mo³³pa³³o³³．　　　　　叔叔家那个村子搬走了。

叔叔　家　村那　个　搬（助）

a⁵⁵ʑi²¹ma³³ke³³kha³³na⁵⁵mo³³le³³pa³³o³³．　　姨妈家那个村子也都搬走了。

姨妈　　家村那个也搬（助）

3. ŋ̩²¹tɕhi³³ 表示"不只"

za²¹ke³³the²¹do³³ŋ̩²¹tɕhi³³le³³．　　　　　　他们不只来一次。

他们　一　次不只来

ŋo³³the²¹mo³³n̩²¹tɕhi³³ʑi³³bo³³. 　　　　　不只我一个要去。

我 一 个 不 只 去 要

4. xa³³a²¹ 表示"只、仅仅"

ŋo³³nɯ⁵⁵ mo³³the²¹mo³³xa³³a²¹dʑa³³. 　　　　我只有一个妹妹。

我 妹 妹 一 个 只 有

xe³³ka³³a²¹bo²¹xa³³a²¹dʑa³³. 　　　　　　家里只有父亲。

家 父亲 只 有

tsha³³ŋo²¹lə²¹xa³³a²¹ŋa³³mɯ⁵⁵ n̩²¹lo̩²¹. 　　　　五个人不够。

人 五 个 只 是（助）不够

5. n̩²¹s̩⁵⁵ 表示"也"

ʑa²¹n̩²¹s̩⁵⁵ ʑi³³. 　　　　　　　　　　他也去。

他 也 去

ŋo³³le³³n̩²¹s̩⁵⁵. 　　　　　　　　　　我也不知道。

我 也 不 知道

a³³ma³³n̩²¹s̩⁵⁵ khue³³mie²¹de̩³³ʑi³³gu³³mi⁵⁵dʑa³³. 　　妈妈也想上昆明。

妈妈 也 昆 明 上 去 想

ŋo³³n̩²¹s̩⁵⁵ ʑi³³the²¹kɯ⁵⁵ pi⁵⁵ ʑi³³se²¹. 　　　我也去挑下水。

我 也 去 下 挑水（助）

ŋo³³a⁵⁵ khə²¹n̩²¹tsh̩⁵⁵, dʑ̩³³bæ³³le³³n̩²¹da³³. 　　我不抽烟，也不喝酒。

我 烟 不 抽 酒 也 不 喝

6. a²¹ka³³le⁵⁵ le³³ 是疑问副词 a²¹ka³³le⁵⁵（哪里）与 le³³（都）相结合的产物，表示"处处都"

ŋo³³a²¹ka³³le⁵⁵ le³³tso³³o³³. 　　　　　我处处都找了。

我 哪儿 都 找（助）

ʑa²¹a²¹ka³³le⁵⁵ le³³ʑi³³ko̩²¹o³³. 　　　　他到处都去过了。

他 哪儿 都 去 过（助）

（三）时间副词

从语法功能的角度来看，时间副词主要对谓语的时间状态予以强调，通常在句子中作状语成分。如 e⁵⁵sa⁵⁵（刚才）、ɣɯ⁵⁵ts̩⁵⁵（常常）、xe⁵⁵me²¹（先）、ko³³tæ³³（后）、mɯ⁵⁵（就）、ɣo²¹dɯ³³（就时间）、the²¹le̩²¹o²¹（一会儿）、the²¹do³³be³³（一下子）等。根据所表时间概念的不同，我们把时间副词分为以下几类。

1. e⁵⁵sa⁵⁵ 表示"刚才"

ʑa²¹e⁵⁵sa⁵⁵ the²¹do³³le³³ko̩²¹a³³. 　　　　他刚才来过一次了。

他 刚才 一 次 来 过（助）

ŋo³³e⁵⁵ sa⁵⁵ o⁵⁵ dɯ³³the²¹tɕi⁵⁵ o²¹o⁵⁵ pa³³.　　　　我刚才头有点晕。

我　刚才头　一 点儿头晕

2. ɣɯ⁵⁵ tsɻ⁵⁵表示"常常"

a³³ko³³ɣɯ⁵⁵ tsɻ⁵⁵ ɳa³³ma²¹le⁵⁵ te⁵⁵.　　　　哥哥常常打弟弟。

哥哥　经常　弟 弟（助）打

ʑa²¹ɣɯ⁵⁵ tsɻ³³yo²¹mo³³lɯ⁵⁵ ʑi³³.　　　　他常常出去打短工。

他 经常　　工作 做（名物化）去

3. xe⁵⁵ me²¹表示"先"

xe⁵⁵ me²¹le³³　　　先来　　　　xe⁵⁵ me²¹pe³³　　　先做

ni³³xe⁵⁵ me²¹dʑo²¹.　　　　　　　　你先吃。

你 先　　吃

ŋo³³xe⁵⁵ me²¹tɕhi²¹.　　　　　　我先洗了。

我 先　　　洗

ni³³xe⁵⁵ me²¹be̠³³.　　　　　　　你先说吧。

你 先　　　说

4. ko³³tæ³³表示"后"

ko³³tæ³³di³　　　后到　　　　ko³³tæ³³ko³³　　　后走

ŋo³³ko³³tæ³³dʑo²¹.　　　　　　　　我后吃。

我 后　　　吃

5. the²¹le̠²¹o²¹（the²¹le̠²¹a³³ŋa³³）表示"一会儿"

ŋo³³the²¹le̠²¹o³³go²¹ʑi³³ba³³.　　　　我一会儿回家了。

我 一会 儿　回去 要

6. tɕho²¹tɕho²¹o³³表示"立刻、马上"

ni³³tɕho²¹tɕho²¹o³³du̠³³ʑi³³ʑi³³ni³³.　　　　你马上出去看看。

你 马 上（助）出 去（连）看

ŋo³³tɕho²¹tɕho²¹o³³ko³³.　　　　　　我立刻走。

我 马 上 （助）走

7. a²¹di³³a⁵⁵ kɯ⁵⁵ dʑe³³表示"早已"

ŋo³³a²¹di³³a⁵⁵ kɯ⁵⁵ dʑe³³bo³³dʑo²¹ko̠²¹a³³.　　　　我早就听说了。

我 什么 时 候　就 听 说 过（助）

ʑa²¹a²¹di³³a⁵⁵ kɯ⁵⁵ dʑe³³le³³o³³.　　　　他早就来了。

他 什么 时 候　就 来（助）

8. $\textrm{z}\textrm{u}^{55}\textrm{o}^{21}$ 表示"又"

$\textrm{z}\textrm{a}^{21}\textrm{z}\textrm{u}^{55}\textrm{o}^{21}\textrm{the}^{21}\textrm{do}^{33}\textrm{pe}^{33}\textrm{o}^{33}.$　　　　　　他又跑了一趟。

他　又　　一　趟　跑（助）

$\textrm{ŋo}^{21}\textrm{z}\textrm{u}^{55}\textrm{o}^{21}\textrm{tsŋ}^{55}\textrm{ma}^{33}\textrm{dze}^{33}\textrm{tæ}^{33}\textrm{la}^{55}\textrm{o}^{33}.$　　我又感冒了。

我　　又感　冒　得（助）（助）

9. $\textrm{se}^{21}$ 表示"再、还"

$\textrm{se}^{21}$ 表示"再、还"，作为状语时，常置于句末，有时与语气词相重叠。如：

$\textrm{dzo}^{33}\textrm{tci}^{55}\textrm{o}^{21}\textrm{khw}^{55}\textrm{se}^{21}.$　　　　　　再添点饭。

饭　点儿　添　再

$\textrm{z}\textrm{a}^{21}\textrm{ŋ}^{21}\textrm{dzo}^{21}\textrm{bo}^{33}\textrm{se}^{21}.$　　　　　　他还没吃饱。

他　不吃　饱　还

$\textrm{ŋo}^{33}\textrm{dzŋ}^{33}\textrm{bæ}^{21}\textrm{the}^{21}\textrm{tci}^{55}\textrm{o}^{21}\textrm{da}^{33}\textrm{gu}^{33}\textrm{mi}^{55}\textrm{dza}^{33}\textrm{se}^{21}.$　我还想再喝点酒。

我　酒　一　点儿　喝　想　　还

10. $\textrm{a}^{33}\textrm{le}^{33}\cdots\cdots\textrm{se}^{21}$ 表示"仍然"

$\textrm{ŋo}^{33}\textrm{a}^{33}\textrm{le}^{33}\textrm{e}^{55}\textrm{ka}^{33}\textrm{ɣə}^{21}\textrm{la}^{55}\textrm{se}^{21}.$　　　我仍然在这里住。

我　仍然　这里　住（助）（助）

$\textrm{z}\textrm{a}^{21}\textrm{a}^{33}\textrm{le}^{33}\textrm{ŋo}^{33}\textrm{a}^{55}\textrm{dzi}^{21}\textrm{phi}^{21}\textrm{ŋ}^{21}\textrm{kho}^{55}\textrm{se}^{21}.$　他仍然没还我钱。

他　仍然　我（助）　钱　没还（助）

11. $\textrm{ba}^{33}$ 表示"快要"

$\textrm{ne}^{33}\textrm{ma}^{21}\textrm{ba}^{33}\textrm{a}^{33}.$　　　　　　　　天快要黑了。

天黑　要（助）

$\textrm{o}^{55}\textrm{mi}^{55}\textrm{e}^{55}\textrm{mo}^{33}\textrm{z}\textrm{a}^{21}\textrm{zo}^{21}\textrm{çyo}^{33}\textrm{ba}^{33}.$　这只猫快生了。

猫　　这　个　他儿　生　要

12. $\textrm{a}^{21}\textrm{da}^{33}\textrm{le}^{33}$ 表示"必然、总是"

$\textrm{tsha}^{33}\textrm{a}^{21}\textrm{da}^{33}\textrm{le}^{33}\textrm{çi}^{33}\textrm{bo}^{33}\textrm{dza}^{33}.$　　　人终究要死。

人　总　是　死　要（助）

$\textrm{dze}^{33}\textrm{tsha}^{33}\textrm{la}^{55}\textrm{mu}^{55}\textrm{a}^{21}\textrm{da}^{33}\textrm{le}^{33}\textrm{kho}^{55}\textrm{tæ}^{33}\textrm{dza}^{33}.$　欠债终究要还的。

债　欠（助）（助）总　是　还　得（助）

$\textrm{a}^{21}\textrm{da}^{33}\textrm{pe}^{33}\textrm{bo}^{33}\textrm{ŋ}^{21}\textrm{sæ}^{33}.$　　　　　　认不得怎么办。

怎么做　要　不知道

13. $\textrm{the}^{21}\textrm{do}^{33}\textrm{be}^{33}$ 表示"一下子"

$\textrm{a}^{55}\textrm{du}^{33}\textrm{the}^{21}\textrm{do}^{33}\textrm{be}^{33}\textrm{phu}^{33}\textrm{khæ}^{33}\textrm{o}^{33}.$　　　门一下子开了。

门　　一　下子　　开（助）

14. ɣo²¹dɯ³³ 表示"忽然、马上"

tsha³³o²¹dɯ³³the²¹mo³³du³³le³³.　　　　　　　　忽然出来一个人。

　人　忽然　一　个　出来

ko³³tæ³³ʂɿ³³o²¹dɯ³³æ⁵⁵　　　　　ne³³the²¹mo³³du³³le³³.　　　后面忽然"唉"地叫出一声。

后面　忽然　"唉"（叫声）的　一　声　出来

15. a²¹di³³a⁵⁵ kɯ⁵⁵ le³³ 表示"随时、时时"

ni³³a²¹di³³a⁵⁵ kɯ⁵⁵ le³³le³³do³³a³³.　　　　　　　你随时都可以来。

　你　随　时　都　来可以（助）

ni³³a²¹di³³a⁵⁵ kɯ⁵⁵ le³³tsue²¹pe⁵⁵ a⁵⁵ tæ³³a³³ ＝　　你随时都要准备着。

你随　　　　时　准备（助）得（助）

ni³³ɣɯ³³ɣɯ³³tsue²¹pe⁵⁵ a⁵⁵ tæ³³a³³　　　　　　　你常常准备着。

你　常　常　准备（助）得（助）

16. pʰi²¹nę²¹ 表示"迟早"

ʐa²¹pʰi²¹nę²¹le³³ko³³bo³³ʥa³³.　　　　　　　　　他迟早要走的。

他迟　早　都　走　要（助）

nɯ⁵⁵ mo³³pʰi²¹nę²¹le³³fu³³lɯ⁵⁵　bo³³ʥa³³.　　　妹妹迟早要嫁人的。

妹妹　　迟　早　都　嫁（名物化）要（助）

17. the²¹le³³n̩²¹kʰu³³ "往往、经常"

the²¹le³³n̩²¹kʰu³³ "往往、经常"，表频率，有时候也把特殊疑问词 a²¹di³³a⁵⁵ kɯ⁵⁵（什么时候）与 le³³（都）相结合，表示虚指"什么时候都"，对时次进行强调。如：

ʐa²¹the²¹le³³n̩²¹kʰu³³tso³³mæ²¹ve³³so⁵⁵ n̩²¹tshe²¹.　他往往忘记带东西。

他　一　刻不停　东西　带记不住

ŋo³³a²¹di³³a⁵⁵ kɯ⁵⁵ le³³a⁵⁵ ni³³ka³³tɕu²¹⁻²¹³nę²¹.　我白天往往很忙。

我　什么　时候都　白　天　忙很

18. ɣo³³pe³³ɣo³³ 表示"渐渐"

a³³te³³ɣo³³pe³³ɣo³³ma²¹o³³.　　　　　　　　　　爸爸渐渐老去了。

爸爸　越　做　越　老（助）

mə²¹ɣo³³pe³³ɣo³³nę³³ma²¹o³³.　　　　　　　　　天渐渐黑下来了。

天　越　做越　黑（助）

19. tsho²¹ɕie³³（重新）属于汉语借词

ni³³tsho²¹ɕie³³the²¹do³³pe³³tæ³³.　　　　　　　你得重新做一次了。

你　重新　一　词　做得

su⁵⁵ mo⁵⁵ pho²¹ŋo³³a⁵⁵ su⁵⁵ dʑ̩²¹tsho²¹ɕie³³væ²¹lo⁵⁵ .　　　　老师要我重新写字。

老　　师　我（助）　字　重　新　写　让

（四）否定副词

在腊鲁话中，否定副词有ŋ̩²¹（不、没）、tha²¹（别、不要）两个。在实际使用中，根据人称、语气的不同，对谓词进行否定时要选择不同的否定副词与其相应。

1. tha²¹

tha²¹通常用于命令、祈使语气，表示"不要"或"禁止"。

ni³³tha²¹lua⁵⁵ .　　　　你不要乱。

你　别　乱

ni³³tha²¹pe³³.　　　　你不要做。

你　别　做

ni³³tha²¹be̝³³.　　　　你不要说。

你　别　说

ni³³tha²¹e³³.　　　　你不要叫。

你　别　叫

ni³³tha²¹thɯ³³.　　　　你不要讲话。

你　别　讲

ni³³ʐa²¹le⁵⁵ tha²¹lua⁵⁵ be̝³³.　　　　你喊他不要乱嘛。

你他（助）不要 乱　说

2. ŋ̩²¹

ŋ̩²¹为常用否定词，可以出现在陈述句、疑问句中，用于动词或形容词前面，对其进行否定。

ŋo³³ŋ̩²¹le³³a³³.　　　　我不来了。

我　不　来（助）

ni³³dʑo³³ŋ̩²¹dʑo²¹mɯ⁵⁵ ŋ̩²¹xo̝ ²¹o³³.　　　　你不吃饭是不对的。

你　饭　不　吃　是　不　对（助）

ʑa²¹ʑi³³tsu³³da³³ŋ̩²¹xo⁵⁵ .　　　　他不喜欢喝汤。

他　汤　喝　不喜欢

ni³³a⁵⁵ ŋ̩²¹pe³³mɯ⁵⁵ ʑa²¹le⁵⁵ ne²¹ne̝²¹⁴ be̝³³mo⁵⁵ gə²¹ʑi³³.　　　　你不做就早早地去告诉他。

你（助）不做就　 他（助）早早地告　诉去

ʑa⁵⁵ ŋ̩²¹tæ³³.　　　　不喜欢。

喜　欢　不

（五）语气副词

语气副词在句中表示一定的语气，能对全句的语意起修饰强调的作用。语气副词大多是多音节词，也有一些是语气词与副词的组合。如 a²¹da³³le³³（一定）、a³³tsʅ³³tsʅ³³（真、确实）等。

1. a³³tsʅ³³tsʅ³³ 表示"确实、真"

a³³tsʅ³³tsʅ³³mɯ³³　　确实高　　　　　　　a³³tsʅ³³tsʅ³³tsæ³³　　确实好

ʑa²¹a³³tsʅ³³tsʅ³³no³³o³³.　　　　　　　　　　　他真病了。

他 确　　实病（助）

ni³³a³³tsʅ³³tsʅ³³xə²¹a³³.　　　　　　　　　　　你真厉害。

你确　　实厉害（助）

ni³³a³³tsʅ³³tsʅ³³e⁵⁵ væ³³pe³³bo³³dʑa³³æ²¹?　　　你真（要这样）做吗？

你确　　实 这样 做 要（助）（助）

2. a²¹da³³le³³ 表示"一定"

ni³³a²¹da³³le³³ŋo³³a⁵⁵ pa³³tæ³³.　　　　　　　你一定要帮我。

你 一 定　我（助）帮得

ni³³a³³pe³³mɯ⁵⁵ a²¹da³³le³³pe³³tsæ³³tæ³³a³³.　　你做就一定做好。

你如果做 就　一定　　做　好 得（助）

ʑa²¹le³³bo³³a³³bȩ³³mɯ⁵⁵ a²¹da³³le³³le³³a³³.　　他说来就一定来。

你 来 要如果 说　就　一　定来（助）

3. pha²¹

pha²¹ 表示"怕是"，常与语气词 a³³ 连用，置于动词或形容词之后。如：

ʑa²¹no³³dʑa³³pha²¹a³³.　　　　　　　　　　　他可能病了。

他 病（助）怕是（助）

ʑa²¹dʑi²¹phi²¹n̩²¹dʑa³³a³³pha²¹a³³.　　　　　　他可能没钱了。

他 钱　　不 有　怕是（助）

ŋo³³a²¹kɯ³³ni³³n̩²¹le³³a³³pha²¹a³³.　　　　　　我明天可能不来了。

我 明 天不来 怕是（助）

4. a²¹a²¹ 与语气助词 se²¹ 连用，表示"才"。如：

ŋo³³a²¹sæ⁵⁵ se²¹.　　　　　　　　　　　　　　我才明白。

我 才 明白（助）

ʑa²¹go²¹le³³a²¹ŋa³³se²¹.　　　　　　　　　　　他才回来。

他 回来 才 是（助）

ʑa²¹ŋo³³de³³da²¹pɯ³³nɯ³³ni³³tɕhi⁵⁵ a²¹ŋa³³se²¹.　他才听清楚我的话。

他 我（助）　话 听 清　才 是（助）

5. ba³³ 表示 "快要"

a³³te³³fa³³ba³³a³³.　　　　　　　　　　　　　爸爸快要醉了。

爸爸　醉　要（助）

ni³³ŋo³³da³³the²¹za⁵⁵ za⁵⁵ mɯ³³ba³³a³³.　　　你快要跟我一样高了。

你　我　跟　一　样　样　高　要（助）

ni³³the²¹ka⁵⁵ a²¹ka³³ʑi³³ba³³ȵa³³æ²¹?　　　你等下要去哪里了吗？

你　一　会　哪儿　去　要（助）（助）

6. a²¹da³³ŋa³³ʑi³³（为什么）与 a²¹di³³（怎么）表反问

ʑa²¹a²¹da³³ŋa³³ʑi³³da²¹pɯ⁵⁵ ɳ²¹thɯ³³ȵa³³?　　他为什么不说话?

他　为什么　　　　话　不　说（助）

ni³³a²¹di³³e⁵⁵ væ³³pe³³ȵa³³?　　　　　　　　你怎么能这样做?

你　怎么　这样　做（助）

（六）情状方式副词

情态副词对动作的情态和性状进行描写说明，一般不与形容词连用。如 ɣo²¹le³³ȵ²¹ɣo²¹no⁵⁵（不停地、不断地）、a²¹di⁵⁵ di³³o³³（悄悄）等。

1. ɣo²¹le³³ȵ²¹ɣo²¹no⁵⁵ 表示 "不停"

ʑa²¹ɣo²¹le³³ȵ²¹ɣo²¹no⁵⁵ ȵʐ³³bæ²¹da³³.　　　　　他不停地喝酒。

他　累　都　不　休息　　　酒　喝

a⁵⁵ ne³³ɣo²¹le³³ȵ²¹ɣo²¹no⁵⁵ ȵa²¹.　　　　　　　奶奶不停地唠叨。

奶奶　累　都　不　休息　唠叨

2. the²¹ku³³ 表示 "一起"

a⁵⁵ ke³³ȵo³³the²¹ku³³ȵo²¹le²¹.　　　　　　　　我们一起吃饭吧。

我们　饭　一起　吃（助）

ʑa²¹ke³³ŋo³³a⁵⁵ the²¹ku³³te⁵⁵.　　　　　　　　他们一起打我。

他们　我（助）一起　打

3. pa⁵⁵ ʑi⁵⁵（ʐu⁵⁵）表示 "故意"

a⁵⁵ tse²¹ŋo³³a⁵⁵ pa⁵⁵ ʑi⁵⁵ xæ³³.　　　　　　　姐姐故意骂我。

姐姐　我（助）故意　骂

ʑa²¹pa⁵⁵ ʑi⁵⁵ ȵi²¹phi²¹lo³³phi⁵⁵.　　　　　　　他故意把钱丢了。

他　故意　钱　扔　丢

4. mæ⁵⁵ mæ⁵⁵ æ²¹ 表示 "自己"

ʑa²¹mæ⁵⁵ mæ⁵⁵ æ²¹pe³³ʑi³³.　　　　　　　　　他亲自去做。

他　自　　己　做　去

ŋo³³a³³ma³³mæ⁵⁵ mæ⁵⁵ æ²¹dʑo²¹n̩²¹za²¹.　　　　　妈妈自己舍不得吃。

我　妈妈　　　自己　　吃 不 舍

ni³³mæ⁵⁵ mæ⁵⁵ æ²¹tɕhie³³tʂʅ⁵⁵ zi³³.　　　　　你自己亲自去。

你　自己　　　亲 自 去

5. la²¹la²¹⁻²¹³ 表示"快、赶紧"

ni³³la²¹la²¹⁻²¹³be̠³³，n̩²¹ke³³le³³ɕa³³ɣo²¹n̩²¹no³³a³³.　　你快说，我们都等不及了。

你 快　说　我们 都 等 累 不 痛（助）

ni³³la²¹la²¹⁻²¹³ko³³，za²¹the²¹le²¹o³³（a³³ŋa³³mɯ⁵⁵）le³³ba³³a³³. =　

你 快　　走 他 一 会儿 如果是（助）来 要（助）

ni³³la²¹la²¹⁻²¹³ko³³，za²¹the²¹le²¹a³³ŋa³³mɯ⁵⁵ le³³ba³³a³³.　　你赶紧走吧，一会儿他来了。

你 赶紧　　走 他 一 会　（要不然）来 要（助）

6. a²¹di⁵⁵ di³³ 表示"悄悄"

a³³ni³³o²¹a²¹di⁵⁵ di³³o³³su⁵⁵za³³xe³³pe̠³³tɕhi⁵⁵ zi³³o³³.　　孩子们悄悄地从教室跑出来了。

孩子　悄　悄（助）教　室　跑 出 去（助）

7. tu⁵⁵ tu³³ 表示"直接"

za²¹tu⁵⁵ tu³³m̩²¹be̠³³.　　　　　　　　他不直接说。

他　直接 不 说

za²¹ke³³mɯ⁵⁵ tu⁵⁵ tu³³n̩²¹ko³³.　　　　　　他们不直接走。

他们　（助）直接 不 走

8. tɕha̠²¹tɕha̠²¹⁻²¹³ 表示"恰恰"（汉语借词）

tɕha̠²¹tɕha̠²¹⁻²¹³le³³la⁵⁵ o³³.　　　　　　　恰恰来了。

恰　恰　　来（助）（助）

二、副词的语法功能

（一）副词在句中的成分

副词在句中大多只能做动词或形容词的修饰成分，出现在被修饰词之前，充当状语。如：

za²¹a³³n̩²¹ɣə²¹a⁵⁵ mɯ⁵⁵ ŋo³³ke⁵⁵ zi³³gu³³mi⁵⁵ n̩²¹dʑa³³.　　他不在的话，我更不愿意去了。

他 如果不 在（助）就我　更 去　想 不

ŋo³³ɣo³³ko³³ɣo³³ɕi⁵⁵.　　　　　　　　　我越走越渴。

我 越 走 越 渴

kha̠³³le⁵⁵ tsha³³a⁵⁵ tɕi⁵⁵ mæ⁵⁵ mæ²¹⁻²¹³pe̠³³o³³.　　村子里的人统统都跑了。

村 里 人 那 些 全部　　跑（助）

ʐa²¹ʥo³³xa³³a²¹ʥo²¹a³³va²¹n̩²¹ʥo²¹.　　　　　他只吃饭不吃菜。

他　饭　只　吃而菜不吃

ŋo³³a³³tsɿ³³di³³n̩²¹kɯ⁵⁵.　　　　　　　　我实在到不了。

我　实　在　到　不　会

a²¹se²¹ʥi²¹phi²¹ke³³ʥa³³.　　　　　　　哪个最有钱。

哪　个　钱　最　有

（二）状语的位置

状语的位置根据语义的需要可以灵活调整，有时候会处于宾语或谓语之间，形成"主语＋状语＋宾语＋谓语"的结构。如：

a⁵⁵tse³³n̩²¹sɿ⁵⁵tsha³³e⁵⁵mo³³le⁵⁵ʐa⁵⁵n̩²¹tæ³³.　姐姐也不喜欢这个人。

姐姐　也　　人　这个（助）　不喜欢

n̩²¹ke³³mæ⁵⁵ mæ²¹⁻²¹³mo⁵⁵ve⁵⁵ʑi³³o³³.　　我们都去磨味了。

我们　全部　　　磨　味　去（助）

（三）副词后置形式

部分副词在修饰形容词或动词时只能有后置形式，会与做补语成分时有重合，需要与一定的语境相结合，才能辨清其位置。如：

ʐa²¹ɣo²¹ni³³ne²¹.　　　　　　　他的力气大得很。（分析为补语、状语皆可）

他　力气大　很

a³³ko³³tɕe²¹xue³³ba³³pha²¹a³³.　　　哥哥可能结婚了。（状语）

哥哥　结　婚　要　可能（助）

ŋo³³de³³lə²¹no³³se⁵⁵ba³³a³³.　　　　我的手疼死了。（补语）

我（助）手疼死　要（助）

the²¹pa̠³³ʥo²¹se²¹.　　　　　　　再吃一碗。（状语）

一　碗　吃　再

ni³³the²¹ka⁵⁵ a²¹ka³³ʑi³³bo³³？　　　你过一会儿要去哪里？（状语）

你　一　会　哪儿　去　要

（四）句首副词

部分表示时间或者语气的副词可以置于句首，对后面的整个主谓成分产生修饰作用，有明显的强调作用。如：

ni³³ve̠²¹ŋa³³.　你是猪。（骂）　　　o²¹dɯ³³ni³³ŋa³³a³³.　　就是你了。（回答）

你　猪　是　　　　　　　　就　是　你　是（助）

tso³³mæ²¹e⁵⁵ tɕi⁵⁵ni³³ʥo²¹ʥa³³.　　这些东西是你吃的。（不好的东西）（说）

东　西　这些　你　吃（助）

ɣo²¹dɯ³³ni³³ʥo²¹ʥa³³.　　　　　　　　　是你吃的。（回答）

就是　你吃（助）

a²¹da³³ŋ²¹ʂ⁵⁵ ʑa²¹ŋ²¹ŋa³³ʑi³³.　　　　　　当然是他了。

什么　也　　他 不 是 因为

a³³le³³li³³se²¹æ²¹？　　　　　　　　　　你还要别的吗？

另外 要 还（助）

li³³se²¹.　　　　　　　　　　　　　　　还要。

要 还

第八节　连　词

语言中，用来连接两个并列词或分句，帮助表达某种关系的词称作连词。连词本身没有实在意义，不能单独使用，在句中起穿插连接作用。在腊鲁话中，根据连词所连语法实体的性质，我们把连词分为词语连词和句间连词。

一、词语连词

词语连词用来连接词或短语，表示联合关系，可以分为以下几个小类。

（一）ne²¹

ne²¹（和）表示并列关系，只能用来连接并列的词，不用于连接分句。如：

a³³ko³³ne²¹nɯ⁵⁵ mo³³　　哥哥和妹妹　　　　　ɣo³³ne²¹ni³³　　我和你

a³³ko³³ne²¹a³³lo²¹le³³le³³o³³.　　　　　　　　　　哥哥和嫂子都来。

哥哥　和　嫂子 都 来（助）

e⁵⁵ni³³ne²¹a²¹gɯ³³ni³³ŋo³³mja⁵⁵.　　　　　　　今天和明天我有空。

今 天 和　明　　天 我 有空

（二）（ma³³）ȵu⁵⁵

（ma³³）ȵu⁵⁵（还是）用来连接并列的短语，表示选择关系。如：

ni³³phie²¹ko̠²¹ʥo²¹bo³³ma³³ȵu⁵⁵ sæ³³li³³ʥo²¹bo³³.　　你要吃苹果还是吃梨。

你 苹 果 吃 要 还是　　梨 吃 要

ʑa²¹mu²¹ʥæ²¹ma³³ȵu³³tshə³³ɯ⁵⁵？　　　　　　他骑马还是坐车？

他 马 骑 还 是 车 坐

（三）ɣo³³-ɣo³³

ɣo³³-ɣo³³（一边……一边……）表示并列关系，主要用在动词前，连接两个动词或动宾词组，表示一个动作行为与另一个动作行为同时进行。如：

ni^{33}ɣo^{33}ko^{33}ɣo^{33}dʑo^{21}kɯ^{55} a^{55}.　　　　　　　你可以边走边吃。

你　边　走　边　吃　能（助）

ŋo^{3}ɣo^{33}ko^{33}ɣo^{33}tsha^{55}.　　　　　　　　　我边走边唱。

我　边　走　边　唱

ʑa^{21}ɣo^{33}pe^{33}ɣo^{33}bȩ^{33}.　　　　　　　　　他边做边说。

他　边　做　边　说

二、句间连词

句间连词用来连接两个分句，表示主从句之间的关系。

（一）le^{33}-le^{33}

le^{33}-le^{33} 表示"既……也……""一面……一面……"，连接两个并列的短语或分句。如：

ʑa^{21}ma^{21}le^{33}ma^{21}li^{55} ço^{33}le^{33}ço^{33}.　　　　　他既勤快，也聪明。

他　勤　也　勤快　聪也聪明

ʑa^{21}dʑi^{21}phi^{21}le^{33}dʑa^{33}ni^{33}mo^{33}le^{33}tsæ^{33}.　　　他既有钱，心也好。

他　钱　也　有　心　也　好

ʑa^{21}dʑo^{33}le^{33}pe^{33}la^{55}, tie^{55}ʂ^{33}le^{33}ni^{33}la^{55}.　　　他边做饭边看电视。

他　饭　也　做（助）电　视　也　看（助）

dʑo^{21}le^{33}dʑo^{21}la^{55}, pe^{33}le^{33}pe^{33}la^{55}.　　　　　边吃边做。

吃　也　吃（助）做　也　做（助）

da^{21}le^{33}da^{21}xo^{55}, pe^{33}le^{33}pe^{33}la^{55}.　　　　　边说边做。

答　也　答话　　做　也　做（助）

dʑo^{21}le^{33}dʑo^{21}xɯ^{33}, pe^{33}le^{33}pe^{33}xɯ^{33}.　　　吃也吃得厉害，做也做得厉害。

吃　也　吃　好　做　也　做　好

（二）the^{21}thæ^{33}-mɯ^{55} /dʑe^{33}

the^{21}thæ^{33}-mɯ^{55} /dʑe^{33}（一……就……）表示假设关系。如：

ʑa^{21}dʑo^{33}the^{21}thæ^{33}dʑo^{21}bi̥^{21}mɯ^{55} xɯ^{55} pɯ^{55} no^{33}.　　他一吃完饭就肚子疼。

他　饭　一　吃结束就　肚子　痛

ʑa^{21}the^{21}thæ^{55} le^{33}mɯ^{55} ŋo^{33}ko^{33}.　　　　　　他一来我就走。

他　一　　来就　我　走

ŋo^{33}the^{21}thæ^{33}le^{33}dʑe^{33}ni^{33}ko^{33}o^{33}.　　　　　　我一来你就走。

我　一　　来　就　你　走（助）

ʑæ^{21}le^{33}the^{21}thæ^{55} thi^{33}mɯ^{55} ŋo^{33}ŋɯ^{33}gu^{33}mi^{55} dʑa^{33}.　　只要一说起他，我就想哭。

他来 一 提 就 我 哭 想

（三）bę³³le³³

bę³³（说）le³³（来）连用表示"就算"，表示假设关系，如：

ni³³ʑa²¹le⁵⁵ ɕa³³la⁵⁵ bę³³le³³ʑa²¹le³³ŋ̩²¹kɯ⁵⁵ a⁵⁵.　　　　　　　就算你等他也不来了。

你 他（助）等（助）说来 他 来 不会（助）

ni³³ŋo³³a⁵⁵ dʑo²¹bo³³bę³³le³³ŋo³³ŋ̩²¹tho²¹ʑi⁵⁵.　　　　　　　就算你吃了我，我也不同意。

你 我（助）吃 要 说 来 我 不 同 意

（四）xe⁵⁵ me²¹…ko³³tæ³³

xe⁵⁵ me²¹…ko³³tæ³³（先……然后……），表示承接关系。如：

ʑa²¹xe⁵⁵ me²¹dʑo³³dʑo²¹ko³³tæ³³ʑi³³tsu³³da³³.　　　　　　　他先吃饭然后喝汤。

他 先 饭 吃 然后 水 热 喝

a³³te³³xe⁵⁵ me²¹a³³khə²¹tsʰ̩⁵⁵, ko³³tæ³³dʑo³³dʑo²¹.　　　　　　　爸爸先抽烟后喝酒。

爸爸 先 烟 抽 后 饭 吃

（五）a³³ŋ̩²¹ŋa³³mɯ⁵⁵

a³³ŋ̩²¹ŋa³³mɯ⁵⁵（不然的话、要么），表条件。如：

ni³³nɯ³³ni³³kɯ³³tæ³³a³³！ a³³ŋ̩²¹ŋa³³mɯ⁵⁵ni³³a⁵⁵ dʑi²¹pʰi²¹ŋ̩²¹gə²¹.

你 听 会 得（助）要不 是 就 你（助）钱 不 给

你要听话！不然的话不给你钱。

tɕʰo²¹tɕʰo²¹⁻²¹³dʑo²¹！ a³³ŋ̩²¹ŋa³³mɯ⁵⁵ a³³ma³³ni³³a⁵⁵ te⁵⁵ba³³a³³.

快 快 吃 要不是 就 妈妈 你（助）打 要（助）

赶紧吃饭！不然妈妈打你了。

a³³ŋ̩²¹ŋa³³mɯ⁵⁵ ni³³ʑi³³, a³³ŋ̩²¹ŋa³³mɯ⁵⁵ ŋo³³ʑi³³.　　　　　要不然你去，要不然我去。

要么不是就 你 去 要么 不 是 就 我 去

（六）a³³…mɯ⁵⁵

a³³…mɯ⁵⁵用来连接句子主要有两个功能：一是表示假设关系，相当于汉语的"如果……就……"；二是表示条件关系，如同汉语的"只要……就……"。如：

1.表假设关系

ni³³a³³le³³bo³³mɯ⁵⁵ ŋo³³a⁵⁵ xe⁵⁵ me²¹bę³³mo³³gə²¹.　　　　你要来的话，先告诉我。

你如果来要 就 我（助）先 说 个 给

ni³³ʂ̩⁵⁵ tɕʰie²¹a³³pe³³tɕa³³o³³mɯ⁵⁵ ʑi³³.　　　　　　　　你事情做完的话就去。

你 事情 如果做完（助）就去

a⁵⁵ mə²¹a³³xo³³mɯ⁵⁵ ŋo³³ŋ̩²¹ʑi³³a³³.　　　　　　　　　下雨的话我就不去了。

雨 如果 下 就 我 不 去（助）

第五章 词 类

ni³³a³³ṇ²¹le³³mɯ⁵⁵ ŋo³³go̱²¹ẓi³³ba³³a³³.　　　你不来的话我要回去了。

你 如果 不来　就　我　回去 要（助）

ni³³ẓa²¹le⁵⁵ a³³ẓa⁵⁵ ṇ²¹tæ³³mɯ⁵⁵ ẓa²¹le⁵⁵ tha²¹tso³³ẓi³³.　如果你不喜欢他的话就别去找他。

你 他（助）如果 不喜欢 就　他（助）别 找 去

ni³³a³³go̱²¹ẓi³³mɯ⁵⁵ ŋo³³a⁵⁵ tie⁵⁵ xua⁵⁵ dæ²¹mo³³gə²¹.　你若回去就给我打个电话。

你 如果 回 去 就　我（助）电 话　打 个 给

ẓa²¹ẓi³³bo³³a³³be̱³³mɯ⁵⁵ a²¹da³³le³³ẓi³³a³³.　　　他如果说去就一定去。

他 去 要 如果 说 就　一　定 去（助）

2. 表示条件关系

a³³ko³³a³³ɣə²¹la⁵⁵ mɯ⁵⁵ the²¹ɣə²¹lo²¹o³³le⁵⁵ fa³³ɕie³³a³³.　只要哥哥在家，一家人就放心了。

哥哥 只要 在（助）就　一　家　　　人（助）放心（助）

ni³³tsæ⁵⁵ tsæ³³a³³ɕiu³³ɕi²¹mɯ⁵⁵ ni³³de³³no³³kho²¹kɯ⁵⁵ a⁵⁵.　你好好休息，病就会好的。

你 好　好 只要 休息 就　你（助）病　康复 会（助）

（七）a²¹se²¹…mɯ⁵⁵

a²¹se²¹…mɯ⁵⁵（谁……就……），表示条件关系。如：

a²¹se²¹d͡ʑo²¹mjo²¹mɯ⁵⁵ a²¹se²¹pe³³.　　　　　　谁吃得多就谁做。

谁 吃 多 就　谁 做

a²¹se²¹d͡ʑo²¹ẓi⁵⁵ mɯ⁵⁵ a²¹se²¹pe³³.　　　　　　谁留下吃，谁做。

谁 吃剩下 就　谁 做

a²¹se²¹ko³³tæ³³ma²¹tsa³³d͡ʑo²¹ẓi⁵⁵ mɯ⁵⁵ a²¹se²¹yo²¹pæ³³ga³³tu³³.　谁吃到最后，谁收碗。

谁 后面　后面　吃剩下 就　谁 碗 留

a²¹se²¹xe³³ka³³ɣə²¹ẓi⁵⁵ mɯ⁵⁵ a²¹se²¹d͡ʑo³³pe³³.　　　谁在家，谁做饭。

谁　家里 在 剩下 就　谁 饭 做

（八）ẓi³³

在腊鲁话中，ẓi³³（因为）是一个特殊的连词，它既可以表示从句间的因果关系，也可以连接具有承接关系的两个句子。

1. 连接有因果关系的句子

a³³ni³³o²¹d͡ʑo³³ṇ²¹d͡ʑo²¹ẓi³³ẓa²¹t͡ɕhi⁵⁵ tsa̱⁵⁵ ne²¹.　　孩子不吃饭，他很生气。

孩 子 饭 不吃 因为 他 生 气 很

a³³mə²¹ṇ²¹tsæ³³ẓi³³ŋo³³ts̩⁵⁵ ma³³dze³³tæ⁵⁵ la⁵⁵ o³³.　天气不好，我得感冒了。

天气　不好 因为 我 感　冒 得（助）（助）

ni³³d͡ʐ̩³³ko̱²¹ẓi³³ŋo³³a⁵⁵ a³³ma³³xæ³³ne²¹.　　你害我让妈妈骂了。

你　害 因为 我（助）妈妈 骂（助）

· 105 ·

a⁵⁵mə²¹di̯²¹la⁵⁵o³³ʑi³³ŋo³³ua²¹tsɿ³³dʑ²¹.　　　　　因为天冷了，所以我穿袜子。
天　阴（助）（助）因为我 袜子穿

dʑo³³mo³³mæ²¹zu⁵⁵zi³³tshə³³n̩²¹dʑa³³.　　　　　因为路滑，所以没有车。
路　　滑　因为车 没 有

2. 连接两个有承接关系的句子

ŋo³³ta³³tshə³³dzæ²¹la⁵⁵　zi³³　su³³ve³³tshæ³³ʑi³³.　　我骑单车出去请客。
我 单 车 骑（助）（连）客人 请 去

ɯ⁵⁵la⁵⁵zi³³ŋɯ³³.　　　　　坐着哭。
坐（助）（连）哭

ʐæ³³la⁵⁵zi³³be̥³³.　　　　　笑着说。
笑（助）（连）说

ʐa²¹n̯æ²¹tu³³le³³zi³³be̥³³.　　　　　他站起来说。
他 站 起来（连）说

（九）sue³³za²¹…pu²¹ko⁵⁵

sue³³za²¹…pu²¹ko⁵⁵，借用汉语的"虽然……但是……"，表示转折关系。如：

ʐa²¹sue³³za²¹da²¹bɯ⁵⁵thɯ³³n̩²¹li⁵⁵, pu²¹ko⁵⁵tsha³³tsæ³³ne²¹ŋa³³.
他 虽然　话　　说 不肯 不过 人　好　很　是
他虽然不肯说话，但是个很好的人。

（十）mɯ⁵⁵…mɯ⁵⁵

mɯ⁵⁵…mɯ⁵⁵（是……但是……），表示转折关系。如：

sæ²¹mjo²¹mɯ⁵⁵mjo²¹a³³mɯ⁵⁵n̩²¹næ³³.　　　　水果多倒是多，但不好吃。
水果多 倒是 多（助）但是 不好吃

tsha³³mɯ⁵⁵ni³³ɕi²¹⁻²¹³ne²¹, mɯ⁵⁵dʑi²¹phi²¹n̩²¹dʑa³³.　　人倒是长得很漂亮，但是没有钱。
人　倒是 看好　很 但是　钱 没 有

ʐa²¹xæ⁵⁵mɯ⁵⁵xæ⁵⁵ne²¹, no³³mɯ⁵⁵no³³n̩²¹li⁵⁵.　　他虽然很瘦，但不生病。
他 瘦 虽然 瘦 很 病 但是 病 不肯

（十一）ue⁵⁵lə²¹

ue⁵⁵lə²¹，汉语借词"为了"，表示目的。如：

ue⁵⁵lə²¹ni³³a³³ko³³, ni³³tha²¹ka³³vu³³o²¹.　　　　为了你的哥哥，你就别玩了。
为 了 你 哥哥　你 别　　玩（助）

ue⁵⁵lə²¹dʑi²¹phi²¹ɣo³³zua⁵⁵, ʐa²¹a³³tso³³le³³ʑe⁵⁵zi⁵⁵pe³³a³³. 为了能挣钱，他什么都愿意干。
为 了 钱　得赚　他 什么 都 愿意 做（助）

（十二）sə²¹tə²¹

sə²¹tə²¹，汉语借词"省得"，表示目的。如：

tso³³mæ²¹ʑa²¹le⁵⁵ kho ⁵⁵ gə²¹ʑi³³, sə²¹tə²¹ʑa²¹ni³³mo̞³³no³³. 把东西还他，省得他心疼。

东西　他（助）还　给　去　省得　他　心　痛

第九节　介　词

介词没有实在意义，只能与有关实词或短语相依附共同构成"介宾短语"或"介词短语"，主要对谓词性短语进行修饰、补充，标明与谓词相应的时间、目的、原因等。在腊鲁话中，介词的数量相对较少，一般附于名词的后面。也有部分汉语借词，使用时要遵从汉语前置词的原则，置于名词前面。

一、介词的分类

根据介词介引成分的逻辑语义关系，我们把介词分为以下几类。

（一）da̞³³

da̞³³表示动作相关对象。腊鲁话中，da̞³³常常置于名词之后，而从汉语借来的lie²¹则置于名词之前。如：

ʑa²¹ŋo³³da̞³³tso³³mæ²¹ŋo⁵⁵.　　　　　　　他跟我借东西。

他　我　向　东西　借

ŋo³³ni³³da̞³³the²¹ku³³pe³³.　　　　　　　我跟你一起做。

我　你　跟　一　起　做

lie²¹ŋo³³le³³sæ⁵⁵ o³³.　　　　　　　连我都知道了。

连我　都　知道（助）

ʑa²¹ni³³da̞³³be̞³³.　　　　　　　他对你说。

他　你　对　说

ʑa²¹lo³³mo³³ge³³ŋo³³da̞³³tsa³³ɕi³³le³³.　　　他用石头朝我砸来。

他 石　　头 我 朝 砸（助）来

（二）tso²¹ue²¹、phie²¹

tso²¹ue²¹"作为"、phie²¹"凭"都是汉语借词，表示动作相关的方式、手段、依据。如：

tso²¹ue²¹su⁵⁵ mo⁵⁵ pho²¹the²¹mo³³.　　　　作为一个老师。

作为 书 教　人 一　个

phie^{21}ni^{33}the^{21}mo^{33}.　　　　　　　凭你一人。

凭　你　一　个

（三）ue^{55}lə^{21}

ue^{55}lə^{21}（为了），表示动作相关的原因和目的。如：

ue^{55}lə^{21}a^{55}tho^{21}e^{55}pa^{21}, ʐa^{21}kho^{33}mo^{33}tso^{21}pa^{33}fa^{21}de^{21}tsha^{21}o^{33}.

为　了　刀　这把　他　　几　种　办法　　想（助）

为了这把刀，他想了各种办法。

（四）le^{55}、ka^{33}、tɕhi^{33}gɯ^{33}

le^{55}（在……上）、ka^{33}（在……里）、tɕhi^{33}gɯ^{33}（在……下面）表示动作相关的处所。如：

ʐa^{21}dʑo^{21}mo^{33}le^{55}ʑi^{33}da^{33}.　　　　　　他在床上喝水。

他　床　上　水　喝

ʐa^{21}se̩^{33}dʐŋ^{33}le^{55}thio̩^{33}tɕi^{33}le^{33}.　　　　他从树上跳下来。

他　树　上　跳　下　来

a^{55}tse^{33}n̩u^{21}tɕhi^{33}du^{33}da^{33}ko^{33}.　　　　　　姐姐顺着牛的脚印走。

姐姐　牛　脚　印　顺　走

ʐa^{21}xe^{33}ka^{33}du^{33}le^{33}.　　　　　　　　　我从家里出来。

他　家　里　出　来

tsa^{33}tsŋ^{33}tɕhi^{33}gɯ^{33}a^{55}nu^{55}the^{21}mo^{33}dʑa^{33}.　　桌子下面有一条狗。

桌子　　下面　狗　　　一条　有

二、介词的语法特征

介词不能单独使用，必须与一定的名词或名词性词语相依附，在句中可以充当句子的主语、状语和补语等成分。

（一）介词短语作主语

xe^{33}ka^{33}tshe^{33}phju^{33}n̩^{21}dʑa^{33}a^{33}.　　　　　家里没有米了。

家（介）稻　白　没　有（助）

ze^{21}le^{55}mæ^{55}mæ^{213}phju^{33}o^{33}.　　　　　　山上全白了。

山（介）　全　　白（助）

ni^{21}ʐa^{21}da^{33}tsho^{21}tɕi^{55}o^{21}ve^{33}ʑi^{33}.　　　你跟他要点盐。

你　他（介）盐　点儿　拿去

（二）介词短语作状语

ʐa^{21}xe^{33}ka^{33}ʑi^{21}la^{55}.　　　　　　　　　他在家睡觉。

他　家（介）睡（助）

ŋa³³ma²¹se³³dʐ̩³³le⁵⁵ sæ²¹tshæ⁵⁵ la⁵⁵.　　　　弟弟在树上摘果子。

弟弟　　树　（介）果子摘（助）

ʐa²¹ŋo³³le⁵⁵ a³³ʑi³³the²¹tshe²¹thi⁵⁵ gə²¹o³³.　　他朝我吐了一口口水。

他　我（介）口水　一　口　吐　给（助）

（三）介词短语作补语

ʐa²¹a³³ʑi³³ŋo³³pæ²¹me̞³³le⁵⁵ thi⁵⁵ te̞³³le³³.　　他吐口水在我脸上。

他　口水　我　脸　　（介）吐（助）来

ʐa²¹lɯ⁵⁵ tsa²¹tɕhi³³gɯ³³ɕi³³la⁵⁵.　　　　　　他死在楼下。

他　楼　　　（介）　死（助）

ŋa³³se̞³³dʐ̩³³le⁵⁵ nu²¹la⁵⁵.　　　　　　　　鸟儿落在树上。

鸟　　树　（介）停（助）

第十节　助　词

助词是只能附着在其他实词、短语或句子的前后，表示结构关系或语法意义的词。根据具体的位置及其所蕴含的特征，腊鲁话中的助词可以分为结构助词、动态助词和语气助词三类。

一、结构助词

（一）话题助词 mɯ⁵⁵

话题助词出现在句子所述的焦点后的位置上，通常有较短的停顿。它引出要表达的内容或对其进行强调，具有一定的标记作用。如：

tsæ³³væ²¹mɯ⁵⁵ tɕi⁵⁵ o²¹ɳu⁵⁵ a⁵⁵ ʐa⁵⁵ li³³a³³.　　绳子要短一点的。

绳子（助）点　儿短　那样要（助）

li³³to⁵⁵ ʂ̩⁵⁵ li³³a³³mɯ⁵⁵ the²¹tɕi⁵⁵ o²¹xa³³a²¹ŋa³³　要倒是要了，只是一小点。

要　倒是　要（助）（助）一　点　儿只是

dʑo³³mɯ⁵⁵ ŋo³³dʑo²¹ko̞²¹a³³.　　　　　　　饭我已经吃过了。

饭（助）我　吃　过（助）

va²¹to⁵⁵ mjo²¹a³³mɯ⁵⁵ ɳ²¹næ³³.　　　　　菜倒是多，就是不好吃。

菜　倒　多（助）（助）不好吃

ʐæ²¹ɳ²¹ɣə²¹la⁵⁵ mɯ⁵⁵ ŋo³³ke⁵⁵ ʑi³³gu³³mi⁵⁵ ɳ²¹dʑa³³.　他不在，我更不想去。

他　不　在（助）（助）我　更　去　想　不

tsha³³mɯ⁵⁵ ŋo³³mja³³tæ³³ko²¹a³³.　　　　　　　人我倒见过了。

人（助）我 见 （助）过（助）

xe³³mɯ⁵⁵ ŋo³³vu²¹o³³.　　　　　　　　　　房子我倒是卖了。

房子（助）我 卖（助）

（二）宾语助词

同大多数藏缅语一样，腊鲁话的宾语通常都会带上宾语助词 le⁵⁵ 或 a⁵⁵。通常情况下，宾语助词会出现在动词支配的对象之后，因此腊鲁话中的主语和宾语的位置如果互换，并不影响意思的表达。如：

ŋo³³ni³³le⁵⁵ te⁵⁵ = ŋo³³ni³³a⁵⁵ te⁵⁵.　　　　我打你。

我 你（助）打 我 你（助）打

ni³³le⁵⁵ ŋo³³te⁵⁵ = ni³³a⁵⁵ ŋo³³te⁵⁵.　　　　我打你。

你（助）我 打 你（助）我 打

ŋo³³le⁵⁵ ni³³te⁵⁵ = ŋo³³a⁵⁵ ni³³te⁵⁵.　　　　你打我。

我（助）你 打 我（助）你 打

e⁵⁵ mo³³le⁵⁵ tha²¹a³³mo³³, na⁵⁵ mo³³le⁵⁵ tha²¹a³³mo³³.　　这个摸摸，那个摸摸。

这 个（助） 只 摸 那 个（助） 只 摸

e⁵⁵ mo³³le⁵⁵ the²¹kɯ⁵⁵ mo³³.　　　　　　　摸摸这。

这 个（助） 一 下 摸

na⁵⁵ mo³³le⁵⁵ the²¹kɯ⁵⁵ mo³³.　　　　　　摸摸那。

那 个（助） 一 下 摸

ni³³lə²¹ tɕhi²¹ka³³tɕi²¹o³³ʐi³³.　　　　　　把手洗干净。

你 手 洗 干 净（助）掉

ŋo³³ŋo³³a³³te³³ŋo³³a³³ma³³le⁵⁵ dʑo²¹⁻²¹³ne²¹.　　我很想念我的爸爸妈妈。

我 我 爸爸 我 妈妈（助）想 很

ʐa²¹ŋo³³le⁵⁵ pa³³ko²¹a³³.　　　　　　　　他帮助过我。

他 我（助）帮 过（助）

a⁵⁵ nu⁵⁵ ne̠³³kə³³a⁵⁵ nu⁵⁵ ɕa³³tæ³³le⁵⁵ khɯ⁵⁵.　　黑狗咬黄狗。

　狗 黑 色 狗 　黄色（助）咬

ni³³le⁵⁵ tshu²¹o³³ʑi³³ŋo³³the²¹mo³³le⁵⁵ le³³n̩²¹ɕa³³ɕie⁵⁵.　　除了你，我一个都不相信。

你（助）除（助）（连）我 一 个（助）都 不 相 信

（三）受助词

腊鲁话的受助词主要是 a⁵⁵，由于所处的位置和语义特征与宾语相似或重合，因而大多时候 a⁵⁵ 都可以与宾语助词 le⁵⁵ 互换。但在实际语言使用中，如果受动宾语是第一人称和第二人称，可以使用 le⁵⁵ 或 a⁵⁵；如果受动宾语是第三人称，则多选用 a⁵⁵。如：

su⁵⁵ mo⁵⁵ pho²¹ŋo³³a⁵⁵　　su⁵⁵ dʐ̩²¹tsho²¹ɕie³³væ²¹lo⁵⁵.　　　　老师要我重新写字。

老　　　师 我（受助）　字　　重新 写 让

ni³³a³³n̩²¹pe³³mu⁵⁵ ʐa²¹le⁵⁵ ne²¹ne̞²¹o³³be³³mo⁵⁵ gə²¹ʑi³³.　　你不做就早早地去告诉他。

你 如果 不 做　就　他（助）早早（助）告　诉 去

ni³³a²¹da³³le³³ŋo³³a⁵⁵ pa³³tæ³³.　　　　　　　　　你一定要帮我。

你 一　 定 我（助）帮 得

ni³³ŋo³³a⁵⁵ ni³³le³³tæ³³.　　　　　　　　　　　你要来看我。

你 我（助）看 来 得

（四）定语助词

1. 名词、代词作定语

腊鲁话的定语通常置于被修饰名词的后面，这样的后置定语一般不需要结构助词来彰显其所属关系。但当定语是名词或代词时，这样的定语成分必须前置且会带助词，定语助词 de³³ 的使用因修饰成分的属性而定；如果是名词或名词词组，修饰与被修饰成分之间要用结构助词 de³³ 连接；如果是代词或代词词组，结构助词的选择则比较灵活，可加可不加，尤其是所属关系非常明显或不可变更，大多情况下 de³³ 都可以省略。如：

a³³ko³³de³³pi²¹.　　　哥哥的笔。　　　e⁵⁵kho⁵⁵ de³³sə²¹pə²¹.　　　今年的玉米。

哥哥（助）笔　　　　　今　年（助）玉米

ʐa²¹de³³lə²¹.　　　他的手。　　　ŋo³³de³³sæ²¹.　　　　　　　我的果子。

他（助）手　　　　　我（助）果

n̩²¹ke³³de³³khạ³³.　　我们的村子。

我们（助）村

a⁵⁵ke³³a²¹bo²¹a²¹mo³³de³³da²¹pɯ⁵⁵ nɯ³³ni³³tæ³³.　　我们要听父母的话。

我们 父亲 母亲（助）　话　　　听 得

2. 动词或动词短语作定语

腊鲁话中，动词或动词短语作定语，一般要放在被修饰语的后面，即只能作为后置定语，并且动词后面要加上一定的定指成分，构成"V + a⁵⁵ ʐa⁵⁵"的结构。如：

ze̞³³fu³³væ³³a⁵⁵ ʐa⁵⁵.　买的鸡蛋。　　tɕo⁵⁵mo³³ŋo⁵⁵ɕi³³le³³a⁵⁵ ʐa⁵⁵.　借来的锄头。

鸡蛋 买 那 样　　　　　锄　头 借（助）来 那 样

ŋa³³çyo³³a⁵⁵ ʐa⁵⁵.　养的鸟儿。　　ve²¹pe³³phi⁵⁵ a⁵⁵ ʐa⁵⁵.　　　跑丢的猪。

鸟 养 那 样　　　　　猪 跑 丢 那 样

va²¹lu³³a⁵⁵ ʐa⁵⁵.　　　　　　　　　炒的菜。

菜　炒　那　样

（五）名物化助词

1. 名词的名物化

名词的名物化又称为名词的所有格。在腊鲁话中，名词的名物化形式为"N＋de³³"，表示"……的"。如：

a³³ko³³ke³³ɣə²¹⁻²¹³de³³　　　　　　　　　　　　哥哥家的

tshə³³nə³³e⁵⁵ ni²¹ʥʐ³³，the²¹ʥʐ³³mɯ⁵⁵ a³³te³³de³³，the²¹ʥʐ³³mɯ⁵⁵ a³³ma³³de³³.

鞋　　这　两　双　　一　双　是　爸爸　的　　一　双　是　　妈妈　的

这两双鞋，一双是爸爸的，一双是妈妈的。

2. 形容词的名物化

腊鲁话中，形容词的名物化有两种形式，一种形式为"ʐa²¹＋形容词"，表示"……的"，相当于汉语中的字结构；另一种形式为"形容词＋du²¹"和"形容词＋ge³³"，均表示"……处"。如：

ʐa²¹sʅ³³ni³³de³³，ʐa²¹n̩u⁵⁵ ŋo³³de³³.　　　　　　　长的是你的，短的是我的。

（助）长　你（助）　（助）短　我（助）

ʐa²¹mɯ³³ŋo³³a³³ko³³ŋa³³.　　　　　　　　　　　高的那个是我哥哥。

（助）高　我　哥哥　是

ʐa²¹ʐæ²¹mɯ⁵⁵ a³³ko³³，ʐa²¹ʐa³³mɯ⁵⁵ n̩a³³ma²¹.　大的是哥哥，小的是弟弟。

（助）大　是　哥哥　　（助）小　是　　弟弟

mɯ³³ge³³sə³³pə³³ga²¹，pja³³ge³³tshe³³ga²¹.　　　高处种苞谷，低处种水稻。

高　处　苞谷　种　　低　处　水稻　种

3. 动词的名物化

动词名物化的主要形式是"动词＋lo³³mo³³"，表示与之相关的名词或名词短语。如：

ʥo²¹lo³³mo³³　　　　吃的　　　　　ve̩²¹lo³³mo³³　　　　穿的

吃　（助）　　　　　　　　　　　　穿　（助）

（六）状态状语助词

在谓语成分中，如果修饰中心词的状语是由状态形容词重叠而成的，那么往往在其音节末添加助词o³³。如：

ʐa²¹mɯ³³mɯ³³o³³thio³³tu³³le³³.　　　　　　　他高高地跳起来。

他　高　高（助）跳　起　来

næ²¹ke³³di³³di³³o³³ko³³.　　　　　　　　　　你们慢慢地走。

你　们　慢慢（助）走

ʑa²¹a²¹di⁵⁵ di³³o³³ko³³o³³.　　　　　　　他悄悄地走了。

他 悄 悄（助）走（助）

ʑa²¹ne̠²¹ne̠²¹o³³ dʑe³³ʑi²¹o³³.　　　　　他早就睡了。

他　早早（助）就睡（助）

ŋo³³ne̠²¹ne̠²¹o³³dʑe³³dʑo²¹o³³.　　　　　我早就吃了。

我　早早（助）就 吃（助）

（七）补语助词

腊鲁话的补语主要出现在动词或形容词的后面，中心词和补语之间要用助词 ne²¹ 或 ge³³。
ne²¹ 常用于补语为短语或小句的句子中，ge³³ 则用于句式相对简单，补语为单词的时候。如：

ni³³ne²¹a⁵⁵ tu⁵⁵ væ³³væ³³.　　　　　　红得像火一样。

红（助）火　　一样

ne³³ne²¹me̠²¹væ³³væ³³.　　　　　　　黑得像煤一样。

黑（助）煤　一样

bə²¹ʂ̩³³khɯ⁵⁵ ne²¹ʑa²¹tsua̠³³ne²¹.　　　蚊子咬得她乱抓。

蚊子 咬（助）她抓 很

ko³³ne²¹tshe³³pe̠³³le³³ko³³no³³o³³.　　　走得脚都走痛了。

走（助）　脚 都 走 疼（助）

dʑo³³mo³³e⁵⁵ tɕhi³³læ³³go²¹ne²¹ko³³ṇ²¹ɕi³³.　这条路弯弯曲曲的不好走。

路 这 条　弯（助）走不容易

tshue³³thie³³de³³sæ²¹ɣɯ²¹ve̠³³ve³³ne²¹ni⁵⁵ ni³³mo³³. 春天的桃花开得红红的。

春 天（助）　桃　花开 得 红 红 的

sæ²¹tɕo⁵⁵ ve³³ve³³ne²¹phju³³phju³³mo³³.　李花开得白白的。

李　花开（助）白　白　的

dʑo²¹ge³³tsæ³³　　　吃得好　　　pe̠³³ge³³tsæ³³　　　做得好

吃（助）好　　　　　　　　做（助）好

pe̠³³ge³³le̠²¹la⁵⁵　　跑得快　　　ve̠²¹ge³³tsæ³³　　　穿得好

跑（助）快　　　　　　　　穿（助）好

dʑo²¹ge³³bo³³　　　吃得饱

吃（助）饱

（八）比况助词

在体词性和谓词性词或短语的后面加上 væ³³væ³³，构成比况短语。如：

ʑa²¹de³³væ³³væ³³　　他的一样　　a⁵⁵ nu⁵⁵ væ³³væ³³　　像狗一样

他（助）（助）　　　　　　　狗　　（助）

ɕi³³ma³³la⁵⁵ væ³³væ³³　　　 死了似的　　　 kuạ³³pɯ⁵⁵ væ³³væ³³　　　 像摔倒一样

死　　　（助）　　　　　　　　　摔倒　　（助）

二、动态助词

动态助词又叫动词的"体"或"情貌"。在短语或句子中，动态助词主要对动作或性状在变化过程中的情况进行说明。它反映的是一种动程，对事件发生的过去、现在或将来加以限定。

（一）将行体助词

腊鲁话中，对将来发生的动作或性质的改变要在动词后面加 bo³³ 或 ba³³。其中，bo³³ 表示某种离动作或性状的改变较早的状态，在听感上属于主体的一种打算，主观性更强，而 ba³³ 表示某种动作马上就要发生了，是一种即时的状态。在具体语言使用中，ba³³ 对语境的依赖性更大，且后面往往要跟上语气词 a³³；bo³³ 则与之相反。如：

ni³³a⁵⁵ ni³³ka³³a²¹ka³³ʑi³³bo³³？　　　　　　　　 你下午要去哪儿？

你下午　 哪儿　去（助）

ŋo³³su⁵⁵ za²¹xe³³le⁵⁵ ʑi³³bo³³.　　　　　　　　　 我要去学校。

我学　　 校（助）去（助）

ne³³ma²¹ba³³a³³.　　　　　　　　　　　　　　　　 天快要黑了。

天黑（助）（助）

o³³mi⁵⁵ e⁵⁵ mo³³ʐa²¹zo²¹ɕyo³³ba³³a³³.　　　　　 这只猫快要生了。

猫　这只　她儿　生（助）（助）

（二）进行体助词

在动词后面加上 la⁵⁵，表示动作正在进行或状态的持续，即有时表示动作开始与结束的进行情况，有时也表示动作结束后的持续过程。它通常与语气词 dʑa³³ 一起连用，有对动作的意味予以强调的作用。如：

ŋo³³de²¹tsha²¹la⁵⁵.　　 我正在想。　　　 væ²¹la⁵⁵.　　　　　 正在写。

我想（助）　　　　　　　　　　　　写（助）

dʑo²¹la⁵⁵.　　　　　 正在吃。　　　 ka³³vu³³la⁵⁵ dʑa³³.　　 正在玩呢。

吃（助）　　　　　　　　　　　　玩（助）（助）

a³³te³³xe³³ka³³dʐŋ³³bæ²¹da³³la⁵⁵ dʑa³³.　　　　　　 爸爸正在家喝酒呢。

爸爸　家里　　酒　喝（助）（助）

tsha³³le⁵⁵ o²¹zo²¹mæ²¹le⁵⁵ o²¹ɕi⁵⁵ tsha⁵⁵ gu³³pẹ³³la⁵⁵ dʑa³³.　　 年轻人们正在唱歌跳舞呢。

人嫩　　 姑娘嫩　 歌　唱跳舞（助）（助）

（三）已行体助词

在动词或形容词后面添加 o^{33} 或 ko^{21}，表示动作或性状的实现。其中，ko^{21} 与时间有一定的联系，与现在相比，动作或性状的变化时间属于过去；o^{33} 则与时间不存在必然的联系，但与动作完成的时间点有包含关系。如：

$dzo^{21}o^{33}$	吃了	$da^{33}o^{33}$	喝了
$zi^{33}o^{33}$	去了	$ni^{33}ko^{21}$	看过
$le^{33}ŋ^{21}ko^{21}$.	没来过。	$dzo^{21}ŋ^{21}ko^{21}$.	没吃过。
来 不 过		吃 不 过	
$ga^{21}ŋ^{21}ko^{21}$.	没追过。	$ŋo^{33}tsha^{55}ko^{21}a^{33}$.	我已经唱过了。
赶 没 过		我 唱 过（助）	

$za^{21}\gamma o^{21}me^{21}na^{55}mo^{33}le^{55}mæ^{33}ko^{21}a^{33}$.　　　　他爬过那座山。

他 山 那 座（助） 爬过（助）

（四）结果体助词

结果体助词主要对动词的结果进行说明，腊鲁话用助词 $tæ^{33}$ 表示。如：

$tso^{33}tæ^{33}$	找着	$tho^{55}tæ^{33}$	踩中
$te^{55}tæ^{33}$	打中	$kæ^{33}tæ^{33}$	挖中

$dzo^{33}mo^{33}tso^{33}tæ^{33}ŋ^{21}kɯ^{55}a^{55}$.　　　　不会找路了。

路 找（助）不 会（助）

$za^{21}ŋo^{33}o^{55}dɯ^{33}le^{55}te^{55}tæ^{33}$.　　　　他打中我的头了。

他 我 头 （助）打（助）

（五）短暂体助词

表尝试或短暂的过程，要在动词后面加上助词 $ci^{21}a^{55}$。但在实际的语言使用中，$ci^{21}a^{55}$ 发生语流音变，后一个音节元音 a 脱落，音节合并为 ci^{215}。如：

$pe^{33}ci^{21}a^{55}$	做做	$mo^{33}ci^{21}a^{55}$	摸摸
$ka^{33}vu^{33}ci^{21}a^{55}$	玩玩	$thio^{55}ci^{21}a^{55}$	跳跳
$pe^{33}ci^{21}a^{55}$	跑跑	$tsha^{21}ci^{21}a^{55}$	尝尝

（六）引述体助词

在腊鲁话中，如果对别人的话进行转述或重复，通常要在引述成分之前加上连词在 zi^{33}，在引述成分之后加上助词 $dzə^{21}$，形成在 $zi^{33}…dzə^{21}$ 的结构。

$za^{21}be^{33}zi^{33}ni^{33}tha^{21}lua^{55}dzə^{21}$.　　　　他说你不要乱。

他 说（连）你 不要 乱（助）

ŋo³³a³³ma³³be³³ʐi³³ni³³tsha³³tsæ³³n̩²¹ŋa³³dʑə²¹.　　我妈妈说你不是好人。

我　妈妈　说（连）你人　好不是（助）

ʐa²¹be³³ʐi³³ ni³³a²¹ka³³ʐi³³bo³³dʑa³³dʑə²¹.　　他说你要去哪里。

他　说（连）你 哪里　去要（助）（助）

su⁵⁵mo⁵⁵pho²¹be³³ʐi³³næ²¹ke³³go²¹ʐi³³do³³a³³dʑə²¹.　　老师说你们可以回家了。

老　　师　说（连）你 们回 去 可以（助）（助）

ʐa²¹be³³ʐi³³ʐa²¹khue³³mie²¹ɕo³³ɕi²¹ʐi³³bo³³dzə²¹.　　他说他要到昆明去学习。

他 说（连）他昆　明　学 习去要（助）

三、语气助词

语气词出现在句子的末尾，表示全句的语气特征；有时候也出现在句子中间，有短暂的停顿。句子的语气可以分为陈述语气、疑问语气和感叹语气。不同语气的句子除了句调的变化外，最为明显的标志是使用不同的语气词。

（一）陈述语气助词

表示陈述的语气词有 o³³、a³³、a⁵⁵、dʑa²²、za³³。

1. o³³

o³³ 表示一种已然的语气或变化已经实现的结果，因而同一个语气词本身附有动态助词和语气词的双重身份。如：

ni³³ʐu⁵⁵ o²¹pe³³bæ²¹o³³.　　你又弄破了。

你又　　弄破（助）

a³³mə²¹n̩²¹tsæ³³ʐi³³ŋo³³tʂʅ⁵⁵ma̩³³dʑɕ³³tæ⁵⁵la⁵⁵o³³.　　天气不好，我得感冒了。

天气 不 好（连）我感　　冒得（助）（助）

ŋo³³xe³³ka³³go²¹le³³o³³.　　我回家了。

我　家里　回来（助）

a³³ni³³ŋɯ³³la⁵⁵o³³.　　孩子哭了。

孩子　哭（助）（助）

ʐa²¹dʑo²¹o³³.　　他吃了。

他 吃（助）

在陈述句中，如果 o³³ 与作为语气词的 dʑa³³ 连用，也可以表示将要发生的某个动作。如：

ŋo³³dʑo²¹ba³³dʑa³³o³³.　　我吃了噶。

我 吃 要（助）（助）

2. a³³

a³³ 表示一种未然的或假设的语气。如：

a⁵⁵mə²¹ɣo²¹xo³³ba³³a³³.　　　　　　　　天要下雪了。

天 学 下（助）（助）

ni³³a³³n̩²¹le³³mɯ⁵⁵ŋo³³go²¹ʑi³³ba³³a³³.　　你如果不回来，我就要回去了。

你 如果 不 来 就 我 回去（助）（助）

a³³ko³³a³³ɣə²¹la⁵⁵mɯ⁵⁵the²¹ɣə²¹lo²¹o³³le³³fa⁵⁵ɕie³³a³³.　只要哥哥在家，一家人就放心了。

哥哥 只要 在（助）如果 一 家 人 都 放心（助）

ni³³ʐa²¹le⁵⁵ɕa³³la⁵⁵ be³³le³³ʐa²¹le³³n̩²¹kɯ⁵⁵a⁵⁵.　就算你等他也不来了。

你 他（助）等（助）说 来 他 来 不会（助）

ʐa²¹ɣɯ⁵⁵tsɹ⁵⁵no³³kɯ⁵⁵a⁵⁵.　　　　　　他常常生病。

他 常 常 病 会（助）

a⁵⁵mə²¹a³³xo³³mɯ⁵⁵ŋo³³n̩²¹ʑi³³a³³.　　　　下雨的话我就不去了。

雨 如果 下 就 我 不去（助）

3. dʑa³³

dʑa³³指明一种客观存在的情况，语气更加和缓，动作或情况正在进行。如：

ŋo³³de²¹tsha²¹la⁵⁵dʑa³³.　　　　　　　我正在想呢。

我 想 （着）（助）

ʐa²¹væ²¹la⁵⁵dʑa³³.　　　　　　　　　他正在写呢。

他 写（助）（助）

ŋo³³dʑo²¹la⁵⁵dʑa³³.　　　　　　　　　我正在吃呢。

我 吃（助）（助）

ʐa²¹ke³³ka̩³³vu³³la⁵⁵dʑa³³.　　　　　他们正在玩呢。

他们 玩（助）（助）

4. se²¹

se²¹表示一种商量或邀请的语气。如：

dʑo³³dʑo²¹se²¹.　　　　　　　　　　　吃饭嘛。

饭 吃（助）

ŋo³³ʐa²¹su⁵⁵væ²¹n̩u⁵⁵n̩²¹væ²¹dʑa³³ni³³ɕi²¹⁻²¹⁵se²¹.　我看看他写完字了没。

我 他 字 写 还是 没 写 完 看（助）（助）

ʐa²¹dʑo²¹n̩u⁵⁵n̩²¹dʑo²¹nɯ³³ni³³ʑi³³se²¹.　去问问他吃不吃。

他 吃 还是 不 吃 问 去（助）

（二）疑问语气

在腊鲁话中，表示疑问的语气词主要有 ne³³、æ²¹、n̩a³³、dʑa³³、bo⁵⁵o²¹、n̩u⁵⁵⁻²¹ 等。

1. a²¹

a²¹ 可以加在单独的体词性和谓词性的词或短语后面，直接进行提问。如果出现在完整的句子中，则表示对情况已经有所了解，提问只是为了确认，属于一种无疑而问的句式。如：

e³⁵，ŋo³³de³³tso³³mæ²¹a²¹?　　　　　　　　　　　　　　　　　　咦，我的东西呢？

咦 我 的 东 西（助）

ņ²¹ke³³de³³a⁵⁵nu⁵⁵a²¹?　　　　　　　　　　　　　　　　　　　我家的狗呢？

我们（助） 狗（助）

a³³ko³³a²¹?　　　　哥哥呢？　　　　za²¹a²¹?　　　　　他呢？

哥哥（助）　　　　　　他（助）

ko³³a²¹?　　　　走吗？　　　　ŋo³³a³³ko³³zi³³a²¹?　　　是我哥去吗？

走（助）　　　　　　我 哥哥 去（助）

za²¹ņ²¹zi³³a²¹?　　　他不去，是吗？　　ni³³de³³phja³³a²¹?　　　你的衣服呢？

他 不 去（助）　　　　你（助）衣服（助）

2. a³³

a³³ 语气比较舒缓，感情色彩较浓。如：

a³³ma³³dzo³³phu³³lu³³a²¹ka³³to⁵⁵a³³?　　　　　　　　　　妈妈把钥匙放哪儿了呢？

妈妈 钥　　　匙 哪儿 放（助）

ni³³pə³³tcie³³zi³³ko²¹a³³?　　　　　　　　　　　　　　　　你到过北京吗。

你 北京 去 过（助）

3. æ²¹

æ²¹ 表示疑问，使用比较广泛。如：

ni³³dzi²¹phi²¹dza³³se²¹æ²¹?　　　　　　　　　　　　　　你还有钱吗？

你 钱　　　有 还 吗

ni³³no³³æ²¹?　　　　　　　　　　　　　　　　　　　　　你疼吗？

你 疼（助）

ni³³me²¹la⁵⁵ æ²¹?　　　　　　　　　　　　　　　　　　你饿了吗？

你 饿（助）（助）

ni³³ŋo³³a⁵⁵xɯ⁵⁵se²¹æ²¹?　　　　　　　　　　　　　　你还恨我吗？

你 我（助）恨 还（助）

ni³³ŋo³³a⁵⁵ni³³le³³bo³³æ²¹?　　　　　　　　　　　　　你要来看我吗？

你 我（助）看 来 要（助）

ni³³e⁵⁵kɯ⁵⁵tci⁵⁵o²¹kho²¹la⁵⁵æ²¹?　　　　　　　　　你现在好点儿了吗？

你 现在　　点 康复（助）（助）

a³³te³³de³³no³³mæ⁵⁵ mæ²¹³kho²¹la⁵⁵ æ²¹?　　　　　　　爸爸的腿伤痊愈了吗?

爸爸（助）伤　全部　　痊愈（助）（助）

4. ṇa³³

ṇa³³ 语气比较强烈，多用于反问句或比较正式的疑问句中。如：

ni³³ȶo²¹gu³³mi³³ŋ²¹ȶa³³ṇa³³?　　　　　　　　　　　你不想吃吗?

你　吃　　想　不　（助）

ŋa³³phjo²¹phi⁵⁵ o³³ŋ²¹ŋa³³ṇa³³?　　　　　　　　　　鸟儿不是放飞了吗?

鸟　放　丢（助）不是（助）

næ²¹æ³³ɣə²¹⁻²¹³de³³mu²¹mu²¹zo²¹çyo³³la⁵⁵ o³³ŋ²¹ŋa³³ṇa³³?　你家的马不是下儿了吗?

你们　家　（助）马　马　儿　生（助）（助）不 是（助）

ni³³ȡi²¹phi²¹ȶa³³se²¹æ²¹?　　　　　　　　　　　　　你还有钱吗?

你　钱　　有　还（助）

ni³³ȡi²¹phi²¹ȶa³³se²¹ṇa³³?　　　　　　　　　　　　你还有钱吗?

你　钱　　有　还（助）　（与上句相比，本句语气更加正式，而上一句语气比较温和。）

5. ȶa³³

ȶa³³ 表示对所问对象的强调。如：

ni³³ȶo²¹ṇu⁵⁵ ȶo²¹gu³³mi³³ŋ²¹ȶa³³?　　　　　　　　你想不想吃呢?

你　吃　还是 吃　　想　不

xe³³ka³³dza²¹a³³tso³³tsha³³ɣə²¹la⁵⁵ dza³³?　　　　　什么人在房子里呢?

房　子　在　　什么 人　在（助）（助）

tho³³la³³tɕi³³a²¹tæ³³væ³³khæ³³dza³³?　　　　　　　拖拉机怎么开呢?

拖拉机　怎　么　开　（助）

ʐa²¹a³³tso³³pe³³la⁵⁵ ȶa³³?　　　　　　　　　　　　他在做什么呢?

他　什么 做（助）（助）

ʐa²¹to⁵⁵ ti²¹a²¹ka³³ʑi³³o³³ȶa³³?　　　　　　　　　　他到底（究竟）去哪儿了?

他　到底　哪里　去（助）（助）

ŋo³³to⁵⁵ ti²¹a³³tso³³pe³³la⁵⁵ ȶa³³?　　　　　　　　我到底是在做什么啊?

我　到底　什么　做（助）（助）

ȶa³³ 和 æ²¹ 也可以组合使用，由于 æ²¹ 是零声母，因而在实际的发音中，常发生语流音变，前者元音脱落，声调与后一音节合并为 ȶæ³¹，表示反问，有相对较强的疑问语气意味。如：

a³³ko³³na²¹to⁵⁵ pe³³tsho³³ȶæ³¹（ȶa³³æ²¹）?　　　　哥哥难道做错了吗?

哥哥　难道　做　错　（助）

ʑa²¹ŋ²¹sæ⁵⁵ ʥæ³¹（ʥa³³æ²¹）?　　　　　　他不知道吗？

他　不知道（助）

6. bo⁵⁵o²¹

bo⁵⁵o²¹表示推测或商讨的语气。如：

ni³³a³³ni³³o²¹le⁵⁵te⁵⁵ŋ̩²¹kɯ⁵⁵bo⁵⁵o²¹?　　你不会打孩子吧？

你　孩子（助）打不 会 吧（助）？

ni³³le³³bo³³bo⁵⁵o²¹?　　　　　　　　你要来吧？

你来 要 吧（助）？

ni³³a³³va³³væ³³li²¹pe³³la⁵⁵se²¹bo⁵⁵o²¹?　你叔叔还在做生意吧？

你 叔叔 生意　做（助）还吧（助）

a³³ne³³ʂɿ⁵⁵tɕhie²¹e⁵⁵mo³³ŋ̩²¹sæ⁵⁵bo⁵⁵o²¹?　奶奶不知道这件事吧？

奶奶　事情　这 个 不知道吧（助）

（三）感叹语气

1. ma²¹

ma²¹用于答句，表示肯定语气，相当于汉语的"呀"。如：

a³³ko³³xe³³ka³³ɣə²¹la⁵⁵æ²¹?　　　　　哥哥在家吗？（问）

哥哥　家 里 在（助）（助）

ʑa²¹ɣə²¹la⁵⁵ma²¹!　　　　　　　　　他在嘛！（答）

他 在（助）（助）

ʑa²¹ŋ̩²¹ɣə²¹la⁵⁵a²¹?　　　　　　　　他不在呀？（问）

他 不 在（助）（助）

ʑa²¹e⁵⁵kɯ⁵⁵ɣə²¹la⁵⁵ma²¹!　　　　　　他现在在呀！（答）

他　现在　在（助）（助）

ŋ̩²¹sæ⁵⁵ma²¹!　　　　　　　　　　　不知道呀！（答）

不知道（助）

2. o³³、a³³

o³³、a³³表示感叹语气的语气助词。如：

pe³³ʥa³³o³³!　　　　　　　　　　　做完咯！

做 完（助）

ko³³，ka³³vu³³ʑi³³li³³a³³!　　　　　　走，去玩咯！

走，　玩 去要（助）

（四）祈使语气

腊鲁话的祈使语气的表达往往要通过句调或表情，如果说话者要稍显温和或委婉的话，则使用 le²¹。如：

$za^{21}le^{55}ko^{33}lo^{55}$!   让他走吧！

他（助）走 让

$dzo^{21}le^{21}$!   吃吧！

吃（助）

$\eta^{21}ke^{33}da^{33}the^{21}ku^{33}ko^{33}le^{21}$!   和我们一起走吧！

我们 和 一起 走（助）

$w^{55}le^{21}$!   请坐！

坐（助）

$be^{33}le^{21}$, $a^{21}di^{33}\eta^{21}be^{33}dza^{33}\text{?}be^{33}le^{21}$!   说呀，为什么不说呢？说吧！

说（助）怎么 不 说（助）说（助）

$a^{55}ke^{33}dzo^{33}dzo^{21}bo^{33}s_1^{55}ko^{33}le^{21}$!   我们吃饱饭再走吧！

我们 饭 吃 饱 再 走（助）

（五）表示祝贺、催促的语气词 a³³

$ts\alpha^{55}ts\alpha^{33}ka^{33}vu^{33}a^{33}$!   好好玩吧！

好 好 玩（助）

$s\vartheta^{33}thi^{21}ts\alpha^{55}ts\alpha^{33}a^{33}$!   祝你健康！

身 体 好 好（助）

$kue^{33}mi^{21}de^{33}\eta a^{33}$, $tcho^{21}tcho^{21}o^{33}de^{33}zi^{33}a^{33}$ 昆明的，赶紧上去了！

昆 明（助）是 赶紧 （助）上去（助）

$tcho^{21}tcho^{21}o^{33}$, $ne^{33}ma^{21}ba^{33}a^{33}$!   快点，天要黑了！

赶紧 （助） 天黑 要（助）

$a^{21}gw^{33}ni^{33}tce^{21}xue^{33}ba^{33}$, $ni^{33}tcho^{21}tcho^{21}o^{33}tsue^{21}pe^{55}a^{33}$!   明天就要结婚了，你快准备！

明 天 结 婚 要 你 赶 紧（助）准 备（助）

第十一节 感叹词

感叹词是表示对事物的感叹或对别人的话语做出呼应的词。感叹词通常能表现强烈的感情，是个人内心情绪的语言流露。在句子中，感叹词不参与其他实词的组合，只能作为独立成分放在句子前面或插入句中，配合其他成分完成句子的表情达意。腊鲁话的感叹词主要有以下几类。

一、表示提示

e^{31}（喂），引起会话者的注意。如：

e^{31}！ ko^{33}le^{33}! 　　　　　　　　喂！（你）过来！

喂　走来

e^{31}！ næ^{21}ke^{33}tɕho^{21}tɕho^{21}o^{33}! 　　喂！你们快点！

喂　你们　快　快（助）

e^{31}！ da^{21}pɯ^{55} tha^{21}thɯ^{21}! 　　　喂！不要出声！

喂！　话　别　讲

e^{31}！ tha^{21}ka^{33}! 　　　　　　　　哎！别动！（看到听话人身上有虫子）

哎　别　动

æ^{31}！ tɕi^{55} o^{21}phi^{21}le^{21}! 　　　　嘿！慢点！

嘿　点儿　慢（助）

二、表示应答

（一）e^{31}/æ$^{21-55}$

e^{31}/æ$^{21-55}$（哎），能单独用来回答问题。如：

khua^{55} ɕie^{33}? 匡仙？（呼）　 e^{31}/æ$^{21-55}$! 哎！（应）

（二）æ^{31}

æ^{31}（哎），应答。如：

æ^{31}！ ŋo^{33}the^{21}le^{21}o^{33}le^{33}ba^{33}a^{33}! 　哎！我马上来！

唉　我　马　上来要（助）

三、表示内心情绪及感受

（一）a^{33}la^{33}a^{21}、a^{21}ʐo^{21}

a^{33}la^{33}a^{21}（哎哟）、a^{21}ʐo^{21}（哎哟），表痛楚。如：

a^{33}la^{33}a^{21}！ no^{33}ne^{21}! 　　　　　哎哟！疼死了！

哎哟　疼很

a^{21}ʐo^{21}！ ŋo^{33}lə^{21}le^{33}tha^{21}mo^{33}! 哎哟！别碰我手！（手痛）。

哎哟　我　手（助）别碰

（二）a^{33}ma^{33}ma$^{33/21}$

a^{33}ma^{33}ma$^{33/21}$（"啊哟"），表惊吓。如：

a^{33}ma^{21}ma^{21}！ ŋo^{33}a^{55} the^{21}pæ^{33}tɕiu^{33}gə^{21}a^{33}. 啊哟！吓着我了。

啊　哟　我　一　下　吓给（助）

（三）$a^{33}mo^{21}mo^{21}$

$a^{33}mo^{21}mo^{21}$（哟），表不情愿。如：

$a^{33}mo^{21}mo^{21}$！ $\eta o^{33}a^{55}tha^{21}pe^{33}\math{z}i^{33}lo^{55}$.　　　　　哟！别叫我去做。

哟　　　　我（助）别　做去让

（四）$a^{33}mo^{33}mo^{33}o^{21}$

$a^{33}mo^{33}mo^{33}o^{21}$（啊），表探询，有玩笑的口吻。如：

$a^{33}mo^{33}mo^{33}o^{21}$！ $ni^{33}a^{33}tso^{33}\mathrm{d}zo^{21}la^{55}\mathrm{d}za^{33}$?　　　哟！你在吃什么？

哟　　　你　什么　吃（助）（助）

（五）me^{21}

me^{21}（啊），表感叹、赞叹。如：

me^{21}！ $ni^{33}x\mathrm{\partial}^{213}ne^{21}$！　　　　　　　　啊！你太厉害了！

啊　　你　厉害　很

（六）$a^{33}b\mathrm{u}^{21}b\mathrm{u}^{21}$

$a^{33}b\mathrm{u}^{21}b\mathrm{u}^{21}$（啊哟），表感叹、惊叹。如：

$a^{33}b\mathrm{u}^{21}b\mathrm{u}^{21}$！ $mjo^{21\text{-}213}ne^{21}$！　　　　　啊哟！太多了！

啊　哟　　　多　　很

（七）$a^{21}lo^{21}lo^{21}$

$a^{21}lo^{21}lo^{21}$（哎呀），表推辞。如：

$a^{21}lo^{21}lo^{21}$！ $ni^{33}a^{21}di^{33}a^{21}da^{33}\eta a^{33}\mathrm{d}za^{33}$！　　哎呀！你这是怎么回事！

哎呀　　　你　怎么　怎么　是（助）

（八）$a^{33}mo^{33/21}$

$a^{33}mo^{33/21}$（哎哟），表遗憾、叹气。如：

$a^{33}mo^{33}$！ $ni^{33}a^{21}di^{33}e^{55}v\mathrm{æ}^{33}ve^{33}\mathrm{ç}i^{33}le^{33}\mathrm{d}za^{33}$！　哎哟！你怎么拿这种来！

哎哟　　　你　怎么　这种　拿（助）来（助）

（九）$a^{21}b\mathrm{u}^{21}$

$a^{21}b\mathrm{u}^{21}$（啊），表遗憾、后悔。如：

$a^{21}b\mathrm{u}^{21}$！ $\eta o^{33}ni^{33}a^{55}x\mathrm{æ}^{33}m\mathrm{u}^{55}\eta^{21}xo^{21}$！　　唉！我骂你是不对的。

啊！　　我　你（助）骂是　不　对

（十）no^{21}

no^{21}（哎），表遗憾、不满。如：

no^{21}！ $ni^{33}\mathrm{z}u^{55}o^{21}pe^{33}b\mathrm{æ}^{21}o^{33}$.　　　　　你看！你又弄破了。

唉，　　你　又　弄破（助）

（十一）æ²¹ʐo²¹

æ²¹ʐo²¹（哎呀），表不满、叹气。如：

æ²¹ʐo²¹！ ŋo³³dʑo²¹gu³³mi⁵⁵ n̩²¹dʑa³³!　　　　　哎呀！我不想吃！

哎哟　我 吃 想 不

（十二）n̩³³

n̩³³（嗯），表肯定、认定。如：

n̩³³！ li³³do³³a³³!　　　　　　　　　　　　　嗯，好的！

嗯　要 行（助）

四、表示吃惊

（一）a²¹bɯ²¹（啊）

a²¹bɯ²¹！ ɕa³³ma²¹the²¹pa³³!　　　　　　　啊！一条蛇！

啊呀　　蛇 一 根

（二）e²¹（咦）

e²¹, ŋo³³de³³tso³³mæ²¹le³³?　　　　　　　　咦，我的东西呢?

咦　我 的 东西（助）

第十二节　拟声词

拟声词是描摹事物声音的词语。任何语言中都有一定的拟声词存在，是操该语言的人们对自然界和社会中的各种事物的声响特征的认识和体验。拟声词变化多，极不稳定，在同一语境中，不同的拟声词具有相同的变体。在口语中，拟声词的使用能调动人们的听觉器官，再现事物的动感特征，因而形象色彩鲜明，能增强语言的表现力。

腊鲁话的拟声词较为丰富。由于腊鲁话自身的音系特征，有文字的汉语多不能对拟声词进行惟妙惟肖的描写，汉语描写时我们只能找到大体相似而不能完全等同的词。如：

pi²¹pi²¹po²¹po²¹	噼噼啪啪（炮仗声）	waŋ³³	汪（狗叫声）
koŋ²¹	咣（打雷声）	tɕhu⁵⁵u²¹	呿呜（子弹声）
tia⁵¹	哆（破碎声）	poŋ²¹	砰（撞物体、敲鼓声）
ɯ⁵¹	吽（狗低声哼声）	ko̠²¹ku⁵⁵	喌咕（公鸡叫声）
ko̠²¹tæ⁵⁵	喌呔（母鸡叫声）	ku²¹	咕（喝水声）
phja²¹thæ²¹	啪呔（翅膀扇动声）	ȶa²¹	咃（高跟鞋走路声）

多数拟声词能够重叠，重叠后的拟声词动作意味更浓。如：

poŋ²¹poŋ²¹poŋ²¹　　　　敲鼓声　　　　　　phja²¹thæ²¹phja²¹thæ²¹　翅膀扇动声

ta̠²¹ta̠²¹ta̠²¹　　　　　高跟鞋声　　　　　po̠²¹po̠²¹po̠²¹　　　　靴子声

tɕi⁵⁵ tɕi⁵⁵ tɕi⁵⁵　　　老鼠叫声　　　　　o²¹æ³³　　　　　　　牛叫声

pia̠²¹pia̠²¹　　　　　　吃饭声　　　　　　ɣo³³ɣo³³ɣo³³　　　　蜜蜂声

tɕi²¹tɕi²¹tsə²¹tsə²¹　　火烧声　　　　　　phja²¹phja²¹　　　　打耳光声

phi²¹tɕhi²¹phi²¹tɕhi²¹　哭鼻子声　　　　　xi²¹xi²¹/xa̠³³xa̠³³　　笑声

拟声词可以单独使用，也可以重叠了使用，其语法的基本功能是在句中充当独立语或独语句，有时候也能做一定的句子成分，做句子状语成分时要接结构助词 ne³³。如：

ɣo²¹pæ³³ta̠⁵¹ne³³mi³³du²¹le⁵⁵ kua̠³³tɕi³³o³³.　　　　　　碗嗲的一声掉地上。
碗　嗲的　　　地上　掉（助）

ʐa²¹poŋ²¹ne³³o⁵⁵ dɯ³³le⁵ tsæ³³tæ³³o³³.　　　　　　　　他砰的一下撞着头了。
他 砰 的　头　上　撞 着（助）

ʑi³³xua²¹la²¹la²¹ne³³væ²¹.　　　　　　　　　　　　　　水哗哗地流。
水　哗　啦　啦　地　流

po̠⁵¹po̠⁵¹ne³³thæ⁵⁵.　　　　　　　　　　　　　　　　　啵啵地砍。
嚗 嚗 地 砍

phja²¹ne³³thɯ³³o³³.　　　　　　　　　　　　　　　　　啪的断了。
啪　的　断（助）

a⁵⁵ nu⁵⁵ a⁵⁵ mo³³ɯ⁵¹ɯ⁵¹ɯ⁵¹ne³³e³³ŋa³³.　　　　　　那条狗吽吽吽地叫。
狗　　那个　吽吽吽的　叫是

xa̠³³xa̠³, the²¹mu²¹le⁵⁵ tshe³³ba³³pi⁵⁵ tshe³³sæ²¹dæ²¹o³³　a³³.　哈哈，一亩收了十几担谷子。
哈哈　一　亩　里　十　几　担　谷　子　打（助）（助）

第六章 词 组

词组又称为短语或结构，是词与词之间按照特定的语法规律组合起来比词大的静态的语法单位。

第一节 词组的种类

一、主谓词组

构成主谓短语的两个成分之间语义上具有被陈述和陈述的关系。如：

a⁵⁵ nu⁵⁵ e³³ 　　　　狗叫　　　　　　ze²¹mo³³ge³³ko²¹tæ³³ 　　　　母鸡叫

　狗　叫　　　　　　　　　　　　　　鸡　母　　叫

mə²¹the²¹ 　　　　天亮　　　　　　mə²¹di̠²¹ 　　　　天阴

天　亮　　　　　　　　　　　　　天　阴

ŋo³³le³³ 　　　　我来　　　　　　ʑa²¹ko³³ 　　　　他走

我　来　　　　　　　　　　　　　他　走

xɯ⁵⁵ pɯ⁵⁵ no³³ 　　　肚子疼　　　　a⁵⁵ du²¹phu³³khæ³³ 　　　门开

肚　子　疼　　　　　　　　　　　门　　　开

ʑa²¹de³³lə²¹no³³. 　　　　　　　　　　他的手痛。

他（助）手疼

ɣo²¹me²¹e⁵⁵ me²¹⁻²¹³mɯ³³ne²¹. 　　　　这座山真高。

山 这座　　高 很

sæ²¹tɕo⁵⁵ ve̠³³ve³³ne³³phju³³phju³³mo³³. 　　李子花开得白白的。

李　花 开 得 白 白 的

ʑa²¹dʑʅ³³bæ²¹fa⁵⁵ne²¹. 　　　　　　　他很醉。

他　酒　醉 很

ʐa²¹the²¹le³³ɳ²¹khu³³khə²¹lɯ⁵⁵ ʑi³³a³³.　　　　　　他常常以偷为生。

他　一　时　不　息　　偷　为生去（助）

ʐa²¹ko³³o³³pha²¹a³³.　　　　　　　　　　　　我担心他走了。

他　走（助）怕（助）

ŋo³³xuæ²¹ni²¹ʐa²¹tso³³mæ²¹e⁵⁵ mo³³ve³³ɕi³³o³³.　　我怀疑他把东西带走了。

我　怀　疑　他　东西　这　个　带（助）（助）

二、动宾词组

动宾关系的词组在语义上两个成分之间有被支配和支配的关系。在腊鲁话中，动宾关系的词组结构为"宾语＋及物动词"，如果宾语为活性的物体（如人或动物之类），宾语后要跟上助词 le⁵⁵ 或 a⁵⁵ 标记，即"宾语＋le⁵⁵ 或 a⁵⁵＋及物动词"。根据所带宾语的不同词性，动宾词组可以分为以下几类。

（一）宾语是名词、代词、数量短语等

phja³³vẹ²¹　　　　　穿衣服　　o⁵⁵li³³ne⁵⁵　　戴包头　　ʥɳ³³ba²¹da³³　　喝酒

衣服　穿　　　　　　　　　　包头　戴　　　　　　　　　　酒　喝

o⁵⁵tæ³³læ³³də²¹　　戴帽子　　tsha³³le⁵⁵te⁵⁵　　打人　　su⁵⁵mo⁵⁵　　　教书

　帽子　戴　　　　　　　　　人（助）打　　　　　　　　书　教

ʐa²¹le⁵⁵ʐa⁵⁵tæ³³.　　　　　　　　　　　　喜欢他。

他（助）喜欢

phja³³the²¹tho⁵⁵væ³³.　　　　　　　　　　　买一套衣服。

衣服　一　套　买

a²¹gɯ³³ni³³ɕa³³di³³.　　　　　　　　　　　等到明天。

明　天　等　到

xe⁵⁵tshe³³kho⁵⁵ɣə²¹di³³.　　　　　　　　　活到八十岁。

八　十　岁　在　到

se³³ʥɳ³³tɕhi³³gɯ³³ɯ⁵⁵la⁵⁵.　　　　　　　　坐在树下。

树　　　　下　坐（助）

a⁵⁵du²¹da³³pe³³di³³.　　　　　　　　　　　跑到门口。

门　口　跑　到

（二）宾语是主谓短语

ʐa²¹ŋo³³a⁵⁵fu²¹ʑi³³ŋo³³xɯ⁵⁵phja²¹.　　　　　我讨厌他骗我。

他　我（助）骗（连）我　讨　厌

ni³³ŋo³³a⁵⁵ te⁵⁵ kɯ⁵⁵ dʑu³³.　　　　　　　　　　怕你会打我。

你　我（助）打会　害怕

（三）双宾语

ŋo³³a⁵⁵ dʑi²¹phi²¹gə²¹, ŋo³³ni³³a⁵⁵ su⁵⁵ pə²¹gə²¹.　　你给我钱，我给你书。

我（助）钱　给　我 你（助）书本 给

ŋo³³a⁵⁵ ka³³pi²¹the²¹mo³³me⁵⁵ gə²¹a³³.　　　　　送我一支钢笔。

我（助）钢笔 一　支　送给（助）

三、偏正词组

偏正词组的两个构成成分之间在语义上具有修饰或限制关系。偏正词组可以分成两大类：定中结构和状中结构。

（一）定中结构

定中结构由修饰成分和名词共同构成，主要语序为名词中心词在前，修饰成分在后。但也有一些例外，如代词做修饰语时常常置于中心词之前。

1. 中心词 + 修饰语

（1）数词或数量短语作为修饰语时。如：

tsha³³the²¹mo³³　　　一个人　　　　mu²¹the²¹mo³³　　　一匹马

人　一　个　　　　　　　　　　　马 一　匹

a⁵⁵ mə²¹the²¹tsa³³　　一场大雨　　　ze²¹the²¹va³³　　　一片森林

雨　一　场　　　　　　　　　　树林 一　片

ʐa²¹ʑi⁵⁵ tsu⁵⁵ ni²¹pa̠³³da³³o³³.　　　　　　他喝了两碗汤。

他　汤　两　碗 喝（助）

tsha³³na⁵⁵ ŋ̩²¹nə⁵⁵ ʐa²¹le⁵⁵ xæ²¹ɕi³³o³³.　　　那两个人把他带走了。

人　那　两　个　他（助）带（助）（助）

a³³ko³³ŋo²¹tɕi³³de³³tshə²¹nə³³a³³te³³tsa³³phi⁵⁵ gə²¹o³³.　　哥哥五斤的鞋子被爸爸丢掉了。

哥哥 五斤（助）鞋　子 爸爸　　丢　给（助）

（2）指示代词作为修饰语时。如：

su⁵⁵ mo⁵⁵ pho²¹e⁵⁵ mo³³　　这老师　　　tsha³³a⁵⁵ ɣə̠²¹⁻²¹³　　那家人

书　教 人 这　个　　　　　　人 那　家

xe³³e⁵⁵ xe³³　　　　　这个房子　　　ʑi³³pi⁵⁵ kə²¹ta³³na⁵⁵ pa³³　　那根扁担

房 这 房　　　　　　　　　　　　扁　担 那 根

tso³³mæ²¹e⁵⁵ tɕi⁵⁵　　　这些东西　　　a³³ni³³na⁵⁵ tɕi⁵⁵　　　那些孩子

东西 这　些　　　　　　　　　孩子 那　些

a⁵⁵ nu⁵⁵ e⁵⁵ mo³³ɣɯ⁵⁵ tsʅ⁵⁵ ŋo³³a⁵⁵ khɯ⁵⁵.
狗　这个　经常　我（助）咬

这只狗老是咬我。

sʅ⁵⁵ tɕhie²¹a⁵⁵ mo³³ŋo³³so⁵⁵ ŋ̩²¹tshe²¹a³³.
事　情那　件我　不记（助）

那件事被我忘了。

（3）形容词作为修饰语。如：

tsha³³so⁵⁵ me̠²¹　　穷人　　　sha³³so³³po³³　　富人　　　ʑi³³næ³³　　浑水
人　穷　　　　　　　人　富　　　　　　水　浑

zo²¹mæ²¹ni³³ɕi²¹　　美丽的姑娘　　　a³³tho²¹the³³　　锋利的刀
姑娘　看好　　　　　　　　　刀　快

tsha³³pha⁵⁵ mə⁵⁵ dʑu³³, tsha³³xæ⁵⁵ dze³³dʑu³³.
人　胖　热　怕　人　瘦　冷　怕

胖人怕热，瘦人怕冷。

2. 修饰语＋中心词

（1）动宾短语作为修饰语。如：

xɯ³³dæ²¹pho²¹　　　铁匠　　　lo̠³³mo³³ge³³dæ²¹su³³　　石匠
铁　打　人　　　　　　　石　头　打　人

va²¹pe³³su³³　　　　厨子　　　tshʅ³³ma²¹ga²¹su³³　　猎人
菜　做　人　　　　　　　　麂子　追　人

tsha³³tsha⁵⁵ ko³³xo⁵⁵ a⁵⁵ za⁵⁵.
人　唱　歌　好　那　样

喜欢唱歌的人。

su⁵⁵ mo⁵⁵ pho²¹e⁵⁵ kɯ⁵⁵ sʅ⁵⁵ le³³na⁵⁵ mo³³.
老　师　刚　刚　来　那　位

新来的那位老师。

a³³ke³³su⁵⁵ mo⁵⁵ pho²¹de³³da²¹pɯ⁵⁵ nɯ³³ni³³tæ³³.
我们　老　师（助）话　听得

我们要听老师的话。

（2）代词作为修饰语。如：

n̩²¹ke³³de³³ɕa³³tsa³³　　我们的乡长　　　ŋo³³a³³ko³³　　我哥哥
我们（助）乡长　　　　　　　我　哥哥

næ²¹ke³³su⁵⁵ za³³xe³³　　你们学校
你　们　书　学　房

n̩²¹ke³³kha³³le⁵⁵ mu²¹n̩²¹tse³³lə²¹dza³³.
我们　村　里　马　二十　个　有

我们村里有二十匹马。

a²¹ka³³de³³tsha³³.
哪儿（助）人

哪儿的人。

（二）状中结构

状中结构由状语和中心语动词或形容词构成。这种结构有两种情况：当中心语为动词时，一般语序为修饰成分，位于动词中心语之前；当中心语为形容词时，一般语序为修饰成分，位于形容词中心语之后。

1. 状中结构的中心语是动词

（1）名词作动词状语时，表示动作行为的范围、处所、时间、工具等。在腊鲁话中，名词作状语没有明显的形态标志，但可以通过语序表现出来，即作状语的名词往往都位于主语和宾语之间。如：

ŋ̩²¹ke³³kha³³le⁵⁵ mu²¹ŋ̩²¹tshe³³lə²¹dza³³. 　　我们村里有二十匹马。
我们 村 里 马 二十 个 有

a²¹ti³³a⁵⁵ ni³³le³³lu²¹tie³³ga²¹ŋ̩²¹tɕhi³³xa³³tu³³. 　　每天六点钟左右起床。
每 天 都六 点 左 右 起床

zo²¹mæ²¹zo²¹ba̠³³bu³³ve³³a⁵⁵ ʑi³³a⁵⁵ nu⁵⁵le⁵⁵te⁵⁵. 　　小姑娘拿棍子打狗。
姑 娘 小棍子 拿（助）去 狗（助）打

ʐa²¹a³³tho²¹se³³thæ⁵⁵. 　　他用刀砍树。
他 刀 树 砍

ŋo³³pi²¹su⁵⁵ dʑ̩²¹væ²¹. 　　我用笔写字。
我 笔 文 字 写

（2）疑问代词作状语。如：

ni³³a²¹ka³³ʑi³³bo³³？ 　　你要去哪儿？
你 哪儿 去 要

tho³³la̠³³tɕi³³a²¹tæ³³væ³³khæ³³dza³³？ 　　拖拉机怎么开？
拖拉机 怎么 开（助）

ni³³a²¹ta³³ŋa³³ʑi³³tshe³³sæ²¹ŋ̩²¹lɯ⁵⁵fæ³³dza³³？ 　　你为什么不把谷子晒干？
你 为 什么谷 子 不 晒 干（助）

（3）形容词作动词状语。腊鲁话中，单音节形容词作状语常常位于动词之后，多音节形容词作状语则位于动词之前。如：

ni³³tha²¹dzo²¹ʐæ²¹tha²¹da³³ʐæ²¹. 　　你不要大吃大喝。
你 不 吃 大 不 喝 大

tɕi⁵⁵o²¹be³³so²¹，tɕi⁵⁵o²¹pe³³mjo²¹. 　　少说点，多做点。
点儿 说 少 点儿 做 多

bə²¹lɯ³³di³³di³³o³³bju³³. 　　蝴蝶慢慢地飞。
蝴 蝶 慢慢（助）飞

ni³³la²¹la²¹o³³ko³³.　　　　　　　　　　　　　　你赶快走。

你　快快（助）走

（4）副词作动词状语主要表示动作行为的程度、范围、否定等，位于动词之前。但当状语是程度副词时，常位于动词之后。如：

e⁵⁵kuɯ⁵⁵ʂɿ⁵⁵le³³.　　　　　　　　　　　　　　刚刚来。

刚　　刚来

ŋo³³ʑa²¹le⁵⁵ʑa⁵⁵tæ³³ne²¹ŋa³³.　　　　　　　　我很喜欢他。

我他（助）喜欢　很　是

ŋo³³a²¹sa⁵⁵ku³³dzo²¹ko²¹a³³.　　　　　　　　　我曾经吃过。

我曾　经　吃　过（助）

ŋo³³the²¹le²¹o²¹dʑe³³le³³ba³³.　　　　　　　　我立刻就来。

我　一　会儿就　来　要

dzo³³ka⁵⁵mæ⁵⁵mæ²¹³dʑæ²¹dʑa³³o³³.　　　　　把麻雀都打光了。

　麻雀　全　部　打　完（助）

n̩²¹ke³³tshe³³n̩a²¹xa³³a²¹dzo²¹a³³，tshe³³tshe³³n̩²¹dzo²¹.　我们吃糯米不吃饭米。

我们　米糯　　只吃（助）饭　米　不吃

2. 状中结构的中心语是形容词

（1）数量短语作状语修饰形容词。如：

the²¹tɕi³³dʑa³³　　一斤重　　　the²¹tsa²¹ʂɿ⁵⁵　　一拃长

一　斤　重　　　　　　　　一　拃　长

the²¹te̠³³tshu³³gæ²¹　一抱粗　　　the²¹tsa³³muɯ³³　　一丈高

一　抱　粗　　　　　　　　一　丈　高

（2）程度副词作状语修饰形容词。如：

e⁵⁵ni³³a⁵⁵mə²¹mə⁵⁵ne²¹ŋa³³.　　　　　　　　今天天气太热。

今天　天气　热　真是

ʑa²¹ni³³mo³³the²¹tɕi⁵⁵o²¹le³³n̩²¹tsæ³³.　　　　他的心很坏。

他　心　一　　点都不好

dʑɿ³³le⁵⁵tsha³³mjo²¹⁻²¹³ne²¹.　　　　　　　　市场上的人多极了。

市场上　人多　　很

se̠²¹dzɿ³³e⁵⁵dzɿ³³muɯ³³ne²¹.　　　　　　　　这棵树很高。

　树　这棵　高　很

ŋo³³a³³tsɿ³³tsɿ³³ɣo²¹guɯ³³.　　　　　　　　　我确实累。

我　真的　　累

（3）指示代词作状语修饰形容词。如：

næ³³væ³³n̠u⁵⁵.　　　　　　　　　　　　　　　那么短。

那　样　短

n̠a³³ma²¹e⁵⁵ væ³³ba⁵⁵ mɯ³³la⁵⁵ o³³.　　　弟弟这么高了。

　弟弟 这 样 地　高（助）（助）

ʐa²¹de³³o⁵⁵ dɯ³³o³³mo³³væ³³væ³³va³³.　　　他的头有簸箕那么圆。

他（助）头　簸 箕　一 样　圆

四、中补词组

中补词组中的两个成分在语义上表现为处于后面的成分补充说明处于前面的成分。腊鲁话中的中补词组可以根据中心词的不同而划分为动补词组和形补词组两类。

（一）动补词组

动补词组的补语可以为动词、形容词、副词等。

1. 补语为动词

ʐa²¹di²¹	压碎	de³³ʑi³³	上去	ʥe²¹le³³	下来
压 碎		上 去		下 来	
to²¹du³³	戳破	phjo²¹tɕi³³ʑi³³	放下去	pe³³te³³le³³	跑上来
戳 出		方　下 去		跑 上 来	
ʐæ³³næ³³	搅浑	çyo³³ko⁵⁵	养活	te⁵⁵se³³	打死
搅 浑		养 活		打 死	
go²¹le³³	回来	go²¹ʑi³³	回去	tshæ²¹tshe³³	割断
回 来		回 去		割 断	
ve³³çi³³le³³	拿着来	ve³³tu³³le³³	拿起来	tsa³³phi³³ʑi³³	丢掉
拿（助）来		拿 起 来		丢　去	
ve³³tɕhi⁵⁵le³³	拿出来	ve³³tɯ⁵⁵ʑi³³	拿进去		
拿 出 来		拿 进 去			

2. 补语是形容词

ʥo²¹bo³³	吃饱	tshe³³ʂ³³	伸长	tɕa³³ʂ³³	拉长
吃 饱		伸 长		拉 长	
nɯ³³ni³³to²¹	听懂	thue³³pɯ⁵⁵	推倒	lɯ⁵⁵fæ³³	晒干
听 懂		推 倒		晒 干	

pe³³dza²¹	弄直	pe³³læ³³go²¹	弄弯	pe³³tsʮ²¹	弄湿
做　直		做　弯		做　湿	
ve³³tse³³	抓紧	ti³³tsu³³	烧开	mo⁵⁵xue⁵⁵	教会
抓　紧		烧　开		教　会	
be³³tæ³³	说准	bæ³³tæ³³	射中	tɕi⁵⁵pi⁵⁵	装满
说　中		射　中		装　满	

3. 补语是副词

ʐa⁵⁵tæ³³ne²¹	喜欢得很	næ³³ne²¹	好吃得很	dʐu³³ne²¹	害怕得很
喜欢　很		好吃很		害怕　很	

（二）形补词组

中心词为形容词的中补词组，其补语主要由程度副词、形容词等词语构成。如：

so³³me²¹se³³o³³	穷死了	so³³po³³ne²¹	富得很
穷　　死（助）		富　很	
ni³³ɕi²¹⁻²¹³ne²¹	美极了	tsæ³³ne²¹	好极了
看　好　很		好　很	
ni³³tu³³le³³la⁵⁵o³³	红起来了	ne⁵⁵mjo²¹a³³	深多了
红　起　来（助）（助）		深　多（助）	
mjo²¹tu³³le³³	多起来了	xɯ⁵⁵se³³o³³	臭死了
多　起　来		臭　死（助）	

五、并列词组

并列词组又称为联合词组，构成并列词组的两个或几个成分之间语义上具有并列关系和选择、递进关系。根据各成分内部的聚合特点，并列词组可以细分为以下几类。

（一）名词与名词的联合

1. 名词之间不用连词连接

a⁵⁵ʐe²¹a⁵⁵ne³³	爷爷奶奶	a²¹bo²¹a²¹mo³³	父母
爷爷　奶奶		父亲　母亲	
a³³ko³³n̪a³³ma²¹	哥哥弟弟	a⁵⁵tse³³nɯ⁵⁵mo³³	姐姐妹妹
哥哥　弟弟		姐姐　妹妹	
ve̠²¹a⁵⁵nu⁵⁵	猪狗	ze³³a³³	鸡鸭
猪　狗		鸡　鸭	

ʑa²¹a³³ɣə²¹⁻³³næ²¹a³³ɣə²¹⁻³³.　　　　　　他家和你家

　他们 家　你们 家

su⁵⁵mo⁵⁵pho²¹su⁵⁵za³³a³³ni³³.　　　　　老师和学生

书 教 人 书 学孩子

ŋo³³va²¹mo³³va²¹phju³³ʑi³³tsu³³ʑa⁵⁵tæ³³.　　我喜欢萝卜白菜汤。

我 萝 卜 白 菜 汤 喜欢

2. 名词之间有连词连接

tha²¹ʥʅ³³ne²¹sæ²¹ɣə²¹ʥʅ³³　　松树桃树　　ŋo³³ne²¹ni³³　　我和你

　松树 和　　桃树　　　　　　　我 和 你

a³³va³³le³³ne²¹a⁵⁵sa³³ʑe³³　　二叔和三叔　a³³ko³³ta⁵⁵a³³ko³³le³³　大哥二哥

叔叔 二 和　三 爷　　　　　哥哥 大 哥哥 二

a⁵⁵tɕiu⁵⁵ne²¹a⁵⁵tɕiu⁵⁵ma³³　舅舅和舅母　n̩u²¹ne²¹mu²¹　　牛马

舅舅　和　舅舅 妈　　　　　牛 和 马

sæ²¹ɣə²¹ne²¹sæ³³li³³　　　桃子和李子　ve²¹ne²¹ni⁵⁵ve²¹　家猪和野猪

桃子　和 李子　　　　　　　猪 和 野 猪

（二）动词和动词、形容词和形容词的联合

ʑi³³ʑi³³le³³le³³　　　　来来往往　　ŋɯ³³la⁵⁵ʑæ³³la⁵⁵　哭哭笑笑

去 去 来 来　　　　　　　　哭（助）笑（助）

sæ²¹ɣə²¹e⁵⁵mɯ⁵⁵ni³³le³³ni³³tshʅ³³le³³tshʅ³³.　这种桃子又红又甜。

桃 子 这 种 红 也 红 甜 也 甜

tsha³³so³³po³³a⁵⁵mo³³pja³³le³³pja³³pha⁵⁵le³³pha⁵⁵.　那个富人又矮又胖。

人 富 那 个 矮 也 矮 胖 也　胖

ʑa²¹a³³ni²¹o³³the²¹le³³n̩²¹khu³³xæ³³te²¹.　他们两个经常吵吵闹闹。

他们　俩 一 来 不 停 骂 相互

（三）数词或量词一般不能并列使用

量词必须先同数词或指示代词结合后才能组成并列词组。相并列的两个成分之间也要加连词。如：

e⁵⁵mo³³ne²¹na⁵⁵mo³³　这个和那个　the²¹mo³³ko³³tæ³³the²¹mo³³　一个又一个

这 个 和 那 个　　　　　一 个 后面 一 个

（四）名物化成分之间可以加并列连词构成并列词组，也可以不加并列连词

ʑa²¹ʑæ²¹（ne²¹）ʑa²¹ʑa³³　大的小的　　ʑa²¹mɯ³³（ne²¹）ʑa²¹pja³³　高的矮的

（助）大　　（助）小　　　　（助）高　　（助）矮

$\text{za}^{21}\text{ne}^{33}$（$\text{ne}^{21}$）$\text{za}^{21}\text{phju}^{33}$　　黑的白的　　$\text{za}^{21}\text{ʂ}^{33}$（$\text{ne}^{21}$）$\text{za}^{21}\text{ɳu}^{55}$　　长的短的

（助）黑　　（助）白　　　　　　　　　（助）长　　（助）短

$\text{ʥo}^{21}\text{lo}^{33}\text{mo}^{33}\text{vɛ}^{21}\text{lo}^{33}\text{mo}^{33}$　　吃的穿的　　$\text{væ}^{33}\text{lo}^{33}\text{mo}^{33}\text{vu}^{21}\text{lo}^{33}\text{mo}^{33}$　　买的卖的

吃（名物化）穿（名物化）　　　　　　买　（助）卖　（助）

$\text{za}^{21}\text{de}^{33}\text{ni}^{33}\text{de}^{33}$　　　　　　他的你的　　$\text{vy}^{21}\text{ge}^{33}\text{næ}^{21}\text{ge}^{33}$　　远的近的

他（助）你（助）　　　　　　　　　　远（助）近（助）

第二节　几种特殊的词组

一、同位（复指）词组

同位词组的两个或多个成分之间在语义上具有互相指称、同一复指的关系。如：

$\text{ŋo}^{33}\text{tsha}^{33}\text{ma}^{21}\text{le}^{55}\text{zə}^{21}\text{ɕi}^{21}\text{ɳ}^{21}\text{ŋa}^{33}$.　　　　　　　　我老头子不是好惹的。

我　人　老（助）惹　好　不　是

$\text{ɳ}^{21}\text{ke}^{33}\text{de}^{33}\text{su}^{33}\text{tɕi}^{55}\text{khua}^{33}\text{ɕie}^{33}\text{ɳ}^{21}\text{ke}^{33}\text{le}^{55}\text{tæ}^{55}\text{lie}^{21}\text{fa}^{21}\text{tɕa}^{33}\text{tsɻ}^{55}\text{fu}^{55}$.

我们（助）书记　匡　仙我们（助）带　领　发　家　致　富

我们书记匡仙带领我们发家致富。

$\text{ni}^{33}\text{tsha}^{33}\text{ma}^{21}\text{a}^{33}\text{tso}^{33}\text{ɣə}^{21}\text{ŋa}^{33}$？　　　　　　　　你老人家贵姓？

你　人　老　什么　家　是

二、连动词组

连动词组的两个或几个动词性直接成分之间在语法上不具备主谓、述宾、补充、偏正、联合等关系，但在逻辑上具有同一主语方面动作发生的先后关系，谓词间没有语音停顿。在腊鲁话中，连动词组动词之间有时也用连动标记 zi^{33}。如：

$\text{za}^{21}\text{le}^{55}\text{ʥɻ}^{33}\text{bæ}^{21}\text{da}^{33}\text{tshæ}^{33}$　　请他喝酒　　$\text{ʥo}^{33}\text{ʥo}^{21}\text{zi}^{33}$　　　　去吃饭

他（助）酒　喝　请　　　　　　　　饭　吃　去

$\text{za}^{21}\text{ke}^{33}\text{le}^{55}\text{e}^{33}\text{zi}^{33}$　　　　去叫他们　　$\text{za}^{21}\text{ʥɻ}^{33}\text{bæ}^{21}\text{dæ}^{21}\text{zi}^{33}$　　他去打酒

他们（助）叫　去　　　　　　　　　他　酒　打　去

$\text{ɯ}^{55}\text{la}^{55}\text{zi}^{33}\text{ŋɯ}^{33}$　　　　　坐着哭　　$\text{zæ}^{33}\text{la}^{55}\text{zi}^{33}\text{be}^{33}$　　　笑着说

坐（助）（连）哭　　　　　　　　　　笑（助）（连）说

ni³³du³³ʑi³³o³³ʂŋ⁵⁵tɕa³³　　你出去再拉　　ʐa²¹ȵæ²¹tu³³le³³ʑi³³be̠³³　　他站起来说

你　出　去（助）再拉　　　　　他　站　起　来（连）说

ʐa²¹a³³ni³³o²¹ba²¹la⁵⁵ʑi³³mja²¹ga²¹ʑi³³o³³　　他背着孩子干活去了

他孩　子　背着（连）活　干去（助）

三、兼语词组

兼语短语是前一个动词的宾语充当下一个动词或形容词的主语，形成宾语与主谓词组的主语相互套叠的词组，即述宾词组的宾语兼做主谓词组的主语。在腊鲁话中，这样的词组多有使动关系，动词后常接使动助词 lo⁵⁵。如：

a³³ma³³ŋo³³a⁵⁵mi³³kæ⁵⁵lo⁵⁵.　　　　　　妈妈让我挖地。

妈　妈　我（助）地挖　让

ʐa²¹ŋo³³a⁵⁵ni³³le⁵⁵ba²¹lo⁵⁵.　　　　　　他让我背你。

他　我（助）你（助）背让

a³³te³³ŋo³³a⁵⁵go²¹ʑi³³lo⁵⁵.　　　　　　　爸爸让我回家。

爸爸　我（助）回　去　让

ŋo³³ʐa²¹le⁵⁵tsha⁵⁵ko³³mo⁵⁵gə²¹.　　　　我教他唱歌。

我　他（助）唱　歌　教　给

ŋo³³a³³ne³³le⁵⁵the²¹le²¹ɣo²¹no⁵⁵lo⁵⁵.　　我让奶奶休息一下。

我　奶奶（助）一　会　休息　让

ʐa²¹ŋo³³le⁵⁵dʑi²¹phi²¹tɕo³³tɕhi⁵⁵le³³lo⁵⁵.　他让我交出钱。

他　我（助）钱　交　出　来　让

四、比况词组

比况词组由其他词组加上比况助词而成。腊鲁话的比况词组往往由词或词组与比况助词 væ³³væ³³ 相附着，形成"像……一样……"的结构。如：

da³³fa³³o³³væ³³væ³³　　像喝醉一样　　ve²¹ɕi³³ma³³la⁵⁵væ³³væ³³　像死猪一样

喝　醉（助）一样　　　　　猪　死　　的　一样

xe³³ka³³go²¹ʑi³³væ³³væ³³　　像回家一样　　ve³³lu³³væ³³væ³³ni³³　　像花一样红

家　　回去一样　　　　　　花　一样红

a⁵⁵tu⁵⁵væ³³væ³³lo³³mɯ⁵⁵　像火一样暖和　　ŋo³³pe³³dʑa³³væ³³væ³³　像是我做的一样

火　一样　暖和　　　　　　我　做（助）一样

ze³³zo²¹ʥo³³tho³³lɯ⁵⁵ væ³³væ³³　像小鸡啄米一样
鸡 小　粮食啄（名物）一样

ȵu²¹ti³³tẹ²¹væ³³væ³³　　　像牛抵角一样
牛　挑（助）一样

dʐ̩³³ka̩²¹væ³³væ³³　　　像赶街一样
街 赶 一 样

a³³ni³³o²¹væ³³væ³³　　　　像孩子一样
孩　子 一 样

第七章　句子成分

　　人类对语言的认识，总把相同特征的语言要素聚合成类。句法成分就是在不同语言的句子结构中具有共同特征的一组功能性单位。句子成分具有较强的配对性和相互依存性，并按一定的层次在语言结构中逐次生成。腊鲁话句子成分的结构以分析型为主，其中语序和虚词是其主要的方式。腊鲁语的句子成分可以分为主语、谓语、宾语、定语、状语、补语六种类型。

第一节　主语　谓语　宾语

一、主语和谓语

　　主语和谓语是句子的主要构成要素。通常情况下，我们把句子中被陈述的对象称为主语。主语可以是单独的实词，也可以是词组。句子中对主语进行陈述的部分称为谓语。谓语是一个句子的核心，负载着重要的语义信息。在腊鲁话中，主语的构成材料和谓语的构成材料存在一定的差异，但也有彼此交叉的地方。

　　（一）主语的构成材料

　　宏观上看，主语的构成材料主要有名词性主语和谓词性主语。

　　1. 名词性主语

　　名词性主语在词性大类上属于名词，表示一定的人或事物。在腊鲁话中，名词性主语主要由名词、数词、名词性代词和名词性短语构成。如：

a^{33}te^{33}ɕie^{33}phie^{21}ɣə^{21}la^{55} .　　　　　　　　　爸爸在新平。

　爸爸　新　平　在（助）

a^{21}gɯ^{33}ni^{33}ɕie^{33}tɕhi^{33}zi^{21}ŋa^{33}.　　　　　　　　　明天是星期一。

　明　天　星　期　一　是

xe^{55} me^{21}tsə^{33}the^{21}tshə^{33}dʑa^{33}.　　　　　　　　　前面有一辆车。

　前　面　车　一　辆　有

ko^{33}tæ^{33}le^{21}væ^{33}the^{21}mo^{33}dʑa^{33}.　　　　　　　　　后面有一只猴子。

　后　面　猴　子　一　个　有

li⁵⁵ mɯ⁵⁵ ɲ²¹nə⁵⁵ de³³ni²¹pe³³ŋa³³.　　　　　　四是二的两倍。

四（助）二个（助）二倍是

a²¹gɯ³³ni³³e⁵⁵ kɯ⁵⁵ ʥ̩³³mɯ⁵⁵ ŋo³³ɣo³³go²¹ʑi³³do³³a³³.　明天这个时候我就可以回家了。

明　天　这个　时候（助）我　得　回　去　行（助）

ɣo²¹me²¹le⁵⁵ ʥe³³ne²¹ŋa³³.　　　　　　　　　山上特别冷。

山　上　冷　很　是

e⁵⁵ me³³a³³tso³³ʥo²¹bo³³.　　　　　　　　　今天晚上吃什么？

今天　什么　吃　要

the²¹kho⁵⁵ ɕo³³bo²¹tshe³³ni³³lə²¹ʥa³³.　　　　一年有十二个月。

一　年　　月　十二个　有

the²¹mo³³the²¹mo³³xe³³ka³³dṳ³³le³³.　　　　　一个个从家里走出来。

一　个　一　个　家　里　出　来

a³³ke³³ni²¹o³³mɯ⁵⁵ ni̩³³mo³³the²¹mo³³ŋa³³.　　咱俩是一条心。

我们　俩（助）　心　一　个　是

a³³ko³³a³³tse²¹le³³go²¹le³³o³³.　　　　　　　哥哥、姐姐都回来了。

哥哥　姐姐　都　回　来（助）

ẓa³³a⁵⁵ ẓa⁵⁵ pi²¹ẓæ²¹a⁵⁵ ẓa⁵⁵ le⁵⁵ næ³³.　　　小的比大的好吃。

小　那种　比　大　那种（助）好吃

2. 谓词性主语

谓词性主语在词性大类上属于动词或形容词。在句子中，谓词性主语以一定的动作、性状或事情作为陈述的对象。在实际会话中，谓词性主语包括动词、形容词、谓词性代词、动词性短语、形容词性短语。如：

tsæ³³ɳu⁵⁵ ɳ̩²¹tsæ³³ni³³ɕi²¹　　a⁵⁵？　　　看看好不好？

好　还是　不　好　看（助）（助）

kha²¹kha²¹⁻²¹³tsʅ⁵⁵ tsʅ³³pie⁵⁵ ma⁵⁵ o³³.　　苦变成甜了。

苦苦的　　甜甜　变　成（助）

tsha³³pho²¹ɕyo³³zo²¹mæ²¹ɕyo³³le³³the²¹za⁵⁵ xa³³a²¹ŋa³³.　生男生女一个样。

男　人　生　女　人　生　都　一样　　只是

ka³³tɕi²¹mɯ⁵⁵ do³³a³³.　　　　　　　　　　干净就好。

干　净　就　行（助）

tsha³³le⁵⁵ te⁵⁵ mɯ⁵⁵ ɳ²¹xo²¹.　　　　　　打人是不对的。

人（助）打　是　不对

ʐa²¹ŋ²¹le³³ke³³tsæ³³.　　　　　　　　　　他不来最好。

他 不 来 最 好

ʐa²¹ŋ²¹pe³³dʑa³³se²¹, ni³³ʐa²¹le⁵⁵ dʐo³³dʑo²¹e³³mɯ⁵⁵ŋ²¹do³³.　　他还没做完，你叫他吃饭是不行的。

他 没 做 完 还 你 他（助）饭 吃 叫（助）不 行

di³³di³³o³³ko³³xa³³a²¹tsæ³³.　　　　　　　　慢慢走才好。

慢慢（助）走　 只 好

xie³³phie²¹tso³³mæ²¹væ³³ʑi³³mɯ⁵⁵ vy²¹mjo²¹o³³.　　去新平买东西太远了。

新 平 东 西 买 去（助）远 多（助）

pe³³dʑa³³o³³sʅ⁵⁵ xa³³a²¹ɣo³³ko³³do³³a³³.　　　　干完才准走。

做 完（助）才 只 得 走 行（助）

（二）谓语的构成材料

在腊鲁话中，谓语一般由谓词性词或短语充当，但名词或名词性短语在一定的条件下也能充当谓语。如：

ʐa²¹mo⁵⁵ ve⁵⁵ su³³ŋa³³.　　　　　　　　　他磨味人。（名词）

他 磨 味 人 是

tsha³³ma²¹de³³me²¹tɕi³³phju³³tsɛ³³.　　　　老人白胡须。（名词）

人 老（助）胡须 白 色

e⁵⁵ ni³³a³³mə²¹di²¹.　　　　　　　　　　今天阴天。（主谓短语）

今天　天 阴

ʐa²¹dʑo³³the²¹tshe²¹le³³ŋ²¹dʑo²¹.　　　　他一口饭都不吃。（主谓短语）

他 饭 一 口 都 不 吃

zo²¹mæ²¹e⁵⁵ mo³³ni³³mo³³tsæ³³.　　　　这个姑娘心好。（主谓短语）

姑娘 这 个　心 好

ŋo³³ɣo²¹me²¹mæ³³xɯ⁵⁵.　　　　　　　　我喜欢爬山。（动宾短语）

我 山 爬　 爱好

a³³ni³³e⁵⁵ mo³³pɛ³³（ge³³）le²¹la³³.　　这个孩子跑得快。（动补短语）

孩子 这 个 跑 （助）快

ʐa²¹a³³ɣə²¹⁻²¹³de³³tie⁵⁵ tə³³lia³³ne²¹.　　他家的灯很亮。（偏正短语）

他们 家 （助）电 灯 亮 很

ʐa²¹de³³mi³³du²¹ni³³ɕi²¹⁻²¹³ne²¹.　　　他的眼睛很好看。（偏正短语）

他（助）眼睛 看 好　 很

（三）主语和谓语的语义类型

主语和谓语的关系可以从语义和语用角度来认识。从二者的内在语义表现上看，主语和谓语呈现为被陈述和陈述的关系；从语用的角度看，主语和谓语是话题和说明的关系。当谓语是动词时，受谓语语义的制约，主语语义可以大致分为以下几类。

1. 施事主语

ʑa²¹a³³ɣə²¹⁻²¹³xe³³the²¹xe³³gu³³o³³.　　　　　他家盖了一个房子。

他们　家　　房子 一 座 盖（助）

ŋa³³bju³³o³³.　　　　　　　　　　　　　鸟儿飞了。

鸟　飞（助）

ʑa²¹ŋo³³le⁵⁵ the²¹ɕa³³te⁵⁵ o³³.　　　　　他打了我一巴掌。

他 我（助）一 巴掌 打（助）

2. 受事主语

dʑo³³mæ⁵⁵ mæ²¹³dʑo²¹dʑa³³o³³.　　　　　饭都吃完了。

饭 全部　　　吃 完（助）

dʑo³³le³³dʑo²¹dʑa³³o³³.　　　　　　　饭都吃完了。（怎么才叫我。）

饭 都 吃 完（助）

xɯ⁵⁵su³³le³³mæ⁵⁵ mæ²¹³ņ̩²¹ke³³dæ²¹se⁵⁵ gə²¹o³³.　敌人都被我们打死了。

敌 人 都 全部　　我们 打 死 给（助）

tso²¹ʑe²¹pe³³dʑa³³o³³.　　　　　　　　作业写好了。

作业 做 完（助）

3. 中性主语

ņ̩²¹ke³³ze̞³³the²¹mo³³pe̞³³phi⁵⁵ o³³.　　　我们跑丢了一只鸡。

我们 鸡 一 只 跑 丢（助）

ʂŋ⁵⁵tɕhie²¹e⁵⁵ mɯ⁵⁵ʑa²¹le⁵⁵ kuæ⁵⁵ņ̩²¹no³³.　这种事不能怪他。

事 情 这 种 他（助）怪 不 能

lɯ³³pɯ³³di²¹le⁵⁵ phja³³ka⁵⁵ la⁵⁵.　　　　墙上挂着衣服。

墙　　上 衣服 挂（助）

二、宾　语

宾语是动作支配或涉及的对象。只要有及物动词的出现，往往伴随有宾语出现的可能；反过来说，如果有宾语的出现，就一定会伴有及物动词，二者密切配合，缺一不可。在腊鲁话中，宾语出现在及物动词之前，构成主宾谓的句子结构形式。

（一）宾语的构成材料

构成宾语的材料比较广泛，与主语一样，我们也可以大致把它们分为名词性宾语和谓词性宾语两大类。其中名词性宾语出现的频率最高，而谓词性宾语需要一定的条件限制，对谓语动词的要求极为严格，必须是一些主观性的动词才能带上谓词性宾语。

1. 名词性宾语

ŋo³³su⁵⁵pə²¹the²¹pə²¹væ³³o³³.　　　　　　　　　我买了一本书。（定中短语）

我　书　　一　本　买（助）

ʑa²¹ɕa³³ma²¹le⁵⁵the²¹do³³mo̠³³.　　　　　　　他摸了下蛇。（名词）

他　蛇（助）一　下　摸

ŋo³³a²¹ni³³pe³³tʂ̩²¹the²¹mo³³te⁵⁵bæ²¹o³³.　　我昨天打破了一个杯子。（定中短语）

我　昨天　杯子　一　个　打　破（助）

ŋ̍²¹ke³³xe³³nə⁵⁵gə²¹tha²¹dʐ̩³³ŋo²¹dʐ̩³³dʑa³³.　我家旁边有五棵松。（定中短语）

我们　房子　旁边　　松树　五　棵　有

sæ²¹ɣə²¹ni³³tæ³³dʑa³³la⁵⁵o³³,　　　ni³³tshæ³³ʑi³³le²¹.　桃子有红的了，你去摘嘛。（定中短语）

桃子　红　的　有（助）（助）你　摘　去（助）

2. 谓词性宾语

ŋo³³tsha³³le⁵⁵fu²¹kɯ⁵⁵a⁵⁵ʑa⁵⁵xɯ⁵⁵ne²¹.　　我最恨撒谎。（动宾短语）

我　人（助）骗　会　那样　恨　很

ʑa²¹dʐ̩³³bæ²¹da³³xɯ³³　　　　　　　　　他喜欢喝酒。（动宾短语）

他　酒　　喝　爱好

næ²¹ke³³a³³tso³³pe³³bo³³ta̠²¹sua³³dʑa³³.　你们打算做什么？（动宾短语）

你们　什么　做　要　打　算（助）

ʑa²¹tsho̠³³o³³ŋo³³sæ⁵⁵.　　　　　　　　我知道他错了。（主谓短语）

他　错（助）我　知道

n̠a³³ma²¹ka³³tɕi²¹kɯ⁵⁵ne²¹.　　　　　　弟弟很爱干净。（形容词）

弟　弟　干　净　会　很

ʑa²¹ke³³mæ⁵⁵mæ²¹³su⁵⁵mo⁵⁵pho²¹tsæ³³be̠³³.　他们都说老师好。（主谓短语）

他们　全　部　书　教　人　好　说

（二）宾语的语义类型

动词和宾语之间的关系除了可以从语法的角度进行归纳外，我们还可以从二者的内在语义关系进行说明。据此，腊鲁话宾语的语义类型可以分为以下几种情况。

1. 受事宾语

tshe³³tshæ²¹　　割稻谷　　　mi³³phæ²¹khæ³³　　挖荒地

稻谷　割　　　　　　　地　荒　挖

su⁵⁵ʑa³³a³³ni³³le⁵⁵be̠³³mo⁵⁵gə²¹.　　　　告诉学生们。

书　学　孩子（助）说　教　给

ni³³le⁵⁵ ma²¹fa²¹o³³. 麻烦你了。

你（助）麻 烦（助）

2. 施事宾语

zo²¹mæ²¹the²¹mo³³le³³o³³. 来了一个姑娘。

姑娘 一 个 来（助）

ço³³çi²¹be³³tha²¹o³³. 说漏了消息。

消息 说 漏（助）

sə²¹pə²¹o⁵⁵ dɯ³³bi̩³³la⁵⁵ o³³. 玉米发芽了。

玉米 芽 发（助）（助）

ʣo³³the²¹mɯ⁵⁵ ni⁵⁵ tsha³³tshe³³o²¹ʣo²¹o³³. 十个人吃了一甑饭。

饭 一 甑 人 十 个 吃（助）

3. 中性宾语

xe³³gu³³ 盖房子（结果） tshə³³le⁵⁵ ɯ⁵⁵ la⁵⁵ 坐车上（处所）

房子盖 车 上 坐（助）

kho⁵⁵ mo³³ 过年（时间） ta⁵⁵ ua²¹ʥo²¹ 吃大碗（工具）

年 过 大 碗 吃

mə²¹xo³³khə²¹phæ³³ 躲雨（原因） sɿ⁵⁵ tҫhie²¹ʥɿ³³bɯ³³ 商量事情（目的）

雨 下 躲 事 情 商量

ʐa²¹su⁵⁵ mo⁵⁵ pho²¹ŋa³³. 他是老师。（类别）

他 书 教 人 是

xe³³ka³³tsha³³ʥa³³. 家里有人。（存在）

家里 人 有

第二节 定语 状语 补语 独立语

一、定 语

定语主要对句子中的名词性成分进行描写或限制。定语能更清楚地说明句子中的主语和宾语的性质和范畴，从而负载更多的语义内涵。腊鲁话中的定语常常置于中心语的后面，但也有置于中心语前面的情况，主要为名词或代词作定语，习惯上一般要用结构助词 de³³ 联结。

（一）定语的构成材料和语义类别

大多数实词和词组都可以充当定语。结合词性的区别和音节的多寡对腊鲁话的定语进行考察，发现单音节的形容词作定语时有向双音节化发展的趋势；动词或方位短语作定语，表示语义上的所属关系，且有强调意味时，要在动词的后面加上指示代词"那种""那样""那些"等表示定指，否则句子无效。

1. 定语是单音节形容词

ve̠^{33}lu^{33}ni^{33}tæ^{33}	红花	se̠^{33}phe^{55}lu̠^{33}pi̠^{33}	绿叶	mə^{21}di^{21}	阴天
花　红　色		树叶　绿色		天　阴	

mə^{21}tsæ^{33}	晴天	phja^{33}çi^{55}	新衣服
天　晴		衣服　新	

2. 定语是多音节形容词

tsa^{55}ko^{33}nɯ^{33}ni^{33}çi^{21}a^{55}ʐa^{55}	好听的歌曲	xe^{33}ka^{33}tçi^{21}	干净的房子
歌　　听　好　那样		房子干净	

3. 名词作定语

ça^{33}ɣo^{21}pæ^{33}	金碗	se^{33}tho^{21}phə^{21}	木盆
金　碗		木　盆	

xɯ^{33}pa^{21}tə^{33}	铁板凳	a^{55}nu^{55}mæ^{55}tæ^{33}læ^{33}	狗尾巴
铁　板　凳		狗　　尾巴	

su^{55}mo^{55}de^{33}su^{55}pə^{21}	老师的书
老　师（助）　书	

a^{33}te^{33}de^{33}tshə^{33}nə^{33}	爸爸的鞋子
爸爸（助）　鞋子	

a^{33}ko^{33}de^{33}sə^{21}pjo^{21}	哥哥的手表
哥哥（助）手表	

4. 代词作定语

ʐa^{21}de^{33}lə^{21}	他的手	ŋ̍^{21}ke^{33}de^{33}tsha^{21}pe̠^{33}	我们的朋友
他（助）手		我们（助）朋　友	

ni^{33}de^{33}o^{55}li^{33}	你的包头	ŋo^{33}a^{33}te^{33}	我爸爸
你（助）包头		我　爸爸	

ŋo^{33}a^{33}ma^{33}	我妈
我　妈妈	

5. 动词作定语

ŋo⁵⁵ko³³　　　　活鱼　　　　　　a⁵⁵nu⁵⁵ɕi²¹ma³³la³³　　　　死狗

鱼　活　　　　　　　　　　　狗　　死

xo²¹kho²¹　　　　烤肉　　　　　da²¹pɯ⁵⁵be³³a⁵⁵mɯ⁵⁵　　　说的话

肉　烤　　　　　　　　　　　话　说　那　种

sʐ̩⁵⁵tɕhie²¹pe³³a⁵⁵ʐa⁵⁵　　　做的事

事　情　做　那样

6. 词组作定语

n̩²¹ke³³kha³³de³³a³³ni³³.　　　　　　　我们村的孩子。

我们　村（助）孩子

su⁵⁵pə²¹ɕi⁵⁵væ³³a⁵⁵ʐa⁵⁵.　　　　　　新买的书

书　新　买　那样

xe⁵⁵phi²¹mi²¹tsha³³a⁵⁵tɕi⁵⁵.　　　　　院子里的人。

院　子　人　那些

ŋu²¹xo²¹dʑu³³the²¹tshua⁵⁵.　　　　　一串牛干巴。

牛　肉　干　一　串

sə³³pə³³the²¹ve³³.　　　　　　　　　一背玉米。

玉米　一　背

kue³³mi²¹de³³tsha²¹pe³³mjo²¹⁻³³ne²¹.　　昆明的朋友很多。

昆明（助）朋友　多　很

ʐa²¹tsha̩²¹pe̩³³kue³³mi²¹de³³the²¹mo³³dʑa³³.　他有一个昆明朋友。

他　朋　友　昆　明（助）一　个　有

（二）定语的语义类别

根据定语在句子中对中心语的关联程度,我们可以把定语分为描写性定语和限制性定语。其中,描写性定语是为了说明所修饰的中心语是"什么样的"。在句子中,剔除描写性定语并不影响句子的表意。描写性定语一般由形容词及形容词性的词或短语充当。限制性定语主要指明中心语是"哪一个"。如果剔除限制性定语,句子的表意就会出现错误。限制性定语一般由名词性短语或动词性短语充当。

1. 描写性定语

ʐa²¹nu⁵⁵dʑu³³ni³³ɕi²¹⁻²¹³ne²¹the²¹dʑ̩³³də²¹la⁵⁵.　　她戴了一对漂亮的耳环。

她　耳　环　好看　很　一　双　戴（助）

se̝³³ʥ̩³³mɯ⁵⁵ mɯ⁵⁵⁻³³a⁵⁵ ʥ̩³³le⁵⁵ ve̝³³lu³³phju⁵⁵ phju³³ve̝³³bi³³la⁵⁵.

树　高　高　那　棵　上　花　白　白　开　满（助）

高高的那棵树上开满了白白的小花。

ŋo³³de³³su⁵⁵ mo⁵⁵ pho²¹mɯ⁵⁵ ŋo²¹tshe³³kho⁵⁵ ga²¹n̩³³tɕhi³³tsha³³ma²¹ŋa³³.

我（助）书　教　人（助）五　十　岁　左　　右　　人　老　是

我的老师是一位 50 岁左右的老人。

2. 限制性定语

xe³³ka³³ʥa²¹de³³tsha³³mæ⁵⁵ mæ²¹³z̩i³³bo³³.　　　　屋里的人都要去。

屋里　里（助）人　全　部　去　要

e⁵⁵ ɕo̝³³khua⁵⁵ ɕie³³de³³phja³³ŋa³³n̩a³³?　　　　这是匡仙的衣服吗？

这件　匡　仙（助）衣服　是（助）

ʑa²¹ŋo³³le⁵⁵ ŋo²¹tshe³³bo²¹tsha³³la⁵⁵ se²¹.　　　　他还差我 50 元钱呢。

他　我（助）五　十　元　差（助）还

（三）多重定语的顺序

为了达到对中心语进行详细说明的目的，人们在语言使用中往往会使用多重定语。不同的语言对多重定语的语序安排存在差异，体现了该语言使用者独特的认知习惯或视角。在腊鲁话中，多重定语的语序相对比较灵活，表示所属关系一般要置于中心词之前，并且多重定语的语序遵从一定的逻辑关系，即与中心词关系越密切的，与中心词靠得越近。如：

ʑa²¹ke³³khạ³³xe³³ɕi⁵⁵ gu³³a²¹ŋa³³se²¹a⁵⁵ tɕi⁵⁵ z̩i³³tsho³³phi⁵⁵ o³³.

他们　村　房子新盖　刚　　刚那些水　冲　丢（助）

他们村刚盖的新房子被水冲走了。

a⁵⁵ nu⁵⁵ phju³³tse̝³³the²¹mo³³.　　　　　　　　一只白狗。

狗　　白色　一　个

n̩²¹ke³³su⁵⁵ za³³xe³³a²¹ni³³te³³su⁵⁵ mo⁵⁵ pho²¹pə²¹s̩⁵⁵ ʥa³³ne²¹a⁵⁵ ʑa⁵⁵ the²¹mo³³ɕi³³o³³.

我们学　　校去　年教　　师　本事　有最那样　一　个　死（助）

去年我们学校一个最有本事的教师死了。

二、状　语

状语对句子的谓语起修饰限制作用。在腊鲁话中，除了副词一般充当状语之外，形容词或形容词性的短语、时间名词、方位词等也能在句子中作状语成分。状语的位置一般置于中心语之前，但程度副词作状语例外，常常置于中心语之后。另外，音节数也对状语成分有一定的影响，多音节词作状语有时要加上结构助词 o³³ 或 mo³³。

（一）状语的构成材料

根据音节的多少，我们把构成腊鲁话状语成分的材料分为单音节词作状语和多音节词作状语两大类。

1. 单音节词作状语

tsæ³³ne²¹　　　　　　很好　　　　mə⁵⁵ne²¹　　　　　非常热

好　很　　　　　　　　　　　　热　很

dzo²¹so³³　　　　　　难吃　　　　ni³³ɕi²¹　　　　　好看

吃　难　　　　　　　　　　　　看　好

2. 多音节词作状语

a²¹di⁵⁵di³³o³³mæ³³　悄悄地爬　　　di³³di³³o³³ko³³　慢慢地走

悄　悄（助）爬　　　　　　　慢慢（助）走

ŋo³³nə⁵⁵tæ³³tæ²¹o³³pa³³tie³³ni³³o³³.　我仔细看了半天。

我　仔仔细细（助）半 天　看（助）

ʐa²¹sʅ⁵⁵sʅ⁵⁵the²¹do³³tha⁵⁵tɕhi⁵⁵o³³.　他长长地叹了口气。

他　长　长　一　次　叹　气（助）

（二）语义类别和位置

根据状语在句子中表意的差异，我们把状语分为描写性状语和限制性状语。限制性状语对谓语发生的时间、处所、范围、否定等进行限制，很少带结构助词 o³³。描写性状语对谓语的情状进行描写，多音节的描写性状语常要带上结构助词 o³³。

1. 描写性状语

ʐa²¹dʑu³³ne²¹.　　　　　　　　　他非常害怕。

他 怕 很

a⁵⁵ke³³the²¹ku³³ʐi³³.　　　　　我们一齐去。

我们　一 起 去

a⁵⁵ke³³thə²¹thə²¹⁻²¹³ʐi³³.　　　我们同时去。

我们 同时　去

ni³³xe⁵⁵me²¹dʑo³³mo³³xæ²¹.　　你前面带路。

你 前 面　路　带

ʐa²¹a²¹di⁵⁵di³³o³³ko³³o³³.　　　他悄悄地走了。

他　悄悄 （助）走（助）

ŋo³³o⁵⁵li⁵⁵o⁵⁵pa³³mo³³ko³³o³³.　我稀里糊涂地走了。

我　糊 里 糊　涂（助）走（助）

2. 限制性状语

ŋo³³a²¹gɯ³³ni³³a⁵⁵ nȩ²¹nɯ³³su⁵⁵ za³³xe³³le⁵⁵ zi³³bo³³.　　　　我明天早上去学校。

我 明　天早　上书学房（助）去要

ni³³a²¹gɯ³³tshe³³tso³³mæ²¹tha²¹ve³³o²¹.　　　　你以后不要拿东西了。

你 以　后东西不拿（助）

the²¹do³³the²¹do³³bȩ³³.　　　　一遍一遍地讲。

一 遍一 遍说

ni²¹n̩a³³mo³³væ³³væ³³tsæ³³.　　　　像姐妹一样好。

姐　妹一样好

ʑa²¹the²¹do³³bȩ³³xe³³ka³³pȩ³³xo⁵⁵ zi³³o³³.　　　　他一口气跑回家。

他 一 下说　屋里跑回去（助）

ni³³su⁵⁵tsæ⁵⁵tsæ³³za³³tæ³³a³³.　　　　你要好好地学习。

你书 好好读得（助）

n̩a³³ma²¹tsha³³mo³³ge³³n̩²¹ʑe⁵⁵ zi⁵⁵ xo³³.　　　　弟弟不愿意娶媳妇。

弟弟媳　妇不愿意娶

e⁵⁵ mo³³pi²¹na⁵⁵ mo³³le⁵⁵ tsæ³³.　　　　这个比那个好。

这 个比那 个（助）好

（三）多层状语

在一个句子中，谓语有两个或两个以上的修饰成分形成多层状语。多层状语在句子中的排列顺序与多层定语相似，在不同的语言中差异较大。在腊鲁话中，多层状语的位置根据状语的性质，可以置于谓语之前或之后，一般表示时间、处所、范围、对象、否定等语义特征时居于谓语之前，表示程度、情态等语义特征时居于谓语之后。如：

kho⁵⁵ næ⁵⁵ næ²¹⁻²¹³mja²¹ni²¹mæ⁵⁵ mæ²¹³pe³³ʥa³³do³³a³³.　　到年底可以完成任务。

年 接 近　任务全 部 做完可以（助）

ʑa²¹xe³³ka³³ʥo³³n̩²¹ʥo²¹se²¹ʥe³³le³³o³³.　　　　他在家还没吃饭就来了。

他 家里饭没吃还就来（助）

ʑa²¹a²¹ni³³tso³³mæ²¹a²¹di⁵⁵ di³³o³³ve³³xo⁵⁵ zi³³o³³.　　他昨天把东西悄悄拿回去了。

他 昨天东西悄　悄（助）拿回去（助）

三、补 语

补语对谓语进行补充说明。关涉补语成分的谓语一般由动词或形容词构成。从补语的来源来看，动词、形容词和程度副词都可以充当补语，能对动词的结果、趋向、数量以及性质的程度等进行说明。

（一）补语的构成

腊鲁话中，补语常常出现在谓语的后面，因而当程度副词作补语或作状语时形式趋同，需要在具体的语境中加以区分。补语有时候也会使用结构助词 ge³³ 或 ne²¹，相当于汉语中的"得"。根据补语的构成及语义，我们把补语分为以下几类。

1. 结果补语

ni³³tsha³³zə⁵⁵tsho̥³³o³³.　　　　　　　　　　　你认错人了。

你　人　认错（助）

ʑa²¹mi̥³³du²¹te⁵⁵phɯ⁵⁵o³³.　　　　　　　　　他被打肿了眼睛。

他　眼睛　打　肿（助）

ba²¹tə³³ɯ⁵⁵xæ²¹o³³.　　　　　　　　　　　　凳子被坐坏了。

凳子　坐　坏（助）

ʑi⁵⁵ɕi³³a³³ko²¹o³³mɯ⁵⁵ni³³ŋo³³a⁵⁵e³³tsu³³tshu²¹.　过了玉溪，你要叫醒我哦。

玉溪　如果过（助）就你我（助）叫　　醒

ŋ̍²¹ke³³phu²¹tɕhu²¹lu²¹dæ²¹bæ²¹o³³.　　　　　我们打破了球。

我们　　　球　　　打破（助）

ŋ̍²¹ke³³phu²¹tɕhu²¹lu²¹dæ²¹tɕhi⁵⁵o³³.　　　　我们打完了球。

我们　　球　　　打好（助）

2. 程度补语

ni³³pe³³ge³³tsæ³³.　　　　　　　　　　　　　你干得好。

你　做（助）好

ŋo³³the²¹gɯ³³di²¹le³³tsʅ²¹pæ³³o³³.　　　　　我全身都湿透了。

我全　身都湿透（助）

ʑa²¹gu³³gu³³ne²¹thio⁵⁵tu³³le³³.　　　　　　　他高兴得跳起来。

他高兴（助）跳　起来

nɯ⁵⁵mo³³gu³³gu³³ne²¹.　　　　　　　　　　　妹妹高兴极了。

妹妹高兴很

a³³ni³³a⁵⁵tɕi⁵⁵su⁵⁵pə²¹tsə³³bæ²¹o³³.　　　　孩子们把书撕破了。

孩子那些书撕破（助）

3. 情态补语

e⁵⁵ka³³de³³a⁵⁵mə²¹tsæ³³ge³³le²¹la³³, di̥²¹ge³³le³³le̥²¹la³³.　这里的天气晴得快，阴得也快。

这里（助）天气好（助）快　阴（助）也　快

a³³ni³³de³³lə²¹tshʅ⁵⁵ne²¹ni⁵⁵ni³³mo³³.　　　孩子的手冻得红通通的。

孩子（助）手冻（助）红红　的

$\textipa{za}^{21}\text{gu}^{33}\text{gu}^{33}\text{ne}^{21}\text{me}^{33}\textipa{zi}^{33}\text{le}^{55}\text{væ}^{21}\textipa{tçhi}^{55}\text{le}^{33}\text{o}^{33}$. 　　他高兴得眼泪都流出来了。

他　高兴　得　眼　泪（助）流出　来（助）

$\textipa{za}^{21}\text{de}^{33}\textipa{ni}^{33}\text{mo}^{33}\textipa{dzu}^{33}\text{ne}^{21}\text{ko}^{21}\text{ko}^{21}\text{ko}^{21}\text{ne}^{33}\text{thio}^{55}$. 　　他的心被吓得咚咚跳。

他（助）心　　吓（助）咚咚咚　（助）跳

$\textipa{za}^{21}\text{de}^{33}\textipa{dzi}^{21}\text{phi}^{21}\text{mjo}^{21-213}\text{ne}^{21}\textipa{G}\text{w}^{33}\textipa{dza}^{33}\textipa{n}^{21}\text{kw}^{55}$. 　　他的钱多得数不清。

他（助）钱　　多　（助）数　完　不　能

4. 趋向补语

$\textipa{za}^{21}\text{mu}^{21}\text{gu}^{33}\text{di}^{21}\text{le}^{55}\text{thio}^{55}\text{te}^{33}\textipa{zi}^{33}$. 　　他跳上马背。

他　马　背　　　上　跳上去

$\textipa{na}^{33}\textipa{ş}^{21}\text{a}^{55}\text{nu}^{33}\text{e}^{33}\textipa{tço}^{21}\text{be}^{33}\text{tshua}^{21}\textipa{çi}^{33}\text{le}^{33}$. 　　外面传来了狗叫声。

外　面　狗　叫　声　音　传（助）来

$\textipa{dzi}^{21}\text{phi}^{21}\text{mw}^{55}\textipa{ŋo}^{33}\textipa{tço}^{33}\textipa{tçhi}^{55}\text{le}^{33}\textipa{n}^{21}\text{kw}^{55}$. 　　我是不会把钱交出来的。

　钱（助）我　交　出　来　不　会

$\textipa{za}^{21}\text{tsha}^{33}\text{ma}^{21}\text{le}^{55}\text{tsa}^{21}\text{tu}^{33}\text{le}^{33}$. 　　他把老人扶起来了。

他　人　老（助）扶　起来

$\text{a}^{55}\text{nu}^{55}\text{the}^{21}\text{mo}^{33}\text{mæ}^{33}\text{ko}^{21}\text{le}^{33}\text{la}^{55}\text{o}^{33}$. 　　一只狗跟过来了啦。

狗　一　个　跟　过　来（助）（助）

5. 数量补语

与其他类型的补语相比，数量补语置于中心词前面，与状语的位置有所重合，但语义上具有补充说明的特征。如：

$\text{the}^{21}\text{tsa}^{33}\text{ko}^{33}\text{o}^{33}$. 　　走了一趟。

一趟　　走（助）

$\textipa{ŋo}^{33}\text{le}^{55}\text{the}^{21}\textipa{ça}^{33}\text{te}^{55}\text{o}^{33}$. 　　打了我一下。

我（助）一　下　打（助）

$\text{kho}^{21}\text{mo}^{33}\text{do}^{33}\text{ni}^{33}\text{o}^{33}$. 　　看了几遍。

　几　　遍　看（助）

$\text{so}^{33}\text{ni}^{33}\textipa{Gə}^{21}\text{o}^{33}$. 　　住了三天。

三　天　在（助）

$\text{the}^{21}\text{xe}^{33}\textipa{ça}^{33}\text{o}^{33}$. 　　等了一晚上。

一　晚　等（助）

6. 时地补语

$\textipa{ŋo}^{33}\text{le}^{55}\text{mo}^{55}\text{ve}^{55}\textipa{çyo}^{33}\textipa{za}^{33}/\textipa{dza}^{33}$. 　　我出生在磨味。

我（助）磨味　生（助）

ʑa²¹the²¹le³³n̩²¹khu³³a⁵⁵ tu⁵⁵ tshe²¹le⁵⁵ ɯ⁵⁵ la⁵⁵.　　　　他经常坐在火边。

他　经　　　常　火　边（助）坐（助）

a³³ni³³a²¹ni³³ɕo³³mo³³dʑa³³.　　　　　　　　　孩子出生在昨天。

孩子　昨天　出生（助）

tsha³³le⁵⁵ o²¹n̩²¹nə⁵⁵ ŋo³³da³³ko³³ɕi³³le³³.　　　　两个小伙子走向我。

人　　嫩两个 我 朝 走（助）来

7. 可能补语

sæ²¹e⁵⁵ mɯ⁵⁵ dʑo²¹do³³æ²¹/n̩a³³？　　　　　这种果子吃得吗？

果子这　种　吃 可以（助）

sæ²¹e⁵⁵ mɯ⁵⁵ dʑo²¹n̩²¹no³³.　　　　　　　　这种果子吃不得。

果子这　种　吃 不 能

ŋo³³ɕa³³n̩²¹no³³a³³.　　　　　　　　　　　我等不得了。

我 等 不 能（助）

dʑo²¹dʑa³³do³³.　　　　　　　　　　　　　吃得完。

吃 完 能

dʑo²¹dʑa³³n̩²¹no³³.　　　　　　　　　　　吃不完。

吃 完 不 能

ni³³tɕhi³³le³³do³³.　　　　　　　　　　　看得出来。

看 出 来 能

ni³³tɕhi³³le³³n̩²¹no³³/n̩²¹kɯ⁵⁵.　　　　　　看不出来。

看 出 来不 能

væ²¹ge³³tsæ³³.　　　　　　　　　　　　　写得好。

写（助）好

væ²¹ge³³n̩²¹tsæ³³.　　　　　　　　　　　写得不好。

写（助）不好

væ²¹ge³³the²¹tɕi⁵⁵ o³³le³³n̩²¹tsæ³³.　　　　写得很不好。

写（助）一 点 儿 也 不 好

（二）补语的语义类型

从形式上看，补语主要与谓语产生联系，归并于谓语的语义范畴。实际上，补语的语义不是封闭的，具有较强的扩展性，能指向不同的语法成分。

1. 指向谓语

ʑa²¹ʑæ³³tu³³le³³la⁵⁵ o³³.　　　　　　　　她笑起来了。

他 笑 起 来（助）（助）

ʑa²¹a³³ɣə²¹⁻²¹³so³³po³³ne²¹ŋa³³.

他们 家　　　富 很 是

他家富得很。

a⁵⁵ nu⁵⁵ <u>the²¹xe³³</u>e³³o³³.

狗　 一晚 叫（助）

狗叫了一晚上。

2. 指向主语

ŋ̩²¹ke³³phu²¹tɕhu²¹lu²¹dæ²¹dʐ̩²¹o³³.

　我们　　 球　 打　 赢（助）

我们打赢了球。

ʑa²¹a³³ɣə²¹⁻²¹³de³³vẹ²¹çyo³³ne²¹tshu³³li⁵⁵ li⁵⁵ mo³³.

他们　家 （助）猪 养（助）肥　　 肥的

他家的猪养得肥肥的。

ŋ̩²¹ke³³de³³ni³³xe⁵⁵ kọ²¹ge³³tsæ³³la⁵⁵ o³³.

我们（助）日子 过（助）好（助）（助）

我们的日子过得好了。

3. 指向宾语

xạ³³mæ³³li³³kɯ⁵⁵ du³³o³³.

老鼠 口袋 咬　 通（助）

老鼠咬通了口袋。

ni³³lə²¹tɕhi²¹ka³³tɕi²¹o³³sʅ⁵⁵ ve³³.

你 手 洗 干净（助）再拿

你洗干净手再拿。

ŋ̩²¹ke³³tshə³³lu⁵⁵ çu³³du³³o³³.

我们　 车 路 修 通（助）

我们修通了公路。

4. 指向状语

ʑa²¹ŋ̩²¹ke³³le⁵⁵ tɕhi⁵⁵ tsạ³³ne²¹no³³la⁵⁵ o³³.

她 我们（助）生　 气（助）病（助）（助）

我们把她气得生病了。

ŋo³³ʑa²¹le⁵⁵ xæ³³ne²¹da²¹pɯ⁵⁵ le³³bẹ³³tɕhi⁵⁵ le³³ŋ̩²¹kɯ⁵⁵ a⁵⁵（ka⁵⁵）.

我 他（助）骂（助）　话　 都 说 出 来 不 会（助）

他把我骂得一句话都说不出来。

四、独立语

独立语是相对于前述六种句法成分而言的词或短语。在实际的语言分析中，独立语不与句子中的其他成分产生配对关系，也不与其他成分产生任何形式的句法结构的组合，但在句子的表述及句法合理语境设置方面又必不可少。腊鲁话的独立语可以归纳为以下几种类型。

（一）插入语

插入语引入一定的语境，对句义的表达更为完整，是说话者主观心境的流露，增加了话语的表现力。我们把插入语分为以下六种。

1. 引起对方的注意

ni³³ni³³ɕi²¹⁻²¹⁵, ŋo³³le³³la⁵⁵ o³³n̩²¹ŋa³³n̩a³³? 　　　你看，我不是来了吗？

你 看（助）　我 来（助）（助）不 是（助）

ni³³so⁵⁵ tshe²¹la⁵⁵, ŋo³³mɯ⁵⁵ ni³³a³³ko³³ŋa³³. 　　　你记住，我是你哥哥。

你　　记住（助）我 （助）你 哥哥 是

ni³³tshæ³³ɕi²¹⁻²¹⁵ a²¹da³³ŋa³³, ʑa²¹ŋo³³le⁵⁵ ga³³li⁵⁵ ba⁵⁵ ba⁵⁵ the²¹mo³³me³³gə²¹.

你 猜（助）　　为什么　他 我（助）茄子　居然 一 个 送

你猜怎么着，他居然送我一个茄子。

ni³³be̩³³ɕi²¹⁻²¹⁵, ŋo³³a²¹ka³³tsho³³o³³ dʑa³³. 　　　你说，我哪儿错了？

你 说（助）　我 哪儿　错（助）（助）

ni³³de²¹tsha³³ɕi²¹⁻²¹⁵, ŋo³³dʑa³³so⁵⁵ ne²¹. 　　　你想，我多么难过啊。

你 想　（助）　我 难过 很

ni³³sæ⁵⁵ a⁵⁵,　 a³³ma³³e⁵⁵ ni²¹kho⁵⁵ le⁵⁵ ko²¹ge³³le³³n̩²¹tsæ³³.

你知道（助），妈妈　这 两 年（助）过（助）也不 好

你知道，妈妈这两年过得也不容易。

2. 表示对事情的猜测和估计

sua³³tu³³le³³, ŋo³³mɯ⁵⁵ ni³³a⁵⁵ tɕu⁵⁵ ŋa³³. 　　　算起来，我是你舅舅了。

算 起来　我（助）你 舅舅 是

ni³³ɕi²¹⁻²¹⁵, ŋo³³ʑu⁵⁵ o²¹pe³³tsho³³o³³. 　　　看来，我又弄错了。

看（助）　我 又 做错（助）

the²¹tɕi⁵⁵ o²¹be̩³³le³³, ŋo³³ni³³a⁵⁵ tshe³³do³³pa³³ko̩²¹a³³. 　少说一点，我也帮过你十回了。

一点儿　说来　我 你（助）十 次 帮 过（助）

ŋo³³de²¹tsha²¹, næ²¹ke³³xe⁵⁵ me²¹ɕie³³phie²¹go²¹ʑi³³le²¹. 　我想，你们先回新平吧。

我 想　　你们 先 新 平 回去（助）

3. 表示强调

e⁵⁵ do³³ni³³the²¹mo³³, ŋo³³a³³dʐŋ³³dʐŋ³³n̩²¹ɕa³³ɕie⁵⁵ a³³. 　特别你，我真的不相信了。

这 回 你 一 个　　我 真的　不 相信（助）

a³³te³³dʑe³³the²¹mo³³ŋa³³, a⁵⁵ khə²¹tsh̩⁵⁵ xɯ³³ne²¹. 　尤其是爸爸，最喜欢抽烟了。

爸爸 就 一 个 是　　烟 抽 喜欢 最

4. 表示消息的来源和依据

ʑa²¹a³³ɣə²¹⁻²¹³zo²¹mæ²¹the²¹mo³³ɕyo³³ɣo³³be̩³³s̩⁵⁵ dʑa³³. 　听说，他家生了个女儿。

他们 家　　姑娘 一 个 生 得　 听说（助）

a²¹gɯ³³ni³³a⁵⁵ mə²¹xo³³bo³³bɛ³³ʂɿ⁵⁵ dʑa³³.　　　据说，明天要下雨。

　明　　天　天　下雨　要　听说（助）

5. 表示注释、补充、举例

n̩²¹ke³³ɣə²¹⁻³³ze³³so³³lə²¹dʑa³³, the²¹mo³³mɯ⁵⁵ ze³³phu³³ma²¹, n̩²¹nə⁵⁵ mɯ⁵⁵ ze³³mo³³ge³³.

　我们　家　鸡三个有　一个　是　鸡　公　两个　是　鸡　母

　我家有三只鸡，包括一只公鸡和两只母鸡。

ɣo²¹dɯ³³ni³³bɛ³³væ³³væ³³, ŋo³³the²¹le³³n̩²¹khu³³tso³³mæ²¹xe³³ka³³so⁵⁵ n̩²¹tshe³³ʑi⁵⁵.

　就是　你说　一样　我　经　　常　东西　家里　记　不　住　去

　正如你所说，我经常把东西忘记在家。

6. 表示承上启下或总结

a²¹da³³bɛ³³le³³, ŋo³³mɯ⁵⁵ni³³da³³ko³³n̩²¹kɯ⁵⁵.　　　总之，我是不会跟你走的。

　怎么　说　都　我　是　你跟　走　不会

fa²¹tsa⁵⁵, za²¹zo²¹ze²¹le³³go²¹le³³n̩²¹kɯ⁵⁵ a⁵⁵（ka⁵⁵）.　　　反正，他永远不会回来了。

　反正　他　永远　都　回　来　不　会（助）

（二）称呼语

称呼语指称呼对方，引出话题。如：

ŋo³³a³³te³³, ŋo³³pe³³tsho³³o³³ni³³ŋo³³a⁵⁵ tha²¹kuæ⁵⁵.　　　爸爸，我做错了你别怪我。

　我爸爸　　我　做错（助）你我（助）别怪

lo²¹ʂɿ³³, n̩²¹ke³³ni³³a⁵⁵ ni³³le³³la⁵⁵ o³³.　　　老师，我们来看你了。

　老师　我们　你（助）看来（助）（助）

（三）感叹语

感叹语表达强烈的感情，是说话者喜怒哀乐在语言上的体现。如：

ŋa³³, n̩²¹ke³³ko³³.　　　好啊，我们走吧！

　是　我们　走

æ³³, tsha³³e⁵⁵ mo³³to⁵⁵ li²¹the²¹tɕi⁵⁵ o³³le³³n̩²¹tɕa²¹.　　　唉，这人真不懂道理。

　唉　人　这个　道理　一　点　儿都　不　讲

（四）拟声语

拟声语由拟声词构成，对事物的声音物态进行描摹，能加强语言体验度和感染力。如：

ko²¹ko²¹, mə²¹kə²¹dæ²¹la⁵⁵ o³³.　　　喕、喕，打雷啦。

　喕喕　　　雷打（助）（助）

xua²¹xua²¹xua²¹, a⁵⁵ mə²¹xo³³la⁵⁵ o³³.　　　哗哗哗，下雨了。

　哗　哗　哗　雨　下（助）（助）

第八章　句子类型

　　语言中，句子类型又称为句子的类别，是根据一定的原则，对某种语言的所有合法句子进行归纳总结的结果。因而从不同的理论和标准入手，可以对同一语言的所有句子做出不同的类型的划分，例如，按单句中是否有主谓的标准，分主谓句和非主谓句；以句子有几套谓语中心的标准，分单句和复句等。在本研究中，我们根据句子谓语结构的数目，可以从宏观上把腊鲁话的句子分为单句和复句两类。其中，单句只有一套谓语中心结构，如果是复杂的单句，各小句之间能够相互作为句子成分；复句具有两套或两套以上的谓语中心结构，且各小句之间不能互相充当句子成分。

第一节　单　句

　　单句是由词或短语构成，可以独立使用，能表达一个完整的意思，并带上一定语气的语法单位。从形式上看，多数情况下由两个或两个以上的词或短语通过一定的语法规则组合而成，因而长度上一般要比词或短语长。单句可以从句型、句式和句类三个方面进行归并。

一、句　型

从单句的主语和谓语之间的搭配结构上观察，我们把单句分为主谓句和非主谓句两种情况。

（一）主谓句

主谓句分为动词性谓语句、形容词性谓语句和名词性谓语句。

1.动词性谓语句

$za^{21}ko^{33}o^{33}$. 　　　　　　　　他走了。

　他 走（助）

$a^{33}te^{33}tɕhi^{55} tsa^{33}la^{55} o^{33}$. 　　爸爸生气了。

　爸爸　生气（助）（助）

$ni^{33}di^{33}di^{33}o^{33}go^{21}zi^{33}$！　　你慢慢回吧！

　你 慢慢（助）回 去

$ve^{33}lu^{33}ve^{33}la^{55}　o^{33}$. 　　　花开了。

　花 开（助）（助）

ʐa²¹ke³³ni⁵⁵vḛ²¹the²¹mo³³dæ²¹puɯ⁵⁵o³³.　　　　他们打了头野猪。

　他们　野猪　一　个　打　着（助）

a³³tse³³phja³³tɕhi²¹la⁵⁵.　　　　　　　　姐姐正在洗衣服。

　姐姐　衣服　洗（助）

n̩²¹ke³³ɣə²¹⁻²¹³vḛ²¹the²dʑo³³vu²¹o³³.　　我们家卖了一窝猪。

　我们　家　　猪　一　窝　卖（助）

sɻ²¹te⁵⁵muɯ³³o³³.　　　　　　　　　　　牙齿打碎了。

　牙　打　碎（助）

ʐa²¹xe³³ka³³dʑa²¹ko³³tɕhi⁵⁵le³³.　　　他从屋里走出来了。

　他　家　　里　走　出　来

sḛ³³dʑ̩³³ŋo³³thæ⁵⁵thuɯ³³o³³.　　　　我把树砍断了。

　树　　我　砍　断（助）

a⁵⁵nu⁵⁵xe³³ka³³pḛ³³tuɯ⁵⁵le³³.　　　狗跑进屋里了。

　　狗　　　家　跑　进　来

ɕa³³ma²¹ɕu³³tu³³lu³³le⁵⁵lə²¹tuɯ⁵⁵ʑi³³o³³.　蛇钻进洞了。

　蛇　　　洞　　里　钻　进　去（助）

ŋa³³xe³³ka³³bju³³tuɯ⁵⁵ʑi³³o³³.　　　鸟飞进家了。

　鸟　家里　飞　进　去（助）

2. 形容词性谓语句

ɣo²¹me²¹muɯ³³.　　　　　　　　　　山高。

　山　　高

ʑi³³dʑi³³.　　　　　　　　　　　　水清。

水　清

ŋa³³ma²¹ne²¹⁻²¹³ne²¹.　　　　　　弟弟很聪明。

弟弟　　聪明　　很

ʐa²¹ma²¹li⁵⁵ne²¹.　　　　　　　　他很勤快。

他　勤快　很

ŋo³³me²¹⁻²¹³ne²¹.　　　　　　　我饿极了。

我　饿　　很

e⁵⁵ni³³mə⁵⁵ne²¹.　　　　　　　今天热死了。

今天　热　很

ɣo²¹pæ³³e⁵⁵tɕi⁵⁵mæ⁵⁵mæ²¹⁻²¹³tsæ³³a³³.　这些碗个个都好。

　碗　这些　全　部　　好（助）

3. 名词性谓语句

a²¹guɯ³³ni³³xe⁵⁵ ço³³tshe³³ŋo²¹.   明天八月十五。

  明   天   八月   十   五

xe⁵⁵ ço³³tshe³³ŋo²¹mɯ⁵⁵ xe⁵⁵ ço³³tɕa³³.   八月十五中秋节。

八   月   十   五   （助）八   月   节

ŋo³³so³³tshe³³kho³³.   我三十岁。

我   三   十   岁

ʐa²¹çie³³phie²¹su³³.   他新平人。

他   新平   人

e⁵⁵ ni³³çi²¹ço³³de³³tshe³³，a²¹kɯ³³ni³³tshe³³ti⁵⁵，tshe⁵⁵ phi²¹ni³³tshe³³ni²¹.

今天   七   月   初   十   明   天   十   一   后   天   十   二

今天七月初十，明天十一，后天十二。

（二）非主谓句

单句缺少主语或其谓语是由除主谓短语以外的其他短语充当，则构成非主谓句。非主谓句包括动词性非主谓句、形容词性非主谓句、名词性非主谓句等。

1. 动词性非主谓句

a²¹ma³³ma³³tha²¹pe³³.   不要乱跑。

    乱   不   跑

çi²¹xo³³n̩²¹no³³pɯ⁵⁵ sɿ²¹xo³³n̩²¹no³³！   禁止大小便！

屎拉   不   允许   尿   拉   不   允许

n̩æ²¹la⁵⁵！   站住！

站   （助）

o⁵⁵ dɯ³³thæ²¹tu³³le³³.   抬起头来。

头   抬   起   来

tsa³³ko̩²¹ʑi³³.   转过去。

转   过   去

2. 形容词性非主谓句

tsæ³³！   好！   ŋa³³！   对！

do³³a³³！   行了！   tso³³fu³³！   小心！

di³³di³³o³³ko³³！   慢走！

慢慢   （助）走

3. 名词性非主谓句

ça³³ma²¹！   蛇！   tsha³³thæ³³！   疯子！   mæ²¹thæ³³mo³³！   女疯子！

二、几种特殊句式

与汉语相比,腊鲁话的特殊句式相对较少,以被字句和处置句为例,二者都没有出现汉语那样的标志词,而只是通过语序和助词这两种方式形成被动意味和处置色彩的表达。如:

$ŋ^{21}ke^{33}kha^{33}ti^{55}ʑi^{21}mie^{21}phie^{21}ɣo^{33}a^{33}.$ 　　　　　我们村被评了第一名。

我们　村　第一　名　评　得（助）

$ŋo^{33}a^{55}$　$a^{33}ma^{33}xæ^{33}ne^{21}.$ 　　　　　　　我被妈妈骂很了。

我（助）妈妈　　骂　很

$ȵu^{21}a^{55}mo^{33}tɕa^{33}ɕi^{33}$　　$o^{33}ʑi^{33}！$ 　　　　　把牛牵走吧!

牛　那个　牵（助）　（助）去

$ŋo^{33}a^{55}tɕo^{55}mo^{33}the^{21}pa^{21}ŋo^{55}gə^{21}.$ 　　　　　借一把锄头给我。

我（助）锄头　一　把借　给

但是,我们也发现腊鲁话的特殊句式如比较句、存现句、双宾句、兼语句、连动句等也有自己的构造方式及特点。

（一）比较句

大概是受汉语比较句的影响,腊鲁话在同样的句式中引入了汉语的比较词 pi^{21},但在语序上有较大的差异。比较句大致可分为差比句和平比句两类。

1. 差比句

$sæ^{21}ɣə^{21}e^{55}mo^{33}pi^{21}na^{55}mo^{55}le^{55}ʐæ^{21}.$ 　　　　　这个桃子比那个大。

桃子　这个　比那　个（助）大

$mo^{55}ve^{55}pi^{21}ɕie^{33}phie^{21}dʑe^{33}.$ 　　　　　　磨味比新平冷。

磨　味　比新　平　冷

$va^{21}lu^{33}pi^{33}dʑo^{21}pi^{21}xo^{21}dʑo^{21}le^{55}næ^{33}！$ 　　　　吃青菜比吃肉好!

青　菜　吃比肉　吃（助）好吃

$phja^{33}e^{55}ɕo^{33}pi^{21}na^{55}ɕo^{33}le^{55}phə^{21}kha^{33}.$ 　　　　这件衣服比那件贵。

衣服这件比那　件（助）　　贵

$a^{33}ko^{33}pi^{21}ŋo^{33}le^{55}tsa^{55}ka^{55}（kɯ^{55}a^{55}）.$ 　　哥哥比我会唱歌。

哥哥　比我（助）唱歌会

$ʐa^{21}a^{33}ni^{21}o^{33}dʑo^{33}dʑo^{21}the^{21}mo^{33}pi^{21}the^{21}mo^{33}xə^{21}.$ 　　他俩吃饭一个比一个厉害。

他们　俩　饭吃　一　个比一　个厉害

$ni^{33}pi^{21}ʐa^{21}le^{55}mɯ^{33}.$ 　　　　　　　你比他高。

你比他（助）高

2. 平比句

ŋo³³a³³ma³³a³³te³³væ³³væ³³ɣo²¹guɯ³³.　　　　　我妈妈和爸爸一样辛苦。

我　妈妈　爸爸　一　样　累

ni³³ŋo³³væ³³væ³³muɯ³³.　　　　　　　　　　你跟我一样高。

你　我　一　样　高

ʑa²¹ʥo³³ʥo²¹ŋo³³væ³³væ³³xə²¹.　　　　　　他吃饭跟我一样厉害。

他　饭　吃　我　一　样　厉害

a⁵⁵tse³³nuɯ⁵⁵mo³³væ³³væ³³ni³³ɕi²¹.　　　　姐姐和妹妹一样漂亮。

　姐姐　妹妹　一　样　看　好

3. 比较句的否定

ʑa²¹ŋo³³væ³³væ³³n̩²¹to³³.　　　　　　　　他不比我瘦。

他　我　一　样　不　瘦

ʑa²¹ʥo³³ʥo²¹ŋo³³væ³³væ³³n̩²¹xə²¹.　　　　他吃饭不比我厉害。

他　饭　吃　我　一　样　不　厉害

ʑa²¹ni³³væ³³væ³³n̩²¹muɯ³³.　　　　　　　他没你高。

他　你　一　样　不　高

ni³³ne²¹ŋo³³the²¹ʑa⁵⁵n̩²¹muɯ³³.　　　　　你跟我不一样高。

你　和　我　一　样　不　高

ni³³ŋo³³da³³the²¹ʑa⁵⁵n̩²¹muɯ³³.　　　　　你不跟我一样高。

你　我　跟　一　样　不　高

（二）存现句

对人或事物在某地的存在状态进行描写的句子称为存现句。在腊鲁话中，存现句的标记主要体现在存在动词 ʥa³³（"有"）、ɣə²¹（"在"）或动词与动态助词 la⁵⁵ 联合使用方面。如：

n̩²¹ke³³xe³³nə³³gə²¹sе³³ʥŋ³³the²¹ʥŋ³³ʥa³³.　　　我家旁边有棵树。

我们　房子旁边　树　一　棵　有

a⁵⁵tɕu⁵⁵ke³³ɣə²¹⁻²¹³a⁵⁵nu³³n̩²¹nə⁵⁵ʥa³³.　　　舅舅家有两条狗。

　舅舅　　家　　狗　两个有

tsa³³tsŋ³³le⁵⁵ɣo²¹pæ³³the²¹mo³³to⁵⁵la⁵⁵.　　　桌子上放着一个碗。

桌子　上　碗　一　个　放（助）

næ⁵⁵ti³³le⁵⁵ve³³lu³³the²¹puɯ³³næ²¹tе³³la⁵⁵.　　围腰上绣着一朵花。

围腰　上　花　一　朵　绣（助）（助）

phja³³ʑi³³tɕhu²¹le⁵⁵ɣə²¹tuɯ⁵⁵a⁵⁵.　　　　　衣服在柜子里。

衣服　　柜子　里　在　进（助）

tɕo³³mo³³xe³³ka³³ɣə²¹tɯ⁵⁵a⁵⁵.　　　　　　　锄头在屋里。

锄头　家　里　在　进（助）

n̠a²¹ma³³se³³dʐ̩³³le⁵⁵ɣə²¹tȩ³³la⁵⁵.　　　　　弟弟在树上。

弟　弟　树　　上　在（助）（助）

ŋo³³zo²¹the²¹mo³³dʑa³³.　　　　　　　　　我有一个儿子。

我　儿子　一　个　有

（三）双宾句

在一些句子中，二价及物动词能带上双层宾语，一个表示物，为直接宾语；一个表示人，为间接宾语。如：

ʐa²¹le⁵⁵ni²¹tu³³tsǫ²¹gə²¹ʑi³³.　　　　　　补给他两毛钱。

他（助）两　角　补　给　去

ŋo³³le⁵⁵tɕo⁵⁵mo³³the²¹pa²¹ŋo⁵⁵gə²¹.　　　借给我一把锄头。

我（助）锄　头　一　把　借　给

su⁵⁵mo⁵⁵pho²¹ŋo³³a⁵⁵ka³³pi²¹the²¹pa²¹me⁵⁵gə²¹.　老师送我一支钢笔。

老　　师　我（助）钢笔　一　支　送　给

mo²¹fa⁵⁵le⁵⁵sə²¹tɕie³³the²¹mo³³me⁵⁵gə²¹.　　送给模范一条毛巾。

模范（助）毛巾　一　条　送　给

（四）兼语句

谓语由兼语短语充当或兼语短语独立成句的句子为兼语句。兼语句与前一动词的语义范畴密切相关，主要包括使役义及物动词、有明显倾向性的心理动词、选定义的及物动词等。如：

a³³ko³³ŋo³³le⁵⁵du̯³³ʑi³³lo⁵⁵.　　　　　　哥哥让我出去。

哥哥　我（助）出　去　让

a³³ʐe²¹ŋo³³le⁵⁵tso³³mæ²¹væ³³ʑi³³lo⁵⁵.　　爷爷让我买东西。

爷爷　我（助）东　西　买　去　让

ŋo³³nɯ⁵⁵mo³³le⁵⁵xe³³ka³³ɣə²¹a⁵⁵lo⁵⁵.　　我让妹妹在家。

我　妹妹（助）家　里　在（助）让

a³³ma³³ŋo³³a⁵⁵tɕho²¹tɕho²¹o³³pa⁵⁵fa²¹de²¹tsha²¹lo⁵⁵.　妈妈让我赶紧想办法。

妈妈　我（助）赶　紧（助）办法　　想　让

ni³³tɕe⁵⁵so⁵⁵zə²¹a²¹se²¹le⁵⁵tso³³ʑi³³ta³³dza³³？　你找谁当介绍人？

你　介　绍　人　谁（助）找（连）当（助）

ʐa²¹ke³³ŋo³³a⁵⁵tæ³³pjo²¹ta³³ʑi³³ɕe²¹.　　他们选我当代表。

他们　我（助）代表　当（连）选

ŋo³³ʐa²¹le⁵⁵ mja²¹ga²¹tsæ³³ʐa⁵⁵ tæ³³a³³.　　　　我爱他劳动干得好。

我　他（助）活　干　好　喜欢（助）

（五）连谓句

连谓句的谓语由两个或两个以上的动词相连而成,并且彼此不存在词组之间的语法联系。另外,连谓句的谓语动词共用一个主语,并且在语义上都具有陈述或说明主语的作用。连谓句的谓语动词之间在语义上表现为发生时间的先后、状态、因果、目的等。而且,腊鲁话的连谓句谓语动词之间要用标志性的连词 ʑi³³ 相连接。如:

ʐa²¹ke³³ȡ̢ŋ³³ga²¹ʑi³³tso³³mæ²¹væ³³ʑi³³.　　　　他们上街买东西。

他们　街赶（连）东西买去

a³³ʐe²¹ṇæ²¹tu³³le⁵⁵ ʑi³³a⁵⁵ du²¹phu³³khæ³³.　　　　爷爷站起来开门。

爷爷站　起来（连）门　开

ʐa²¹ȡo²¹ȡa³³ʑi³³ko³³o³³.　　　　他吃完就走。

他　吃　完（连）走（助）

ŋo³³ȡ̢ŋ³³bæ²¹dæ²¹da³³.　　　　我打酒喝。

我　酒　打喝

ʐa²¹ŋɯ³³la⁵⁵ ʑi³³tsha⁵⁵.　　　　他哭着唱。

他　哭（助）（连）唱

ni³³ɯ⁵⁵ tɕi³³le³³ʑi³³be³³.　　　　你坐下来说吧。

你　坐　下　来（连）说

ʐa²¹a³³ni³³o²¹ba²¹la⁵⁵ ʑi³³mja²¹ga²¹ʑi³³o³³.　　　　她背着孩子干活。

他孩　子背（助）（连）活干去（助）

（六）主谓谓语句

主谓谓语句的谓语由主谓短语充当,其形式上表现为一个大主语里嵌套着一个小主语。二者在内部具有多种语义关系,要么大主语是施事,小主语是受事;要么小主语属于大主语;要么大主语和小主语之间是同一复指;等等。如:

ŋo³³ȡo³³ȡo²¹ko̗²¹a³³.　　　　我吃过饭了。

我　饭　吃（助）（助）

ʐa²¹pi²¹mo²¹tsæ³³.　　　　他脾气好。

他　脾气　好

ŋo³³ni³³mo³³le⁵⁵ ɣə²¹ṇ²¹ɕi²¹.　　　　我心里不舒服。

我　心　里在不好

ŋo³³lə²¹le⁵⁵ gæ²¹gæ²¹the²¹mo³³ȡa³³.　　　　我手背上有一个疙瘩。

我手上疙瘩一个有

ʐa²¹mi̠³³du²¹ʐæ²¹.   他眼睛大。

他   眼睛   大

ŋo³³sə³³tshæ²¹n̠²¹tsæ³³.   我身材不好。

我   身材   不好

a³³ʐe²¹tshə³³lə²¹le³³lie²¹xo²¹ne²¹.   爷爷手脚都很灵活。

爷爷   脚手都灵活很

a³³ko³³kæ⁵⁵ ʑi³³væ²¹tsh̩²pæ³³o³³.   哥哥汗水湿透了。

哥哥   汗   水   流   湿 透（助）

ŋo³³a³³tso³³tso³³mæ²¹le³³dzo²¹gu³³mi⁵⁵ dza³³.   我什么东西都想吃。

我   什么 东 西 都 吃   想

va²¹phju³³kho²¹mo³³s̩⁵⁵ the²¹tɕi³³ŋa³³?   白菜多少钱一斤？

菜 白 多   少 一 斤 是

næ²¹ke³³ni²¹o³³a²¹di³³a⁵⁵ kɯ⁵⁵ le³³dza³³?   你们俩什么时候来的？

你们   俩 什么   时候 来（助）

ŋo³³tsha³³ma²¹a⁵⁵ zə²¹ɕi²¹n̠²¹ŋa³³.   我老头子不是好惹的。

我   人 老（助）惹 好 不 是

ni³³tsha³³ma²¹a³³tso³³ɣə²¹⁻³³ŋa³³?   你老人家贵姓？

你 人 老 什么 家   是

三、句 类

句类是从句子的语用出发，根据句子带的不同语气给句子所做的分类。句类既然关注语气的传递，自然带上相应的感情成分。不同的句子类别承载的情感信息和功能并不一致，在实际的语言使用过程中，人们还可以通过变化语气的表达达到一定的修辞效果，因而既表现了彼此对立的一面，同时又体现了相互间的兼容和变通。句类可以分为陈述句、疑问句、祈使句和感叹句四种。

（一）陈述句

陈述句用来陈述事理，解说情况，可以分为肯定陈述句、否定陈述句及双重否定句三类。

1.肯定陈述句

a³³te³³a⁵⁵ ko³³le⁵⁵ a⁵⁵ khə²¹tsh̩⁵⁵ xo⁵⁵.   爸爸喜欢用水烟筒抽烟。

爸爸 水烟筒（助） 烟 抽爱好

n̠²¹ke³³ɣə²¹⁻²¹³a⁵⁵ nu⁵⁵ the²¹mo³³dʑa³³.   我家有一条狗。

我们 家   狗   一 个 有

se̠³³dʑ̩³³le⁵⁵ sæ²¹n̠a²¹bi³³o³³.   树上结满了水果。

树 上 果 结 满（助）

ŋo³³ʑa²¹le⁵⁵ a²¹ka³³mja³³tæ³³ko²¹væ³³væ³³.

我　他（助）哪儿　见　着　过　一　样

我好像在哪里见过他。

ŋo³³ni³³the²¹mo³³le⁵⁵ xa³³a²¹bẹ³³mo⁵⁵ gə²¹bo³³.

我　你　一　个（助）　只　说　教　给　要

我只告诉你一个人。

ʑa²¹da²¹pɯ⁵⁵ ŋo³³da³³xa³³a²¹thɯ³³.

他　话　　我　跟　只　说

他只跟我说话。

2. 否定陈述句

a³³te³³a⁵⁵ ko³³le⁵⁵ a⁵⁵ khə²¹tʂʅ⁵⁵ n̩²¹xo⁵⁵.

爸爸　水烟筒（助）　烟　抽　不爱好

爸爸不喜欢用水烟筒抽烟。

ŋo³³ʑa²¹le⁵⁵ mja³³tæ³³n̩²¹ko²¹.

我　他（助）见　着　不　过

我没有见过他。

ʑa²¹da²¹pɯ⁵⁵ ŋo³³the²¹mo³³da³³n̩²¹tɕhi³³thɯ³³.

他　话　　我　一　个　跟　不　只　说

他不只跟我一个人说话。

a³³ni³³su³³za³³gu³³mi⁵⁵ n̩²¹ʥa³³.

孩子　书　读　想　　不

孩子不想上学。

ʑa²¹tso³³mæ²¹khə²¹gu³³mi⁵⁵ ʥa³³n̩²¹ŋa³³mɯ⁵⁵ a²¹da³³ŋa³³. 他无非是想偷点东西。

他　东西　偷　想　　不　是（助）为什么

3. 双重否定句

ʑa²¹n̩²¹bẹ³³pe³³n̩²¹pi⁵⁵.

他　不说　做　不　敢

他不敢不说。

ni³³n̩²¹pe³³n̩²¹do³³.

你　不　做　不　行

你不做不行。

ʑa²¹le⁵⁵ n̩²¹ʑa⁵⁵ tæ³³the²¹mo³³le³³n̩²¹ʥa³³.

他（助）不喜欢　一　个　都　没有

没有一个不喜欢他。

ʑa²¹n̩²¹le³³n̩²¹do³³.

他　不　来　不　行

他不来不行。

ni³³da²¹pɯ⁵⁵ n̩²¹thɯ⁵⁵ n̩²¹do³³ŋa³³.

你　话　　不　说　不　行（助）

你不说话不行吗。

（二）疑问句

使用疑问句的目的是获取新的信息，这是疑问句的本质，恰好与陈述句阐述自己的信息相反。从疑问句的结构和功能上看，可大概地分为是非问、特指问、选择问、正反问等。

1. 是非问

ni³³a²¹gɯ³³ni³³ɣo³³le³³kɯ⁵⁵ æ²¹?

你 明 天 得 来 会（助）

你明天能来吗？

ni³³a³³dʐ̩³³ko³³bo³³dʑa³³æ²¹?

你 真 走 要（助）（助）

你真的要走吗？

ni³³ve̠²¹e⁵⁵ mo³³se⁵⁵ bo³³，ŋa³³æ²¹?

你 猪 这 个 杀 要 是（助）

你要宰了这个猪，是吗？

a²¹ka³³le⁵⁵ le³³sə̠³³pə̠³³ɣo³³ga²¹do³³æ²¹?

哪 里 都 玉米 种 植 能（助）

哪里都能种玉米吗？

2. 特指问

ʐa²¹le⁵⁵ di²¹le³³a²¹se²¹e³³dʑa³³?

他（助）到 来 谁 说（助）

谁叫他进来的？

ni³³a²¹di³³xe³³ka³³n̩²¹di²¹zi³³dʑa³³?

你 怎么 屋里 不 进 去（助）

你怎么不进屋呢？

næ²¹ke³³a²¹da³³ŋa³³zi³³ʐa²¹le⁵⁵ n̩²¹xo³³xo⁵⁵ le³³dʑa³³?

你们 为什么 他（助）不送 回 来（助）

你们为什么不送他回来呢？

a²¹gɯ³³ni³³a²¹di³³a⁵⁵ kɯ⁵⁵ ko³³bo³³?

明 天 什么 时 候 走 要

明天什么时候走？

ni³³a³³tso³³pe³³la⁵⁵ dʑa³³?

你 什么 做（助）（助）

你在做什么？

ʐa²¹ke³³tsha³³kho²¹mo³³lə²¹le³³o³³?

他们 人 几 个 来（助）

他们来了几个人？

ni³³le³³kho²¹mo³³ni³³dʑa³³?

你 来 几 天（助）

你来了几天了？

3. 选择问

va²¹phju³³dʑo²¹n̠u⁵⁵ va²¹mo³³dʑo²¹?

菜 白 吃 还是 萝卜 吃

吃白菜还是吃萝卜？

ko³³bo³³n̠u⁵⁵ ɣo²¹no⁵⁵ bo³³?

走 要 还是 休息 要

走呢还是休息？

tsua³³tu³³le³³bo³³n̠u⁵⁵ phjo²¹o³³zi³³bo³³?

抓 起 来 要 还是 放（助）去 要

是抓起来，还是放掉？

tshe⁵⁵ phi²¹ni³³a³³te³³zi³³n̠u⁵⁵ a³³ma³³zi³³?

后 天 爸爸 去 还是 妈妈 去

后天是爸爸去还是妈妈去？

be³³le̠²¹la⁵⁵ n̪u⁵⁵ di³³di³³o³³be̠³³? 　　　　　　　　快快地说，还是慢慢地说？

说　快　还是　慢　慢（助）说

4. 正反问

tsha³³e⁵⁵ mo³³tsæ³³tsæ³³? 　　　　　　　　这个人好不好？

人　这　个　好　好

a²¹gɯ³³ni³³ʑa²¹ke³³ʑi³³ʑi³³? 　　　　　　　明天他们去不去？

明　天　他们　去　去

su³³ve³³dʐ̩³³ba²¹da³³da³³? 　　　　　　　　客人喝不喝酒？

客人　酒　喝　喝

ni³³e⁵⁵ ni³³tɕu²¹tɕu²¹? 　　　　　　　　　你今天忙不？

你　今天　忙　忙

ni³³dʑo³³dʑo²¹dʑo²¹o³³? 　　　　　　　　　你吃饭了没？

你　饭　吃　吃（助）

ni³³dʑo³³dʑo²¹dʑo²¹? 　　　　　　　　　　你吃不吃饭？

你　饭　吃　吃

ʑa²¹n̪²¹ke³³de³³su⁵⁵ mo⁵⁶ pho²¹，ŋa³³n̪u⁵⁵ n̪²¹ŋa³³? 　他是我们老师，是不是？

他　我们（助）书教　人　　是　还是 不 是

（三）祈使句

祈使句带有较强的使役语气，往往使用在强势的主动和弱势的被动并存的语境中，表示命令或请求的语义。祈使句有肯定的祈使句和否定的祈使句两类。

1. 肯定祈使句

（1）表示命令或禁止。如：

tɕho²¹tɕho²¹o³³pa³³dʑu³³ʑi³³！ 　　　　　　快去帮忙！

快　快（助）帮 助　去

ʑa²¹ke³³le⁵⁵ xæ²¹tɕhi⁵⁵ ʑi³³！ 　　　　　　带他们出去！

他们（助）带　出　去

（2）表示请求、劝阻。如：

la²¹a³³ʑi²¹，a⁵⁵ kuæ³³！ 　　　　　　　　睡吧，乖乖！

该（助）睡　乖乖

ni³³xe³³ka³³tsæ⁵⁵ tsæ³³ɣo²¹no⁵⁵ la⁵⁵！ 　　　你在家好好休息吧！

你　家里　好好　休息（助）

ni³³be̠³³be̠³³！ 　　　　　　　　　　　　你说说！

你　说　说

da²¹pɯ⁵⁵ tha²¹thɯ³³, a²¹di⁵⁵ di³³o³³！　　　　　别说话，悄悄的！
　话　别　说　悄　悄（助）

2. 表否定祈使语气

tha²¹tɕi³³, mæ⁵⁵ mæ²¹³mæ⁵⁵ mæ⁵⁵ æ²¹tsha³³ŋa³³！　不要客气，都是自己人！
别客气　全　部　　自　己　人　是

ni³³la⁵⁵, mi̠³³du²¹tha²¹pi⁵⁵！　　　　　　　看好了，别闭眼啊！
看（助）眼睛　别　闭

tha²¹ko³³, ni³³be̠³³tɕhie³³tshu³³tæ³³！　　　不要走，你得说清楚！
别　走　你　说　清　楚　得

tha²¹ŋɯ³³！　　　　　　　　　　　　　　不要哭！
别　哭

da²¹pɯ⁵⁵ tha²¹thɯ³³！　　　　　　　　　不许说话！
　话　　别　　说

tso³³mæ²¹a²¹ma³³ma³³tha²¹lo̠³³phi⁵⁵！　　　不得乱丢东西！
东　西　　乱　别　丢

tha²¹pe̠³³, tha²¹pe̠³³！　　　　　　　　　别跑，别跑！
别　跑　别　跑

（四）感叹句

感叹句带有强烈的感情色彩，是人的主观情绪在语言上的直观表征，在特定的语境下表达高兴、悲伤、惊讶、恐惧等语义现实。从语法标记来看，可分为有标感叹句和无标感叹句。有标感叹句句末一般都会带有语气词，无标感叹句则通过语义表达来实现感叹的意味，因而常与祈使句、疑问句和陈述句牵连在一起，需要在具体的语境中进行辨析。从结构来看，感叹句分为非主谓感叹句和主谓感叹句两类。如：

1. 非主谓感叹句

le̠²¹væ⁵⁵ a²¹ŋa³³！　　　　　　　　　　猴子！
猴子（助）（助）

tsæ³³ne²¹a²¹ŋa³³！　　　　　　　　　　太好了！
好　很（助）（助）

ʐo⁵⁵ le³³la⁵⁵ o³³！　　　　　　　　　　又来了！
又　来（助）（助）

tɕhi⁵⁵ ne²¹a²¹ŋa³³！　　　　　　　　　　气死啦！
气　很（助）（助）

2. 主谓感叹句

lo²¹ma²¹le³³la⁵⁵ o³³！　　　　　　　　　　　　　　老虎来啦！

老虎 来（助）（助）

ʑa²¹ɣo²¹dʐ̩²¹o³³！　　　　　　　　　　　　　　　他赢了啊！

他 赢了（助）

e⁵⁵ ni³³gu³³gu³³ne²¹a²¹ŋa³³　　　　　　　　　　　今天真高兴哈！

今天 高兴 很（助）（助）

第二节　复　句

　　复句有两个或两个以上的谓语结构中心，且由这些谓语结构中心构成的句子在语义上须有密切联系，结构上须互不包含，即各单句之间并不能相互作句子成分。同时，与单句相比，复句在语义停顿上有更为完整而独立的句调，有的复句需要有相应的关联词串连各个分句。从分句间的意义来看，腊鲁话的复句可以分为联合复句和偏正复句。

一、联合复句

　　联合复句各分句语义上彼此独立，无主次轻重之别。联合复句包括并列复句、顺承复句、解说复句、选择复句和递进复句等。

　　（一）并列复句

　　构成并列复句的两个分句之间在语义上是平等的，彼此调换位置并不发生任何语义的改变。并列复句可以使用关联词 the²¹bæ²¹…the²¹bæ²¹…（一边……一边……）、le³³（也）等，也可以不用关联词。如：

ʑa²¹the²¹bæ²¹da²¹pɯ⁵⁵thɯ³³, the²¹bæ²¹dʑi²¹ka³³sə̩³³.　　他一边说话，一边扫地。

他 一 边 话 说 一 边 干净 扫

e⁵⁵ ka³³le⁵⁵ ka³³le³³ka³³tɕi²¹, ni³³le³³ni³³ɕi²¹.　　这个地方既干净，又漂亮。

这地方里 干 也 干净 看也看 好

ʑa²¹ɕie³³phie²¹su³³ŋa³³, ŋo³³le³³ɕie³³phie²¹su³³ŋa³³.　　他是新平人，我也是新平人。

他 新 平 人是 我 也 新 平 人 是

ni³³pe³³n̩²¹kɯ⁵⁵ n̩²¹ŋa³³, pe³³gu³³mi⁵⁵ n̩²¹dʑa³³ʑa³³.　　你并非不会做，而是不想做。

你做 不会 不是 做 想 不（助）

ŋo³³ni³³a⁵⁵ n̩²¹ne³³dʑa³³n̩²¹ŋa³³, ne³³dʑa³³mjo²¹o³³dʑa³³.　　我不是不关心你，而是关心得太多了。

我 你（助）不关心不是 关 心 多（助）（助）

（二）顺承复句

顺承复句又称为承接复句，语义体现为分句间按照一定的顺序依次排列，谓语结构或表现为时间顺序，或表现为空间顺序或逻辑顺序。顺承复句的分句之间不能调换彼此的顺序。在顺承复句中，使用关联词连接主要有 xe⁵⁵ me²¹…ko³³tæ³³（o³³ʂŋ⁵⁵）…〔先……后（再）……〕、le³³（the²¹thæ³³…）mɯ⁵⁵…（一……就……）等。

ʐa²¹xe⁵⁵ me²¹tsʰə³³nə³³li²¹，ko³³tæ³³ʑi³³le⁵⁵ ko³³tɯ⁵⁵ ʑi³³. 他先脱了鞋，然后走到水里。

　他　先　　　鞋　脱　然后　水里　走　进　去

ŋo³³xe⁵⁵ me²¹a⁵⁵ du²¹pʰu³³kʰæ³³，ʐu⁵⁵ o²¹pe̠³³tɕʰi³³ʑi³³ʑi³³ʐa²¹ke³³le⁵⁵ pa³³dʑu³³.

　我　先　门　　　　　　开　又　跑　出　去（连）他们（助）帮　助

我先打开门，又跑到外面帮他们。

ʐa²¹tʰe²¹tʰæ³³le³³mɯ⁵⁵ a³³ke³³dʑo³³ɣo³³dʑo²¹do³³a³³. 　　　　他一来，我们就可以吃饭了。

　他　　一　来　就　我们　饭　得　吃　能（助）

dʑŋ³³bæ²¹xe⁵⁵ me²¹da³³o³³　　　ʂŋ⁵⁵ dʑo³³dʑo²¹. 　　　　先喝酒再吃饭。

　酒　　　先　喝（助）再　饭　吃

ʐa²¹be̠³³le³³be̠³³dʑa³³mɯ⁵⁵ a⁵⁵ mə²¹xo³³ɕi³³le³³la⁵⁵ o³³. 　　他刚说完，天就下雨了。

　他　说　也　说　完　就　　雨　下（助）来（助）（助）

（三）解说复句

分句间语义体现为解释或归纳的关系，即后一分句解释说明前一分句的具体内容，或后一分句总结概括前一分句的内容。解说复句一般不用关联词语，但也有使用 ʑi⁵⁵ ʂŋ³³mɯ⁵⁵（意思是）、ɣo²¹dɯ³³…a⁵⁵ be̠³³dʑa³³（就是说）等关联词语连接的。如：

ʐa²¹de³³sə³³tʰi³³a²¹da³³væ³³ŋa³³ŋo³³ŋ̩²¹sæ⁵⁵，ɣo²¹dɯ³³ŋo³³tʰe²¹kæ⁵⁵ go²¹ʑi³³ŋ̩²¹ko²¹a⁵⁵ be̠³³dʑa³³.

他（助）身体　怎么　样　是　我　不知道　就是　我　很　久　回　去　不过（助）说（助）

我不知道他的身体怎么样，就是说我很久没有回家了。

ŋ̩²¹ke³³na³³le⁵⁵ kʰa̠³³tʰe²¹kʰa̠³³dʑa³³，ta⁵⁵ li²¹tɕʰi⁵⁵ e³³dʑa³³. 我们那里有一个村，叫大力气。

我们　那　里　村　一　村　有　　大力气　叫（助）

ʐa²¹tie⁵⁵ tə³³pi⁵⁵ o³³，ʑi⁵⁵ ʂŋ³³mɯ⁵⁵ ŋ̩²¹ke³³le³³pʰi²¹mjo²¹o³³dʑa³³.

他　电灯　关（助），意思　是　我　们　来　迟　多（助）（助）

她把灯关了，意思是我们来得太晚了。

kʰo²¹mo³³ʂŋ⁵⁵ tsʰa³³xe³³ka³³le³³a³³：tsʰa³³ma²¹le³³dza³³，tsʰa³³le⁵⁵ o²¹dza³³，zo²¹mæ²¹dza³³.

多　　少　人家里来（助）人　老　也　有人　年轻　有　妇　女　有

到家里的人很多：有老人，有青年，有妇女。

（四）选择复句

选择复句的分句间并举不同的情况进行选择，语义上必然会有所轻重，各有舍弃。有的选择复句有关联词串连分句间，如 a³³ṇ²¹ŋa³³mɯ⁵⁵（要么）、ṇu⁵⁵（还是）、ṇ²¹xɯ⁵⁵ mɯ⁵⁵（与其……不如……）等。

a³³ṇ²¹ŋa³³mɯ⁵⁵ ŋo³³ʑi³³, a³³ṇ²¹ŋa³³mɯ⁵⁵ ni³³ʑi³³.　　　　或者我去，或者你去。
如果不是就 我 去　要不是　就　你去

ni³³ɣə²¹ʑi⁵⁵ a³³ṇ²¹ŋa³³mɯ⁵⁵ e⁵⁵ kɯ⁵⁵ ʥe³³ko³³!　　　　你留下或现在就走!
你 在 留 要不是 就　　现在 就 走

a³³ṇ²¹ŋa³³mɯ⁵⁵ ni³³ɕi³³, a³³ṇ²¹ŋa³³mɯ⁵⁵ ŋo³³ɕi³³.　　　　不是你死，就是我死。
如果不是 就你死　如果不是 就我 死

a³³ṇ²¹ŋa³³mɯ⁵⁵ ʥo²¹o³³ʂ̩⁵⁵ pe³³, a³³ṇ²¹ŋa³³mɯ⁵⁵ pe⁵⁵ o³³ʂ̩⁵⁵ ʥo²¹.
如果不是就　吃（助）再做　要不是　就　做（助）再吃
要么吃了再做，要么做了再吃。

ʑa²¹so⁵⁵ ṇ²¹tshe²¹a³³ʥa³³ṇu⁵⁵ pa⁵⁵ ʑi⁵⁵ ṇ²¹le³³ʥa³³?　　　　他是忘了，还是故意不来?
他 记 不住（助）（助）还是故意 不来（助）

e⁵⁵ ka³³ŋɯ³³la⁵⁵ ʑi³³mẹ²¹la⁵⁵ ṇ²¹xɯ⁵⁵ mɯ⁵⁵ e⁵⁵ kɯ⁵⁵ ʥo²¹lo³³mo³³tso³³ʑi³³xɯ³³a³³.
这里　坐（助）（连）饿（着）不如就　　现 在 吃（名物化）找去要（助）
与其坐在这里挨饿，不如现在去找吃的。

su⁵⁵ ni³³ṇ²¹xɯ⁵⁵ mɯ⁵⁵ ʑi²¹xɯ³³.　　　　与其看书，不如睡觉。
书 看 不如　就　睡要

ŋo³³ʥo³³ṇ²¹ʥo²¹le³³ni³³le⁵⁵ xæ³³lo⁵⁵ ṇ²¹xɯ³³.　　　　我宁可不吃饭，也不要被你骂。
我 饭　不吃 也 你（助）骂 让 不要

（五）递进复句

分句间的语义有层层深入的意味，既可指程度的加深、数量的多少变化、重量的增减趋势，也可指浅深的变异、难易的更改等。而这些语义关系可以借助关联词来表达，如 a³³le³³（而且）、ke³³ke³³（更加、何况）等，也可以不用。如：

ʑa²²ni³³le⁵⁵ ṇ²¹ni³³le³³ṇ²¹be³³, a³³le³³the²¹me²¹the²¹ka³³tshe²¹lo³³gɑ²¹.
他 你（助）不看来 不说，　而且　到　　　处 坏 话 赶
他不但不来看你，还到处说你的坏话。

ŋo³³ʑi³³, a³³le³³e⁵⁵ kɯ⁵⁵ ʥe³³ʑi³³.　　　　我去，而且现在就去。
我去，而且　现在 就 去

ʑa²¹ŋo³³le⁵⁵ sæ⁵⁵, a³³le⁵⁵ lie²¹ŋo³³de³³mi³³le³³sæ⁵⁵ a⁵⁵.　　　　他认识我，甚至连我的小名都知道。
他 我（助）知道 而且 连 我（助）名字 都 知道（助）

mja³³le³³ɣo³³mja³³ṇ²¹kɯ⁵⁵, lẹ²¹tɕa³³ke³³ke³³be³³ṇ²¹ʥa³³. 见面都不可能，更不用说握手了。
见 都 得 见 不可能　手 拉 更 加 说没有

tsha³³ma²¹le³³tsha⁵⁵xɯ³³, n̩²¹ke³³tsha³³le⁵⁵o²¹ke³³ke³³.　　老年人都喜欢唱，我们年轻人更加喜欢。
人　老　都　唱　喜欢　我们　人　　嫩　更加

ni³³ŋo³³da³³tha²¹mæ³³la⁵⁵o²¹, ŋo³³ʐu⁵⁵a³³ni³³o²¹n̩²¹ŋa³³a³³.　　你不要跟着我了，我又不是小孩子。
你　我　跟　不　跟着（助），我　又　　小孩子　　不　是

二、偏正复句

偏正复句的分句之间有主次之别，语义的重心在分句间的分配有所侧重，其中正句是复句的中心信息，而偏句的语义地位隶属于主句，只起一定的修饰限制作用。偏正复句可以分为转折复句、条件复句、假设复句、因果复句等。

（一）转折复句

偏句和主句的意思相反，常用关联词 mɯ⁵⁵进行语义偏转。如：

a³³ma³³mi²¹khu³³le⁵⁵n̩²¹be̪³³, ni³³mo³³le⁵⁵mɯ⁵⁵a²¹ko³³le⁵⁵ne³³dʑa³³ne²¹ŋa³³.
妈妈　　嘴里不说　　心里（助）　哥哥（助）疼　很　是
虽然妈妈嘴里不说，但心里很疼哥哥。

tsæ³³mɯ⁵⁵tsæ³³mɯ⁵⁵so²¹mjo²¹o³³.　　　　　　　　好倒是好，但是太少了。
好（助）好　但是　少多（助）

ʐa²¹a³³ni³³o²¹xa³³a²¹ŋa³³mɯ⁵⁵a³³tso³³le³³pe³³kɯ⁵⁵a⁵⁵.　　他虽然是个孩子，但什么事都能做。
他孩子　　　只是　但　什么　都　做　能（助）

ʐa²¹the²¹ʐa⁵⁵le³³n̩²¹tsæ³³, dʑi²¹phi²¹dʑa³³xa³³a²¹ŋa³³.　　他没什么好，不过有钱罢了。
他　一样　都　不好　　　钱　有　只　是

ʐa²¹o⁵⁵dɯ³³no³³le³³su⁵⁵za³³ʐi³³o³³/ʐo³³.　　　　　　尽管他头晕，但还是去上学了。
他　　头　疼　都　书　读　去（助）

（二）条件复句

分句与分句间是条件和结果的关系，第一个分句提出条件，第二个分句描述在这个条件下会产生的结果。常用关联词 n̩²¹kua²¹……le³³……（不管……都……）、o³³sɿ⁵……xa³³a²¹……（只有……才……）、tæ³³……a³³n̩²¹ŋa³³mɯ⁵⁵……（得……要不然就……）等来连接条件与结果分句。如：

ni³³tsæ⁵⁵tsæ³³a³³pe³³mɯ⁵⁵dʑi²¹phi²¹dʑa³³kɯ⁵⁵a⁵⁵.　　只要你好好做，就会有钱。
你　好　好只要做　就　　钱　有　会（助）

ŋo³³ma²¹o³³sɿ⁵⁵ʐa²¹xa³³a²¹go²¹le³³kɯ⁵⁵a⁵⁵.　　　　　只有我老了，他才会回来。
我　老（助）才他　只　回　来　会（助）

a³³ko³³xe³³ka³³ɣə²¹la⁵⁵tæ³³, a³³n̩²¹ŋa³³mɯ⁵⁵a³³te³³dʑu²¹⁻²¹³ne²¹ŋa³³.
哥哥　家里　在（助）得　要不然就　　爸爸忙　很　是
除非哥哥在家，否则爸爸很忙。

$a^{21}se^{33}le^{33}\eta^{21}kua^{21}$, $\zeta a^{21}le^{33}pa^{33}dʑu^{33}kɯ^{55}$ a^{55}.　　　　不管谁来，他都会帮忙的。

谁　来不管　他 都 帮 助 会（助）

$\eta o^{33}a^{21}ka^{33}ko^{33}di^{33}\underset{.}{\eta}^{21}kua^{21}$, $\zeta a^{21}le^{33}\eta o^{33}da^{33}mæ^{33}la^{55}kɯ^{55}$ a^{55}.

我 哪儿 走 到 不 管　 他 都 我 跟 随（助）会（助）

无论我走到哪里，他都会跟着我。

（三）假设复句

前后分句间相互配合，前一个分句提出一个假设，后一个分句评估出其结果。常用关联词有…$be^{33}le^{33}$…（就算……也……）、a^{33}…$mɯ^{55}$…（如果……就……）等。如：

$\eta o^{33}a^{33}ko^{33}o^{33}mɯ^{55}$ $xe^{33}ka^{33}mja^{21}ga^{21}su^{33}\underset{.}{\eta}^{21}dʑa^{33}a^{33}$.

我如果走（助）就　 家里 活 干 人 不 有（助）

如果我走了，你就没有人干活了。

a^{55} $mə^{21}a^{33}xo^{33}mɯ^{55}$ $\underset{.}{\eta}^{21}ke^{33}\underset{.}{\eta}^{21}zi^{33}a^{33}$.　　　　要是天下雨，我们就不去了。

雨　如果 下　就　 我们 不 去（助）

$ni^{33}a^{33}\underset{.}{\eta}^{21}le^{33}mɯ^{55}$ $\underset{.}{\eta}^{21}ke^{33}ko^{33}ba^{33}a^{33}$.　　　　你不来的话，我们就走了。

你如果不来 就　 我们 走 要（助）

$\eta o^{33}xe^{33}ka^{33}\underset{.}{\eta}^{21}\gamma ə^{21}la^{55}$ $be^{33}le^{33}a^{33}ma^{33}\gamma ə^{21}la^{33}$.　　　　就算我不在家，妈妈也在的。

 我 家 不 在（助）说 也 妈妈 在（着）

$ni^{33}dʐ\underset{.}{\eta}^{33}bæ^{21}\underset{.}{\eta}^{21}da^{33}be^{33}le^{33}lo^{21}zi^{33}tɕi^{55}$ $o^{21}da^{33}le^{21}$.　　　　就算你不喝酒，也喝点茶吧。

你 酒 不 喝 说 也 茶水　 点儿 喝 嘛

$\eta o^{33}dʑi^{21}phi^{21}\underset{.}{\eta}^{21}dʑa^{33}be^{33}le^{33}\eta o^{33}ni^{33}le^{55}$ $dʑo^{21}lo^{55}kɯ^{55}$ a^{55}.

我　 钱 不 有 说 也 我 你（助）吃 让 会（助）

哪怕我没有钱了，我也会给你吃的。

（四）因果复句

构成因果复句的两个分句之间构成一定的因果推理，其中，前一个表示原因，后一个表示结果。一般都会使用关联词 zi^{33}（因为……所以……）、le^{33}…$mɯ^{55}$…（既然都……就……）等进行前后分句的连接。如：

$\underset{.}{\eta}^{21}ke^{33}kha^{33}tsha^{33}mjo^{21}zi^{33}dʑo^{33}mo^{33}the^{21}le^{21}o^{33}ɕu^{33}tɕhi^{55}$ o^{33}.

我们 村 人 多 因为　 路 一 下 子 修 好（助）

因为我们村的人多，所以路很快就修好了。

$kho^{55}mo^{33}ba^{33}zi^{33}a^{33}ma^{33}tso^{33}mæ^{21}kho^{21}mo^{33}\underset{.}{\eta}^{33}væ^{33}o^{33}$.

年　 过 要 因为 妈妈 东 西　 很　 多 买（助）

由于要过年了，所以妈妈买了很多东西。

ŋo³³khu³³mi³³su⁵⁵ za³³a⁵⁵ ʑi³³xe³³ka³³de³³ʂ̩⁵⁵ tɕhie²¹the²¹ʐa⁵⁵ le³³n̩²¹sæ⁵⁵.

我　昆明　　书读（助）因为　　家（助）事　情　一　样　都　不知道

我在昆明读书，因此家里的事我都不知道。

ni³³nɯ³³le³³n̩²¹nɯ³³ni³³mɯ⁵⁵ ŋo³³ni³³da³³n̩²¹be̩³³a³³.　　既然你不听话，我就不跟你说了。

你　听　都　不　　听　就　我　你　跟　不说（助）

（五）目的复句

前一个分句提出一种行为或状态，后一个分句阐明摆出这种行为或状态的目的。实际会话中，经常会使用关联词 ue⁵⁵ lə²¹（为了）、a³³n̩²¹ŋa³³mɯ⁵⁵（省得）等。如：

ŋo³³ʑi³³mjo²¹mjo²¹o³³da³³ue⁵⁵ lə²¹tʂ̩⁵⁵ ma³³dʑe̩³³kho²¹tu³³le³³lo⁵⁵ ʑi³³.

我　水　多　多（助）喝　为了　　感　　冒好　起来　让以

为了让感冒好起来，我使劲喝水。

ni³³ʐa²¹le⁵⁵ xæ²¹tɕhi³³ʑi³³ʑi³³ko³³ko³³,　ʐa²¹le⁵⁵ a²¹gɯ³³tshe³³le³³ɕi²¹lo⁵⁵.

你　他（助）带　出　去（连）走走　　他（助）将　　来　来好让

你带他走走，让他下次好来。

ŋo³³go²¹ʑi³³ʑi³³ʐa²¹ɣə²¹n̩u⁵⁵ n̩²¹ɣə²¹ni³³ʑi³³ɕi²¹⁻²¹⁵ se²¹,　a³³n̩²¹ŋa³³mɯ⁵⁵ ni³³pæ⁵⁵ pæ²¹⁻²¹³

我　回去（连）他在或　不　在　看　去（助）（助）要不是　　就　你白　白

the²¹tsa³³pe³³o³³.

一　趟　跑（助）

我回去看看他在不在家，省得你白跑一趟。

ŋo³³ŋo³³ʑi³³do³³a³³,　a³³n̩²¹ŋa³³mɯ⁵⁵ ni³³le⁵⁵ ma²¹fa̩²¹o³³.

我自己去　行（助）要不是　就　你（助）麻烦（助）

我自己去吧，省得麻烦你。

第九章 腊鲁人的母语保持的个案探讨

第一节 磨味腊鲁人母语使用情况

磨味是建兴乡磨味人居住比较集中的地方。"磨味"一词的来历当地人有两个解释，一是从语言出发，表示"花开的地方"；一是根据地形，鲁奎山逶迤西来，与哀牢山抵首相望，刚好把建兴围成一个磨盘形状，而磨味正处于磨沿上，因此得名。前一说法源于腊鲁话，磨味与"mo^{55} ve^{33}"音同，其汉语意思与"花开的地方"相似，可信度较高，而后一说法有一定的渊源，但难排除附会的嫌疑。磨味村委会离建兴乡驻地有15公里左右，离新平县城有140多公里，属于新平县的高山地区。

磨味村委会下辖11个村民小组，分别为狗头坡、高阴寨、刺竹箐、上马宗山、下马宗山、大力气、遇武乡、上磨味、下磨味、上云盘、下云盘。其中，上磨味、下磨味、大力气和遇武乡是腊鲁人的聚居区，而其他村民小组则是腊鲁人与哈尼族的杂居区。根据2010年当地村委会的统计，上磨味有腊鲁人162户，共749人；下磨味有腊鲁人61户，共251人；大力气有腊鲁人46户，共205人。

一、样本的基本情况

为了深入了解腊鲁人聚居区真实的语言使用情况，我们选择了上磨味、下磨味、大力气和遇武乡作为本次抽样调查的点进行入户调查。本次调查共发放问卷200份，收回185份，有效问卷163份。除了打工在外或虽户口还在本地，但人已经在外面生活的家庭，我们按照每个家庭发放一份问卷的做法，即一份问卷相当于了解一户人家的语言使用状况开展。调查样本的基本情况详见图9.1.1。

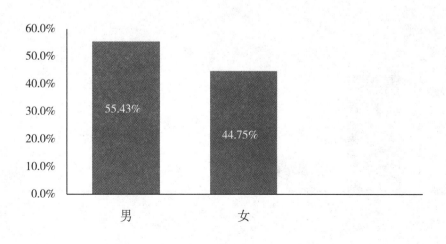

图 9.1.1 磨味调查对象性别分布

（一）性别比例

过去，磨味是一个相对封闭的村庄，男女在社会生产中的分工相对明确，男的多干体力活，如犁地、挑粪等，而女的多为"技术活"，如插秧、采织等，妇女地位不高，活动领域较为狭小。现在，虽然男女地位有了较大的改变，但传统观念的束缚依然存在，男女在主事、教育、外出务工等方面还有差距。因而性别在语言使用中的差异是明显的，根据人口的数量，我们在调查中采取随机抽样的方法，如图9.1.1所示，其中，男性有91人，占55.43%；女性有72人，占调查总数的44.75%。

（二）年龄层次

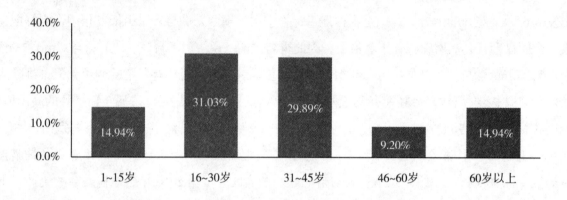

图9.1.2　磨味调查对象年龄段分布

在弱势语言的生活中，年龄的差异是比较明显的。在磨味，语言能力虽然还在各个年龄段中保持较强的活力，但不可否认的是语言选择中的多元性在逐渐增加。本次调查中，从年龄段的层次分布来看，样本人数的集中趋势体现在青壮年中，如图9.1.2所示，16~30岁和31~45岁的人共有99人之多，占调查总数的61%，而其他年龄段相对较少，1~15岁有23人，46~60岁有15人，60岁以上有24人。

（三）职业情况

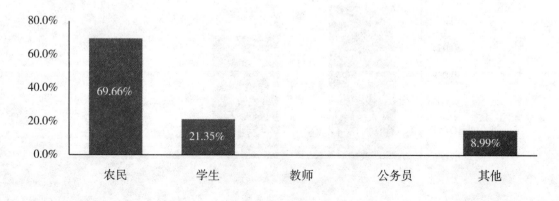

图9.1.3　磨味调查对象职业情况

语言使用与使用者从事的职业有一定的联系。在磨味，大多数家庭成年人都外出务工，只有在逢年过节的日子才回来与老人和孩子团圆。客观地说，由于长期在外，语言生活多样化，他们语言态度及其汉语的语言能力都得到了较大的改善，因而作为农民，并非一直固守在那片土地上，长期与外界接触是常态。在本次调查中，职业为农民的最多，有114人，在校学生有34人，其他有15人。

（四）文化特征

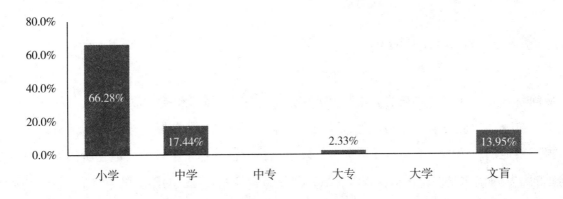

图9.1.4　磨味调查对象文化程度

磨味交通不方便，孩子读书条件比较困难。过去在上磨味有一所小学，后改为幼儿园，2000年时废弃不用，因此整个上磨味、下磨味的孩子从幼儿园到初中都必须到马鹿塘的中心小学去寄宿上学。这在客观上限制了磨味腊鲁人教育水平的提高，但另一方面，过去家庭对教育的淡化还是造成文化落后的主要因素。在本次调查中，调查样本的文化程度集中在小学，有108人，中学为28人，大专有4人，文盲有23人。

二、磨味腊鲁人的语言使用分析

（一）个体母语使用

个体是否自觉自愿地使用母语，既与母语的生态环境有关，也与本民族的心理认同和母语习得的熟练程度有关。母语的生态环境如果处于一个良性的循环系统中，即双语人能根据自身掌握的语言情况，采取功能互补的交际策略，在不同的场合中使用不同的语言，突出多语的便利性和经济性，那么母语延续的条件就相对稳定；反之，则面临危机。另外，母语人如果母语熟练程度不高，那么母语与共同语参与竞争时仍然会处于劣势。

1. 个体母语能力

在我们的调查中，磨味的腊鲁人母语生态良好，个体母语使用极为熟练，大多数孩子在上学之前汉语的听说水平比较低下。如图9.1.5及9.1.6所示。

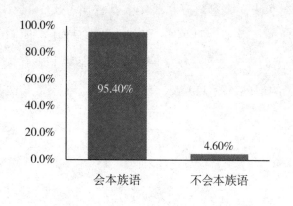

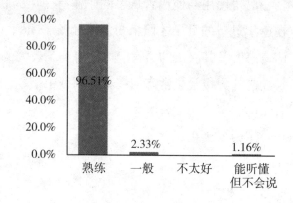

图 9.1.5　磨味调查对象会本族语情况　　　　　　　图 9.1.6　母语水平

从问卷来看，在接受调查的磨味腊鲁人中，有 157 人回答会本族语，只有 6 人回答自己不会本族语。再查询他们的基本情况，我们发现回答不会本族语的人实际上多为其他地方嫁进来的媳妇。再考察他们所谓的"不会本族语"，实际上是指自己表达水平较低，但在听的方面是没有任何问题的。从母语水平的自评情况来看，绝大部分的腊鲁人对自己的母语极为自信，回答"熟练"占总数的 96.57% 之多，只有 2.33% 的人认为自己的母语水平一般，1.16% 的人认为自己能听懂但不会说。

2. 个体母语使用

从语言使用的功能观察，"个体不仅是一个民族文化内涵的积聚体，同时又是社会变迁在语言上的沉淀和折射"[①]。个体母语的使用可以从内化语言和外化语言的使用两个层面体现。内化语言的使用是一种利用母语进行思考或无意识状态下进行演算的行为，而外化语言的使用则是直接利用母语进行读写或倾向于利用母语进行读写的行为。腊鲁话没有自己的书写文字，因而个体的母语使用我们通过思考问题和说心里话两个选项来展现受调查对象的基本情况。如表 9.1.1 所示。

表 9.1.1　个体母语使用层次

层次 方法	只用母语		多用母语		少用母语		不用母语	
	人数	百分比	人数	百分比	人数	百分比	人数	百分比
思考问题	102	62.50%	35	21.25%	16	10.00%	10	6.25%
说心里话	113	69.14%	32	19.75%	12	7.41%	6	3.70%

在数据中，我们可以看出，磨味的腊鲁人母语对个体的影响是非常深刻的。占调查总数 80% 以上的腊鲁人在思考问题或说心里话的时候都倾向于选择自己的母语。这个现象与我们实地调查

---

① 丁石庆、王国旭：《新疆塔城达斡尔族母语功能衰变层次及特点》，载《中央民族大学学报（哲学社会科学版）》2010 年第 6 期。

所观察的情况相符合。虽然居住在磨味的腊鲁人能熟练使用当地的汉语方言，但他们也认为，说腊鲁话感觉更方便一些，在表情达意上似乎也比汉语更完美。

（二）家庭母语使用

作为社会的基本组成单位，家庭的功能是多方面的。其中最重要的一个功能莫过于成为孩子社会化的前期训练场所。在这里，孩子不仅习得本民族的语言，还培养起母语的态度和认知体系。磨味的腊鲁人很重视家庭的感情，老人与子女间关系亲密，子女在外务工，并把自己的孩子留在家中让父母帮忙照顾，逢年过节，不管在多远的地方，他们大多要尽量回到自己的家里与父母、孩子团圆。腊鲁人在家庭中的母语使用如图9.1.7所示。

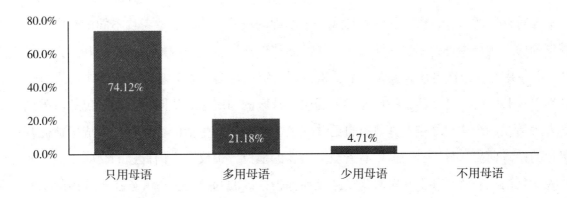

图9.1.7　家庭母语使用

可见，在磨味腊鲁人这样一个多语家庭中，语言的选择和使用既有个体差异，也颇具共同特色，数据描写的集中趋势呈现出121人认为自己在家中只说腊鲁话，有35人承认自己多用母语，只有8人说自己少用母语，但没有一个家庭不说母语。

家庭的母语使用具有复杂性。对不同的人采用不同的语言策略是一个健康的人不可缺少的交际策略，因此，对不同代际间的家庭成员进行语言选择的使用考察是从微观的层面深化认识家庭母语使用的一种方法，表9.1.2显示了磨味腊鲁人在家庭中的母语交际状况。

表9.1.2　家庭中不同交际对象的语言使用（N=163，单位：个）

语言使用\n\n交际对象	只用母语		只用汉语		多使用母语		多使用汉语	
	人数	百分比	人数	百分比	人数	百分比	人数	百分比
同祖父辈说话	152	93.55	3	1.61	3	1.61	5	3.23
同父辈说话	151	92.65	7	4.41	2	1.47	2	1.47
同兄弟姐妹说话	150	92.31	9	5.13	2	1.28	2	1.28
同儿子辈说话	132	81.03	14	8.62	6	3.45	11	6.90
同孙子辈说话	135	83.33	4	2.38	12	7.14	12	7.14

在表 9.1.2 中，我们发现家庭中的母语使用的比率远远高于汉语，腊鲁话在家庭中仍然属于主流语言，语言威望也相对较高。只使用汉语的比率在"同祖父辈说话"和"同孙子辈说话"中再创新低，分别为总数的 1.61%、2.38%，这说明祖父辈更易于使用母语交流，而孙子辈中，由于其父母长期在外务工，子女都是同老人住在一起，因而母语水平比汉语水平相对较高，这对母语的传承起着至关重要的作用。而"同儿子辈说话"中"只用汉语"比率最高，占 8.62%，说明儿子辈大多为在外务工的成年人，他们长期与汉语接触，使用场合密集，母语的使用也受其影响。另外，在"同孙子辈说话"中，"多使用母语"和"多使用汉语"的比率相同，体现了长辈在培养孩子的过程中的语言取向，希望孩子在母语和汉语之间达到一个平衡。

（三）社区母语使用

学界对社区的讨论，历来就没有形成一个明确的概念。不同的学者从不同的角度出发，对这一模糊的边界进行论证。王思斌认为："社区是聚居在一定地域内的、相互关联的人群形成的共同体。"[①]并进一步指出社区包含以下要素：以一定的社会关系为基础组织起来的人群；一定的地域界限；共同的社会生活；社区文化；居民对社区的归属感和认同感。受一定地域限制，磨味腊鲁人生活在一个相对稳定，并具有自己独立的文化和社会生活的社区中，形成了彼此帮持、关系密切的社区面貌。母语在社区中有着至关重要的地位，不仅是人们首选的交际工具，而且还是本族人文化的承载体。甚至在过去为了强化和保护社区的利益，腊鲁人还在本族语的基础上利用相关修辞手段创造了独特的"黑话"，让其他族能听懂腊鲁话的人如堕云里雾里。如今虽然没有这样的忌讳，但社区中的母语使用势头依然强劲，如图 9.1.8 所示。

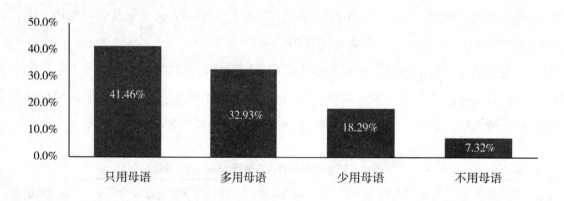

图 9.1.8　社区母语使用

从图 9.1.8 我们可知，如果把社区母语使用的比率与家庭母语使用的比率相比，其密集度有明显下降。家庭母语的使用相对单纯，而社区母语的使用较为复杂，其接触面和交际对象都具有不确定性，因而在调查中，回答只用母语的人数只有 68 人，多使用母语的人数为 54 人，两项合计占总数的 74.39%；较少使用母语的人数为 30 人，不用母语的人数有 11 人，两项合计只占 25.61%。

① 王思斌主编：《社会学教程（第二版）》，北京大学出版社 2003 年版，第 162 页。

另外，我们也对母语在社区中的交际使用做了进一步的探究，通过对社区中本族人打招呼、聊天或参加民族活动进行了问询，所得结果如表9.1.3。

表 9.1.3　社区母语的交际使用（N=163，单位：个）

语言使用 交际场景	只用母语		多用母语		少用母语		不用母语	
	人数	百分比	人数	百分比	人数	百分比	人数	百分比
与同胞 w 打招呼	115	70.37	32	19.75	6	3.70	10	6.17
与同胞聊天	119	73.17	24	14.63	12	7.32	8	4.88
参加民族活动	121	74.07	32	19.75	8	4.94	2	1.23

在表 9.1.3 中，社区母语的交际使用显示只用母语项在所有场景中都是名列前茅的，尤其是在参加民族活动时达到最高，为 74.07%，不用母语项是最低，只有 1.23%，充分表现了语言在民族认同中的标志性作用。不用母语项在三个场景中稍显突出，为 6.17%，体现出双语社区中汉语使用的便捷性和流行性，也从一个侧面展现出现代的磨味腊鲁人社区语言选择的新特色。

（四）腊鲁人的汉语文能力及汉语文使用

1. 多语熟练程度语序自评

磨味腊鲁人除了能熟练使用自己的母语和当地汉语方言外，由于周围的几个村子还有哈尼族卡多和糯比支系居住，因而有的腊鲁人还能流利地使用一种或两种少数民族语言。其中，这些少数民族语言主要为哈尼族卡多支系的卡多话和糯比支系的糯比话，习得途径大多是在与这些民族交往中学会的。对于腊鲁人的多语状况及其语言排序，见图 9.1.9。

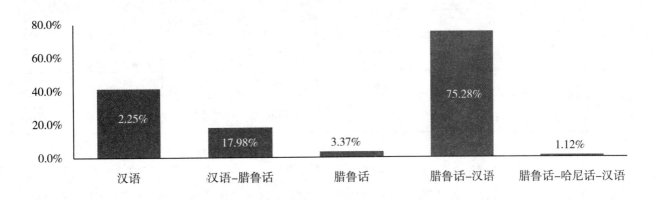

图 9.1.9　多语语序排列

我们发现，在我们的调查数据中，多语的受调查对象认为自己的语言能力排序为"腊鲁话－汉语"（腊鲁话比汉语好）的占绝大多数，有 124 人，占 75.28%；排序为"汉语－腊鲁话"（汉语比腊鲁话好）的有 29 人，占 17.98%；只会单语的人相对较少，两项合计也只占总数的 5.62%，其中，只会说汉语的有 4 人，只会说腊鲁话的有 5 人。另外，会说"腊鲁话－哈尼话－汉语"的人数也不多，只有 1 个。

2. 汉语文能力

磨味腊鲁人汉语文能力随着年龄的增大而出现递减的现象。在我们的调查中，1~15 岁和 16~30 岁这两个年龄段的受访者对自己的汉语文水平自评较高，其中前者占总数的 45.5%，而后者则占 40%；而 46~60 岁及 60 岁以上这两个年龄段则认为自己的汉语文水平较低，前者占该年龄段的 87.5%，后者占该年龄段的 61.5%。另外，31~45 岁这个年龄段则集中在能阅读书面材料这个层面，高居同列数据之首，占该年龄段的 40.9%。各年龄段与汉语文水平的详细情况见表 9.1.4。

表 9.1.4　年龄、汉语文水平交叉制表（N=163，单位：个）

年龄分布		汉语文水平					合　计
		能很好地进行书面语写作	能阅读书面材料	只能进行简单地书写	只能进行简单地阅读	只能听说不能读写	
1~15 岁	计数	11	7	4	0	2	24
	年龄中的 %	45.5	27.3	18.2	0	9.1	100.0
16~30 岁	计数	20	18	4	0	9	51
	年龄中的 %	40.0	36.0	8.0	0	16.0	100.0
31~45 岁	计数	4	20	7	4	14	49
	年龄中的 %	9.1	40.9	13.6	9.1	27.3	100.0
46~60 岁	计数	0	2	0	0	13	15
	年龄中的 %	0	12.5	0	0	87.5	100.0
60 岁以上	计数	0	2	4	4	14	24
	年龄中的 %	0	7.7	15.4	15.4	61.5	100.0
合计	计数	35	49	19	8	52	163
	年龄中的 %	21.5	29.1	11.4	5.1	32.9	100.0

从表 9.1.4 可知，年青一代的汉语文水平有了较大的提高，而老年一代的汉语文水平受时代的局限，多数人停留在只能听说而不能读写的阶段。同时我们也发现，多数中年以上的腊鲁人虽然在学校里有过一定的汉语文学习经验，但由于长时间不进行书面文字的实践，他们的汉语文水平已经有一定的退化迹象。

（五）小　结

通过对磨味腊鲁人语言使用状况的调查统计分析，我们可以看出几个特点：（1）母语保持状态良好。从个体母语使用、家庭母语使用及社区母语使用来看，磨味作为一个多语的社区，在今后相当长的一个时期内母语不会出现危机。（2）较为偏僻的地理格局和传统的乡土观念也许在无意识中强化了磨味腊鲁人母语的传承，而开放的经济意识则保证了这一社区的稳定和发展。（3）落后的教育水平和有待提高的汉语文水平是一把双刃剑，一方面可以使得地区文化生态不经受主流文化的冲击，但另一方面也限制了该地区整体文化素质的提高，也许在不久的将来，随着磨味腊鲁人城镇化步伐的加快，大量进城务工人员在城市中安居乐业，他们的母语也必然会遭遇一定的挑战。

第二节　磨味腊鲁人母语保持与母语态度

如前所述，磨味腊鲁人语言保持显示出良好的状态，这一方面与磨味地处偏僻，与外界沟通和接触有限，同时由于其语言的生态环境正常运转，从客观上保证了母语的生存土壤和空间；另一方面，也与语言态度及深深根植于民族文化内涵中的乡土观念密切相关。

一、语言态度与母语保持

母语人的语言态度是对母语的情感和认同的真实写照，能对母语的兴衰起着决定性的作用。在磨味腊鲁人看来，腊鲁话如同吃饭、睡觉一样是日常生活中必不可少的一部分，甚至在汉语比较熟练的情况下，他们仍然选择在社区和家庭中使用母语。通过问卷调查，我们可以从母语的认同、母语教育两个方面考察他们对母语的态度。

（一）母语认同

磨味的腊鲁人母语认同并不是特别强烈，虽然在本族人中进行何种语言的交流没有特殊的要求，但在自身的语言体验上则特点鲜明。

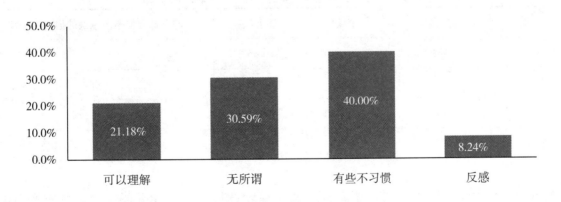

图 9.2.1　本族人对"外出归来不说母语"之人之感受

从图 9.2.1 中我们可以看得出来，当腊鲁人"外出归来不说母语"时，在本族人心目中仍然能引起一定的波动。这种波动范围比较小，认为"可以理解"和"无所谓"的占调查总数的一半左右，但受调查者中也有 63 人觉得"有些不习惯"，占 40%；另有 13 人觉得反感，占 8.24%。

另外，母语认同体现于日常生活中母语的使用，与交际对象的切身情感有密切的联系。因此，我们还假设了这样的一种场景，即对于本身具备一定的母语能力，但在现实的语言交际中却不愿意说出来的情况，受调查者的心理感受如图 9.2.2 所示。

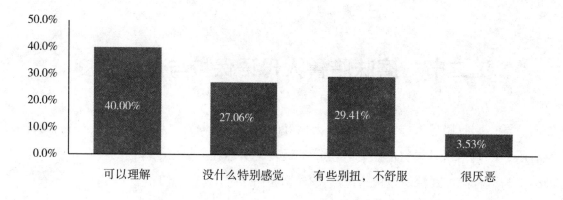

图 9.2.2　会母语但不愿意说之体会

从图 9.2.2 中反映的情况来看，大部分磨味腊鲁人还是比较宽容的，有 105 个受调查者选择"可以理解"和"没什么特别感觉"，并愿意转用对方的语言与之交谈，占总数的 67.06%。从年龄的分布来看，我们发现做这一层次选择的人主要是青年人和中年人。有 53 人选择"有些别扭，不舒服"和"很厌恶"，坚持使用自己的母语，这一部分人大多集中在老年人中，占总数的 32.94%。

如果对这一现象进行深入分析，我们用 SPSS17.0 对"外出归来不说母语"的情况与年龄、文化程度、婚否、性别四个变体进行卡方检验，结果如表 9.2.1。

表 9.2.1　"外出归来不说母语"与四个变量的卡方检验

变　量	卡方值	自由度	双侧近似率	与会母语但不愿意说的显著相关性
性别	5.563	3	0.135	无
文化程度	26.170	9	0.002	有
年龄	22.042	12	0.037	有
婚否	2.440	3	0.486	无

数据显示，"外出归来不说母语"与"文化程度"具有显著性差异，显著性水平为 0.002（X^2=26.17，df=9，N=152）。在受调查者中，受文化程度的影响，母语的认同有着明显的变化。文化程度为"文盲"，有 58.3% 的人觉得"无所谓"，41.7% 的人觉得"有些不习惯"；文化程度为"小

学"，有17%的人觉得"可以理解"，30.2%的人觉得"无所谓"，41.5%的人觉得"有些不习惯"，11.3%的人觉得"反感"；文化程度为"中学"，有61.5%的人觉得"可以理解"，7.7%的人觉得"无所谓"，30.8%的人觉得"有些不习惯"；文化程度为"大专"，有50%的人觉得"有些不习惯"，50%的人觉得"反感"。

数据显示，"外出归来不说母语"与"年龄"具有一定的显著性差异，显著性水平为0.037（X^2=22.042，df=12，N=152）。在受调查者中，1~15岁的人中，有10%的人认为"可以理解"，60%的人认为"无所谓"，30%的人感觉"有些不习惯"；16~30岁的人中，40%的人认为"可以理解"，16%的人认为"无所谓"，36%的人认为"有些不习惯"，8%的人认为"反感"；在31~45岁的人中，16%的人认为"可以理解"，20%的人认为"无所谓"，48%的人认为"有些不习惯"，16%的人认为"反感"；在46~60岁的人中，50%的人认为"无所谓"，50%认为"有些不习惯"；在60岁以上的人中，50%的人认为"无所谓"，41.7%的人认为"有些不习惯"，8.3%的人认为"反感"。

数据也显示，"外出归来不说母语"与性别、婚否不具有显著性差异，显著性水平依次为0.135（X^2=5.563，df=3，N=152）、0.486（X^2=2.44，df=3，N=152）。

（二）母语教育观

语言既是人类使用的交际符号系统，但在一定的环境中，又是群体的标志，是文化的重要组成部分。一个群体能否坚持使用和传承自己的母语，既受到外部客观条件的制约，也与其内部条件密切相连。就外部条件而言，居住格局、族群地位、人员流通、传统的经济文化生活、婚姻状况等都能对母语使用形成一定的影响。内部条件则主要是母语的复杂程度、习得途径、母语教育观等。其中，母语教育观主要指在多语的族群中，长辈对后辈的语言习得的选择施加人为干扰，从而影响孩子语言取向的结果。

1. 母语的传承和使用

磨味腊鲁人对后代的母语教育大都比较看重，大部分家庭都是三代同堂，年轻人外出打工，老人就在家帮助照顾孩子，这为母语的传承提供了一定的保障。在调查中，我们可以通过下列的分析看出磨味腊鲁人对后代母语教育的基本看法。

表9.2.2　对后代母语使用和传承的看法（N=157，单位：个）

看法／项目	非常希望		希望		无所谓		不希望		反对	
	人数	百分比	人数	百分比	人数	百分比	人数	百分比	人数	百分比
对孩子使用母语	72	45.63	62	39.38	19	11.88	3	1.88	2	1.25
对孩子学习母语	89	56.62	57	36.03	12	7.35	0	0	0	0

从表9.2.2中我们可以得知，大多数受调查者都对母语的传承和使用持积极态度，其中，"非

常希望"和"希望"之和在两个项目中分别占总数的 85.01%、92.65%。

2. 孩子多语语序及水平

腊鲁人对孩子未来多语的语序及水平有比较清醒的认识，一方面，他们认为汉语作为主要的族际交流语，是孩子将来学习和工作的首要工具，另一方面，母语的熟练使用又是本族人文化传承的工具和民族认同的标志。如何权衡二者的关系，在图 9.2.3 中有所表现。

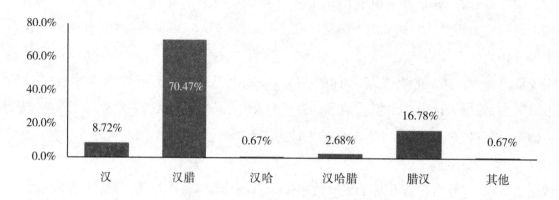

图 9.2.3　孩子未来语序

注：汉：汉语；腊：腊鲁话；哈：哈尼语。

在图 9.2.3 中，磨味腊鲁人希望自己的孩子依然能够使用双语，并且非常重视子女的汉语学习。其中，有 115 人选择汉语 – 腊鲁话的语序，占调查总数的 70.47%；有 27 人选择腊鲁话 – 汉语的语序，占 16.78%。

同时，我们也发现受调查者对孩子的母语水平普遍期望较高，如图 9.2.4 所示。

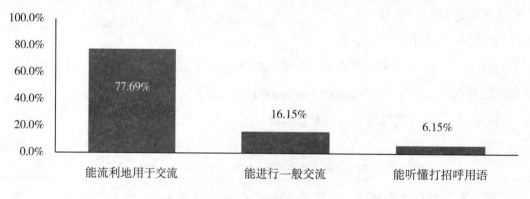

图 9.2.4　希望孩子母语水平

在图 9.2.4 中，有 127 个受调查者希望自己的孩子在母语水平方面能够流利地用于交流，占总数的 77.69%；只有不到 10 人希望孩子的母语水平停留在能听懂打招呼用语方面，占总数的 6.15%。

3. 变量与母语教育观的相关因素分析

母语教育观的形成与受调查者自身的年龄、性别、受教育程度、婚姻状况是否有着相应的联系？

针对这个问题，我们通过卡方检验对上述四个变量与母语教育观之间是否具有显著的相关性予以说明。

（1）变量与孩子使用母语的相关性。

表9.2.3是利用SPSS软件Chi-square Test对"性别"等四个变量进行检验的结果。

表 9.2.3 四个变量与孩子母语使用的相关性测试结果（N=157）

变 量	卡方值	自由度	双侧近似率	与希望孩子使用母语的显著相关性
性别	9.453	4	0.051	无
文化程度	78.828	12	0.000	有
年龄	43.639	8	0.000	有
婚否	38.455	4	0.000	有

数据显示，"文化程度"对"希望孩子使用母语"呈现出显著的差异，其显著性水平为0.000（X^2=9.453，df=12，N=157）。文化程度为"文盲"的受调查者，有66.7%非常希望孩子使用母语，33.3%希望孩子使用母语；文化程度为"小学"的受调查者对孩子使用母语的比率分别为非常希望36.5%、希望44.2%、无所谓9.6%、不希望5.8%、反对3.8%；文化程度为"中学"的受调查者对孩子使用母语的比率分别为非常希望21.4%、希望28.6%、无所谓50%；文化程度为"大专"的受调查者100%希望孩子使用母语。

数据显示，变体"年龄"在"孩子使用母语"方面具有显著性差别，其显著性水平为0.000（X^2=43.639，df=8，N=157）。随着年龄段的增加，对孩子使用母语的要求就越严格。其中，年龄段在1~15岁的受调查者对自己将来的孩子使用母语情况分别为希望66.7%、无所谓22.2%、反对11.1%；年龄段在16~30岁的受调查者对孩子使用母语的比率分别为非常希望17.8%、希望53.3%、无所谓26.7%、不希望2.2%；年龄段在31~45岁的受调查者对孩子使用母语的比率分别为非常希望54.3%、希望32.6%、无所谓6.5%、不希望4.3%、反对2.2%；年龄段在46~60岁的受调查者对孩子使用母语的比率分别为非常希望68.2%、希望31.2%；年龄段在60岁以上的受调查者对孩子使用母语的比率分别为非常希望65.6%、希望34.4%。

数据显示，"婚否"对"孩子使用母语"也具有显著性差异，其显著性水平为0.000（X^2=38.455，df=4，N=157）。已婚的受调查者对孩子使用母语的态度比未婚的受调查者更强烈。其中，已婚的受调查者对孩子使用母语态度比率分别为非常希望58.3%、希望32.2%、无所谓6.1%、不希望1.7%、反对1.7%；未婚的受调查者对孩子将来的母语使用态度比率分别为非常希望7.1%、希望61.9%、无所谓28.6%、不希望2.4%。

检验结果也显示"性别"与"孩子使用母语"之间都没有达到显著性相关，因而不是影响"孩子使用母语"的有意义因素。

（2）变量与孩子未来语序的相关性。

表 9.2.4 是利用 SPSS 软件 Chi-square Test 对"性别"等四个变量进行检验的结果。

表 9.2.4　四个变量与孩子未来语序的相关性检验结果（N=146）

变　量	卡方值	自由度	双侧近似率	与希望孩子使用母语的显著相关性
婚否	31.798	5	0.000	有
文化程度	55.039	15	0.000	有
年龄	57.011	20	0.000	有
性别	11.881	5	0.036	无

数据显示，受调查者结婚与否，对希望孩子未来语序的比率具有显著性差异，差异的显著性水平为 0.000（X^2=31.789，df=5，N=146）。已婚者希望孩子未来语序的比率如下：单语为"汉语"3.8%、双语为"汉语 – 腊鲁话"74.5%、双语为"腊鲁话 – 汉语"20.8%、其他 0.9%；未婚者希望未来孩子的语序比率如下：单语为"汉语"22.5%、双语为"汉语 – 腊鲁话"62.5%、双语为"汉语 – 哈尼语"2.5%、三语为"汉语 – 哈尼语 – 腊鲁话"10%、双语为"腊鲁话 – 汉语"2.5%。可见，已婚者在双语的选择方面较大的差异是腊鲁话和汉语哪一个为首的问题，已婚者首选"腊鲁话 – 汉语"的比率远远超过未婚者，另外，未婚者由于族际婚姻的影响，表现出愿意孩子学习其他少数民族语言的意向。

数据也显示，受调查者的文化程度与希望孩子的未来语序有显著性影响，这种影响的显著性水平为 0.000（X^2=55.039，df=15）。随着文化程度的提高，对孩子的未来语序中单语的要求逐渐上升。受调查者文化程度为"文盲"与希望孩子未来语序的比率如下：双语"汉语 – 腊鲁话"72.7%、双语"腊鲁话 – 汉语"27.3%；受调查者文化程度为"小学"与希望孩子未来语序的比率如下：单语"汉语"10.2%、双语"汉语 – 腊鲁话"75.5%、双语"汉语 – 哈尼语"2%、双语"腊鲁话 – 汉语"10.2%、其他 2%；受调查者文化程度为"中学"与希望孩子未来语序的比率如下：单语"汉语"15.4%、双语"汉语 – 腊鲁话"61.5%、三语"汉语 – 哈尼语 – 腊鲁话"15.4%、双语"腊鲁话 – 汉语"7.7%；受调查者文化程度为"大专"与希望孩子未来语序的比率如下：单语"汉语"50%、双语"汉语 – 腊鲁话"50%。

检测结果还显示，受调查对象的"性别"与"希望孩子未来语序"之间不存在显著性差异，意味着他们之间不具备直接相关性。

二、乡土观念与母语保持

乡土观念是语言保持的主要力量。在一个处于弱势生存空间中的语言来说，强势语言对其本体和功能的削弱是客观存在的，但与此相关，每一种语言又都在其内部通过文化、区域等在说话者的身上营造一种与之抗衡的力量，这就是乡土观念。它使得弱势语言能够在一定的时间空间中保持良久。索绪尔说："在区域的某一地方——相当于像一个村庄这样的地方——很容易区分出乡土观念和交际各属于相对力量中哪一种；一个事实仅仅只可以依赖于一种力量，而排除另一种力量；但凡与另一种土语共同的一切特征都属于交际；而只属于有关地方土语的所有特征都依赖于乡土观念的力量。"[①] 并强调："至于乡土观念，它的作用就是把语言事实保存在它已获得的界限范围内，抵御外来的竞争。"[②] 可见，乡土观念不仅是语言各要素能够在开放的多语言使用环境中保持相对的独立性的保证，同时也是语言的各种功能在一定的区域内得以全面实现的保证。

乡土观念是一个地区语言认同的标志和群体凝聚的黏合剂。磨味腊鲁人在长期的生产生活中养成了"重乡土、重乡情"的传统，不管是在何处谋生，逢年过节或赶上人生大事，总是要回到磨味团聚。另外，在腊鲁人比较浓重的节日或红白喜事上，总少不了吹拉弹唱的腊鲁民间艺人，他们唱着用腊鲁话谱写的曲子，穿行在各个角落。而在当地成长起来的腊鲁人，不管男女老幼，耳濡目染之后都能跟着哼唱或随着节奏迈开舞步。尤其在过年的时候，大家走村串寨，联络亲友。腊鲁人有句口头禅叫作"羊皮衣裳小领挂，过年过到二月八"，是对他们乡风民俗的概括。而在这些活动中，说一口地道的腊鲁话是怎么也抹杀不了的亲近之举。作为一种低变体的语言，腊鲁话在磨味却获得了极高的威望。

乡土观念是一种约定俗成的文化习惯，有效地抵御了强势语言对民间语言生态的破坏。磨味腊鲁人普遍是讲汉语和腊鲁话的双语人，甚至外面嫁进来的其他族的媳妇经过一段时间的适应以后也成了双语人，这是一种交际力量的鼓励，也恰好是不同语言生活空间中的功能互补。磨味的老年人常说"吃得一处饭，说得一处话"，把生活中能讲一口地道的母语和吃饭视为同等重要的事情，充分展现了他们对母语保持的重视。

第三节　马鹿塘腊鲁人母语使用情况

马鹿塘是现在乡政府的驻地，是建兴乡难得的一个坝区。据当地老人传述，过去腊鲁人的先人们南迁，路过该地，看见这里山清水秀、绿树成荫，一群马鹿正在泥地里打滚，他们便丢了几粒谷种在泥土中，待到沿路返回时，这些谷种已经抽穗结实，饱满喜人，于是建兴的腊鲁人就在此地安居乐业。马鹿塘，腊鲁话叫作 $ma^{21}a^{33}tha^{21}$，属于汉语借词。

① 〔瑞士〕费迪南·德·索绪尔著：《普通语言学教程》，裴文译，江苏教育出版社2002年版，第238页。
② 〔瑞士〕费迪南·德·索绪尔著：《普通语言学教程》，裴文译，江苏教育出版社2002年版，第239页。

马鹿塘村委会是一个以腊鲁人为主,多民族杂居的村寨,有操彝语南部方言的彝族聂苏支系,也有操哈尼语的哈尼族糯比支系、苏比支系和卡多支系。马鹿塘村委会下辖大寨、东瓜树、腊鲁小寨、老箐、梅子箐、新寨、彝族小寨、营盘脚、马鹿大组。在离马鹿大组不远的地方,还有三个纯粹由汉族组成的社区老陈寨、田房、深沟箐。这些汉族以姓陈为主,也有少数的田姓、钱姓和毛姓等。当地少数民族把他们称为 $to^{33}tshua^{33}$,与昆明辖区的东川音相近。《新平方言志》所言:"汉族人口是在邓子龙镇压普应春反抗运动之后,即建立新平县时才大量进入新平县城的。""这些戍卒,当时由各地调来。多数是从省内其他地方调来,他们的祖先多是明初入滇,在省内其他地方屯戍,于万历后调防新平的。"

马鹿塘的各少数民族与汉族之间能和谐相处,友好往来,彼此间相互通婚的情况并不少见。赶上六月二十四日"火把节"或八月十五日"中秋节"等节日,整个马鹿塘的各个民族都积极筹备,亲戚朋友间走动频繁,热闹异常。

相对而言,居住在马鹿塘的腊鲁人主要集中在马鹿大组、腊鲁小寨、梅子箐、老箐等社区。其中,马鹿大组人口最多,据当地村委会统计,截止到2010年9月,马鹿大组的腊鲁人有275户、1200多人,腊鲁小寨有腊鲁人55户、259人,梅子箐有19户、79人,老箐有12户、48人。

一、调查数据来源及样本基本情况

本次调查中,我们采取了入户调查与深入访谈相结合的方式了解腊鲁人的语言生活,对于文化水平较高的人家,在帮助他理解问卷的基本内容的前提下让其如实填写,对于文化水平不高的人家,则由调查小组人员亲自询问并记录,以确保信息的真实性。2010年7月18日至23日,在5天的时间内,我们共获得有效问卷136份,调查对象的基本情况如表9.3.1所示。

（一）性　别

表 9.3.1　样本性别特征（N=136）

		人　数	百分比	有效百分比	累积百分比
有效	男性	62	45.6	45.6	45.6
	女性	74	54.4	54.4	100.0
	合计	136	100.0	100.0	

马鹿塘的腊鲁人由于生活在一个多民族杂居的社区中,族际婚姻比较频繁,在许多家庭中,父母中大多只有一个会腊鲁话,又由于语言环境较为开放,因而许多外来的其他族的媳妇都没能真正地学会腊鲁话。根据样本的性别特征,我们可以看出男女受调查者的比例比较均衡,其中男的占45.6%,女的占54.4%。

（二）年　龄

表 9.3.2　样本的年龄分布（N=132）

		人　数	百分比	有效百分比	累积百分比
有效	1~15 岁	20	14.7	15.2	15.2
	16~30 岁	30	22.1	22.7	37.9
	31~45 岁	30	22.1	22.7	60.6
	46~60 岁	26	19.1	19.7	80.3
	60 岁以上	26	19.1	19.7	100.0
	合计	132	97.1	100.0	

从样本的年龄分布上来看，各年龄段的受调查者相对均匀，只有 16~30 岁和 31~45 岁两个年龄段的受调查者比较集中，其余年龄段的人数百分比相差在 5 个百分点之内。

（三）职　业

表 9.3.3　样本的职业情况（N=122）

		人　数	百分比	有效百分比	累积百分比
有效	农民	96	70.6	78.7	78.7
	学生	18	13.2	14.8	93.4
	其他	8	5.9	6.6	100.0
	合计	122	89.7	100.0	
	合计	136*	100.0		

＊：其中 14 人为漠沙糖厂下岗工人。

在受调查者的职业情况中，大多数的人的职业都集中在农民这一栏上，占总数的 70.6%。同时，时间正值暑假，许多学生都待在家中，因而对了解接受汉语教育的学生的母语情况是个难得的机会。我们共调查了 18 位中小学生，占总数的 13.2%；其他职业主要是指从事商品经营的生意人。另外，在问卷中，有 14 人是漠沙糖厂的下岗工人，有一定的本民族文化意识，但并没有显示其职业情况，本处从略。

（四）文化程度

表 9.3.4　样本的文化程度（N=128）

		人　数	百分比	有效百分比	累积百分比
有效	小学	50	36.8	39.1	39.1
	中学	30	22.1	23.4	62.5
	中专	6	4.4	4.7	67.2
	文盲	42	30.9	32.8	100.0
	合计	128	94.1	100.0	

　　马鹿塘是建兴乡经济文化发展的中心，近水楼台的优势，使得马鹿塘的腊鲁人在有着汉文化教育背景的同时，母语衰变的速度也在无形中加剧。在我们调查的 163 个人中，文化程度处于中小学水平的有一半以上，占 58.9%。无独有偶的是，文盲也是数据中较为突出的频数，占总数的 30.9%。马鹿塘的腊鲁人整体教育素质虽然比磨味的腊鲁人稍好，但客观地说，仍然还是比较低的。

二、马鹿塘腊鲁人的语言使用现状

（一）个体母语的使用状况

1. 个体的母语能力

　　母语能力是衡量某一民族的说话人在母语使用中所表现出来的基本的听说能力。母语能力可以通过对词汇或句法进行测评的方法得以实现，同样也可以让母语人根据平时母语的使用情况如实进行自评，前者得出的是一个客观的数据，但是忽略了语境的参与，得出的结果仍然有误差；后者要求被试对自己的语言能力进行评估，同样会要么高估，要么低估被测评者的真实水平。因而在调查中，我们根据受调查者的自评情况，再通过对一些母语词汇进行简单的测评来核实，所得数据如图 9.3.1 和图 9.3.2。

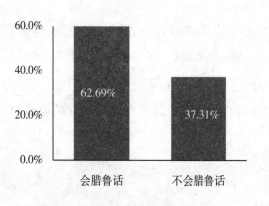

图 9.3.1　母语保持状况

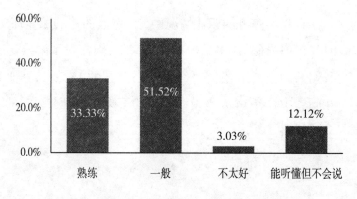

图 9.3.2　母语水平自评

据图9.3.1、9.3.2所示，在受调查的腊鲁人中，马鹿塘有将近三分之二的人认为自己会说腊鲁话，再深入考察会母语的腊鲁人的母语水平，有26人认为自己的母语熟练，占会母语总人数的33.33%；有40人认为自己的母语一般，占会母语总人数的51.52%；有2人认为不太好，占会母语总人数的3.03%；有10人认为自己能听懂但不会说，占会母语总人数的12.12%。

2. 个体母语能力与年龄

表9.3.5　年龄、母语能力交叉表（N=132）

年　龄		母语能力		合　计
		会腊鲁话	不会腊鲁话	
1~15岁	计数	6	14	20
	年龄中的%	30.0	70.0	100.0
16~30岁	计数	5	25	30
	年龄中的%	16.7	83.3	100.0
31~45岁	计数	18	12	30
	年龄中的%	60.0	40.0	100.0
46~60岁	计数	22	4	26
	年龄中的%	83.3	16.7	100.0
60岁以上	计数	24	2	26
	年龄中的%	92.3	7.7	100.0
合　计	计数	75	57	132

通过对表9.3.5的数据分析，我们可以看出，母语能力的比率随着年龄的递增而逐渐增加，60岁以上这个年龄段达到最高值，占本年龄段92.3%的受调查对象都会本族语。有趣的是，年龄段在16~30岁的受调查者会腊鲁话的比率在所有年龄段中最低，为16.7%。这个现象反映了两个问题，一方面，与青少年会母语的30%的比率相比，他们小时候的语言环境只能比现在的孩子更好，但现状却是他们的母语能力已经衰退，这并不是这个年龄段的受调查者自幼就不会母语，而是在二语的语言环境中第一语言受到磨蚀的结果；另一方面也从一个侧面说明，在马鹿塘这样一个以汉语为族际共同语的社区中，腊鲁话的使用空间已遭到一定的挤压，代际间的语言传承出现了裂痕。

3. 个体母语的交际使用

表 9.3.6　个体母语的使用（N=75，单位：个）

层次 方法	只用母语		多用母语		少用母语		不用母语	
	人数	百分比	人数	百分比	人数	百分比	人数	百分比
思考问题	10	12.9	0	0	23	29.03	45	58.06
说心里话	13	16.13	3	3.23	28	35.48	35	45.16

在对表 9.3.6 的数据分析中，我们可以看出就算本身具备母语能力的受调查者，在其内部语言的使用方面，母语的使用也是微乎其微的。在"思考问题"所用的语言选择中，"少用母语"和"不用母语"的比率之和为 87.09%，占极大的比率；而在"说心里话"所用的语言一项中，"少用母语"和"不用母语"的百分率也达到了 80.64%。可见，就个体母语使用而言，大多数马鹿塘人都只停留在民族感情的层面，而实际生活中，母语的交际范围和交际能力都已经大不如前了。

（二）家庭母语的使用

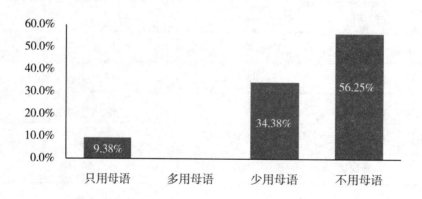

图 9.3.3　家庭母语的使用

与磨味家庭母语使用的密集度截然相反，在马鹿塘，家庭作为母语最后使用的堡垒已逐渐瓦解。从数据构成来看，超过一半以上的家庭已经转用汉语，还坚持使用母语的受调查者只有 7 人，只占 9.38%。如果累计"少用母语"和"不用母语"的百分比，则占 90.63%。这也符合我们在调查中的感受，大多数家庭都在使用当地汉语方言。

同时，我们也对母语在家庭语言使用中因交际对象的辈分、年龄、性别等自然特征的变化而出现的特殊的语言选择进行了深入探索，如下表 9.3.7。

表 9.3.7　家庭母语的交际选择（N=75，单位：个）

语言使用 交际对象	只用母语		只用汉语		多用母语		多用汉语	
	人数	百分比	人数	百分比	人数	百分比	人数	百分比
与爷爷辈说话	40	51.85	20	25.93	3	3.70	14	18.52
与父辈说话	22	28.57	31	39.29	6	7.14	20	25
与兄弟姐妹说话	16	20.69	32	41.38	5	6.90	24	31.03
与儿子辈说话	3	3.57	53	67.86	0	0	22	28.57
与孙子辈说话	3	4	50	64	0	0	25	32

根据表 9.3.7 我们可以看到，在马鹿塘的腊鲁人中，"只用母语"频数分布最高的交际对象是"与爷爷辈说话"，受调查中有 40 人选择此项，占 51.85%；频数分布最低的交际对象分别是"与儿子辈说话"和"与孙子辈说话"，都只占 4% 左右；相应地，在"只用汉语"一栏中频数分布最高的是"与儿子辈说话"和"与孙子辈说话"，频数分布都占总数的 65% 上下。由此可见，在家庭母语的使用中代际分化已比较突出，尤其是在子代和孙代之间，母语传承出现的断裂在所难免。

（三）社区母语使用情况

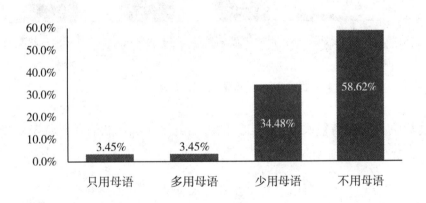

图 9.3.4　社区母语使用

马鹿塘作为一个多民族杂居、地理格局开放的地区，诸多外部条件对母语的保持极为苛刻，母语生态渐显恶化。从图 9.3.4 中的数据来看，母语已转用或正在转用的情形在社区中更为显著，"不用母语"和"少用母语"两项的累计百分率达到 93.1%。

同样，我们也对社区母语针对不同的交际对象的使用做了细化，如表 9.3.8 所示。

表 9.3.8　社区母语的交际使用（N=75，单位：个）

母语使用　　交际对象	只用母语		多用母语		少用母语		不用母语	
	人数	百分比	人数	百分比	人数	百分比	人数	百分比
与同胞聊天	3	3.23	8	9.68	33	41.94	35	45.16
与同胞打招呼	8	10	5	6.67	34	43.33	31	40
参加民族活动	10	12.90	3	3.23	35	45.16	30	38.71

可见，马鹿塘的腊鲁人在社区里跟同胞进行交际和参加民族活动时母语使用都只占很小的比例。一般情况下，他们都很少使用母语和不用母语。这种母语衰变的情形应该经历了较长的一段时间，从他们对自己母语状况的评价中就略见一斑，如图 9.3.5 所示。

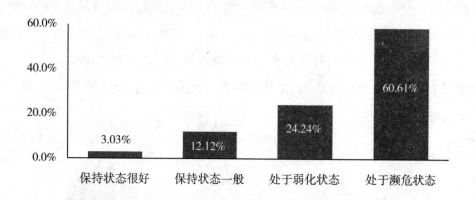

图 9.3.5　母语保持状态自评

大部分马鹿塘会母语的腊鲁人都认为自己的母语处于"濒危状态"，甚至对母语保持的时间普遍都没有信心，如图 9.3.6 所示。

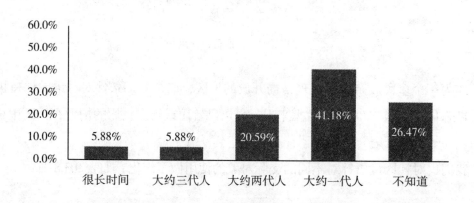

图 9.3.6　母语保持时间预测

在会母语的受调查者中，认为母语保持时间为"大约一代人"的有 32 人，占 41.18%；认为母语保持时间为"大约两代人"的有 16 人，占 20.59%；回答"不知道"的有 21 人，占 26.47%。马鹿塘的腊鲁话产生功能的衰变是腊鲁人语言选择的结果，但更与汉语作为族际共同语的强大交际功能的竞争密切相关。

（四）马鹿塘腊鲁人的汉语文情况

多语社区向单语社区的转变，其原因是复杂的，涉及语言认同、民族感情、双语的相似度等等。马鹿塘腊鲁人双语程度有限，大部分只能说汉语和腊鲁话，极少数能说属于南部彝语的聂苏语和哈尼族卡多支系的卡多语，汉语文能力相对较弱，如表 9.3.9 所示。

表 9.3.9　汉语文能力（n=136 单位：个）

计　　数＼汉语文能力	能很好地进行书面语写作	能阅读书面材料	只能进行简单地书写	只能进行简单地阅读	只能听说不能读写
百分比	14.09	15.79	10.53	14.04	45.61
人数	19	21	14	19	62

在表 9.3.9 中，我们可以看见在所收集到的 136 个样本中，汉语文程度"只能听说不能读写"的占 45.61%。马鹿塘的腊鲁人处于操南部彝语方言的聂苏支系和其他少数民族的包围圈中，地位并不高，过去的日子过得相对辛苦，生存要素一直放在第一位。新中国成立以后，他们虽然在地理上有着得天独厚的条件，但他们对教育的淡化也是显而易见的。

三、小　结

综上所述，我们通过对马鹿塘的腊鲁人个体母语使用、家庭母语使用、社区母语使用进行了调查分析，有以下几个特点：第一，马鹿塘腊鲁人居住的社区已经逐步从双语向单语过渡。第二，马鹿塘的腊鲁人个体会母语的人数正在减少，而家庭母语和社区母语的使用已极度弱化。第三，多民族的和谐相处和族际婚姻的频繁，使马鹿塘腊鲁人的母语观正在深刻改变，其认同度也大幅降低，当地汉语方言和普通话的声望已今非昔比。

总之，尽管马鹿塘的腊鲁人早期曾经想申报为独立的民族，但是在 1985 年民族识别工作中被认定为彝族之后，族别意识逐渐淡漠，而始终坚持说自己的母语。随着我国改革开放的深入发展，我国各民族人民物质文化生活得到稳步提高，大批腊鲁人开始外出经商或步入城市，脱贫致富的腊鲁人教育水平有所提高，各种有声媒介不断进入腊鲁人的日常生活中，母语失落已成为一个不争的事实。虽然近几年许多老一辈的寻根意识又开始在腊鲁人的心目中逐渐升温，但语言与文化的同步演化使得许多本民族的东西正在离他们越来越远。

第四节　马鹿塘腊鲁人青少年词汇磨蚀及其相关因素分析

就一种语言的构成要素来看，语音、词汇、语法这三者在语言磨蚀中的地位并不是等同的，具有不平衡性。Hagège[①]证实，在大多数事实中，词汇是首先受到磨蚀的领域，而语法和语音则显示出较强的耐蚀性。因而词汇磨蚀往往成为在二语的环境中，考察母语是否受到磨蚀的直接证据。词汇磨蚀一般表现为词汇提取不畅、不能辨别词义及词汇应用能力降低等。而应用能力的降低包括词汇提取失败、词义判断的不确定性或产生歧义。

我国是一个多民族的国家，少数民族语言资源丰富多彩，民族的语言与生活普遍与汉语产生接触，青少年的母语传承有一定的压力。因此，对马鹿塘腊鲁人社区中的某个年龄群体进行调查，探讨其母语词汇磨蚀的现状及其特点，属于二语环境中的母语磨蚀研究。这一方面可以丰富我国少数民族语言研究，另一方面也可以为语言保持提供一定的思路，维护语言文化生态的和谐发展。

一、研究方法

（一）研究对象

在本研究中，受调查对象主要是来自磨味和马鹿塘的1~6年级的小学生，其中，一组来自磨味的受调查者出生并至今居住在磨味，到马鹿塘读书以前一直使用腊鲁话，读书之后开始系统地学习汉语，他们的年龄范围在8~14岁之内，共5人，作为本次研究的参照组；另外一组受调查者来自马鹿塘，这一组孩子语言生活环境相对复杂，他们过去都生活在磨味，能熟练地用腊鲁话进行交流，后来由于父母因工作、生计等原因随家搬到马鹿塘，在马鹿塘居住时间最长的已有6年，最短的也有2年，日常生活中主要使用汉语，偶尔使用腊鲁话，这一组孩子的年龄范围在8~15岁，共10人，作为主要研究对象。

（二）研究步骤

本研究通过腊鲁话词汇水平测试问卷所得的数据，然后用SPSS17.0对数据进行整理，并对其进行相关因素分析。腊鲁话词汇水平测试问卷参照Ammerlaan（1996）和Hulsen（2000）所设计的看图命名问卷，我们剔除了在腊鲁人社会生活中出现频率较低的词汇，根据实际情况增补部分新词汇进行完善，共有60个词。测试中，根据被调查者的实际情况，记录员对每个词汇按照表9.4.1进行归类，每个受调查者限时大约15分钟。

---

① Hagège.Halte à la mort des langues. Paris: Odile Jacob，2000，pp.109-110. 转引自Miriam Ben-Rafael.Language contact and attrition: The spoken French of Israeli Francophones.B. Kopke M.Keijser and L. Weilemar eds.， Proceedings of the International Conference on First Language Attrition:Interdisciplinary Perspectives on Methodological Issues. Amsterdam: John Benjamins，2003，pp.165-167.

表 9.4.1 腊鲁话词汇测评量表

> 1. 根据实际情况，按照 A、B、C 进行分类。
> 2. 如果情况是 C，用国际音标记录其实际发音。
> A. 我从来没见过这个东西，也不会说。
> B. 我以前见过这个东西，知道怎么说，但是现在忘记了。
> C. 我见过这个东西，叫什么。

测试之后，对其结果进行分类，得出四种情况：A 提取失败；B 提取困难；C 提取正确；C 提取失误。如果被试在测评中对图形产生歧义，或者受认识水平限制不能正确识别图形，记录员可以对其进行汉语提示；如果仍然出现错误，则归结为 C（提取失误）。调查结束，对每一个被试的四种情况进行统计归类，了解其词汇磨蚀的程度。

二、结果与分析

（一）结 果

表 9.4.2 是两组不同的被试共 15 个人对 60 个看图命名的不同选择的描写统计。

表 9.4.2 两组被试的词汇提取描述分析（$N=15$）

组 别		N	均 值	标准差	均值的标准误
A	参照组	5	4.8000	1.64317	.73485
	磨蚀组	10	6.7000	2.11082	.66750
B	参照组	5	3.2000	.83666	.37417
	磨蚀组	10	12.6000	3.92145	1.24007
C 错误	参照组	5	3.2000	.83666	.37417
	磨蚀组	10	6.6000	1.50555	.47610
C 正确	参照组	5	48.8000	2.38747	1.06771
	磨蚀组	10	34.1000	3.14289	.99387

从参照组和磨蚀组的不同选择来看，参照组的数据比磨蚀组的数据略显优势。其中，参照组的 A 类情况均值为 4.8 个，占全体词汇的 8%；B 类情况和 C 错误类情况的均值都为 3.2 个，占全体词汇的 5%；C 正确类情况的均值为 48.8 个，占全体词汇的 81%。磨蚀组出现 A 类情况的均值为 6.7，占全体词汇的 11%；B 类情况的均值为 12.6，占全体词汇的 21%；C 错误类情况的均值为 6.6，占全体词汇的 11%；C 正确类情况的均值为 34.1，占全体词汇的 57%。

（二）分 析

为了检验两组数据之间是否具备显著性差别，我们采用独立检验的 t 检验对其进行验证，如表 9.4.3。

表 9.4.3　两组被试词汇提取的独立样本 *t* 检验

		方差方程的 Levene 检验		均值方程的 *t* 检验					差分的 95% 置信区间	
		F	*Sig.*	*t*	*df*	*Sig.*（双侧）	均值差值	标准误差值	下限	上限
A	假设方差相等	.230	.639	−1.753	13	.103	−1.90000	1.08380	−4.24140	.44140
	假设方差不相等			−1.914	10.229	.084	−1.90000	.99275	−4.10530	.30530
B	假设方差相等	3.093	.102	−5.207	13	.000	−9.40000	1.80512	−13.29973	−5.50027
	假设方差不相等			−7.257	10.517	.000	−9.40000	1.29529	−12.26696	−6.53304
C 错误	假设方差相等	2.013	.180	−4.647	13	.000	−3.40000	.73170	−4.98074	−1.81926
	假设方差不相等			−5.615	12.673	.000	−3.40000	.60553	−4.71161	−2.08839
C 正确	假设方差相等	.219	.648	9.156	13	.000	14.70000	1.60552	11.23149	18.16851
	假设方差不相等			10.078	10.448	.000	14.70000	1.45869	11.46865	17.93135

数据显示，在 B 类情况下，组间差异显著，*t*（13）=−5.207，*p*=0.000，一直生活在母语占优势的磨味的对照组比生活在以汉语为主的环境下的磨蚀组记得更多的词汇。

数据也显示，在 C 错误类情况下，对照组比磨蚀组犯更少的错误，差异显著，*t*（13）=−4.647，*p*=0.000。生活在磨味的腊鲁人由于母语使用的不间断，从而使记得的词汇更为准确，而生活在汉语环境下的马鹿塘的腊鲁人，在词汇记忆的准确性方面大打折扣。

数据还显示，在 C 正确类情况下，对照组比磨蚀组说正确更多的词汇，差异显著，*t*（13）=9.156，*p*=0.000。这说明，磨味的腊鲁人语言保持质量明显地高于二语环境下的马鹿塘的腊鲁人。

另外，我们在数据中也发现，对照组和磨蚀组在 A 类情况下数据显示的价值不大，*t*（13）=−1.754，*p*=0.103，说明接受调查的孩子们认知方面在组中的分布不显著。

三、变量与磨蚀组的相关因素分析

影响母语磨蚀的内部机制和外部原因至今还在学界未成定论，许多学者从不同的学科领域对此展开跨学科的探讨。倪传斌、刘治归纳了母语磨蚀的相关因素，即年龄、受蚀时间、读写能力、受教育的程度、母语接触、情感因素等，都与母语磨蚀密切相关。[1] 在本研究中，我们选取了年龄、性别和受蚀时间与词汇磨蚀作为相关因素分析，以寻找它们之间的联系。

（一）年龄与词汇磨蚀

通过卡方检验，我们可以看出年龄与词汇磨蚀四个变量之间的相关关系，如表 9.4.4 所示。

---

[1]　倪传斌、刘治：《影响母语磨蚀的相关因素分析》，载《当代语言学》2009 年第 3 期。

表 9.4.4　年龄与词汇磨蚀变量的相关性

变　　量	卡方值	自由度	双侧近似率	与年龄的显著性
A	32.2	18	0.009	有
B	37	21	0.017	有
C 错误	28.471	15	0.019	有
C 正确	33.2	15	0.004	有

据表 9.4.4 所示，我们可以看出年龄与量表的 A、B、C 错误、C 正确类之间差异显著，其显著水平分别为 0.009（X^2=32.2，df=18，N=10）、0.017（X^2=37，df=21，N=10）、0.019（X^2=28.471，df=15，N=10）、0.004（X^2=33.2，df=15，N=10）。成年人的母语磨蚀与青少年的母语磨蚀截然不同，就 1~15 岁青春期之前的孩子而言，母语磨蚀在每一个年龄段的表现并不一致，其磨蚀程度、磨蚀速度等广泛存在着一定的临界值。成年人由于心智和社会化程度都比较成熟，加之语言的各要素习得已经稳定，并在日常生活中不断得到巩固，因而从磨蚀速度和磨蚀等级上来看要优于青少年。而青少年正处于语言和认知都还不完善的阶段，在二语输入和干扰之下，母语的丧失更加容易。就学界所做的探索来看，处于青春期前期的孩子母语磨蚀的临界期是显著的。其中，Long[1]，Harley and Wang[2] 通过实证提出了 6~7 岁是儿童母语磨蚀的敏感期。儿童如果习得二语越轻松，母语就越可能遭到磨蚀。倪传斌[3] 则通过总结前贤的实证调查后认为，12~14 处于青春期的孩子，如果受蚀之前一直生活在母语生态良好的环境中，那么今后就算较长时间处于第二语言的环境中，其母语磨蚀程度和速度都要小得多。

（二）性别与词汇磨蚀的相关性

表 9.4.5 是利用 SPSS 软件 Chi-square Test 对 "性别" 等四个变量进行检验的结果。

表 9.4.5　性别与词汇磨蚀

变　　量	卡方值	自由度	双侧近似率	与性别的显著性
A	7.11	6	0.311	无
B	10.667	7	0.154	无
C 错误	8.178	5	0.147	无
C 正确	8.178	5	0.147	无

① Long M.H. Second language acquesition as a function of age: Research findings and methodological issues. In K. Hyltenstam and A. Viberg eds., Progression and Regression in Language. Cambridge:Cambridge University Press, 1993, pp. 196-221.

② Harley B. and W. Wang. The critical period hypothesis: Where are we now？ In A.M. B. de Grootand J. F. Krol, l eds., Tutorials in Bilingualism: Psycholinguestic Perspectives. Mahwah, NJ: LawrenceErlbaum, 1997, pp. 19-52.

③ 倪传斌、刘治：《影响母语磨蚀的相关因素分析》，载《当代语言学》2009 年第 3 期。

母语习得与磨蚀是否具有性别的差异，目前在学界鲜有谈及。但在二语磨蚀研究领域，一些学者已经做了相应的实证研究。其中，Hansen[1] 和倪传斌[2] 都撰文证实了二语磨蚀具有性别差异，女性的磨蚀速度和程度都远远大于男生。在我们的检验结果中，性别与 A、B、C 错误、C 正确四类情况均无显著性特征，其显著性水平分别为 0.311（X^2=7.11，df=6，N=10）、0.154（X^2=10.667，df=7，N=10）、0.147（X^2=8.178，df=5，N=10）、0.147（X^2=8.178，df=5，N=10）。在我们调查的 10 个孩子当中，词汇测评与对照组相比都存在或多或少的磨蚀情况，但就性别变量而言，相关度比较微弱，因而在本次母语词汇磨蚀测评中该群体并不存在必然的相关关系。

（三）受蚀时间与词汇磨蚀的相关性

表 9.4.6 是利用 SPSS 软件 Chi-square Test 对"受蚀时间"等四个变量进行检验的结果。

表 9.4.6　受蚀时间与词汇磨蚀

变　量	卡方值	自由度	双侧近似率	与磨蚀时间的显著性
A	15.497	10	0.115	无
B	27.886	14	0.015	有
C 错误	17.707	10	0.06	无
C 正确	24.229	12	0.019	有

数据显示，受蚀时间与母语词汇量表中的 B、C 正确两种情况具有显著性差异，其显著水平为 0.015（X^2=27.886，df=14，N=10）、0.019（X^2=24.229，df=12，N=10），说明受蚀时间越长，遗忘的词汇就相应地增加，能给事物正确命名的可能性就逐渐变小，词汇检索有一定的难度。这与 Olshtain 和 Barzilay[3] 对成年人的词汇测评得出的结论相仿，他们用词汇检索的方法对 15 名以色列的美国移民做了词汇磨蚀研究，发现虽然这些移民顽强地保持着自己的母语，但随着代际的增加，出现了一定程度的词汇检索困难。

四、小　结

母语磨蚀作为语言保持的一个方面，在经过将近 30 年的发展之后，其跨学科的性质依然存在，因而在对同一个问题进行探讨和研究的时候往往出现多个不同的意见，甚至有的相互抵牾。这是学科发展的必经之路。近年来这种现象有所减少，把其归入心理语言学的呼声逐渐增大，但从社会语言学的角度进行调查统计仍然是语言磨蚀必不可少的一个部分。离开母语环境的腊鲁人在词

---

[1]　Hansen L.Second Language Attrition in Japanese Contest. Oxford University Press，1999，pp.142-153.

[2]　倪传斌：《外语磨蚀的性别差异》，载《外语与外语教学》2009 年第 4 期。

[3]　Olshtain E and M. Barzilay. Lexical retrieval difficulties in adult language attrition. In H. W. Seliger and R.M.Vago，Cambridge University Press，1991，pp.139-150.

汇方面出现了一定程度减损，这与受调查者的年龄、受蚀时间有着密切的联系，与性别的差异没有明显的联系。但本文选用的词汇测评的方法较为单薄，对深入挖掘母语词汇磨蚀的原因、程度、速度等都还存在解释力不够的情况。另外，由于样本数有限，得出的结果可能还具有片面性，论文今后的工作还将继续铺开，并将继续追求较新较全面的方法和理论使其更加完善。

附录一　长篇语料

一、lo³³tsʅ³³phju³³tse̞³³

骡子　　白色

e⁵væ³³be̞³³dza³³, tsha³³the²¹mo³³xe⁵⁵ me²¹tho²¹mɯ⁵⁵ tsha³³so³³po³³ɣə²¹³ŋa³³, mɯ⁵⁵
这样说　有　人　一个　古时候　（助）人　富裕家　是（连）

mæ²¹ʑæ²¹mo³³le⁵⁵xo³³, lo³³tsʅ³³tshe³³mo³³dza³³, lo³³tsʅ³³phju³³tse̞³³the²¹mo³³dza³³. ʑa²¹
媳妇大　（助）娶　骡子　十个　有　骡子　白色一个　有　他

mæ²¹ʑæ²¹mo³³le⁵⁵ n̩²¹li³³a³³be̞³³, ʑa²¹mæ²¹ʑæ²¹mo³³da̞³³be̞³³, ŋo³³ni³³a⁵⁵ n̩²¹li³³a³³,
媳妇大　（助）不要（助）说他　媳妇大　跟说　不要（助）

ŋo³³lo³³tsʅ³³tshe³³mo³³dza³³, ni³³a⁵⁵the²¹mo³³se³³lo⁵⁵. mæ²¹ʑæ²¹mo³³be̞³³: "ŋo³³lo³³tsʅ³³
我骡子　十个　有　你（助）一个　选我　你（助）　我　骡子

phju³³tse̞³³na⁵⁵mo³³a²¹li³³a³³, lo³³tsʅ³³phju³³tse̞³³, lo³³tsʅ³³phju³³tse̞³³, ŋo³³xue³³ʑe³³a²¹ka³³
白色　那个　要（助）骡子白　色　骡子　白色　我　婚姻　哪里

tue³³mɯ⁵⁵ a²¹ka³³ŋæ²¹a⁵⁵ gə²¹ʑi³³. " ko³³tæ³³mɯ⁵⁵ tshə²¹sʅ⁵⁵ the²¹mo³³pe̞³³pæ³³o³³le³³n̩²¹
对　就　哪里　站（助）给去　后来（助）　城市　一个　跑　遍（助）也

ɲæ²¹la⁵⁵gə²¹. mæ²¹ʑæ²¹mo³³be̞³³: "lo³³tsʅ³³phju³³tse̞³³, lo³³tsʅ³³phju³³tse̞³³, n̩²¹tue⁵⁵,
没站（助）给　媳妇大　说　骡子　白色　骡子　白色　不对就

ɣo²¹dɯ³³n̩²¹ɲa²¹la⁵⁵gə²¹, mɯ⁵⁵tshə³³sʅ⁵⁵the²¹mo³³ko³³pæ³³o³³, mɯ⁵⁵khæ³³pæ²¹tshe³³du²¹
是　不站（助）给　城市　一个　走遍（助）　那边　米（助）

xe³³the²¹xe³³dza³³, tshe³³du²¹xe³³na⁵⁵xe³³da̞³³ɲæ²¹la⁵⁵o³³. mɯ⁵⁵mæ²¹ʑæ²¹mo³³be̞³³: "lo³³
房　一间　有　米（助）房　那间　在　站（助）（助）于是　媳妇大　说　骡

tsʅ³³phju³³tse̞³³, lo³³tsʅ³³phju³³tse̞³³, e⁵⁵ka³³mɯ⁵⁵xue³³ʑe³³tue⁵⁵la⁵⁵o³³, tue⁵⁵la⁵⁵o³³. "
子　白色　骡子　白　色　这里（助）婚姻　对（助）（助）　对（助）（助）

ʑa²¹ɣo²¹dɯ³³thio̞³³tɕi³³le³³, tshe³³du²¹xe³³na⁵⁵ xe³³le⁵⁵di²¹ʑi³³o³³. tsha³³ma²¹ku³³me³³ɕa⁵⁵
她　就　跳　下　来米（助）房　那　间　里到　去（助）人　老　女　眼　瞎

the²¹mo³³ɣə²¹tɯ⁵⁵la⁵⁵, mɯ⁵⁵nɯ³³ni³³: "ta⁵⁵mo³³, ta⁵⁵mo³³, næ²¹ke³³ɣə²¹⁻³³kho²¹mo³³
一个　在进（助）于是　问　大妈　大妈　你们　家　多少

o²¹dzo³³dzo²¹dza³³. " ta⁵⁵mo³³be̝³³: "ni²¹o²¹dzo³³dzo²¹dza³³. " "ni³³zo²¹a²¹ka³³z̝i³³o³³？"
个饭 吃 有　　大 妈 说　　两 个 饭 吃 有　　你 儿 哪里 去（助）

ta⁵⁵mo³³be̝³³: "ŋo³³zo²¹tshə²¹le⁵⁵se̝³³thæ⁵⁵vu²¹lɯ⁵⁵z̝i³³o³³. " mæ²¹zæ²¹mo³³be̝³³: "ni³³
大 妈 说　　我 儿 城 里 柴 砍 卖（助）去（助）　媳妇大　说　你

zo²¹le⁵⁵e³³e⁵⁵le³³, a⁵⁵ke³³the²¹ɣə²¹du³³lo⁵⁵ /pe³³tæ³³a³³, ni²¹ma²¹la²¹pe³³tæ³³a³³, ŋ²¹ŋa³³
儿（助）叫 回 来　我 们 一 家 出 让　做得（助）两口子　做得（助）不是

mɯ⁵⁵çi⁵⁵ta³³də³³. " mɯ⁵⁵za²¹mo³³e³³z̝i³³, mɯ⁵⁵za²¹zo²¹da²¹xo⁵⁵: "ou⁵¹！ ni³³a⁵⁵ke³³
就　害羞 的　　于是 他 妈 叫 去　但是 她 儿 答 回　　哦　你 我 们

da³³zo²¹mæ²¹the²¹mo³³xæ²¹ma⁵⁵la⁵⁵mɯ⁵⁵ŋo³³çi³³ta³³də³³, phja³³ŋ²¹dza³³mɯ⁵⁵ŋo³³go²¹z̝i³³
跟 姑娘 一 个 领 放（助）的话我 害羞 的　衣服 不 有（助）我 回 去

ŋ²¹kɯ⁵⁵. zo²¹mæ²¹na⁵⁵mo³³be̝³³: "ni³³phja³³e⁵⁵tho⁵⁵ve³³çi³³, za²¹le⁵⁵ve²¹çi³³le³³lo⁵⁵. "
不会　姑 娘 那 个 说　　你 衣服 这 套 拿去　他（助）穿（助）来 让

mɯ⁵⁵phja³³na⁵⁵tho⁵⁵ve²¹la⁵⁵z̝i³³go²¹le³³la⁵⁵o³³. zo²¹mæ²¹na⁵⁵mo³³be̝³³: "a⁵⁵ke³³ni²¹o³³ni²¹
于是 衣服 那套 穿（助）因此回来（助）（助）姑娘 那 个 说　　我们俩 两

ma²¹la²¹pe³³tæ³³a³³. " tsha³³pho³³na⁵⁵mo³³be̝³³: "pe³³mɯ⁵⁵pe³³do³³a³³, mɯ⁵⁵e⁵⁵me³³
口子 做得（助）　男人 那 个 说　　做（助）做行（助）但是　今晚

ŋo³³the²¹za⁵⁵dzo²¹lo³³mo³³le³³ŋ²¹dza³³. " "ni³³e⁵⁵ŋ²¹nə⁵⁵ve³³çi³³mɯ⁵⁵væ³³z̝i³³. " tsha³³
我 一 样 吃 的　　都 没有　　你 这 两 个 拿（助）就　买去 男

pho²¹na⁵⁵mo³³da²¹xo⁵⁵: "e⁵⁵ŋ²¹nə⁵⁵phju³³ŋa³³na⁵⁵væ³³a²¹？" zo²¹mæ²¹na⁵⁵mo³³be̝³³:
人 那 个 答回　　这 两 个 银子 是 那样（助）　姑娘 那 个 说

"phju³³ŋa³³. " tsha³³pho²¹na⁵⁵mo³³da²¹xo⁵⁵: "e⁵⁵za⁵⁵ŋo³³pi⁵⁵pi³³mja³³tæ³³la⁵⁵, dzo²¹
银子 是　男 人 那 个 答回　　这种 我 满 满 看 见（助）吃

dʑa³³do³³æ²¹？ zo²¹mæ²¹na⁵⁵mo³³be̝³³: "dzo²¹dʑa³³do³³a²¹. " mɯ⁵⁵za²¹a³³ni²¹o³³lo³³tsʅ³³
完 能（助）　姑娘 那个 说　　吃 完 能（助）　　于是 他们 两 个 骡子

phju³³tse̝³³na⁵⁵mo³³tɕa³³tɕi³³z̝i³³. phju³³mɯ⁵⁵lo³³tsʅ³³le⁵⁵the²¹tse̝³³, za²¹a³³ni²¹o³³the²¹mo³³
白 色 那 个 牵出 去　　银子（助）骡子（助）一 驮　　他们 俩 一个

the²¹ve³³ve³³çi³³le³³. zo²¹mæ²¹a⁵⁵mo³³tsha³³pho²¹na⁵⁵mo³³le⁵⁵be̝³³: "tshə²¹le⁵⁵xe³³the²¹
一 背 背（助）来　姑娘 那 个 男 人 那 个（助）说 城 里 房子一

xe³³væ³³z̝i³³. " mɯ⁵⁵tsha³³pho²¹na⁵⁵mo³³væ³³z̝i³³o³³, tshə²¹le⁵⁵de³³za²¹o⁵⁵dɯ³³na⁵⁵mo⁵⁵
间 买去　于是 男人 那 个 买 去（助）城里（助）头　那 个

za²¹le⁵⁵be̝³³: "ni³³the²¹le³³ŋ²¹khu³³ɣo²¹zo²¹xa³³o²¹mo³³lɯ⁵⁵a³³, ni³³xe³³the²¹xe³³væ³³tu³³
他（助）说　你 一 刻 不 闲　　小工 只做（助）（助）你房子一 间 买 起

n̩²¹kɯ⁵⁵, ni³³a³³dʐ̩³³xe³³the²¹xe³³a³³væ³³tu³³kɯ⁵⁵ a³³ŋa³³mɯ⁵⁵, ŋo³³ni³³a⁵⁵ xe³³the²¹sua³³
不能　你真房子一　间如果买　起能　要是就　我你（助）房子一栋

me⁵⁵ gə²¹a³³！" ko³³tæ³³zo²¹mæ²¹na⁵⁵ mo³³ne²¹tsha³³pho²¹na⁵⁵ mo³³a³³dʐ̩³³xe³³the²¹xe³³
送（助）　　后来姑娘　那　个　和　男人　那　个　真　的　房子一间

væ²¹o³³, na⁵⁵ sua³³le³³me⁵⁵ ɣo³³a³³. ʐa²¹ke³³mɯ⁵⁵ tsha³³so³³po⁵⁵ pjḁ²¹o³³.ko³³tæ³³zo²¹mæ²¹
买（助）那栋　也　送　（助）　他们　就　人　富裕　变成（助）　后来　姑娘

na⁵⁵ mo³³de³³tsha³³pho²¹xe⁵⁵ me²¹na⁵⁵ mo³³dzo³³me⁵⁵ lɯ⁵⁵ le³³la⁵⁵ o³³, mɯ⁵⁵ zo²¹mæ²¹na⁵⁵
那　个（助）男人　　以前那　个　饭要（助）来（助）（助）于是姑娘　那

mo³³nɯ³³ni³³: "ni³³tsha³³so³³po³³the²¹mo³³ŋa³³mɯ⁵⁵ a²¹ta³³ŋa³³zi³³dzo³³me⁵⁵ lɯ⁵⁵ le³³la⁵⁵
个　问　　　你人　富裕　一　个　是（助）　为什么饭　要（助）来（助）（助）

o³³dza³³?" tsha³³pho²¹na⁵⁵ mo³³bę³³: "ŋo³³mæ²¹ʐæ²¹mo³³the²¹mo³³dza³³, ʐa²¹zo²¹mæ²¹the²¹
男人　那　个　说　　我　大媳妇一　个　有　她　姑娘　一

mo³³dza³³, mɯ⁵⁵ ŋo³³ʐa²¹le⁵⁵ n̩²¹li³³a³³, lo³³tʂ̩³³phju³³tsę³³the²¹mo³³dza³³, mɯ⁵⁵ ʐa²¹tsæ²¹
个　有　　我她（助）不要（助）骡子　白　色　一　个　有　　但她骑（助）

ɕi³³o³³. ɣo²¹dɯ³³ŋo³³e⁵⁵ væ³³tɕho²¹o³³dza³³, fa²¹tsə⁵⁵ ŋo³³dzo³³me⁵⁵ lɯ⁵⁵ zi³³mɯ⁵⁵ ni³³le⁵⁵ zə⁵⁵ tæ³³o³³,
（助）就　是　我　这样穷（助）（助）反正我　饭　要（助）去（助）你（助）认得（助）

ŋo³³bę³³ŋo³³ni³³a⁵⁵ se³³the²¹kɯ⁵⁵ tso³³gə²¹. " the²¹lę²¹o²¹tha²¹a³³ko²¹o³³mɯ⁵⁵ tsha³³pho²¹a⁵⁵
我说我你（助）虱子一会　找给　　一会儿一　过（助）就男人　　那

mo³³nɯ³³ni³³: "ni³³de³³pḁ³³e⁵⁵ mo³³a²¹ka³³le⁵⁵ dza³³?" zo²¹mæ²¹na⁵⁵ mo³³bę³³: "ŋo³³xe⁵⁵
个　问　　你（助）疤　这个哪儿　有　　姑娘那个说　我　以

me²¹mɯ⁵⁵ mæ²¹ʐæ²¹mo³³the²¹mo³³ŋa³³, ŋo³³tsha³³pho²¹kho⁵⁵ tshǫ³³thæ⁵⁵ zi³³thæ⁵⁵ tæ³³o³³
前（助）　媳妇大　一　个是　我男　人斧头　　砍所以砍中

dza³³. ni³³e⁵⁵ væ³³tɕho²¹mɯ⁵⁵ ŋo³³xe³³væ³³ɕi³³le³³na⁵⁵ xe³³ni³³a⁵⁵ ɣə²¹lo⁵⁵, kha²¹pa⁵⁵ na⁵⁵ xe³³
（助）（助）你这样穷（助）我房子买（助）来那间你（助）在让　另外　那

ni³³a⁵⁵ n̩²¹ɣə²¹lo⁵⁵！ "
间　你（助）不在　让

汉译：

有这样的说法，以前有一个富裕人家，娶了个大媳妇，有十个骡子，其中有一个白骡子。（一天）他说他不要大媳妇了，他跟大媳妇说："我有十个骡子，让你选一个。"大媳妇说："我要白色那个。"（大媳妇骑上白骡子）说："白骡子，白骡子，我的婚姻哪里合适，就在哪里停。"后来，她骑着骡子跑遍了一个城市，白骡子也没停。大媳妇说："白骡子，白骡子，婚姻不合适就不要停。"他们又走遍了一个城市，白骡子在一个米仓房旁边停了下来。大媳妇说："白骡子，

白骡子，我的婚姻合适了。"于是她就跳了下来，并走进那个米仓房，一个盲人老妈妈住在里面。于是问："大妈，大妈，你们家有几个人吃饭。"大妈说："有两个人吃饭。""你儿子去哪里了？"大媳妇问。"我儿子砍柴去城里卖了。"大妈说。"把你儿子叫回来吧，我愿意跟他做一家人，不然的话就害羞了。"大媳妇说。于是，盲人老妈妈就去叫儿子，但是她儿子说："喔，你领一个姑娘放在家里，衣服没有的话我是不回去的。"姑娘对老妈妈说："你把这套衣服拿去，让他穿着回来。"（儿子回来了）姑娘对他说："我们俩做两口子得了！"男人说："可以的，但是我今天晚上什么吃的都没有啊！"姑娘说："你拿这两个买去吧。"男人说："这两个是银子吗？"姑娘说："是的。"男人于是说："这个东西么我见得多了，能吃得完吗？"姑娘说："吃得完。"于是他俩牵着白骡子去驮一驮回来，每人还背了一背。姑娘对男人说："去城里买一个房子吧！"男人就去城里买房，城里的领导说："你整天以打工为生，你如果买得起房子，我送你一栋！"后来，姑娘和男人真的买了一个房子，城里的领导也就送了他们一栋房子。他们就变成富人了。过了一段时间，姑娘以前的那个男人来讨饭，姑娘就问他："你一个富人，为什么来讨饭了？"她的前男人说："我有一个大媳妇，生了个姑娘，我就不要她，她就把白骡子骑走了，就是这样，我就变穷了。反正你认得我要饭为生，就让我帮你找虱子吧！"（他就给女人找虱子）过了一会儿，那个男人问："你这个疤哪儿来的？"女人说："我以前是一个大媳妇，我男人用斧头给砍的。你这样穷，我子买了一个房让你住，另外那个房子不给你住！"

二、tsha³³ni²¹n̩a³³xe³³bɯ³³
人　兄弟　　家　分

xe⁵⁵me²¹tho²¹, tsha³³ni²¹n̩a³³ɣə²¹bɯ³³, xe³³ka³³phju³³tɕi⁵⁵ o²¹ne²¹a⁵⁵nu⁵⁵the²¹mo³³dza³³.
先　前　　人　兄弟　家　分　　家里　银子点儿　和　狗　一　条　有

ʑa²¹ko³³lia²¹ɕie³³tɕi⁵⁵ o²¹tu²¹, mɯ⁵⁵phju³³na⁵⁵tɕi⁵⁵ ʑa²¹ko³³pe³³, a⁵⁵nu⁵⁵na⁵⁵mo³³ʑa²¹n̩a³³ma²¹pe³³.
他哥良心　一点毒　　于是　银子那些　他哥做　　那个　他弟弟做

ʑa²¹n̩a³³ma²¹mi³³ga²¹lɯ⁵⁵kɯ⁵⁵ne²¹ŋa³³, a³³tso³³le³³ga²¹o³³lɯ⁵⁵kɯ⁵⁵a⁵⁵, mɯ⁵⁵n̩u²¹n̩²¹dza³³
他弟弟　地种（助）会　很是　什么都种（助）（助）会（助）但是　牛不

ʑi³³ʑa²¹n̩a³³ma²¹pa³³fa²¹the²¹mo³³di²¹tsha²¹tɕhi⁵⁵le³³, po³³tsʅ³³so³³lə²¹pe³³ʑi³³the²¹ka³³the²¹mo³³
有　因此他　弟弟　办法一　个　　想　出　来　包子三个做所以一　处

to⁵⁵la⁵⁵, ko³³tæ³³a⁵⁵nu⁵⁵na⁵⁵mo³³mɯ⁵⁵mo²¹ko²¹ʑi³³kɯ⁵⁵la⁵⁵o³³.ʑa²¹n̩a³³ma²¹a³³tso³³le³³ga²¹
一　个　放（助）然后　狗　那个就　　犁过　去会（助）（助）他弟弟　什么

tɕhi⁵⁵kɯ⁵⁵le³³la⁵⁵o³³.
都种出会来（助）（助）

ko³³tæ³³ʑa²¹ko³³phju³³na⁵⁵tɕi⁵⁵zə²¹dʑa³³o³³, mɯ⁵⁵mja²¹ga²¹lɯ⁵⁵tæ³³a³³.mɯ⁵⁵ʑa²¹n̩a³³ma²¹
后来他哥　银子那些花完（助）于是　活　干（助）得（助）于是他　弟弟

da³³be̞³³："ni³³a⁵⁵nu⁵⁵na⁵⁵mo³³ŋo³³a⁵⁵the²¹ni²¹ni³³mo²¹ʑi³³lo⁵⁵tæ³³a³³." ko³³tæ³³ʐa³³ko³³mo²¹
跟 说　你 狗　那 个 我（助）一 两 天 犁　去 让 得（助）后 来 他 哥 犁
ʑi³³muɯ⁵⁵a⁵⁵nu⁵⁵the²¹tɕi⁵⁵o²¹le³³n̠²¹xa³³.the²¹do³³te⁵⁵le³³ga³³li⁵⁵li⁵⁵,ni²¹do³³te⁵⁵le³³ga³³li⁵⁵li⁵⁵,
去 但是　狗　一 点 儿 都 不动一 回 打 也 汪汪汪　　两 回 打 也 汪汪汪
so³³do³³na⁵⁵do³³ga³³li⁵⁵li⁵⁵le³³n̠²¹e³³muɯ⁵⁵the⁵⁵se³³gə²¹o³³.
三 回 那 回 汪汪汪 也不叫就 打 杀给（助）

　　muɯ⁵⁵ʐa²¹n̠a³³ma²¹ŋuɯ³³.ko³³tæ³³a⁵⁵nu⁵⁵na⁵⁵mo³³the²¹le²¹o³³phju³³pia²¹tɕhi⁵⁵le³³o³³,ʐa²¹
　　于是 他 弟弟 哭 后来　狗 那 个 一 下 子 银子变出 来（助）他
n̠a³³ma²¹muɯ⁵⁵so³³po³³o³³,ʐa²¹ko³³muɯ⁵⁵the²¹ʐa⁵⁵le³³n̠²¹dza³³a³³pja²¹o³³.
弟弟 就 富裕（助）他 哥 就 一 样 都 不有（助）变（助）

汉译：

　　从前，有兄弟俩分家，家里有一些银子和一条狗。哥哥的良心有点毒，把那些银子都拿走了，狗就给弟弟。

　　弟弟很能种地，什么都能种，但是没有牛。（怎么犁地呢？）他想出了一个办法，做了三个包子，一处一个放在狗的前面，那个狗就会犁过去了，弟弟什么都能种出来。

　　后来，哥哥把银子花完了，不得不去干活，他于是跟弟弟说："把你的狗给我犁一两天地。"哥哥带着狗去犁地，但是狗一点儿也不动，打一回"汪汪汪"，打两回"汪汪汪"，三回两回"汪汪汪"也不叫了，狗被打死了。

　　弟弟哭了起来，一会儿，狗变成了银子，弟弟于是变得富裕起来，而哥哥还是什么也没有。

三、tsha³³le⁵⁵mə²¹gə²¹dæ²¹
人（助）霹雳　打

xe⁵⁵me²¹tho²¹,tsha³³the²¹ɣə²¹dza³³,ʐa²¹te³³ʐa²¹mo³³muɯ⁵⁵mja²¹ga²¹ʑi³³o³³,a³³ni³³muɯ⁵⁵
先前　　人 一 家 有　他爹他 妈（助）活 干去了 孩子（助）
ʐa²¹a⁵⁵ʐe³³ʐa²¹ne³³le⁵⁵xæ²¹la⁵⁵lo⁵⁵.ʐa²¹a⁵⁵ʐe²¹ʐa²¹ne⁵⁵muɯ⁵⁵mə²¹tsæ³³ʑi³³tshe³³sæ²¹luɯ⁵⁵,muɯ⁵⁵
他 爷爷 他奶（助）领（助）让 他 爷爷 他奶 天 好 所以谷子 晒 但
a³³ni³³o²¹le⁵⁵fa²¹n̠²¹di³³a³³.a³³ni³³o²¹ʐa²¹a³³ʐa²¹lua⁵⁵do³³,a³³ni³³o²¹de³³dʐ̩³³le⁵⁵the²¹ta⁵⁵mæ³³
孩子 （助）防不到（助）孩子他 自己 乱 得 孩子 梯子（助）一 段 爬
te³³le³³muɯ⁵⁵kua³³tɕi⁵⁵（puɯ⁵⁵）o³³,muɯ⁵⁵a³³ni³³o²¹kua³³no³³o³³.ko³³tæ³³a³³ni³³o²¹ʐa²¹te³³ʐa²¹
上 来 就摔 下 （倒）（助）因此 孩子 摔痛（助）后来 孩子他爹他
mo³³go²¹le³³,muɯ⁵⁵ʐa²¹a⁵⁵ʐe²¹ʐa²¹ne³³le⁵⁵kuæ⁵⁵,a³³ni³³o²¹a²¹di³³e⁵⁵væ³³kua³³tɕi³³（puɯ⁵⁵）lo⁵⁵
妈 回来 于是 他 爷爷 他奶（助）怪　孩子 怎么这样 摔 下 （倒）

dza³³. mɯ⁵⁵ ʐa²¹mo³³ke³³le⁵⁵ sə³³sɿ²¹: "ni³³le⁵⁵ li³³n̩²¹li³³le³³xa³³a²¹ŋa³³a³³, ni³³le⁵⁵ kæ⁵⁵ xə³³
让（助）于是　他 妈 们（助）收拾　你（助）要不要都 动算了（助）　你（助）挖 埋

gə²¹o³³ʑi³³ba³³." mɯ⁵⁵ khə³³khə³³the²¹mo³³kæ⁵⁵ tɕhi⁵⁵ le³³ʑi³³ʐa²¹mo³³le⁵⁵ na³³kæ⁵⁵ tɯ⁵⁵ gə²¹ba³³
给（助）去要　　于是　坑 坑 一 个 挖 出 来（连）他 妈（助）那挖进 给 要

be̠³³. thu²¹za²¹tɕie³³, le²¹xə³³tu³³le³³, mə²¹gə²¹dæ²¹tɕi³³le³³, mɯ⁵⁵ ʐa²¹mo³³le⁵⁵ n̩²¹dæ²¹tæ³³, to⁵⁵
说　突然间　雷吼起来，　　霹雳打下来，　但是 他 妈（助）没 打 着 倒

fa²¹ʐa²¹le⁵⁵ dæ²¹pɯ⁵⁵ o³³, khə³³khə³³le⁵⁵ dæ²¹tɯ⁵⁵ o³³, mɯ⁵⁵ ɕi³³o³³。
反 他（助）打 倒（助）坑 坑 里 打 进（助）　就 死（助）

汉译:

　　从前，有一户人家，由于儿子、媳妇要下地干活，并让年老的父母在家帮忙领孩子。有一天，天气很好，父母就赶紧到外面晒谷子，没注意到孩子。而孩子自己特别淘气，趁着爷爷奶奶没注意，就爬到了梯子上。一不小心，孩子从上面摔下来，就摔伤了。后来，孩子的爸爸妈妈干活回来，看见孩子受伤，就怪父母没照顾好孩子，要收拾自己的父母。儿子说："像你们这样的父母，要不要都不重要，挖个坑把你们埋了算了。"说完就挖了一个坑，说要把他妈埋了。突然间，雷吼了起来，一个霹雳滚过，他妈没被打着，倒反把儿子打倒在坑里，死了。

四、tsha³³a²¹ka³³le⁵⁵ le³³
人　哪里　　来

xe⁵⁵ me²¹tho²¹, ʑi³³le⁵⁵ mo⁵⁵ phə²¹lə²¹n̩²¹nə⁵⁵ phu³³la⁵⁵. ko³³tæ³³xa³³the²¹mo³³du³³le³³,
以　前　　　水上　葫 芦　两个漂（助）　后 来老鼠一个出来

mo⁵⁵ phə²¹lə²¹a⁵⁵ n̩²¹nə⁵⁵ le⁵⁵ khɯ⁵⁵ du³³gə²¹o³³. mɯ⁵⁵ tsha³³n̩²¹nə⁵⁵ du³³le³³. ko³³tæ³³mɯ⁵⁵ tsha³³
葫　芦那两个（助）咬　通　给（助）于是 人 两个出来　后来（助）　人

a⁵⁵n̩²¹nə⁵⁵ʐæ²¹tu³³le³³o³³. ʐa²¹ke³³ni²¹o³³e⁵⁵væ³³be³³: "o⁵⁵xu³³u⁵⁵, the²¹me²¹the²¹ka³³le³³ni³³
人 那 两个 大 起来（助）　他们 两 这种　说 哦（感叹）到 处 都看好

ɕi²¹·³³ne²¹, o⁵⁵, ze²¹ne³³ze²¹, ve̠³³lu³³ne³³ve̠³³lu³³, ŋa³³ne³³ŋa³³, tsha³³ne³³a⁵⁵ ke³³ni²¹o³³ti⁵⁵ ti⁵⁵
很　哦 森林呢森林 花 呢 花　　　鸟 呢 鸟 人 呢 我们 俩 单 单

æ²¹ŋa³³, ⁵⁵ka³³e⁵⁵ tɕi⁵⁵ le⁵⁵ kho²¹mo³³sɿ³³tsha³³a³³dʑa³³ne³³ga³³vu³³ɕi²¹·³³ne²¹! a⁵⁵ ke³³ni²¹o³³kho²¹
只是这里 这些（助）　好　多 人 如果有 呢 玩 好 很 我们俩 好

mo³³sɿ⁵⁵ tsha³³ço³³tɕhi⁵⁵ le³³li³³a³³!" ko³³tæ³³mɯ⁵⁵ tsha³³ɣo³³pe³³ɣo³³mjo²¹tu³³le³³o³³, mɯ⁵⁵ a⁵⁵
多 人 生 起 来要（助）后来（助）人 越来 越 多 出来（助）因此

ke³³e⁵⁵ tɕi³³mæ⁵⁵ mæ²¹·³³ʐa²¹ke³³ni²¹o³³ço³³tɕhi⁵⁵ le³³dʑa³³a³³.
我们 这些 全部　他 们俩生 起 来（助）（助）

汉译：

从前，水上漂着葫芦。后来，一个老鼠出来，把两个葫芦咬通了。于是从葫芦里面出来两个人。后来，他们俩长大了。他们俩说："呵呵，到处都很好看，森林呢森林，花呢花，鸟呢鸟，人呢单单只有我们两个，这里如果有很多人就好玩了！我们俩要生很多人！"后来，人越来越多，我们都是他们俩生出来的。

五、谜语四则

（一）

du^{33}zi^{33}zæ^{33}tçhi^{55}zi^{33}, go^{21}di^{21}le^{33}ŋɯ^{33}tɯ^{55}le^{33}.　　　笑着出去，流泪回来。
出去 笑 出 去　回 到 来 哭 进来

　　　　　　　　　　　　　　——zi^{33}thu^{21}　水桶

（二）

a^{33}dzo^{21}bo^{33}mɯ^{55}xe^{55}thæ^{21}, a^{33}ņ^{21}dzo^{21}bo^{33}mɯ^{55}pja^{33}thæ^{33}thæ^{33}.
如果吃饱 就　胀胀的　 如果 不 吃饱 就 扁 扁 的
吃饱了就胀鼓鼓，饿了就瘪嘟嘟。

　　　　　　　　　　　　　　——mæ^{55}li^{55}　口袋

（三）

a^{33}du^{33}zi^{33}o^{33}mɯ^{33}go^{21}di^{21}le^{33}ņ^{21}kɯ^{33}a^{55}.　　　出去就回不来了。
如果 出去（助）就 回 到 来 不 会（助）

　　　　　　　　　　　　　　——a^{33}zi^{33}　口水

（四）

o^{55}li^{33}the^{21}tsa^{33}tsha^{33}so^{33}o^{21}ne^{55}.　　　包头一个三人戴。

包头 一 根 人 三 个 包

　　　　　　　　　　　　　　——xɯ^{33}tçhi^{33}　三脚架

附录二 词汇表

一、天文、地理

0001 天	mə²¹	0023 烟	a⁵⁵khə²¹se³³

0001 天　　mə²¹　　　　　　　0023 烟　　a⁵⁵khə²¹se³³

0002 太阳　mə²¹ni³³　　　　　0024 气　　se⁵⁵

0003 光　　bɯ³³lɯ³³　　　　　0025 蒸汽　me⁵⁵se⁵⁵

0004 月亮　ço³³bo³³　　　　　0026 大石头　lo̥³³ta⁵⁵

0005 星星　kæ³³ô²¹　　　　　0027 石头　lo̥³³mo³³ge³³

0006 天气　（a⁵⁵）mə²¹　　　0028 地　　mi³³/mi³³du²¹

0007 云　　mə³³xə³³　　　　　0029 山　　ɣo²¹me²¹

0008 雷　　mə²¹kə²¹　　　　　0030 山坡　ɣo²¹me²¹de̥³³bo²¹

0009 霹雳　mə²¹gə²¹dæ²¹　　　0031 垭口　kæ⁵⁵le̥²¹

0010 （闪）电　mə²¹ʑi⁵⁵　　　0032 山谷　la³³khu²¹

0011 剩饭　ʥo²¹ni²¹ʥe³³　　　0033 岩石　lo̥³³ta⁵⁵

0012 留　　ga³³tu³³　　　　　0034 悬崖　ʑi³³tɕhi³³

0013 风　　mə²¹se³³　　　　　0035 洞　　çu³³tu³³lu³³

0014 雨　　a⁵⁵mə²¹　　　　　0036 孔　　çu³³tu³³lu³³

0015 虹　　mə²¹ni³³çi³³　　　0037 河　　la³³dza²¹

0016 雪　　ɣo²¹　　　　　　　0038 岸　　tʂhe²¹

0017 雹子　ɣo²¹sæ²¹læ²¹　　　0039 湖　　pa⁵⁵tha²¹

0018 霜　　ni³³phyu³³　　　　0040 海　　xæ²¹/ʑi³³mo³³

0019 露水　tsɹ⁵⁵ʑi³³　　　　　0041 池塘　ʑi³³thḁ²¹/ʑi³³pu⁵⁵thḁ²¹

0020 雾　　mə³³xə³³　　　　　0042 沟　　la³³ço²¹

0021 冰　　pie³³　　　　　　　0043 井　　ʑi³³du²¹

0022 火　　a⁵⁵tu⁵⁵　　　　　0044 坑　　la³³du²¹

0045 斜坡	di⁵⁵ bo²¹
0046 坝	pa⁵⁵ gə²¹
0047 路	dʑo³³mo³³
0048 平坝子	mi³³du²¹bæ³³
0049 草坝	la³³pa³³/mi³³phæ²¹di³³（荒地）
0050 涧	la̠³³ka⁵⁵
0051 田地	mi³³
0052 水田	tæ³³mi³³
0053 旱地	fæ⁵⁵ mi³³
0054 石头	lo³³mo³³ge³³
0055 沙子	sa̠³³
0056 灰尘	khu²¹mɯ³³/tshə²¹xue³³
0057 泥巴	ni⁵⁵ xæ²¹
0058 土	ni⁵⁵ mɯ³³
0059 水	ʑi³³
0060 浪	ʑi³³ve̠³³
0061 泡沫	ʑi³³phu²¹sæ²¹
0062 水滴	ʑi³³tse̠³³
0063 泉水	ʑi³³du²¹
0064 山林（有水、有石）	i³³ɕi³³tʂ̩³³
0065 森林	ze²¹
0066 矿	khua⁵⁵
0067 金子	ɕa³³
0068 银子	phju³³
0069 黄铜	tho²¹ɕa³³tæ³³
0070 红铜	tho²¹ni³³tæ³³
0071 铁	xɯ³³
0072 锈	ʑi³³ni³³

0073 草木灰（家中）	sæ²¹ni²¹mɯ³³/tshə²¹xue³³
0074 草木灰（山上）	khu²¹mɯ³³/tshə²¹xue³³
0075 铝	lue²¹
0076 煤	me²¹
0077 炭	sæ²¹ni²¹
0078 硫黄	liu²¹xua̠²¹
0079 盐	tsho²¹
0080 地方	mi³³di³³（田埂）
0081 国家	ko̠²¹tɕia̠³³
0082 城市	tshə²¹sɿ⁵⁵
0083 市场	dʐɿ³³
0084 村子	kha̠³³
0085 家	xe³³
0086 家乡	kha̠³³
0087 邻居	khæ³³bæ²¹na⁵⁵ɣə²¹³
0088 学校	su⁵⁵za³³xe³³
0089 商店	xo⁵⁵vu²¹xe³³
0090 医院	nu³³gu³³ge³³
0091 军队	kæ²¹fa⁵⁵tɕie³³
0092 人家	na⁵⁵ɣə²¹/ʐa²¹ke³³
0093 监牢	lo²¹tɕo⁵⁵
0094 法院	fa̠²¹ʐe⁵⁵
0095 庙	mi³³ɕi³³tʂ̩³³
0096 寺院	xo²¹sa⁵⁵ɣə²¹ge³³
0097 碑	pe³³
0098 棚子	xe³³pyu³³
0099 桥	dʐɿ³³mo³³
0100 坟	le̠²¹bæ³³

二、身体、部位

0101 身体	gɯ³³di²¹	0128 腰	dzo̠²¹
0102 手脚	tshə³³lə²¹	0129 屁股	phi²¹du²¹
0103 头	o⁵⁵dɯ³³	0130 大腿	phi²¹du²¹
0104 头发	o⁵⁵tshʅ³³	0131 膝盖	tshe³³tɕi⁵⁵kə²¹pə³³
0105 辫子	o⁵⁵tshʅ³³dzæ²¹	0132 小腿	gə̠²¹pæ³³
0106 额头	ŋə̠²¹bə²¹di²¹	0133 脚	tshe³³pe̠³³
0107 眉毛	me̠³³tɕi³³mɯ³³	0134 脚踝	tshe³³me̠³³sæ²¹
0108 眼睛	mi̠³³du²¹	0135 胳膊	lə²¹pɯ⁵⁵
0109 睫毛	me³³lɯ³³tɕi³³	0136 肘	lə²¹tɕi⁵⁵kə²¹pə³³
0110 鼻子	nu³³khu³³	0137 手	lə²¹
0111 耳朵	no⁵⁵pa³³	0138 手腕子	lə²¹tɕi⁵⁵
0112 脸	phæ²¹me̠³³	0139 手指	lə²¹ni³³o²¹
0113 腮	bo²¹li³³	0140 拇指	lə²¹ni³³mo³³
0114 嘴	mi²¹khu³³	0141 食指	lə²¹ni³³
0115 嘴唇	me²¹læ³³	0142 中指	lə²¹ni³³
0116 胡子	me²¹tɕi³³	0143 无名指	lə²¹ni³³
0117 连须胡	læ⁵⁵sa³³fu²¹	0144 小指	lə²¹ni³³zo²¹
0118 下巴	ɕa⁵⁵pa³³ku²¹	0145 指甲	lə²¹ni³³sæ²¹khu³³
0119 脖子	le³³be³³	0146 小手臂	lə²¹pɯ⁵⁵
0120 后颈	le³³ɣə²¹	0147 指节	lə²¹ni³³tɕi⁵⁵
0121 肩膀	phæ³³tsʅ³³	0148 拳头	lə²¹pə³³
0122 背	gɯ³³di²¹	0149 肛门	ɕi²¹du²¹
0123 腋（下）	le̠²¹kæ⁵⁵ɕu³³	0150 男性生殖器	ma²¹tɕho²¹
0124 胸脯	ni̠³³mo³³tso³³	0151 女性生殖器	bi⁵⁵du²¹
0125 乳房	bɯ⁵⁵tsʅ³³	0152 胎盘	thæ³³pha̠²¹
0126 肚子	xɯ⁵⁵pɯ³³	0153 脐带	tɕhi²¹tæ⁵⁵
0127 肚脐	tɕhi³³bi³³du²¹	0154 皮	dʑi³³ko³³

0155 皱纹	xo²¹dʑi³³tsu⁵⁵	0181 沙哑	tɕho²¹xæ⁵⁵
0156 汗毛	ga³³khu²¹mɯ³³	0182 喉结	le³³sæ²¹khu³³
0157 痣	phu²¹zo²¹	0183 肺	tʂʅ²¹pɯ⁵⁵
0158 嘴角	mi²¹khu³³tshe²¹	0184 心脏	ṇi³³mo̤³³sæ²¹
0159 疮	gæ²¹gæ²¹	0185 肝	se²¹
0160 疤	gæ²¹pa̤³³	0186 肾	bə²¹di²¹
0161 疹子	gæ²¹sæ²¹læ²¹	0187 胆	tɕi³³
0162 天花	ve̤³³lu³³	0188 肠子	vu³³tæ³³læ³³
0163 癣	se̤³³	0189 胃	xe⁵⁵mo³³
0164 肉	xo²¹	0190 膀胱	phu²¹sæ²¹læ²¹
0165 血	sʅ²¹	0191 屎	ɕi²¹
0166 奶汁	bɯ⁵⁵tsʅ³³ʑi³³	0192 尿	pɯ⁵⁵sʅ²¹
0167 筋	dʐu²¹	0193 屁	ɕi²¹bi²¹
0168 手脉	mə̤²¹	0194 汗	kæ⁵⁵ʑi³³
0169 脑髓	o⁵⁵no̤²¹	0195 痰	thi⁵⁵tɕhi²¹
0170 骨头	ga²¹ga²¹	0196 口水	a³³ʑi³³
0171 骨髓	ga²¹ga²¹pju³³	0197 鼻涕	nu⁵⁵bi̤³³
0172 脊梁	gɯ³³di²¹ʑi³³ɕo²¹	0198 眼泪	me̤³³ʑi³³
0173 肋骨	nə⁵⁵gə²¹tɕhi³³	0199 脓	bi̤³³ʑi³³
0174 骨节	tɕi⁵⁵	0200 污垢	me²¹
0175 牙齿	sʅ²¹	0201 声音	tɕho²¹be⁵⁵
0176 牙龈	sʅ²¹di³³	0202 话	da²¹pɯ⁵⁵
0177 牙颈	sʅ²¹tɕhi³³	0203 气息	se⁵⁵ga³³
0178 舌头	lo³³	0204 运气	mja²¹
0179 小舌	lo³³zo²¹	0205 寿命	o⁵⁵ka³³
0180 喉咙	le³³sæ²¹khu³³		

三、人称、称谓

编号	词	读音	编号	词	读音
0206	×族（自称）	$lo^{21}lo^{33}$	0230	头人	$po^{33}tsa^{33}$
0207	汉族	$\varphi i^{55}pho^{21}$	0231	地主	$tsha^{33}o^{55}$
0208	彝族	$o^{55}be^{33}$	0232	穷人	$tsha^{33}so^{55}mḛ^{21}$
0209	傣族	$bæ^{33}ʐo^{33}/bæ^{33}ʐu^{33}$	0233	富人	$tsha^{33}so^{33}po^{33}$
0210	哈尼族	$su^{55}pi^{55}$	0234	牧人	$dze^{21}lo^{55}su^{33}$
0211	人	$tsha^{33}$	0235	牧童	$dze^{21}lo^{55}a^{33}ȵi^{33}$
0212	大人	$tsha^{33}ʐæ^{21}$	0236	木匠	$mu^{21}t\varphi ã^{55}$
0213	小孩儿	$a^{33}ȵi^{33}o̰^{21}$	0237	铁匠	$xɯ^{33}dæ^{21}pho^{21}$
0214	婴儿	$a^{33}ȵi^{33}\varphi i^{55}o̰^{21}$	0238	石匠	$lo^{33}mo^{33}ge^{33}dæ^{21}su^{33}$
0215	老人	$tsha^{33}ma^{21}$	0239	裁缝	$phia^{33}næ^{21}$
0216	老头儿	$tsha^{33}ma^{21}ku^{33}$	0240	泥瓦匠	$\varphi i^{55}gu^{21}lɯ^{55}$
0217	老太太	$a^{21}phi^{21}ma^{21}ge^{33}$（贬义，有老婆娘那样的骂人之意）	0241	厨子	$va^{21}pe^{33}su^{33}/pho^{21}$
			0242	船夫	$tshua^{21}xua^{21}su^{33}/pho^{21}$
0218	男人	$tsha^{33}pho^{21}$	0243	猎人	$tshɻ̩^{33}ma^{21}ga̰^{21}su^{33}/pho^{21}$
0219	妇女	$zo^{21}mæ^{21}$	0244	和尚	$xo^{21}sã^{55}$
0220	小伙子	$tsha^{33}le^{55}o̰^{21}$	0245	喇嘛	$xo^{21}sã^{55}$
0221	姑娘	$zo^{21}mæ^{21}le^{55}o̰^{21}$	0246	尼姑	$ni^{21}ku^{55}$
0222	百姓	$mia^{21}ȵi^{21}mo^{33}su^{55}$	0247	巫师	$a^{21}pe^{33}ma^{21}$（背称）
0223	农民	$mia^{21}ga^{21}lɯ^{55}tsha^{33}/su^{33}$	0248	巫婆	$ne^{21}phyo^{21}mo^{33}/sɻ̩^{33}ȵa^{33}mo^{33}$
0224	兵	pie^{33}	0249	乞丐	$dzo̰^{33}me^{55}$
0225	商人	$væ^{33}li^{21}pe^{33}lɯ^{55}tsha^{33}/su^{33}$	0250	贼	$dʑæ^{33}pho^{21}$
			0251	强盗	$t\varphi ã^{21}lɯ^{55}ʐi^{33}$
0226	干部（当官的）	$tsha^{33}o^{55}dɯ^{33}$	0252	病人	$no^{33}tsha^{33}$
0227	学生	$su^{55}za^{33}a^{33}ȵi^{33}$	0253	仇人	$xɯ^{55}su^{33}$
0228	老师	$su^{55}mo^{55}pho^{21}$	0254	皇帝	$o^{55}dɯ^{33}$
0229	医生	$na̰^{33}t\varphi hi^{21}ta^{33}pho^{21}/tsə^{33}dæ^{21}pho^{21}$	0255	官	$dzɻ̩^{21}ma^{21}$

0256 国王	ɣɯ³³so³³po³³	0285 儿子	zo²¹
0257 英雄	ka³³pɯ⁵⁵	0286 二儿子、二女儿（老二）	le³³le³³pho²¹
0258 朋友	tsha̱²¹pe̱³³		
0259 瞎子	tsha³³me̱²¹ɕa⁵⁵	0287 儿媳妇	tɕhi²¹mo³³
0260 跛子	tsha³³bɯ³³te⁵⁵	0288 女儿	zo²¹mæ²¹
0261 聋子	tsha³³no⁵⁵ba²¹	0289 女婿	me⁵⁵ɣɯ³³
0262 秃子	tsha³³o⁵⁵thæ⁵⁵	0290 孙子	li⁵⁵po⁵⁵
0263 麻子	pa³³tʂʅ²¹	0291 孙女儿	li⁵⁵mo³³
0264 驼子	tsha³³tæ⁵⁵pɯ³³	0292 哥哥	a³³ko³³
0265 傻子	ʐa²¹lo²¹xæ̱²¹	0293 姐夫	a²¹vi̱²¹
0266 疯子	tsha³³thæ³³	0294 姐姐	a⁵⁵tse³³
0267 结巴	tɕi⁵⁵tsʅ²¹	0295 弟弟	ȵa³³ma²¹
0268 哑巴	tsha³³lo²¹xæ̱²¹	0296 妹夫	mi⁵⁵ɕi³³
0269 独眼龙	tsha³³me̱³³ti⁵⁵	0297 妹妹	nɯ⁵⁵mo³³
0270 兔唇	me̱²¹læ³³khæ³³	0298 伯父	ta⁵⁵te³³
0271 主人	se²¹pho²¹	0299 伯母	ta⁵⁵ma³³
0272 客人	su³³ve³³	0300 叔叔	a³³va³³
0273 请客	su³³ve³³tshæ³³	0301 婶母	a³³ʑi³³o²¹/a³³ʐo³³o²¹
0274 伙伴	tsha̱²¹pe̱³³	0302 侄儿	zo²¹du³³
0275 祖宗	a⁵⁵phɯ⁵⁵	0303 侄女	zo²¹mæ²¹du³³
0276 外公	a⁵⁵ko³³	0304 小侄儿	zo²¹du³³ʐa³³
0277 外婆	a⁵⁵pho²¹	0305 兄弟	ȵa³³ma²¹
0278 大外婆	a⁵⁵pho²¹ta⁵⁵ta⁵⁵	0306 姐妹	ni²¹ȵa³³mo³³
0279 二外婆	a⁵⁵pho²¹tæ³³læ³³	0307 兄妹	ni²¹ȵa³³
0280 小外婆	a⁵⁵pho²¹tæ³³læ³³	0308 姐弟	ni²¹ȵa³³
0281 爷爷	a⁵⁵ʐe̱²¹	0309 嫂子	a²¹lo²¹
0282 奶奶	a⁵⁵ne³³	0310 大嫂	a²¹lo²¹ʐæ²¹
0283 父亲	a³³te³³	0311 二嫂	a²¹lo²¹le̱³³
0284 母亲	a³³ma³³	0312 三嫂	a²¹lo²¹bæ³³

0313 四嫂　　　　$a^{21}lo^{21}$ 　　　　　0325 夫妻　　　　$ni^{21}ma^{21}la^{21}$

0314 舅父　　　　$a^{55}tɕu^{55}$ 　　　　0326 继母　　　　$a^{21}mo^{33}ʐa^{33}$

0315 舅母　　　　$a^{55}tɕu^{55}ma^{33}$ 　　0327 继父　　　　$a^{21}bo^{21}ʐa^{33}$

0316 姨父　　　　$a^{55}ʑi^{21}te^{55}$ 　　　0328 寡妇　　　　$mæ^{21}tshŋ^{21}mo^{33}$

0317 姨母　　　　$a^{55}ʑi^{21}ma^{33}$ 　　0329 鳏夫　　　　$tsha^{33}tshŋ^{21}pho^{21}$

0318 姑父　　　　$a^{33}le^{55}$ 　　　　　0330 单身汉　　　$ta^{33}sə^{33}xa^{55}$

0319 姑母　　　　$a^{55}ȵa^{33}$ 　　　　　0331 孤儿　　　　$a^{33}ȵi^{33}tshŋ^{21}$

0320 亲戚　　　　$ɕi^{21}næ^{21}$ 　　　　0332 主祭之家①　$a^{33}ɣɯ^{33}ma^{21}$

0321 岳父　　　　$ʑi^{21}pho^{21}$ 　　　　0333 新娘　　　　$zo^{21}mæ^{21}ɕi^{55}$

0322 岳母　　　　$ʑi^{21}mo^{33}$ 　　　　0334 新郎　　　　$mi^{55}li^{55}ɕi^{55}$

0323 丈夫　　　　$tsha^{33}pho^{21}$ 　　　0335 后代　　　　$ko^{33}tæ^{33}a^{55}tæ^{55}$

0324 妻子　　　　$tsha^{33}mo^{33}ge^{33}$

四、动　物

0336 畜牧　　　　dze^{21} 　　　　　　0349 蹄　　　　　$bə^{21}$

0337 牛　　　　　$ȵu^{21}$ 　　　　　　0350 皮　　　　　$dʑi^{33}$

0338 黄牛　　　　$ȵu^{21}ɕa^{33}tæ^{33}$ 　　0351 毛　　　　　$mɯ^{33}$

0339 公黄牛　　　$ȵu^{21}lo^{21}bə^{33}$ 　　0352 尾巴　　　　$mæ^{55}tæ^{33}$

0340 母黄牛　　　$ȵu^{21}mo^{33}ge^{33}$ 　　0353 粪　　　　　$tɕhi^{21}$

0341 水牛　　　　$o^{55}ȵu^{55}$ 　　　　0354 马　　　　　mu^{21}

0342 公水牛　　　$o^{55}ȵu^{55}lo^{21}bə^{33}$ 　0355 马驹　　　　$mu^{21}zo^{21}$

0343 母水牛　　　$o^{55}ȵu^{55}mo^{33}ge^{33}$ 　0356 公马　　　　$mu^{21}po^{55}$

0344 牛犊　　　　$ȵu^{21}zo^{21}$ 　　　　0357 母马　　　　$mu^{21}mo^{33}ge^{33}$

0345 公牛　　　　$ȵu^{21}po^{55}ma^{21}$ 　　0358 马鬃　　　　$mu^{21}kɯ^{33}$

0346 母牛　　　　$ȵu^{21}mo^{33}ge^{33}$ 　　0359 马粪　　　　$mu^{21}ɕi^{21}$

0347 牛奶　　　　$ȵu^{21}bɯ^{55}dʑŋ^{33}$ 　0360 羊　　　　　$a^{55}tshŋ^{55}$

0348 角　　　　　$tɕhu^{33}tæ^{33}$ 　　　0361 绵羊　　　　$ʐa^{33}$

---

① 母系亲党，如母亲故，则需请舅家祭悼；父系亲党，如父故，则请伯或叔祭悼。

0362 公绵羊	ʐa³³po⁵⁵		0391 鸡冠	ze̠³³kɯ³³
0363 母绵羊	ʐa³³mo³³ge³³		0392 翅膀	du³³le̠²¹
0364 山羊	a⁵⁵tʂʅ⁵⁵		0393 羽毛	mɯ³³
0365 公山羊	a⁵⁵tʂʅ⁵⁵ka⁵⁵ /po⁵⁵		0394 鸭子	a̠³³
0366 母山羊	a⁵⁵tʂʅ⁵⁵mo³³ge³³		0395 鹅	o³³
0367 羊羔	a⁵⁵tʂʅ⁵⁵zo²¹		0396 鸽子	do²¹bɯ³³
0368 绵羊羔	ʐa³³zo²¹		0397 野兽（吃肉的）	ȵi³³sʅ³³
0369 山羊羔	a⁵⁵tʂʅ⁵⁵zo²¹		0398 老虎	lo²¹ma²¹
0370 羊毛	a⁵⁵tʂʅ⁵⁵mɯ³³		0399 狮子	sʅ³³tsʅ²¹
0371 羊粪	a⁵⁵tʂʅ⁵⁵ɕi²¹		0400 龙	lu²¹
0372 骡子	lo³³tsʅ³³		0401 爪子	tɕhi³³tɕa³³
0373 驴	tha²¹lu³³mu²¹		0402 猴子	le̠²¹væ⁵⁵
0374 骆驼	lo⁵⁵tho̠²¹		0403 象	ta⁵⁵ɕa³³
0375 猪	ve̠²¹		0404 豹子	tʂʅ³³ma²¹
0376 公猪	ve̠²¹po⁵⁵		0405 熊	ɣɯ³³ma²¹
0377 母猪	ve̠²¹mo³³ge³³		0406 野猪	ni⁵⁵ve̠²¹
0378 猪崽	ve̠²¹zo²¹		0407 鹿	tshe³³ma²¹
0379 猪粪	ve̠²¹ɕi²¹		0408 麂子	dzʅ²¹ma²¹
0380 狗	a⁵⁵nu⁵⁵		0409 穿山甲	tha²¹khæ²¹
0381 公狗	a⁵⁵nu⁵⁵po⁵⁵		0410 水獭	ʐi³³xa̠³³
0382 母狗	a⁵⁵nu⁵⁵mo³³ge³³		0411 竹鼠	mo³³xa̠³³
0383 狗崽	a⁵⁵nu⁵⁵zo²¹		0412 豪猪	xa̠³³pyu³³
0384 猎狗	tʂʅ³³ma²¹ga̠²¹a⁵⁵nu⁵⁵		0413 老鼠	xa̠³³
0385 猫	o⁵⁵mi⁵⁵		0414 松鼠	xa̠³³mæ⁵⁵be²¹
0386 兔子	tha²¹lu³³		0415 黄鼠狼	mæ⁵⁵tæ⁵⁵læ⁵⁵
0387 鸡	ze̠³³		0416 狼	tɕha²¹la̠²¹
0388 公鸡	ze̠³³phu³³ma²¹		0417 狐狸	o⁵⁵də²¹
0389 母鸡	ze̠³³mo³³ge³³		0418 穴	tɕhi³³
0390 小鸡	ze̠³³zo²¹		0419 鸟	ŋa̠³³

0420 鸟窝	ŋa̠³³tɕhi³³	0449 鳝鱼	sa³³ʑi²¹
0421 （一）窝（猪）	ve²¹the²¹tso³³	0450 泥鳅	ȵu²¹tɕhu³³
0422 老鹰	tɕi⁵⁵ma̠²¹	0451 虾	ɕa³³
0423 雕	tɕi⁵⁵ne̠³³mo³³	0452 虫	bə²¹
0424 秃鹫	tɕi̠⁵⁵ma̠²¹	0453 臭虫	xɯ⁵⁵bi²¹næ³³
0425 猫头鹰	mo³³thə²¹ʐe³³	0454 跳蚤	kho²¹se³³
0426 燕子	ŋa³³mæ⁵⁵ku³³lu³³	0455 虱	se³³
0427 大雁	ta⁵⁵ʐe⁵⁵	0456 虮子	bə²¹sɿ³³ne³³
0428 野鸡	ŋa³³su⁵⁵	0457 苍蝇	ʐa³³mi⁵⁵
0429 麻雀	dzo³³ga⁵⁵	0458 蛆	ɕo³³ma̠³³
0430 蝙蝠	xa̠³³pyu³³lu³³	0459 蚊子	bə²¹sɿ³³
0431 喜鹊	a³³tsa³³	0460 蜘蛛	ȵa⁵⁵mɯ³³tɕhi³³
0432 乌鸦	a³³ne̠³³	0461 蜈蚣	vu²¹ko³³
0433 野鸡（麻鸡）	ze³³ka⁵⁵	0462 屎壳郎	ȵu²¹ɕi²¹kɯ⁵⁵ko³³pa³³
0434 雉（长尾野鸡）	ŋa³³su⁵⁵	0463 蚯蚓	a³³vu³³di³³li³³
0435 鹦鹉	zie³³ko³³	0464 蚂蝗	ʑi³³ve̠²¹
0436 斑鸠	do²¹pɯ³³	0465 蟋蟀	a⁵⁵nu⁵⁵tɕi³³li³³
0437 啄木鸟	tso²¹mu⁵⁵ȵo²¹	0466 蚂蚁	bə̠²¹ʐo³³
0438 杜鹃（布谷鸟）	ko⁵⁵pɯ³³	0467 蚕	bə²¹
0439 画眉	bæ³³ko²¹ti⁵⁵	0468 蚕茧	bə²¹xe³³
0440 孔雀	kho²¹tɕho²¹	0469 茧	bə²¹lɯ⁵⁵tɕi³³xe³³
0441 乌龟	vu³³kue³³	0470 马蜂蛹	khu²¹va³³zo²¹
0442 蛇	ɕa³³ma²¹	0471 马蜂巢	khu²¹va³³xe³³
0443 四脚蛇	tshue⁵⁵sə²¹	0472 马蜂	khu²¹va³³
0444 壁虎	tha²¹lu³³mæ²¹tɕi³³	0473 蛾子	bə²¹lɯ³³
0445 青蛙	ze³³ŋa³³ɕa³³	0474 蜜蜂	byo²¹
0446 蝌蚪	a³³vu³³li̠³³o²¹	0475 蜂子（野蜂）	su⁵⁵byo²¹
0447 鱼	ŋo⁵⁵	0476 蝗虫	tsa³³pɯ³³
0448 鳞	ŋo⁵⁵gɯ⁵⁵ko³³	0477 螳螂	ʐa³³lɯ⁵⁵mo³³

0478 蜻蜓 dza²¹mu²¹

0479 蝴蝶 bə²¹lɯ³³

0480 毛虫 bə²¹lɯ⁵⁵tɕi³³

0481 三角虹 a³³ʑi³³mo³³piạ³³

0482 螃蟹 a³³tɕa³³lạ³³

0483 蚌 ŋo⁵⁵ka²¹ka²¹

0484 螺蛳 lọ²¹sʅ⁵⁵

0485 蜗牛 po⁵⁵ʐe³³

五、植　物

0486 树 sẹ³³dzʅ³³

0487 树干 sẹ³³dzʅ³³lə²¹mo³³

0488 树枝 sẹ³³kæ⁵⁵læ²¹

0489 树梢 sẹ³³o⁵⁵dɯ³³

0490 树皮 sẹ³³dʑi³³kọ³³/sẹ³³kɯ⁵⁵kọ³³①

0491 根 sẹ³³tse³³

0492 叶子 phe⁵⁵

0493 花 vẹ³³lu³³

0494 花蕊 vẹ³³lu³³vẹ³³

0495 水果 sæ²¹

0496 核 ga²¹ga²¹

0497 核桃仁 sæ²¹mẹ³³xo²¹

0498 核桃壳 sæ²¹mẹ³³kɯ⁵⁵kọ³³

0499 芽儿 li⁵⁵ô²¹

0500 蓓蕾 vẹ³³lu³³pə³³

0501 桃树 sæ²¹ɣə²¹dzʅ³³

0502 李树 sæ²¹tɕo⁵⁵dzʅ³³

0503 梨树 sæ³³li³³dzʅ³³

0504 柳树 ʐa³³mi⁵⁵dzʅ³³

0505 杉树 sa³³su⁵⁵

0506 松树 tha²¹dzʅ³³

0507 松香 su⁵⁵dʑi²¹

0508 松明子 so⁵⁵bọ³³

0509 椿树 ça³³tshue³³dzʅ³³

0510 檀香木 mo²¹nə³³çi³³

0511 竹子 mo³³do³³

0512 竹笋 mo³³bi³³

0513 藤子 ȵa³³gə²¹

0514 刺儿 a⁵⁵tshu²¹

0515 桃 sæ²¹ɣə²¹

0516 梨 sæ³³li³³

0517 李子 sæ²¹tɕo⁵⁵

0518 橘子 xuạ²¹kọ²¹

0519 柿子 ȵu²¹ba³³sæ²¹

0520 苹果 phie²¹kọ²¹

0521 葡萄 phu²¹tho³³

0522 石榴 sʅ²¹li⁵⁵kọ²¹

0523 板栗 pa²¹li²¹

0524 芭蕉 ŋa³³sæ²¹

0525 樱桃树 læ³³sæ²¹dzʅ³³

0526 樱桃 læ³³sæ²¹

① 后者更常用。

0527 甘蔗	ka³³tsə²¹		0556 芋头	bi²¹
0528 山楂	sæ³³li³³ko̠²¹		0557 茄子	ga³³li⁵⁵
0529 核桃	sæ²¹me̠³³		0558 辣椒	la⁵⁵ tsɿ²¹
0530 莲花	lie²¹xua̠³³		0559 葱	tsu³³phu²¹
0531 庄稼	lu⁵⁵ mə²¹		0560 蒜	su⁵⁵
0532 粮食	dzo³³sæ²¹		0561 姜	tsha²¹
0533 水稻	tshe³³phyu³³		0562 莴笋	ɣo³³sue²¹
0534 糯米	tshe³³n̠a̠²¹		0563 马铃薯	mi³³fu³³/za̠²¹zi⁵⁵
0535 种子	za̠²¹sɿ⁵⁵		0564 红薯	mæ²¹
0536 秧	li⁵⁵		0565 香椿	ɕa³³tshue³³
0537 穗	tshe³³mɯ³³		0566 瓜	tɕo³³kua³³
0538 稻草	tshe³³bɯ⁵⁵		0567 冬瓜	to³³kua³³
0539 谷粒	tshe³³sæ²¹		0568 南瓜	na²¹kua̠³³
0540 青苗	za̠²¹li⁵⁵		0569 黄瓜	sæ²¹（果）tɕi⁵⁵（刺）
0541 小麦	mə²¹tsɿ³³		0570 葫芦	mo⁵⁵ phə²¹lə²¹
0542 荞麦	go²¹sæ²¹		0571 豆	no̠³³
0543 麦秸	mə²¹dʐɿ³³dʐɿ³³		0572 黄豆	no̠³³ma̠²¹
0544 麦芒	mə²¹ga³³		0573 黑豆	no̠³³ne̠³³kə³³
0545 玉米	sə³³pə³³		0574 蚕豆	fæ³³də²¹
0546 棉花	so⁵⁵ lo²¹		0575 豌豆	no̠³³va̠²¹
0547 麻	dʑi²¹		0576 扁豆	no̠³³ni³³tæ³³
0548 折耳根	a⁵⁵ nu⁵⁵ pɯ⁵⁵ sɿ²¹va²¹		0577 花生	le²¹ti⁵⁵ ɕo³³
0549 菜	va²¹		0578 芝麻	tsɿ³³ma̠³³
0550 白菜	va²¹phyu³³		0579 草	sɿ⁵⁵ va²¹
0551 青菜	va²¹lu̠³³pi³³		0580 稗子	vi³³
0552 油菜	ʐu²¹tshæ³³		0581 茅草	sɿ⁵⁵ va²¹
0553 韭菜	gɯ³³va²¹		0582 蘑菇（菌子）	mɯ³³lɯ³³
0554 香菜	ʑe²¹sue⁵⁵		0583 木耳	mɯ³³nɯ⁵⁵ kə³³lə³³
0555 萝卜	va²¹mo³³		0584 烟叶	a³³khə²¹phe⁵⁵

0585 青苔	$zi^{33}me^{21}$	0586 花菜	$va^{21}ve^{33}lu^{33}$

六、饮 食

0587 米	$tshe^{33}phju^{33}$	0610 花椒	$dz\vartheta^{21}s\ae^{21}$
0588 饭	dzo^{33}	0611 糖	$sa^{33}tha^{21}$
0589 早饭	$a^{55}ne^{21}n\mu^{33}dzo^{33}$	0612 白糖	$p\vartheta^{21}sa^{33}tha^{21}/ku^{55}zo^{33}fu^{33}$（黑话）
0590 中饭	$a^{55}ni^{33}ka^{33}dzo^{33}dze^{33}$	0613 红糖	$sa^{33}tha^{21}ni^{33}t\ae^{33}$
0591 晚饭	$a^{55}m\vartheta^{21}t\varphi hi^{55}dzo^{33}$	0614 蛋	$ze^{33}fu^{33}$
0592 稀饭	$dzo^{33}x\ae^{21}li^{55}$	0615 蜂蜜	$byo^{21}zi^{33}$
0593 面条	$kua^{55}mie^{55}$	0616 汤	$zi^{33}tsu^{33}$
0594 粑粑	$a^{33}pa^{33}$	0617 酒	$dz\eta^{33}b\ae^{21}$
0595 面粉	$m\mu^{33}$	0618 白酒	$dz\eta^{33}po^{33}$
0596 菜（饭菜）	va^{21}	0619 开水	$zi^{33}tsu^{33}b\ae^{33}$
0597 肉	xo^{21}	0620 茶	lo^{21}
0598 牛肉	$n_{\centerdot}u^{21}xo^{21}$	0621 烟盒	$a^{55}kh\vartheta^{21}xo^{21}xo^{21}$
0599 羊肉	$a^{55}tsh\eta^{55}xo^{21}$	0622 烟斗	$a^{55}ko^{33}ma^{21}tu^{33}lu^{33}$
0600 猪肉	$ve^{21}xo^{21}$	0623 烟	$a^{55}kh\vartheta^{21}$
0601 肥肉	$xo^{21}phyu^{33}$	0624 鸦片	$za^{21}lo^{21}ze^{33}$
0602 瘦肉	$xo^{21}n_{\centerdot}i^{33}$	0625 药	$na^{33}t\varphi hi^{21}$
0603 油	$tsh\ae^{33}$	0626 糠	$ph\ae^{21}$
0604 脂肪油（动物油）	$tsh\ae^{33}$	0627 麦麸	$m\vartheta^{21}m\mu^{33}p\mu^{55}tsa^{33}$
0605 清油（植物油）	$va^{21}s\eta^{55}zu^{33}zu^{33}$	0628 豆渣	$no^{33}kh\ae^{33}p\mu^{55}tsa^{33}$
0606 香料	$tso^{21}lio^{55}$	0629 猪食	$ve^{21}dzo^{33}$
0607 茴香	$va^{21}lo^{33}be^{21}$	0630 马料	$mu^{21}dzo^{33}$
0608 豆腐	$no^{33}kh\ae^{33}$	0631 饼	$a^{33}pa^{33}$
0609 醋	$tshu^{55}$		

七、服 饰

0632 线	$tsæ^{33}væ^{21}$	0659 羊皮（背心）	$a^{55}tsh\eta^{55}\textsubscript{z}i^{33}$
0633 丝	$\textsubscript{dz}i^{21}$	0660 斗笠	$lo^{21}xo^{33}$
0634 绸子	$phja^{33}s\eta^{33}$	0661 腰带	$lu^{55}\textsubscript{ç}a^{55}$
0635 布	$phyo^{21}$	0662 裹腿	$tshe^{33}pe^{33}tho^{33}lo^{33}mo^{33}$
0636 衣	$phja^{33}$	0663 袜子	$ua^{21}ts\eta^{33}$
0637 衣领	$phja^{33}le^{33}be^{33}$	0664 鞋	$tsh\partial^{33}n\partial^{33}$
0638 衣袖	$phja^{33}l\partial^{21}di^{21}$	0665 草鞋	$s\eta^{55}va^{21}tsh\partial^{33}n\partial^{33}$
0639 衣袋	$phia^{33}tæ^{55}li^{55}$	0666 靴子	$tsha^{21}tho^{21}xæ^{21}$
0640 棉衣	$mie^{21}\textsubscript{z}i^{33}$	0667 拖鞋	$sa^{21}xæ^{21}$
0641 长衫	$phja^{33}s\eta^{33}$	0668 皮鞋	$phi^{21}xæ^{21}$
0642 皮衣	$phi^{21}\textsubscript{z}i^{33}$	0669 梳子	$o^{55}pi^{55}$
0643 坎肩	$kha^{21}ni^{33}du^{33}$	0670 篦子	$o^{55}pi^{55}\textsubscript{dz}i^{33}$
0644 围腰	$næ^{55}ti^{33}$	0671 宝贝（孩子昵称）	$a^{55}kuai^{33}/\textsubscript{ç}o^{21}kuai^{33}$
0645 扣子	$\textsubscript{ņ}u^{21}ts\eta^{33}$	0672 珍珠	$ts\partial^{33}tsu^{33}$
0646 扣眼儿	$\textsubscript{ņ}u^{21}pha^{55}$	0673 玉	$\textsubscript{z}i^{55}$
0647 补丁、尿布	$pu\text{ɯ}^{33}tsho^{33}$	0674 耳环	$nu^{55}\textsubscript{dz}u^{33}$
0648 裤子	$lu^{55}du^{21}$	0675 项圈	$\textsubscript{ç}a^{55}lie^{55}$
0649 裤腿边儿	$lu^{55}tshe^{33}pe^{33}$	0676 戒指	$l\partial^{21}ni^{33}\textsubscript{ç}i^{33}$
0650 裤裆	$lu^{55}tha^{33}$	0677 手镯	$l\partial^{21}\textsubscript{dz}u^{33}$
0651 裤腰	$lu^{55}khu^{33}$	0678 脚圈	$tsh\partial^{33-21}\textsubscript{dz}u^{33}$
0652 裙子	$tho^{21}t\textsubscript{ç}he^{21}$	0679 毛巾	$s\partial^{21}t\textsubscript{ç}ie^{33}$
0653 短裤	$tua^{21}khu^{55}$	0680 手绢儿	$s\partial^{21}pha^{55}$
0654 头巾	$tie^{21}t\textsubscript{ç}ie^{33}$	0681 背衫（背小孩用）	$ba^{21}ti^{33}$
0655 包头	$o^{55}li^{33}$	0682 穗子	$ts\eta^{33}ma^{33}li^{21}$
0656 帽子	$o^{55}tæ^{33}læ^{33}$	0683 被子	$lo^{33}b\partial^{21}$
0657 围巾	$ue^{21}t\textsubscript{ç}ie^{33}$	0684 毯子	$x\partial^{21}$
0658 马褂	$ko^{55}pa^{21}$	0685 棉絮	$mie^{21}\textsubscript{ç}i^{55}$

0686 毡子	ʑa³³mɯ³³xə²¹	0689 垫子	dzæ²¹kha²¹
0687 枕头	o⁵⁵ gu²¹lu³³	0690 蓑衣	dʑi³³bɯ³³
0688 席子	dzæ³³	0691 斗笠	lo̧²¹xo̧³³

八、房屋、建筑

0692 房子	xe³³	0711 砖	tsua³³
0693 房顶	xe³³phæ³³	0712 瓦	ɳa²¹phi²¹
0694 房檐	xe³³du²¹	0713 土墙	ni⁵⁵ ma³³lɯ³³bɯ³³di²¹
0695 地基	tso⁵⁵ tɕi³³	0714 石墙	lo̧³³mo³³ge³³lɯ³³bɯ³³di²¹
0696 院子	xe³³phi²¹mi²¹	0715 围墙	ta²¹tɕha²¹
0697 走廊	tsə²¹la²¹	0716 木板	sȩ³³phi²¹
0698 厕所	ɕi²¹tha̧²¹	0717 木头	sȩ³³do³³
0699 厨房	lo̧³³tsu⁵⁵ xe³³	0718 柱子	ze³³do³³
0700 楼	lɯ³³tsa²¹	0719 门	a⁵⁵ du²¹
0701 火塘	a⁵⁵ tu⁵⁵ bȩ²¹	0720 门框	a⁵⁵ du²¹phe⁵⁵
0702 磨房	ve²¹ga³³xe³³	0721 门槛	a⁵⁵ du²¹la²¹
0703 推磨	ve²¹ga³³	0722 大门	a⁵⁵ du²¹mo³³
0704 磨弯钩	ve²¹la²¹pa³³ɣə²¹	0723 窗子	tshua³³fo³³to⁵⁵
0705 仓库	tsha³³khu⁵⁵	0724 梁	ze³³（牢）ŋɯ⁵⁵
0706 牛圈	ɳu²¹bɯ³³	0725 椽子	xe³³du²¹
0707 猪圈	vȩ²¹bɯ³³	0726 台阶	dȩ³³thæ²¹
0708 马圈	mu²¹bɯ³³	0727 梯子	dȩ³³dzʅ³³/（lȩ³³dʐʅ³³）
0709 羊圈	a⁵⁵ tshʅ⁵⁵ bɯ³³	0728 篱笆	tɕho³³bo²¹
0710 鸡圈	zȩ³³bɯ³³	0729 园子	tɕhu³³gu³³mi³³

九、用品、工具

0730 东西	tso³³mæ²¹	0732 椅子	pa²¹tə³³
0731 桌子	tsa³³tsʅ³³	0733 凳子	pa²¹tə³³

编号	词	音标
0734	床	$dzo^{21}mo^{33}$
0735	箱子	$bw^{33}dze^{21}$
0736	抽屉	$tsə^{33}thi^{33}$
0737	柜子	$zi^{33}tshu^{21}$
0738	盒子	$xo^{21}xo^{21}$
0739	脸盆	$phæ^{21}me^{33}$（脸）$tɕhi^{21}$（洗）$tho^{21}phə^{21}$（盆）
0740	肥皂	$tsho^{21}pio^{33}$
0741	镜子	$tɕie^{55}tsʅ^{33}$
0742	玻璃	$po^{33}li^{21}$
0743	刷子	$sua^{21}tsʅ^{33}$
0744	扫帚	$me^{55}sə̣^{33}/mi^{55}sə̣^{33}$
0745	抹布	$ma^{21}pu^{55}$
0746	灯	$tə^{33}pho^{33}$
0747	灯笼	$a^{55}tu^{55}tə^{33}lu^{33}$
0748	蜡烛	$la^{21}tsu^{21}$
0749	柴	$se̞^{33}$
0750	火炭	$sæ^{21}ȵi^{21}$
0751	火炭	$a^{55}tu^{55}sæ^{21}ȵi^{21}$
0752	火柴	$za^{21}tsha^{21}$
0753	火把	$a^{55}tu^{55}dʑ̩^{21}ni^{21}$
0754	香	$ço^{33}$
0755	垃圾	$dʑi^{21}ka^{33}$
0756	漆	$za^{21}tɕhi^{21}$
0757	染料	$phyo^{21}za^{21}$
0758	灶	（$lo̞^{33}tso^{55}$）/$lo̞^{33}tsu^{55}$
0759	铁锅	$xw^{33}tɕha^{33}$
0760	大锅	$xw^{33}tɕha^{33}mo^{33}ge^{33}$
0761	炒菜锅	$xw^{33}tɕha^{33}zo^{21}$
0762	盖子	$pi^{55}kæ^{33}tsʅ^{21}/kæ^{55}kæ^{55}$
0763	蒸笼	$tsə^{33}ko^{33}$
0764	甑子	$mw^{55}ȵi^{55}$
0765	刀	$a^{55}tho^{21}$
0766	刀背	$a^{55}tho^{21}gw^{33}ti^{21}$
0767	刀刃	$a^{55}tho^{21}sʅ^{21}$
0768	（刀）把儿	$a^{55}tho^{21}pa^{55}ɣə^{21}$
0769	（茶缸）把儿	$tsha^{21}ka^{33}pa^{55}ɣə^{21}$
0770	锅铲	$ko^{33}tsha^{21}$
0771	漏勺	$lə^{55}so^{21}$
0772	勺子	$zi^{55}gw^{33}$（$zo^{55}gw^{33}$）
0773	调羹	$thio^{21}kw^{33}$
0774	碗	$ɣo^{21}pæ^{33}$
0775	大碗	$ɣo^{21}la^{21}ta^{55}$
0776	中碗	$ɣo^{21}la^{21}zo^{21}$
0777	盘子	$pha^{21}tsʅ^{33}$
0778	抬菜用的盘子	$va^{21}thæ^{21}lo^{33}bo^{33}$
0779	筷子	$a^{33}dzu^{33}$
0780	瓶子	bja^{33}
0781	小土锅	$o^{55}lu^{21}$
0782	罐子	$o^{33}thw^{33}$
0783	坛子	$o^{33}thw^{33}$
0784	杯子	$pe^{33}tsʅ^{21}$
0785	壶	$tsha^{21}fu^{21}$
0786	缸	$zi^{33}ka^{33}$
0787	水桶	$zi^{33}thu^{21}$
0788	箍儿	ku^{33}
0789	瓢	$mo^{55}bæ^{21}$

0790 三脚架	xɯ³³tɕhi³³	0819 钉子	tie³³tʂɿ²¹
0791 火钳	xo²¹tɕhe̞²¹	0820 剪刀	tɕi²¹ta³³
0792 吸气	se⁵⁵ga³³	0821 梯子	de̞³³dʐɿ³³/le̞³³dʐɿ³³
0793 吹火筒	a⁵⁵tu⁵⁵mə̞³³lə̞³³	0822 镊子（夹）	tɕa²¹tsɿ³³
0794 竹筒	mo³³tɕi⁵⁵thu²¹	0823 伞	ʑa̞²¹sa²¹
0795 篮子	kha̞³³lu³³	0824 锁	dzo̞³³
0796 摇篮	a³³ɳi³³kha̞³³lu³³	0825 钥匙	dzo̞³³phu³³lu³³
0797 扇子	sa⁵⁵tsɿ²¹	0826 链子	lie⁵⁵tsɿ³³
0798 背带	ba²¹ti³³	0827 拐杖	ba̞³³bu³³to̞³³lo³³
0799 算盘	sua⁵⁵pha̞²¹	0828 棍子	ba̞³³bu³³
0800 称（名）	tshə̞³³	0829 马车	mu²¹tshə³³
0801 斗（名）	tɯ³³	0830 轮子	lue²¹tsɿ³³
0802 升（名）	sɿ³³	0831 马鞍	mu²¹xo³³tse̞³³
0803 财产	tshæ²¹tsha²¹	0832 马笼头	mu²¹lo²¹tho³³
0804 钱	dʑi²¹phi²¹	0833 马肚带	mu²¹pha³³ɕo³³
0805 银圆	phju³³xua³³tɕhe̞²¹	0834 驮子	mu²¹xo³³tse̞³³
0806 盘缠（路费）	dʑo³³mo³³phə²¹	0835 马掌	mu²¹dza³³
0807 本钱	pə²¹tɕhie²¹	0836 马槽	mu²¹la²¹
0808 价钱	tɕa³³tɕhie²¹	0837 缰绳	mu²¹phyu³³tsa̞³³
0809 工钱	ɣo²¹phə²¹	0838 鞭子	tsæ³³væ²¹
0810 贷	tæ⁵⁵khua²¹	0839 牛轭	ɳu²¹lo³³ko²¹
0811 利息	li⁵⁵xi²¹	0840 牛鼻圈	ɳu²¹nu³³khu³³
0812 税	sue⁵⁵	0841 牛皮绳	ɳu²¹phyu³³tsa̞³³
0813 地租	mi³³po³³	0842 帐篷	xe³³pjo³³
0814 债	dze³³	0843 猪食槽	ve̞²¹lu⁵⁵thu²¹
0815 尺子	tshi²¹tsɿ³³	0844 轿子	tɕo⁵⁵tsɿ²¹
0816 针	ɣə²¹	0845 包袱	po³³po³³
0817 线	tsæ³³væ²¹	0846 船	tshua²¹
0818 尼龙线	tshe̞³³tsə³³	0847 工具	tso³³mæ²¹

0848 斧头	kho⁵⁵tsho³³	0876 臼	lḛ²¹tshŋ³³pu⁵⁵du²¹
0849 锤子	ço²¹tshue²¹	0877 杵	lḛ²¹tshŋ³³pa⁵⁵ɣə²¹
0850 凿子	dzu²¹	0878 筛子	o³³tçi³³tça³³
0851 锯子	tsŋ³³	0879 罗筛	o³³tçi³³dʑi³³
0852 刨子	thue³³po⁵⁵	0880 簸箕	o³³mo³³
0853 钳子	tçhie²¹tsŋ³³	0881 磨	ve²¹
0854 铲子	tsha²¹pa²¹	0882 碾	ni²¹
0855 胶	tço³³	0883 织布机	tçi³³tçhi⁵⁵
0856 犁	sḛ³³go²¹	0884 打谷用的槽	kua³³tsho²¹
0857 铧	lo²¹tshe²¹	0885 柴刀	a⁵⁵tho²¹mo³³do²¹
0858 耙	tsḛ³³	0886 刀鞘	a⁵⁵tho²¹xe³³
0859 钉耙	tçi⁵⁵lḛ²¹tça³³	0887 武器	vu²¹tçhi⁵⁵
0860 锄头	tço⁵⁵mo³³	0888 枪	tsho³³
0861 扁担	ʑi³³（水）pi⁵⁵（挑）kə²¹（钩）ta³³（担）	0889 子弹	tsŋ²¹ta³³
		0890 剑	tçie⁵⁵
0862 绳子	tsæ³³væ²¹	0891 炮	pho⁵⁵
0863 麻袋	mæ⁵⁵li⁵⁵	0892 弓	tshḛ³³
0864 箩筐	kha̰³³lu³³	0893 箭	tçie⁵⁵
0865 叉子	tsha̰³³tsha̰³³	0894 蜘蛛网	ɳa⁵⁵mɯ³³tçhi³³（蜘蛛）li³³
0866 楔子	dzŋ²¹		
0867 把儿（茶缸）	pa³³ɣə²¹	0895 （捕兽）圈套	tsa³³la³³la³³
0868 架子	tça³³tsŋ³³	0896 陷阱	dʐo³³du²¹
0869 木桩	sḛ³³tsuə̄³³	0897 火药	xo²¹ʐo²¹
0870 背篓	kha̰³³lu³³	0898 铳	thõ²¹pho⁵⁵tsho³³
0871 撮箕	tçhi²¹tçha³³	0899 毒	tṵ²¹
0872 肥料	xua⁵⁵fḛ²¹	0900 网	va²¹
0873 镰刀	lḛ²¹to³³	0901 渔网	ŋo⁵⁵va²¹
0874 弯刀	sua⁵⁵to³³	0902 罩子	pi⁵⁵lo³³mo³³
0875 水槽	ʑi³³la²¹	0903 塞子	tshŋ²¹lo³³mo³³

| 0904 盖子 | pi⁵⁵ kæ³³tʂɭ²¹ | 0905 钩子 | a⁵⁵ kə²¹lə²¹ |

十、文化娱乐

0906 字	su⁵⁵ dzɭ²¹	0923 山歌	çi⁵⁵
0907 信	çie⁵⁵	0924 舞蹈	gu³³
0908 画	xua⁵⁵	0925 戏	çi⁵⁵
0909 书	su⁵⁵ pə²¹	0926 球	phu²¹tɕhu²¹lu²¹
0910 纸	tha²¹ʑi²¹	0927 棋	tɕhi²¹
0911 笔	pi̠²¹	0928 鼓	n̠u²¹dʑi³³ko³³
0912 墨	mə̠²¹	0929 锣	tɕa³³la²¹
0913 墨水	mo̠²¹sue²¹	0930 钹	phi⁵⁵ phi⁵⁵ tsa²¹tsa²¹
0914 橡皮	ça⁵⁵ phi²¹	0931 笛子	ti⁵⁵ lu³³
0915 章、印	tsa³³	0932 箫	ti⁵⁵ lu³³
0916 糨糊	tshe³³mɯ³³xæ²¹li⁵⁵	0933 二胡	ə⁵⁵ fu²¹
0917 学问	su⁵⁵ sæ⁵⁵	0934 弦	çie²¹tsɭ³³
0918 话	da²¹pɯ⁵⁵	0935 铃	khua³³sæ³³læ³³
0919 故事	ku²¹li²¹	0936 喇叭	la̠³³pa̠³³
0920 笑话	ʐæ³³dzɭ³³（好笑）lo³³ bo³³	0937 鞭炮	pho⁵⁵ tsa²¹
0921 谜语	ku²¹li²¹	0938 旗子	xo²¹tɕhi²¹
0922 歌	çi⁵⁵ /tsha⁵⁵ ko³³	0939 葫芦笙	bɯ³³

十一、宗教、意识

0940 神仙	ɣɯ³³so³³po³³	0946 菩萨	ne²¹ma²¹
0941 鬼	tsha³³ço³³	0947 天堂	mə²¹
0942 妖精	kæ⁵⁵ le̠²¹phia⁵⁵	0948 地狱	ni⁵⁵ ma³³tɕhi³³gɯ³³
0943 龙王	lu²¹dzɭ²¹ma²¹	0949 宝座	po²¹tso⁵⁵
0944 老天爷	ɣɯ³³so³³po³³	0950 （烧的）香	ço³³（tɕu³³）
0945 佛	ne²¹ma²¹	0951 灵魂	ço³³

0952 命运	mja²¹	0981 秘密	mi⁵⁵mi⁵⁵
0953 错	tsho³³	0982 错误	tsho⁵⁵vu⁵⁵
0954 咒语	ne²¹tɕa²¹（呗玛念的经）	0983 条件	thio²¹tɕie⁵⁵
0955 誓言	fa²¹sɿ⁵⁵	0984 危险	ue²¹ɕie²¹
0956 福气	fu²¹tɕhi⁵⁵	0985 滋味	tsɿ⁵⁵ve⁵⁵
0957 灾难	zæ³³na⁵⁵	0986 区别	n̩²¹tho²¹
0958 力气	ɣo²¹ni³³	0987 等（级）	tə²¹tɕi²¹
0959 意思	ʑi⁵⁵sɿ³³	0988 份儿	bɯ³³mi²¹
0960 想法	de²¹tsha²¹	0989 根本	kə³³pə²¹
0961 事情	sɿ⁵⁵tɕhie²¹	0990 根据	kə³³tɕi⁵⁵
0962 道理	to⁵⁵li²¹	0991 工夫	ko³³fu³³
0963 原因	ʐe²¹ʐe³³	0992 关系	kua³³ɕi⁵⁵
0964 经验	tɕie³³ʐe⁵⁵	0993 谎话	da²¹pɯ⁵⁵tɕa²¹
0965 办法	pa⁵⁵fa²¹	0994 回声	xue²¹ʐe³³
0966 命令	mi⁵⁵lie⁵⁵	0995 技巧	fa³³ta³³
0967 脾气	phi²¹mo²¹	0996 空	kho³³
0968 信息（信儿）	ɕie⁵⁵ɕi³³	0997 裂缝	be²¹du²¹
0969 记号	tɕi⁵⁵xo⁵⁵	0998 结子	thə²¹lə²¹be³³
0970 生活	ni³³xe⁵⁵	0999 痕迹	tɕhi³³du³³
0971 生日	sə³³zɿ²¹	1000 渣滓	pɯ⁵⁵tsa³³
0972 礼物	tso³³mæ²¹	1001 样子	ʐa⁵⁵tsɿ²¹
0973 规矩	kue³³tɕi²¹	1002 影子	a³³ɣɯ³³ɕi²¹
0974 习惯	kua⁵⁵sɿ²¹	1003 梦	ʑi²¹mi³³
0975 年纪	kho⁵⁵tho²¹	1004 好处	tsæ³³du²¹
0976 姓	a³³tso³³ɣə²¹	1005 用处	ʐo⁵⁵du²¹
0977 名字	mi³³	1006 颜色	ʐe²¹sə²¹
0978 名声	mi²¹ʑi⁵⁵	1007 多少	kho²¹mo³³sɿ⁵⁵
0979 希望	ɕi³³ua⁵⁵	1008 面积	mie⁵⁵tɕi²¹
0980 痛苦	ɣə²¹so⁵⁵		

十二、时间、方位

1009 方向	fa³³ɕa⁵⁵	1036 下方（地势、河流）	dạ³³a²¹lo³³a⁵⁵ phia²¹
1010 东	to³³	1037 上首（火塘）	gạ³³bo²¹
1011 南	na²¹	1038 下首（火塘）	dạ³³a²¹lo³³
1012 西	ɕi³³	1039 （桌子）上	tsa³³tsɿ³³le⁵⁵
1013 北	pə²¹	1040 （桌子）下	tsa³³tsɿ³³tɕhi³³guɯ³³
1014 东南	to³³na²¹	1041 （楼）上	luɯ⁵⁵ tsa²¹le⁵⁵
1015 西北	ɕi³³pə²¹	1042 （楼）下	luɯ⁵⁵ tsa²¹tɕhi³³guɯ³³
1016 中间	a³³ka³³ka³³	1043 （天）上	mə²¹le⁵⁵
1017 中心	a³³ka³³ka³³	1044 （天）底下	mə²¹tɕhi³³guɯ³³
1018 旁边	khæ³³pæ²¹（那边）nə⁵⁵ gə²¹	1045 （墙）上	luɯ³³puɯ³³di²¹le⁵⁵
1019 左	le²¹væ⁵⁵	1046 顶上	ʐa²¹o⁵⁵ duɯ³³le⁵⁵
1020 右	ʐo³³pæ²¹	1047 （山）下	ɣo²¹me²¹tɕhi³³guɯ³³
1021 前	xe⁵⁵ me²¹	1048 以上	the⁵⁵ le⁵⁵ o³³
1022 后	ko³³tæ³³	1049 以下	tɕhi³³guɯ³³
1023 外	ŋa⁵⁵ sɿ²¹	1050 往上看	gạ³³bo²¹ni³³
1024 里	ɣuɯ³³tsa²¹	1051 往下看	dạ³³a²¹lo³³ni³³
1025 角	kə²¹lə²¹	1052 上半身	gạ³³bo²¹a⁵⁵ ta⁵⁵（上面那截）
1026 尖儿	o⁵⁵ duɯ³³	1053 下半身	dạ³³a²¹lo³³a⁵⁵ ta⁵⁵（下面那截）
1027 边儿	ʐa²¹tshe²¹	1054 时间	sɿ²¹tɕie⁵⁵ /e⁵⁵ kuɯ⁵⁵ a³³ tso³³dʐɿ³³ŋa³³la⁵⁵ o³³（现在是什么时间？）
1028 周围	tsa³³la³³la³³	1055 今天	e⁵⁵ ni³³
1029 附近	næ⁵⁵ næ²¹⁴	1056 昨天	a²¹ni⁵⁵
1030 （水）底	ʐa²¹tha³³	1057 前天	sɿ³³ni³³
1031 界线	mi³³tsɿ⁵⁵	1058 大前天	sɿ³³ɣo²¹ni³³
1032 对面	khuɯ³³bo²¹	1059 明天	a²¹guɯ³³ni³³
1033 正面	tsə⁵⁵ mie⁵⁵	1060 后天	tshe⁵⁵ phi²¹ni³³
1034 背后	ko³³tæ³³sɿ²¹		
1035 上方（地势、河流）	gạ³³bo²¹a⁵⁵ phia²¹		

1061 大后天	a²¹phe⁵⁵ni³³		1090 初十	de̠³³tshe³³
1062 今晚	e⁵⁵me³³		1091 月	ço³³
1063 明晚	a²¹gɯ³³me³³		1092 一月（正月）	kho⁵⁵çi⁵⁵ço³³
1064 昨晚	a²¹me³³		1093 二月	bə³³sə²¹ço³³
1065 白天	a⁵⁵ni³³ka³³		1094 三月	so³³ço³³
1066 早晨	a⁵⁵ne̠²¹nɯ³³		1095 四月	li³³ço³³
1067 黎明	a⁵⁵ne̠²¹nɯ³³		1096 五月	ŋo²¹ço³³
1068 上午	a⁵⁵ne̠²¹nɯ³³		1097 六月	tɕho⁵⁵ço³³
1069 下午	a⁵⁵ni³³ka³³		1098 七月	çi²¹ço³³
1070 黄昏	mə²¹tɕhi⁵⁵		1099 八月	xe⁵⁵ço³³
1071 晚上	a⁵⁵mə²¹tɕhi⁵⁵		1100 九月	kɯ³³ço³³
1072 半夜	pa⁵⁵ʐe⁵⁵		1101 十月	tshe³³ço³³
1073 子（鼠）	xa̠³³		1102 十一月（冬月）	tshe³³ti⁵⁵ço³³
1074 丑（牛）	n̠u²¹		1103 十二月（腊月）	tshe³³ni²¹ço³³
1075 寅（虎）	lo²¹		1104 闰月	zue⁵⁵ʐe²¹
1076 卯（兔）	tha²¹lo³³		1105 半月	ço³³the²¹phe̠³³
1077 辰（龙）	lu²¹		1106 年	kho⁵⁵
1078 巳（蛇）	ça³³ma²¹		1107 今年	e⁵⁵kho⁵⁵
1079 午（马）	mu²¹		1108 去年	a²¹n̠i³³te⁵⁵ /le⁵⁵
1080 未（羊）	a⁵⁵tshʅ⁵⁵		1109 前年	sʅ³³n̠i³³te⁵⁵ /le⁵⁵
1081 申（猴）	le̠²¹væ⁵⁵		1110 明年	a²¹gɯ³³tshe³³a⁵⁵kho⁵⁵
1082 酉（鸡）	ze̠³³		1111 后年	a²¹gɯ³³tshe⁵⁵ko³³tæ³³a⁵⁵kho⁵⁵
1083 戌（狗）	a⁵⁵nu⁵⁵		1112 从前	xe⁵⁵me²¹tho²¹
1084 亥（猪）	ve̠²¹		1113 古时候	kha⁵⁵kɯ⁵⁵tho²¹/ kha⁵⁵tɕi⁵⁵tho²¹
1085 属相	kho⁵⁵su³³		1114 现在	e⁵⁵kɯ⁵⁵
1086 日、日子	ni³³/ni³³xe⁵⁵		1115 近来	e⁵⁵kæ⁵⁵
1087 初一	de̠³³thi⁵⁵		1116 将来	a²¹gɯ³³tshe⁵⁵
1088 初二	de̠³³n̠i²¹		1117 （三年）以前	xe⁵⁵me²¹
1089 初三	de̠³³so³³			

1118（两天）以后	ko³³tæ³³	1128 星期六	ɕe³³tɕhi³³lu²¹
1119 今后	e⁵⁵ni³³ko³³tæ³³a²¹gɯ³³tshe⁵⁵	1129 星期日	ɕe³³tɕhi³³thie³³
1120 开始	tɕhi³³tu³³	1130 春	tshue³³thie³³
1121 最后	ko³³tæ³³ma²¹tsa³³	1131 夏	ɕa⁵⁵ thie³³
1122 星期	ɕe³³tɕhi³³	1132 秋	tɕhu³³thie³³
1123 星期一	ɕe³³tɕhi³³ʑi²¹	1133 冬	to³³thie³³
1124 星期二	ɕe³³tɕhi³³ə⁵⁵	1134 除夕	ɕo³³gɯ³³
1125 星期三	ɕe³³tɕhi³³sa³³	1135 新年（初一）	kho⁵⁵ ɕi⁵⁵
1126 星期四	ɕe³³tɕhi³³sʅ⁵⁵	1136 节日	tɕia³³
1127 星期五	ɕe³³tɕhi³³vu²¹	1137 吉日	ni³³xe⁵⁵ tsæ³³

十三、数　量

1138 一	the²¹	1154 十七	tshe³³ɕi²¹
1139 二	ni²¹	1155 十八	tshe³³xe⁵⁵
1140 三	so³³	1156 十九	tshe³³kɯ³³
1141 四	li³³	1157 二十	n̩²¹tse³³
1142 五	ŋo²¹	1158 二十一	n̩²¹tse³³the²¹
1143 六	tɕho⁵⁵	1159 三十	so³³tshe³³
1144 七	ɕi²¹	1160 三十一	so³³tshe³³the²¹
1145 八	xe⁵⁵	1161 四十	li³³tshe³³
1146 九	kɯ³³	1162 四十一	li³³tshe³³the²¹
1147 十	tshe³³	1163 五十	ŋo²¹tshe³³
1148 十一	tshe³³ti⁵⁵	1164 五十一	ŋo²¹tshe³³the²¹
1149 十二	tshe³³ni²¹	1165 六十	tɕho⁵⁵ tshe³³
1150 十三	tshe³³so³³	1166 六十一	tɕho⁵⁵ tshe³³the²¹
1151 十四	tshe³³li³³	1167 七十	ɕi²¹tshe³³
1152 十五	tshe³³ŋo²¹	1168 七十一	ɕi²¹tshe³³the²¹
1153 十六	tshe³³tɕho⁵⁵	1169 八十	xe⁵⁵ tshe³³

1170 八十一	$xe^{55}tshe^{33}the^{21}$		1199 （一）张（纸）	$tha^{21}zi^{21}the^{21}phe^{55}$ （tsu^{55}）
1171 九十	$ku\mathrm{w}^{33}tshe^{33}$		1200 （一）页（书）	$su^{55}pə^{21}the^{21}phe^{55}$
1172 九十一	$ku\mathrm{w}^{33}tshe^{33}the^{21}$		1201 （一）个（鸡蛋）	$ze^{33}fu^{33}the^{21}mo^{33}$
1173 （一）百	$the^{21}çyo^{33}$		1202 （两）只（鸟）	$\eta a^{33}\mathring{\eta}^{21}nə^{55}$
1174 零	lie^{21}		1203 （一）口（猪）	$ve^{21}the^{21}mo^{33}$
1175 一百零一	$the^{21}çyo^{33}ne^{21}the^{21}$		1204 （一）头（牛）	$\eta u^{21}the^{21}mo^{33}$
1176 千	tu^{33}		1205 （一）根（棍子）	$ba^{33}bu^{33}the^{21}pa^{33}$
1177 三千零五十	$so^{33}tu^{33}ne^{21}\eta o^{21}tshe^{33}$		1206 （一）根（草）	$s\mathrm{\eta}^{55}ba^{21}the^{21}pa^{33}$
1178 万	va^{55}		1207 （一）粒（米）	$tshe^{33}phyu^{33}the^{21}sæ^{21}$
1179 十万	$tshe^{33}va^{55}$		1208 （一）把（扫帚）	（me^{55}）$mi^{55}sə^{33}the^{21}pa^{21}$
1180 百万	$çyo^{33}va^{55}$		1209 （一）把（刀）	$a^{55}tho^{21}the^{21}pa^{21}$
1181 千万	$tu^{33}va^{55}$		1210 一亩地	$mi^{33}the^{21}mu^{21}$
1182 亿（万）	zi^{55}		1211 一棵树	$se^{33}dz\mathrm{\eta}^{33}the^{21}dz\mathrm{\eta}^{33}$
1183 一半	$the^{21}phe^{33}$		1212 两本书	$su^{55}pə^{21}ni^{21}pə^{21}$
1184 第一	$ti^{55}zi^{21}$		1213 一丛树	$se^{33}dz\mathrm{\eta}^{33}the^{21}va^{33}$
1185 第二	$ti^{55}ə^{55}$		1214 一行麦子	$mə^{21}ts\mathrm{\eta}^{33}the^{21}lu^{55}$
1186 第三	$ti^{55}sa^{33}$		1215 一座桥	$dz\mathrm{\eta}^{33}mo^{33}the^{21}mo^{33}$
1187 第四	$ti^{55}s\mathrm{\eta}^{55}$		1216 （一）把（菜）	$va^{21}the^{21}tsæ^{33}$
1188 第五	$ti^{55}vu^{21}$		1217 （一）把（米）	$tshe^{33}phyu^{33}the^{21}tə^{33}$
1189 第六	$ti^{55}lu^{21}$		1218 两支笔	$pi^{21}ni^{21}pa^{21}$
1190 第七	$ti^{55}t\mathrm{\varepsilon}hi^{21}$		1219 一堆粪	$t\mathrm{\varepsilon}hi^{21}the^{21}pu\mathrm{w}^{33}$
1191 第八	$ti^{55}pa^{21}$		1220 一桶水	$zi^{33}the^{21}thu^{21}$
1192 第九	$ti^{55}t\mathrm{\varepsilon}u^{21}$		1221 一碗饭	$dzo^{33}the^{21}pa^{33}$
1193 第十	$ti^{55}s\mathrm{\eta}^{21}$		1222 一块地	$mi^{33}the^{21}va^{33}$
1194 （一）个（人）	$tsha^{33}the^{21}mo^{33}$		1223 一块石头	$lo^{33}mo^{33}ge^{33}the^{21}mo^{33}$
1195 （一）个（碗）	$\gamma o^{21}pæ^{33}the^{21}mo^{33}$		1224 一面	$the^{21}phja^{21}$
1196 （一）条（河）	$la^{33}dza^{21}the^{21}dza^{21}$		1225 一片树叶	$se^{33}phe^{55}the^{21}phe^{55}$
1197 （一）条（绳子）	$tsæ^{33}væ^{21}the^{21}tsa^{33}$		1226 一朵花	$ve^{33}lu^{33}the^{21}pu\mathrm{w}^{33}$
1198 （一）条（鱼）	$\eta o^{55}the^{21}mo^{33}$			

1227 一束花	ve̠³³lu³³the²¹tsæ³³	1256 一排房	xe³³the²¹phæ²¹
1228 一句话	da²¹pɯ⁵⁵the²¹tshe²¹	1257 一吊珠子	læ³³sæ²¹læ²¹the²¹tio̠³³
1229 一首歌	ɕi⁵⁵the²¹mo³³	1258 一滴油	tsæ³³the²¹ʥe̠³³
1230 一件衣	phja³³the²¹ɕo³³	1259 一面旗	xo²¹tɕhi²¹the²¹phia²¹
1231 一件事	sɻ⁵⁵tɕie²¹the²¹mo³³	1260 两层楼	lɯ³³ʣa²¹ni²¹thæ²¹
1232 一双鞋	tshə³³nə³³the²¹dzɻ³³	1261 一封信	ɕie⁵⁵the²¹fo³³
1233 一对兔	tha²¹lu³³the²¹dzɻ³³	1262 一间房	xe³³the²¹xe³³
1234 一群羊	a⁵⁵tshɻ⁵⁵the²¹pho³³	1263 一点东西	tso³³mæ²¹the²¹tɕi⁵⁵o̠²¹
1235 一批货	xo⁵⁵the²¹phi³³	1264 一瓶（酒）	dzɻ³³bæ²¹the²¹phie²¹
1236 一段路	ʥo³³mo³³the²¹ta⁵⁵	1265 一盒药	na̠³³tɕhi²¹the²¹xo̠²¹
1237 一节竹子	mo³³do³³the²¹thu²¹	1266 一摊泥	ni⁵⁵xæ²¹the²¹tha̠²¹
1238 一天	ʥo³³mo³³the²¹ni³³	1267 一斤	the²¹tɕi³³
1239 一只鞋	tshə³³nə³³the²¹pe̠³³	1268 两斤	ni²¹tɕi³³
1240 一家人	tsha³³the²¹ɣə̠²¹	1269 半斤	pa³³tɕi³³
1241 一剂药	na̠³³tɕhi²¹the²¹fu⁵⁵	1270 一斤半	the²¹tɕi³³phe̠³³
1242 一叠	the²¹khɯ³³	1271 二两酒	dzɻ³³bæ²¹ni²¹lo²¹
1243 一卷布	phjo²¹the²¹ku³³lu³³	1272 （一）斗	tɯ³³
1244 一筐菜	va²¹the²¹khua³³	1273 （一）升	sɻ³³
1245 一背菜	va²¹the²¹ve³³	1274 （一）里	li²¹
1246 一捆	the²¹tsæ³³	1275 （一）抱	lɯ³³
1247 一捧	the²¹tə̠³³	1276 （一）尺	tshɻ²¹
1248 一半	the²¹phe̠³³	1277 （一）丈	tsa³³
1249 一份	the²¹ko̠²¹	1278 （一）拃	tsa̠²¹
1250 一层	the²¹tshə²¹	1279 （一）指节	tɕi⁵⁵
1251 一岁	the²¹kho⁵⁵	1280 （一）肘	the²¹tshue²¹
1252 一驮	the²¹tse̠³³	1281 （一）步	the²¹ʥi³³
1253 一斤羊肉	a⁵⁵tshɻ⁵⁵xo²¹the²¹tɕi³³	1282 一架车	tshə³³the²¹tshə³³
1254 一袋	the²¹po³³	1283 一寸	the²¹tshue⁵⁵
1255 一队	the²¹lu⁵⁵	1284 一元	the²¹bo²¹

1285 一角	the²¹tu³³	1298 来一回	the²¹do³³le³³
1286 一亩	the²¹mu²¹	1299 吃一顿	the²¹bi³³dzo²¹
1287 一点	the²¹tɕi⁵⁵o²¹	1300 喊一声	the²¹tshe²¹e³³
1288 一会儿	the²¹lẹ²¹o²¹	1301 打一下	the²¹do³³te⁵⁵
1289 一天	the²¹ni³³	1302 踢一脚	the²¹tɕhia̯³³tɕhia̯³³
1290 一夜	the²¹xe⁵⁵	1303 咬一口	the²¹tshe²¹khɯ⁵⁵
1291 一昼夜	the²¹ni³³the²¹xe⁵⁵	1304 一点儿	the²¹tɕi⁵⁵o²¹
1292 一个月	ɕo³³bo³³the²¹mo³³	1305 一些	the²¹tɕi⁵⁵
1293 一年	the²¹kho⁵⁵	1306 几个	kho²¹mo³³sʅ⁵⁵
1294 一岁	the²¹kho⁵⁵	1307 每天	bɯ³³⁻²¹ni³³
1295 一辈子	the²¹pe⁵⁵tsʅ²¹	1308 每个	a⁵⁵di³³a⁵⁵mo³³le³³
1296 一代	the²¹tæ⁵⁵	1309 一倍	the²¹pe³³
1297 去一次	the²¹do³³ʑi³³	1310 三分之一	so³³kọ²¹⁻³³the²¹kọ²¹

十四、代替、指示、疑问

1311 我	ŋo³³	1323 自己	mæ⁵⁵mæ⁵⁵æ²¹
1312 我俩	a⁵⁵ke³³ni²¹o³³ɣo⁵⁵a³³ni²¹o³³	1324 我自己	ŋo³³ŋo³³
1313 我们	a⁵⁵ke³³ɣo⁵⁵a³³	1325 你自己	ni³³ni³³
1314 你	ni³³	1326 他自己	ʑa²¹a³³ʑa²¹
1315 你俩	næ²¹ke³³ni²¹o³³	1327 别人	khə²¹n̩a⁵⁵su³³
1316 你们	næ²¹ke³³	1328 这	e⁵⁵
1317 他	ʑa²¹	1329 这个	e⁵⁵mo³³
1318 他俩	ʑa²¹ke³³ni²¹o³³ʑa²¹a³³ni²¹o³³	1330 这些	e⁵⁵tɕi⁵⁵
1319 他们	ʑa²¹ke³³ʑa²¹a³³	1331 这里	e⁵⁵ka³³
1320 咱们	n̩²¹ke³³	1332 这边	e⁵⁵bæ²¹
1321 咱们俩	n̩²¹ke³³ni²¹o³³ɣo⁵⁵a³³ni²¹o³³	1333 这样	e⁵⁵ʑa⁵⁵
		1334 那儿（较远指）	na³³ka³³
1322 大家	mæ⁵⁵mæ²¹æ³³	1335 那（最近指）	na³³

1336 那个	na⁵⁵ mo³³	1345 几时	a²¹di³³a⁵⁵ kɯ⁵⁵
1337 那些	na⁵⁵ tɕi⁵⁵	1346 怎么	a²¹di³³
1338 那里	na³³ka³³	1347 多少	kho²¹mo³³sɿ⁵⁵
1339 那边	na⁵⁵ bæ²¹	1348 几个（疑问代词）	kho²¹mo³³lə²¹
1340 那样	na⁵⁵ ʐa⁵⁵	1349 为什么	a²¹da³³ŋa³³ʑi³³
1341 谁	a²¹se²¹	1350 其他	khə²¹ni³³a̠⁵⁵
1342 什么	a³³tso³³	1351 各自	mæ⁵⁵ mæ⁵⁵ æ²¹
1343 哪个	a²¹di³³a⁵⁵ mo³³	1352 多	a²¹te³³
1344 哪里	a²¹ka³³le⁵⁵	1353 全部	mæ⁵⁵ mæ²¹⁻³³

十五、性质、状态

1354 大	ʐæ²¹	1372 深	ne⁵⁵
1355 小	ʐa³³	1373 浅	de³³
1356 粗	tshu³³gæ²¹	1374 满	bi³³
1357 细	ɕi⁵⁵	1375 空	kho⁵⁵
1358 高	mɯ³³	1376 瘪	pja³³thæ³³thæ³³
1359 低	pja̠³³	1377 多	mjo²¹
1360 凸	mɯ³³tu³³le³³	1378 少	so²¹
1361 凹	ne⁵⁵ tɯ⁵⁵ ʑi³³	1379 方	fa³³
1362 矮	pja̠³³	1380 圆	va³³
1363 长	sɿ³³	1381 扁	pja³³
1364 （时间）长	sɿ³³	1382 尖	the̠³³
1365 短	ȵu⁵⁵	1383 秃	the²¹ʐa⁵⁵ le³³ȵ²¹dʑa³³/ mæ²¹læ⁵⁵ læ⁵⁵
1366 远	vy²¹		
1367 近	næ²¹	1384 平	bæ³³
1368 宽	khua³³	1385 皱	na̠³³tsu⁵⁵
1369 窄	tsə²¹	1386 正	tsə⁵⁵
1370 厚	tho̠³³	1387 反	fa²¹
1371 薄	bo²¹	1388 （打得）准	tæ³³

1389 偏	phja³³	1418 胖	pha⁵⁵
1390 歪	væ⁵⁵ ʂ̩⁵⁵	1419（猪）肥	tshu³³
1391 顺	sue⁵⁵	1420（人）瘦	to³³
1392 倒	bə²¹buɯ⁵⁵	1421（地）瘦	mi³³to³³ku³³
1393 横	bæ³³	1422 干	fæ³³
1394 竖	ʥa²¹	1423 湿	tshʅ²¹
1395 直	ʥa²¹	1424（粥）稠	ʥo³³xæ²¹li⁵⁵tə⁵⁵pha³³ myo²¹o³³（稀饭太浓了）
1396 斜	ɕe²¹	1425（粥）稀	ʥi³³
1397 弯	læ⁵⁵go²¹	1426 疏	tɕa³³
1398 黑	ne̠³³	1427（布）密	ʥi³³
1399 白	phju³³	1428（头发）稀	bo²¹
1400 红	ni³³	1429 硬	kə³³
1401 黄	ɕa³³	1430 软 / 停顿	nu²¹
1402 绿	lu̠³³	1431 粘（动词）	ɳa⁵⁵
1403 蓝	la²¹	1432 光滑	mæ²¹thæ⁵⁵
1404 紫	ga³³li⁵⁵sə²¹	1433 粗糙	tshu³³gæ²¹
1405 灰	phæ³³	1434（米）细	ɕi⁵⁵
1406 亮	buɯ³³luɯ³³	1435（路）滑	mæ²¹ʐu⁵⁵
1407 暗	ne̠³³ma²¹	1436 紧	tsie²¹
1408 重	li²¹	1437 松	so³³
1409 轻	la³³	1438 脆	tshue⁵⁵
1410 快	le̠²¹la³³	1439 牢固	və²¹
1411 慢	phi̠²¹	1440 结实	ze³³
1412 早	ne²¹	1441 乱	lua⁵⁵
1413 迟	phi̠²¹	1442 对	xo̠²¹（xo̠²¹a³³ 对的）
1414 锋利	the³³	1443 错	tsho̠³³
1415 钝	me²¹du²¹	1444 真	a³³tsʅ³³
1416 清	ʥi³³	1445 假	tɕa²¹
1417 浑浊	næ³³		

1446 生的	ʐa²¹dze²¹（还没有熟）		1475 辣	phe³³
1447 新	çi⁵⁵		1476 咸	kha²¹
1448 旧	be²¹ga²¹		1477 （盐）淡	bia̠³³
1449 好	tsæ³³		1478 涩	fu⁵⁵
1450 坏	n̩²¹tsæ³³		1479 腥	çie³³
1451 贵	phə²¹kha̠³³		1480 臊	çe³³tɕhi⁵⁵
1452 便宜	phə²¹la³³		1481 骚货	ʑi³³ve̠²¹
1453 老	ma²¹		1482 腻	ʐa⁵⁵
1454 嫩	le⁵⁵		1483 闲	ça³³
1455 年老	tsha³³ma²¹ku³³		1484 忙	tɕu²¹
1456 年轻	tsha³³le⁵⁵o²¹		1485 富	so³³po³³
1457 美	tsæ³³		1486 穷	so³³me̠²¹
1458 丑	ni³³so⁵⁵		1487 巧	la³³
1459 热	mə⁵⁵		1488 干净	ka³³tɕi²¹
1460 （天气）冷	dze̠³³		1489 脏	ka³³n̩²¹tɕi²¹
1461 就	dʑe³³		1490 热闹	zə²¹no⁵⁵
1462 （水）冷	ʐi²¹tshɿ⁵⁵		1491 安静	a²¹di⁵⁵di³³o³³
1463 （水）温	ʐi³³tsu³³bæ³³		1492 新鲜	ʐa²¹çi⁵⁵
1464 暖和	lo³³mɯ⁵⁵		1493 活的	ʐa²¹ko⁵⁵
1465 凉快	lia̠²¹		1494 死的	ʐa²¹çi³³ma³³la³³
1466 难	pe³³so⁵⁵		1495 奇怪	tɕhi²¹kuæ⁵⁵
1467 容易	pe³³çi²¹		1496 详细的	nə⁵⁵dæ²¹
1468 （气味）香	ço³³		1497 一样的	the²¹ʐa⁵⁵
1469 臭	xɯ⁵⁵		1498 明亮	bɯ³³lɯ³³
1470 （味道）香	ço³³		1499 清楚	n̩i³³tɕhi⁵⁵/ni³³thi⁵⁵
1471 酸	tse³³		1500 好吃	næ³³
1472 甜	tshɿ³³		1501 难吃	dzo²¹so³³
1473 （味道）苦	kha²¹		1502 中等	tso³³tə²¹
1474 （生活）苦	khu²¹		1503 好听	nɯ³³ni³³çi²¹

1504 好看	ni³³ɕi²¹		1533 高兴	gu³³gu³³
1505 难看	ni³³so⁵⁵		1534 平安	phie²¹a³³
1506 好笑	ʑæ³³dʐɻ³³		1535 舒服	ɣə²¹ɕi²¹
1507 响	e³³		1536 悲哀	dza³³so⁵⁵
1508 辛苦	ɣo²¹guɯ³³		1537 亲热	tɕie³³zə²¹
1509 闷	mə⁵⁵		1538 讨厌	xuɯ⁵⁵phja²¹
1510 慌	xua³³		1539 单独	thi²¹o²¹ti⁵⁵ ti⁵⁵
1511 花（布）	phyo²¹po̪³³lo³³		1540 陡峭	tə²¹
1512 聪明	ɕo³³		1541 早早地	ne²¹ne²¹₋³³
1513 傻	xæ²¹		1542 慢吞吞地	phi²¹thæ²¹thæ²¹₋³³
1514 蠢	xæ²¹		1543 亮堂堂	lia³³ne²¹
1515 机灵	tɕi³³lie²¹		1544 黑黢黢	ne̪³³kə³³kə³³
1516 老实	lo³³sɻ²¹		1545 灰扑扑	phæ³³ɕa²¹ɕa²¹
1517 狡猾	tɕo²¹xua²¹		1546 绿油油	lu̪³³tæ³³tæ³³/lu̪³³pi³³pi³³
1518 细心	nə⁵⁵dæ²¹		
1519 和气	xo²¹fa̪²¹		1547 红通通	ni³³tæ³³tæ³³
1520 骄傲	o⁵⁵ʑæ²¹		1548 黄灿灿	ɕa³³tæ³³tæ³³
1521 凶恶	ɣo̪²¹		1549 轻飘飘	la³³tɕho³³tɕho³³o²¹³
1522 合适	xo²¹sɻ⁵⁵		1550 水淋淋	zi³³ti⁵⁵ti⁵⁵
1523 厉害	xə²¹		1551 赤裸裸	go²¹læ⁵⁵læ⁵⁵
1524 客气	tɕi³³		1552 乱七八糟	lua⁵⁵tɕhi²¹pa̪²¹tso³³
1525 小气	li⁵⁵xæ⁵⁵		1553 老老实实	lo²¹lo²¹sɻ²¹sɻ²¹
1526 勤快	ma̪²¹li⁵⁵		1554 慌慌张张	xua³³li⁵⁵xua³³tsa³³
1527 懒	bæ³³ʑu³³		1555 马马虎虎	ma³³ma³³fu³³fu³³
1528 笨拙	pə⁵⁵		1556 啰里啰唆	lo³³li⁵⁵lo³³so³³
1529 乖	kuæ³³		1557 糊里糊涂	o⁵⁵li⁵⁵o⁵⁵pa³³
1530 努力	nu²¹li²¹		1558 长短	sɻ³³ɳu⁵⁵
1531 啰唆	lo³³so³³		1559 肥瘦	tshu³³to³³
1532 可怜	ne̪³³dʑa³³		1560 大小	ʑæ²¹ʑa³³

| 1561 高低 | muɯ³³pja³³ | 1562 粗细 | tshu³³ɕi⁵⁵ |

十六、动作、行为

1563 挨近	næ⁵⁵ næ²¹⁴ kho³³ɕi³³	1588 剥（花生）	le²¹ti⁵⁵ ɕo³³phæ⁵⁵
1564 挨打	te⁵⁵ gu³³mi⁵⁵ dza³³la⁵⁵ o³³	1589 剥（牛皮）	ȵu²¹dʑi³³phæ⁵⁵
1565 爱	ʐa⁵⁵ tæ³³	1590（漆）剥落	tɕhi²¹bæ³³
1566 爱（吃）	dzo²¹xuɯ³³	1591 保密	po²¹mi⁵⁵ /be̝³³ȵ²¹no³³
1567 安装	tə⁵⁵（tɕi⁵⁵）tu³³le³³	1592 保护	po²¹fu⁵⁵
1568 按	ȵu⁵⁵	1593 饱	bo³³
1569 熬（药）	na³³tɕhi²¹tse⁵⁵	1594 抱	te̝³³
1570 熬（粥）	dzo³³xæ²¹li⁵⁵ tse⁵⁵	1595 报仇	po⁵⁵ tsə²¹
1571 再拔点饭吧	dʑo³³tɕi⁵⁵ o²¹tshe̝³³se²¹	1596 刨（光）	thue³³mæ²¹læ⁵⁵
1572 拔（草）	sʅ⁵⁵ va²¹tsə³³	1597 背（背篓）	bə²¹
1573 拔火罐	xo²¹kua⁵⁵ tshʅ³³	1598 背（孩子）	ba²¹
1574 把（尿）	puɯ⁵⁵ sʅ²¹tse³³	1599 晒干	luɯ⁵⁵ fæ³³
1575 耙（田）	tæ³³mi³³tse̝³³	1600 迸（出）	pjo³³
1576 掰开	ŋo²¹khæ³³	1601 背（书）	su⁵⁵ pe⁵⁵
1577 摆着	pæ²¹la⁵⁵	1602 背（东西）	bə²¹
1578 动	ka⁵⁵	1603 山崩了	ɣo²¹me²¹tha³³o³³
1579 败	pæ⁵⁵	1604 将山弄崩	ɣo²¹me²¹pe³³tha³³o³³ zi³³
1580 拜	o⁵⁵ duɯ³³thə⁵⁵	1605 逼迫	pi̝²¹
1581 搬（家）	xe³³pa³³	1606 比赛	pi²¹sæ⁵⁵
1582 搬（凳子）	pa²¹tə³³pa³³	1607（口）闭	mi²¹khu³³pi⁵⁵
1583 帮助	pa³³tɕu³³	1608 闭（口）	pi⁵⁵
1584 绑	ne⁵⁵	1609 必须	a²¹da³³le³³
1585 包（药）	na̝³³tɕhi²¹thə³³	1610 编（辫子）	o⁵⁵ tshʅ³³dzæ²¹
1586 包围	ue̝²¹tu³³le³³	1611 编（篮子）	kha³³lu³³dzæ²¹
1587 包括	tsha³³	1612 变化	pie⁵⁵ xua⁵⁵

1613 改变 kæ^{21}pie^{55}
1614 商量 dzʅ^{33}bɯ^{33}
1615 变大 pie^{55} ʑæ^{21}
1616 变小 pie^{55} ʑa^{33}
1617 变黑 pie^{55} ne̱^{33}
1618 变红 pie^{55} ni^{33}
1619 扁了 pja^{33}o^{33}
1620 压扁 ʑa̱^{21}pja^{33}
1621 病 no^{33}
1622 补衣 phja^{33}pɯ^{33}
1623 补锅 xɯ^{33}tɕha^{33}pɯ^{33}
1624 擦桌子 tsa^{33}tsʅ^{33}sə̱^{33}
1625 擦掉 sə̱^{33}o^{33}ʑi^{33}
1626 猜 tshæ^{33}
1627 猜中 tshæ^{33}tæ^{33}
1628 裁 dæ^{33}
1629 踩 tho^{55}
1630 陷 dʑo^{33}
1631 用刺刺 a^{55} tshu^{21}tɕi^{55}
1632 藏 khə^{21}tɕa^{33}
1633 蹭（痒） tsha̱^{21}
1634 插 tsa̱^{33}
1635 插（秧） ga^{21}
1636 查（账） tsha̱^{21}
1637 差两斤 tsa^{33}
1638 拆衣服 phja̱^{33}
1639 拆房子 phja̱^{33}
1640 房子毁塌 xe^{33}bja̱^{33}
1641 搀扶（拉） tɕa^{33}
1642 掺（水） tɕa^{33}
1643 缠（线） li̱^{33}
1644 （嘴）馋 tshə^{21}
1645 尝 tsha̱^{21}
1646 偿还 kho^{55} gə^{21}
1647 唱 tsha^{55}
1648 抄写 tsho^{33}
1649 吵嘴 xæ^{33}te̱^{21}
1650 炒 lu^{33}
1651 抽（水） tshə^{33}
1652 沉 lo̱^{21}
1653 称（粮食） tshə^{33}
1654 称赞 khua^{33}tɕa^{33}
1655 撑住 tu^{33}ve^{21}la^{55}
1656 撑开 ve^{33}khæ^{33}
1657 撑（伞） dæ^{21}
1658 撑（船） xua^{21}
1659 成了 tshə̱^{21}
1660 完成 pe^{33}dʑa^{33}
1661 盛（饭） dzo^{33}khɯ^{55}
1662 盛得下 khɯ^{55} tæ^{33}a^{33}
1663 承认 tshə̱^{21}zə^{55}
1664 吃 dzo^{21}
1665 充满 bi^{55} bi^{33}
1666 充当 tsho^{33}ta^{33}
1667 冲（锋） tsho^{33}
1668 （水）冲 tsho^{33}
1669 舂 te^{55}
1670 抽（出） tɕa^{33}

1671 抽（烟）	tshη⁵⁵	1699 锉	tshõ⁵⁵
1672 抽打	te⁵⁵	1700 搓（绳）	væ²¹
1673 出产	du̠³³	1701 搭（架子）	dæ²¹
1674 出嫁	fu³³luɯ⁵⁵	1702 答应	da²¹xo⁵⁵
1675 出（水痘）	du̠³³	1703 打（人）	te⁵⁵
1676 出去	du̠³³ʑi³³	1704 打手势	lə²¹pi²¹
1677 出（太阳）	mə²¹ni³³du̠³³	1705 看卦	kua⁵⁵ ni³³
1678 出来	du̠³³le³³	1706 打野猪	ni⁵⁵ve̠²¹dæ²¹
1679 取出	ve³³tɕhi⁵⁵ le³³	1707 打枪	tsho³³dæ²¹
1680 锄	kæ⁵⁵	1708 打中	dæ²¹tæ³³
1681 穿（衣）	ve̠²¹	1709 打仗	dæ²¹te̠²¹
1682 穿（鞋）	də²¹	1710 打架	（the⁵⁵）te⁵⁵ te̠²¹
1683 穿（针）	sæ³³	1711 打散	dæ²¹sa²¹
1684 磨得穿孔	ɕu³³tu³³lu³³lə²¹	1712 失散	phi⁵⁵ o³³
1685 针穿孔	ɣə²¹sæ³³	1713 打倒	dæ²¹puɯ⁵⁵
1686 传给	tshua²¹gə²¹	1714 打水	ʑi³³khuɯ³³
1687 传染	（tshua²¹za²¹）kæ⁵⁵	1715 打针	tsə³³dæ²¹
1688 染上	（no³³ŋuɯ⁵⁵）kæ⁵⁵ ŋuɯ⁵⁵	1716 捡柴	se̠³³kæ⁵⁵
		1717 打赌	tu²¹te̠²¹
1689 吹（喇叭）	mə³³	1718 打场	tsha⁵⁵ te̠²¹（打唱）
1690 吹（灰）	mə³³	1719 打墙	luɯ³³puɯ³³di²¹te⁵⁵
1691 捶打	dæ²¹/te⁵⁵	1720 打扮	ta̠²¹pa³³
1692 传开	tshua²¹khæ³³	1721 打比方	ta̠²¹pi²¹fa²¹
1693 喘	ga³³/se⁵⁵ ga³³ 喘气	1722 打搅	ta²¹zo²¹
1694 戳	to²¹	1723 打喷嚏	a⁵⁵ thi²¹dæ²¹
1695 戳破	to²¹du̠³³	1724 打瞌睡	ʑi̠²¹mi⁵⁵ kuɯ⁵⁵
1696 刺	tɕi⁵⁵	1725 打滚儿	luɯ³³
1697 催	tshue³³	1726 打呵欠	ʑi̠²¹mi³³xa⁵⁵
1698 错	tsho³³	1727 打嗝儿	tɕi⁵⁵ kuɯ⁵⁵

1728 打鼾	$zi^{21}no^{33}ga^{33}$	1757 点火	$a^{55}tu^{55}to^{55}$
1729 打开	$phu^{33}kh\text{æ}^{33}$	1758 剥苞谷	$s\text{æ}^{33}$
1730 打霹雳	$m\text{ə}^{21}g\text{ə}^{21}d\text{æ}^{21}$	1759 点灯	to^{55}
1731 打闪	$m\text{ə}^{21}zi^{55}$	1760 点燃火	$a^{55}tu^{55}t\text{ə}^{55}$
1732 打雷	$m\text{ə}^{21}k\text{ə}^{21}$	1761 垫	kha^{21}
1733 代替	$thie^{55}$	1762 凋谢	$mi^{21}dze^{33}$
1734 带（钱）	$dzi^{21}phi^{21}t\text{æ}^{55}$	1763 雕刻	$kh\text{ə}^{21}$
1735 带（路）	$dzo^{33}mo^{33}x\text{æ}^{21}$	1764 叨	$th\text{æ}^{21}$
1736 带（孩子）	$a^{33}ni^{33}x\text{æ}^{21}$	1765 掉（过头）	$tsa^{33}ko^{21}zi^{33}$
1737 戴（包头）	$o^{55}li^{33}ne^{55}$	1766 掉下去	$kua^{33}tci^{33}zi^{33}$
1738 戴（帽子）	$o^{55}t\text{æ}^{33}l\text{æ}^{33}d\text{ə}^{21}$	1767 掉（眼泪）	$me^{33}zi^{33}v\text{æ}^{21}$
1739 戴（手镯）	$l\text{ə}^{21}dzu^{33}d\text{ə}^{21}$	1768 吊	tio^{33}
1740 时间耽误	$ta^{33}ko^{21}$	1769 钓（鱼）	$(\eta o^{55})tio^{33}$
1741 当兵	$ta^{33}pie^{33}$	1770 跌倒	$tshe^{33}ni^{33}tie^{21}pw^{55}$
1742 挡风	$m\text{ə}^{21}se^{33}da^{21}$	1771 叠（被）	$(x\text{ə}^{21}l\text{ə}^{21}b\text{ə}^{21})tw^{33}$
1743 墙倒了	$lw^{33}pw^{33}di^{21}b\text{ə}^{21}o^{33}$	1772 （蚊子）叮	$(b\text{ə}^{21}s\text{ʅ}^{33})khw^{55}$
1744 把墙弄倒	$lw^{33}pw^{33}di^{21}pe^{33}b\text{ə}^{21}$	1773 钉（钉子）	$(tie^{33}ts\text{ʅ}^{33})te^{55}$
1745 倒过来	$pho^{33}lo^{33}ma^{55}$	1774 丢失	phi^{55}
1746 把水倒掉	$zi^{33}do^{33}o^{33}zi^{33}$	1775 丢	$lo^{33}phi^{33}/tsa^{33}phi^{33}$
1747 到达	di^{33}	1776 抖（灰）	$t\text{ə}^{21}$
1748 捣碎	$te^{55}di^{21}$	1777 懂	$s\text{æ}^{55}$
1749 得到	γo^{33}	1778 （肉）冻	$tsh\text{ʅ}^{55}$
1750 等待	$ca^{33}la^{55}$	1779 （手）冻	$tsh\text{ʅ}^{55}$
1751 地震	$mi^{33}\text{ɳ}a^{33}$	1780 （地）冻	$tsh\text{ʅ}^{55}$
1752 滴水	$zi^{33}dze^{33}$	1781 自燃	$d\text{ə}^{21}$
1753 牛挑架	ti^{33}	1782 动	ka^{55}
1754 低（头）	$o^{55}dw^{33}ti^{33}$	1783 使动	$ka^{55}tu^{33}le^{33}$
1755 抵抗	$ti^{21}kha^{55}$	1784 动身	$tchi^{33}tu^{33}$
1756 点头	$o^{55}dw^{33}ka^{55}$	1785 兜着	$th\text{ə}^{33}la^{55}$

1786 读	za³³		1813 罚款	fa²¹khua²¹
1787 堵	tsʰŋ²¹		1814 翻过来	pʰo³³ko²¹le³³
1788 赌博	tu²¹po²¹		1815 翻身	ʑi²¹mi³³pʰo³³
1789 渡河	la³³dza²¹gə²¹		1816 反对	fa²¹tue⁵⁵
1790 断气	se⁵⁵tsʰẹ³³o³³		1817 反刍	di²¹ko²¹
1791 线断	tsæ³³væ²¹tsʰẹ³³o³³		1818 繁殖	ʐa²¹zo²¹xæ²¹
1792 线弄断	tsæ³³væ²¹pe³³tsʰẹ³³o³³ ʑi³³（感觉上线还没有断，让人去弄断之意）		1819 犯法	fa⁵⁵fạ²¹
			1820 犯罪	fa⁵⁵tsue⁵⁵
1793 棍子断	ba̰³³pu³³tʰɯ³³		1821 防守	su³³la⁵⁵
1794 棍子弄断	ba̰³³pu³³pe³³tʰɯ³³o³³ ʑi³³		1822 放生	pʰyo²¹
1795 堆草	sŋ³³va²¹kʰɯ³³		1823 放水	ʑi³³pʰyo²¹（放水出去）/ ʑi³³væ⁵⁵（放水进来）
1796 蹲	tsʰṵ³³		1824 放（盐）	tsʰo²¹（tɕi³³）
1797 炖鸡	zḛ³³xo²¹tə⁵⁵		1825 放牧	dze²¹lo⁵⁵
1798 躲藏	kʰə²¹pʰæ³³		1826 放弃	fa⁵⁵tɕʰi⁵⁵
1799 躲开	za⁵⁵kʰæ³³		1827 放火	a⁵⁵tu⁵⁵pʰjo²¹
1800 剁肉	tʰo̰³³		1828 放屁	ɕi²¹bi²¹bi²¹
1801 跺脚	tɕʰia̰³³（踢）		1829 放假	fa⁵⁵tɕa⁵⁵
1802 饿	mḛ²¹		1830 放心	fa⁵⁵ɕie³³
1803 恶心	la⁵⁵tʰa̰³³		1831 纺（纱）	va³³
1804 发生	dṵ³³		1832 放置	to⁵⁵la⁵⁵
1805 发展	fạ²¹tsa²¹		1833 符合	xo²¹sŋ⁵⁵
1806 发誓	fa²¹sŋ⁵⁵		1834 使符合	xo²¹sŋ⁵⁵lo⁵⁵
1807 发抖	tsʰe²¹		1835 飞	bju³³
1808 发酵	fa²¹ɕo⁵⁵		1836 分（粮食）	bɯ³³
1809 发烧	tʰa⁵⁵tɕʰu³³		1837 分家	xe³³bɯ³³
1810 发愁	tɕʰi⁵⁵tsa³³		1838 分离	bɯ³³kʰæ³³
1811 发芽	ʐa²¹o⁵⁵dɯ³³bi³³		1839 使分开	bɯ³³kʰæ³³o³³ʑi³³
1812 嘴巴苦	mi²¹kʰu³³kʰa²¹		1840 缝	bḛ²¹

1841 疯	thæ^{33}
1842 敷	za^{21}
1843 孵	mɯ^{55}
1844 扶	tɕa^{33}
1845 伏（着栏杆）	phu^{21}
1846 腐烂	tshʅ^{21}
1847 该去	ʑi^{33}tæ^{33}
1848 盖（土）	pi^{55}
1849 盖（被子）	pi^{55}
1850 盖（房子）	gu^{33}
1851 （衣服）干	fæ^{33}
1852 干（了）	fæ^{33}o^{33}
1853 干咽	le^{33}be^{33}fæ^{33}
1854 感冒	tsʅ^{55} ma^{33}dze̱^{33}
1855 感谢	ȵa^{55}n^{21}ŋã^{33}
1856 赶集	dzʅ^{33}ga̱^{21}
1857 赶（牛）	ȵu^{21}ga̱^{21}
1858 赶（上）	ga̱^{21}mæ^{33}
1859 干活儿	mja^{21}ga^{21}
1860 （一）卷	the^{21}khu^{33}
1861 敢	ŋo^{33}ʑi^{33}pi^{55} a^{55} /ŋo^{33} ʑi^{33}n̩^{21}pi^{55}（我敢去；我不敢去）
1862 喷射	pju̱^{33}/tɕu̱^{33}
1863 骗、（风）吹	fu^{21}
1864 硌（脚）	lə^{21}
1865 告诉	be̱^{33}mo^{55} gə^{21}
1866 告状	ko^{55} tsua^{55}
1867 割（肉）	tshæ^{21}
1868 割下	tshæ^{21}tɕi^{33}le^{33}
1869 割（绳子）	（tsæ̱^{33}væ̱^{21}）tshæ^{21}
1870 割断	tshæ^{21}tshe̱^{33}
1871 割（草）	sʅ^{33}va^{21}tshæ^{21}
1872 隔（一条河）	kə̱^{21}
1873 给	gə^{21}
1874 够（长度）	lo̱^{21}
1875 够（数）	lo̱^{21}
1876 够（岁数）	lo^{21}
1877 （往上）搆	ve^{33}tæ^{33}kɯ^{55} a^{55}（ka^{55}）（拿得着）mæ^{33}tæ^{33} a^{55}（ka^{55}）/mæ^{33}tæ^{33} n̩^{21}kɯ^{55}
1878 跟（在后面）	mæ^{33}
1879 耕（田）	mo^{21}
1880 （猪）拱	mo^{21}
1881 钩	ka^{55}
1882 估计	ku^{21}
1883 故意	pa^{55} ʑi^{55}
1884 箍	ku^{33}
1885 鼓	xe^{55} thæ̱^{21}
1886 雇	xæ^{21}
1887 刮（毛）	mɯ^{33}kua̱^{21}
1888 刮（风）	（mə^{21}se^{33}）fu^{21}
1889 挂（在墙上）	ka^{55}
1890 （被）挂住	ka^{55} te^{33}ʑi^{33}
1891 怪（你）	kuæ^{55}
1892 关（门）	pi^{55}
1893 关（羊）	kɯ^{33}
1894 关住	pi^{55} tu^{33}le^{33}(表示关住还可以使用 pi^{55} ve^{21} la^{55}，但这里的 ve^{21} 借用了汉语的稳）

1895 主人家　se²¹pho²¹

1896 客人　su³³ve³³

1897 管（学生）　kua²¹

1898 灌（水）　kua⁵⁵

1899 跪　thə⁵⁵

1900 滚　lɯ³³

1901 过（年）　kho⁵⁵mo³³

1902 过（桥）　dzɿ³³mo³³ko³³

1903 过（了两年）　ni²¹kho⁵⁵ko²¹o³³

1904 共计　mæ⁵⁵mæ²¹⁻³³

1905 害羞　ɕi⁵⁵ta³³

1906 害怕　dʑu³³

1907 含（一口水）　mɯ³³

1908 喊（人）　e³³

1909 喊叫　e³³

1910 难过（心情）　dʑa³³so⁵⁵

1911 焊　xa⁵⁵

1912 （天）旱　mə²¹ka³³

1913 喝　da³³

1914 合（多少钱）　xo̩²¹

1915 合适　xo̩²¹sɿ⁵⁵

1916 合拢　pje²¹tu³³le³³

1917 合拢（书）　pi⁵⁵

1918 恨　xɯ⁵⁵

1919 哼（呻吟）　xə³³

1920 烘（衣服）　ka³³

1921 哄　fu²¹

1922 后悔　xə⁵⁵xue²¹

1923 头昏　o⁵⁵pa³³

1924 眼花　mi³³du²¹xua³³

1925 划（船）　xua²¹

1926 划拳　xua²¹tɕhie²¹

1927 滑稽　xua²¹tɕi³³

1928 化　dʑi³³

1929 画（画儿）　xua³³

1930 怀孕　gɯ³³di²¹bə²¹

1931 怀疑　xuæ²¹ni²¹

1932 还（账）　（dze³³）kho⁵⁵

1933 还（钢笔）　kho⁵⁵

1934 换　po³³/læ⁵⁵

1935 唤（狗）　e³³

1936 慌忙　ni̥³³mo̥³³xuã³³

1937 灰心　xue³³ɕie³³

1938 回　go²¹

1939 使回　go²¹le³³lo⁵⁵

1940 回头　o⁵⁵dɯ³³tsa³³xo⁵⁵le³³

1941 回忆　de²¹tsha²¹

1942 回答　da²¹xo⁵⁵

1943 挥动　zõ²¹

1944 会（写）　（væ²¹）kɯ⁵⁵

1945 毁谤　lo³³to³³

1946 毁灭　ɕi³³

1947 使毁灭　pe³³ɕi³³

1948 混合　zæ³³vu³³（搅拌）

1949 使混合　zæ³³vu³³lo⁵⁵

1950 浑浊　næ³³

1951 搅浑　zæ³³næ³³

1952 活（了）　ɣə²¹

1953 活着	ko^{55} la^{55}	1982 减	tɕe^{21}
1954 养活	çio^{33}ko^{55}	1983 剪	dæ̱^{33}
1955 获得	ɣo^{33}	1984 （冻）僵	lə̱^{33}ma^{33}ku^{33}(手僵了）
1956 和（泥）	ʐæ̱^{33}	1985 讲（故事）	（ku^{21}li^{21}）tɕia^{21}
1957 集合（了）	tɕi^{21}lo^{21}	1986 降落	tɕa^{55} lo̱^{21}
1958 集合（队伍）	mæ ^{55} mæ^{33}o^{33}le^{33}	1987 使降落	tɕa^{55} lo̱^{21}lo^{55}
1959 积（水）	ʐi^{33}tsa̱^{21}	1988 浇（水）	ʐi^{33}phia̱^{33}
1960 （水）积	dza^{33}	1989 （烧）焦	tsʅ^{55}
1961 （很）挤	tɕi$^{21-33}$ne^{21}	1990 教	mo^{55}
1962 挤进	tɕi^{21}tɯ^{55} ʐi^{33}	1991 嚼	go^{21}
1963 挤（奶）	bɯ^{55} dʐʅ^{33}ȵu^{55}	1992 （公鸡）叫	bɯ^{33}
1964 挤（脚）	tɕi^{21}	1993 （母鸡）叫	ko̱^{21}tæ^{55}
1965 积攒	tsa^{21}	1994 （猫）叫	e^{33}
1966 攒下	ga ^{55} tu^{33}	1995 （驴）叫	e^{33}
1967 集会	mæ ^{55} mæ^{33}	1996 （马）叫	e^{33}
1968 记录	tɕi^{55} lu̱^{21}	1997 （牛）叫	e^{33}
1969 记得	so^{55} tshe^{21}	1998 （狗）叫	khɯ^{55}
1970 寄存	ga^{33}tu^{33}la^{55}	1999 （猪）叫	e^{33}
1971 寄信	ɕie^{55} tæ^{55}	2000 （羊）叫	e^{33}
1972 忌妒	ni^{33}no̱^{33}	2001 （虎）叫	e^{33}
1973 忌讳	da^{21}pɯ^{55} tɕi̱^{33}	2002 （狮）叫	e^{33}
1974 忌嘴	mi^{21}khu^{33}tɕi̱^{33}	2003 （狼）叫	e^{33}
1975 系（腰带）	（lu^{55} ɕia^{55}）ne^{55}	2004 叫（名字）	e^{33}
1976 继续	tɕe̱^{21}la^{55}	2005 娇气	na̱^{33}ti^{33}
1977 （腋下）夹	ȵa̱^{33}	2006 交换	po^{33}
1978 夹（菜）	pha̱^{33}	2007 换	læ^{55}
1979 假装	tɕa̱^{21}tsua^{33}	2008 交给	gə^{21}
1980 嫁（女儿）	fu^{33}lɯ^{55}	2009 交到（了）	tɕo^{33}di^{33}o^{33}
1981 捡	kæ^{55}	2010 交（朋友）	tsha̱^{21}pe̱^{33}pe^{33}

编号	词	音标	编号	词	音标
2011	浇	ʑi³³phia³³	2038	举（手）	lə²¹thæ²¹
2012	搅	zæ³³	2039	聚齐	kho³³dza³³mæ⁵⁵ mæ³³
2013	接住	tɕɛ²¹la⁵⁵	2040	卷（布）	li̩³³
2014	揭（盖子）	phu³³	2041	蜷缩	khu³³lu³³lu³³
2015	结（果子）	ȵa²¹	2042	掘	dæ²¹/kæ⁵⁵
2016	结冰	pie³³tə⁵⁵	2043	决定	tɕɛ²¹tie⁵⁵
2017	结婚	tɕhi²¹mo³³xo³³（男方为娶媳妇）/ zo²¹mæ²¹fu³³）女方为嫁姑娘	2044	卡住	e⁵⁵（喉咙被卡住）/ tshɿ²¹（堵起来）
2018	解释	be³³	2045	使卡住	kha²¹pɯ⁵⁵（lo⁵⁵）
2019	解（疙瘩）	（the²¹lə²¹be³³）phyu³³	2046	开（门）	phu³³
2020	（鞋）开（了）	khæ³³	2047	（水）开	tsu³³
2021	借（钱）	（dʑi²¹phi²¹）la⁵⁵	2048	（花）开	ve̩³³
2022	借（工具）	（tso³³mæ²¹）ŋo⁵⁵	2049	开（车）	khæ³³
2023	借出	ŋo⁵⁵tɕhi⁵⁵ʑi³³	2050	开始	tɕhi³³tu³³
2024	借入	ŋo⁵⁵tɯ⁵⁵le³³	2051	开荒	mi³³phæ²¹（荒地）kæ³³
2025	进屋	xe³³ka³³di²¹ʑi³³	2052	开会	khæ³³xue⁵⁵
2026	紧（了）	tse²¹⁻³³ne²¹	2053	砍（树）	se̩³³thæ⁵⁵
2027	弄紧	pe³³tse²¹	2054	砍（骨头）	ga²¹ga²¹tho̩³³
2028	经过	ko³³tæ³³	2055	看	ȵi³³
2029	惊动	tɕie³³to⁵⁵	2056	（给）看	ȵi³³lo⁵⁵
2030	浸泡	ti̩³	2057	看见	mi³³tæ³³
2031	浸入	ti̩³³tɯ⁵⁵ʑi³³	2058	病人看病	no³³ni³³
2032	禁止	pe³³ṇ²¹do³³/no³³	2059	大夫看病	no³³ni³³gə²¹
2033	受惊	dʐu³³tæ³³	2060	扛	pi⁵⁵
2034	揪	ȵu²¹	2061	考试	kho²¹sɿ⁵⁵
2035	救	tɕu⁵⁵	2062	烤（火）	a⁵⁵tu⁵⁵ka³³
2036	居住	ɣə²¹	2063	烤肉	xo²¹tɕʰu³³
2037	锯	tshæ²¹	2064	靠	kho̩³³
			2065	磕头	o⁵⁵dɯ³³thə⁵⁵

2066 咳嗽	tsʅ⁵⁵	2095 练成	za³³xo²¹
2067 渴	ɕi⁵⁵	2096 炼（奶）	liã⁵⁵
2068 刻	khə³³	2097 炼（油）	tshæ³³tsa̱²¹
2069 肯	gə²¹	2098 炼（铁）	xɯ³³lie̱⁵⁵
2070 啃	khɯ⁵⁵	2099 （饭）凉	（dzo³³）tshʅ⁵⁵
2071 抠	khə³³	2100 凉（一下）	tshʅ⁵⁵
2072 扣（扣子）	khæ³³	2101 量	pi²¹
2073 哭	ŋɯ³³	2102 晾（衣）	lɯ⁵⁵
2074 枯萎	me²¹dʑu³³	2103 聊天	khua²¹pə̱²¹
2075 夸奖	khua³³tɕa²¹	2104 裂开	be̱²¹khæ³³
2076 夸耀	khɯ³³ɕu³³	2105 淋	thæ³³
2077 跨	ŋa⁵⁵	2106 （水）流	væ²¹
2078 宽恕	ʑie²¹lia⁵⁵	2107 流到	væ̱²¹di³³
2079 空闲	ɕa³³	2108 流传	tshua²¹
2080 困	ʑi²¹mi⁵⁵kɯ⁵⁵	2109 留（神）	tso³³fu³³
2081 拉	tɕa³³	2110 滤	li⁵⁵
2082 拉屎	ɕi²¹ga²¹	2111 搂	væ³³
2083 辣	phe³³	2112 漏（雨）	（ʑi³³）zʅ³³
2084 落（下）	kua³³tɕi³³	2113 轮流	lue²¹la⁵⁵
2085 来	le³³	2114 轮到	lue²¹di³³
2086 捞	lo̱²¹	2115 聋	no⁵⁵ba²¹
2087 老	ma²¹	2116 乱（了）	lua⁵⁵
2088 烙	ŋɯ⁵⁵	2117 弄乱	pe³³lua⁵⁵
2089 勒	ne⁵⁵	2118 摞	so³³tu³³le³³
2090 累	ɣo²¹gɯ³³	2119 （太阳）落	dʑo³³
2091 理睬	li²¹	2120 麻木	fi⁵⁵
2092 理解	li²¹kæ²¹	2121 骂	xæ³³
2093 连接	tse⁵⁵（tu³³le³³）	2122 满（了）	bi³³
2094 练	lie⁵⁵	2123 布满	tɕi³³bi³³

2124 满足	ma²¹tsu²¹	2152 捏	pə̱³³
2125 满意	ma²¹ʑi⁵⁵	2153 弄直	pe³³dza²¹
2126 梦	ʐi²¹mi³³	2154 弄乱	pe³³lua⁵⁵
2127 埋	kæ⁵⁵tɯ⁵⁵	2155 弄弯	pe³³læ³³go²¹
2128 买	væ³³	2156 弄湿	pe³³tshŋ²¹
2129 卖	vu²¹	2157 呕吐	phe⁵⁵
2130 冒（烟）	du̱³³	2158 趴	phu²¹
2131 没有	ņ̩²¹dza³³	2159 （人）爬	mæ³³（向上爬）
2132 发票	fa²¹phjo⁵⁵	2160 （虫子）爬	mæ²¹（在平地上爬）
2133 蒙盖	mi̱³³	2161 （鸡）扒	tshe³³
2134 眯	tɕhi̱³³	2162 爬（山）	mæ̱³³
2135 （鸟）鸣	e³³	2163 爬（树）	mæ̱³³
2136 瞄准	mjo²¹tsue²¹	2164 拍（桌子）	phə̱²¹
2137 （火）灭	ɕi³³	2165 排队	phæ²¹tue⁵⁵
2138 抿着（嘴）	mi²¹khu³³mɯ³³la⁵⁵	2166 派人	tsha³³phæ⁵⁵
2139 明白	sæ⁵⁵	2167 盘旋	tsa³³
2140 摸	mo³³	2168 （蛇）盘	li̱³³
2141 磨刀	sæ⁵⁵	2169 跑	pe̱³³
2142 摩擦	tsha²¹	2170 跑（马）	pe̱³³
2143 磨面	ga³³	2171 泡（菜）	ti̱³³
2144 拧（手巾）	ņu²¹	2172 赔偿	kho⁵⁵
2145 拧（螺丝钉）	ņu̱²¹	2173 赔（本）	kho⁵⁵
2146 凝固	gə³³	2174 佩戴	də²¹
2147 拿	ve³³	2175 捧	tə̱³³
2148 拿到	ve³³di³³	2176 碰撞	phɯ⁵⁵
2149 挠（痒）	（kho²¹se³³ 跳蚤）（ʐo²¹）tso̱³³	2177 膨胀	tsu³³
		2178 披（衣）	go²¹
2150 能够	pe³³di³³do³³	2179 劈（柴）	khæ²¹
2151 蔫	mi⁵⁵	2180 撇了（一层油）	tə⁵⁵

2181 漂浮	phu^{33}		2210 翘	tɕho^{33}
2182 漂着	phu^{33}la^{55}		2211 橇	tɕho^{33}
2183 飘起来	phu^{33}tu^{33}le^{33}		2212 劁（猪）	mæ^{55}dæ^{33}
2184 飘（在空中）	bju^{33}		2213 切（菜）	dæ^{33}
2185 泼（水）	to̜^{33}		2214 亲（小孩）	tɕu^{55}
2186 破（篾）	khæ^{21}		2215 浸入	ti̠^{33}tɯ^{55}ʑi^{33}
2187 （衣服）破	bæ^{21}		2216 求（人）	tɕhu^{21}
2188 房子破	bæ^{21}		2217 赶（路）	ga̠^{21}
2189 竹竿破	bæ^{21}		2218 取	ve^{33}
2190 （碗）破	bæ^{21}		2219 取名	mi^{33}e^{33}
2191 打破（碗）	tsa^{33}bæ^{21}		2220 娶	xo^{33}
2192 剖	khæ^{21}		2221 去	ʑi^{33}
2193 佩带	ve^{33}lã^{55}		2222 驱赶	ga̠^{21}
2194 铺	kha^{21}		2223 （病）痊愈	kho^{21}
2195 欺负	tɕhi^{33}fu^{55}		2224 （伤）痊愈	kho^{21}
2196 欺骗	fu^{21}		2225 缺（一个口）	khæ^{55}
2197 砌	tɕhi̠^{33}		2226 瘸（了）	bɯ^{33}te^{55}
2198 骑	dzæ^{21}		2227 全（了）	mæ^{555}mæ^{33}
2199 使骑	dzæ^{21}lo^{55}		2228 劝告	tɕhe^{55}
2200 起来	xa^{33}tu^{33}		2229 染	za^{21}
2201 使起	xa^{33}tu^{33}lo^{55}		2230 嚷	e^{33}
2202 气（人）	tɕhi^{55}tsa̠^{33}		2231 让路	za^{55}
2203 生气	tɕhi^{55}tsa̠^{33}/dʑi^{33}vu^{33}		2232 绕（道）	tsa^{33}
2204 牵（牛）	tɕa^{33}		2233 日蚀	mə^{21}ni^{33}læ^{33}
2205 欠（钱）	tsha^{33}		2234 热（剩饭）	lo^{33}mɯ^{55}
2206 嵌	ça^{33}		2235 忍耐	næ^{55}do^{33}
2207 掐	tɕhi^{55}		2236 认（字）	za^{33}
2208 抢	tɕha^{21}		2237 认（识）	sæ^{55}
2209 敲	te^{55}／打人可以用 the^{55}		2238 任命	mĩ^{55}

2239 扔	lo³³	2268 上肥	ma⁵⁵
2240 溶化（了）	dʑi³³	2269 烧（火）	tsʅ³³
2241 使溶化	dʑi³³lo⁵⁵	2270 烧荒	so³³tɕhu³³
2242 揉	zə̩²¹	2271 舍不得	sə²¹n̩²¹no³³
2243 洒（水）	ʑi³³phia̩³³	2272 射（箭）	tɕie⁵⁵bæ³³
2244 撒（尿）	（bɯ⁵⁵ sʅ²¹）xo³³	2273 射中	bæ³³tæ³³
2245 撒谎	a²¹ma³³be̩³³	2274 伸（手）	tshe³³
2246 撒（种）	sʅ⁵⁵	2275 伸长	tshe³³sʅ³³
2247 塞（洞）	tshʅ²¹	2276 抻长	tɕa³³sʅ³³
2248 塞进（瓶子）	tshʅ²¹	2277 渗入	væ²¹tɯ⁵⁵ʑi³³
2249 （珠子）散（了）	sa²¹	2278 生长	nə²¹
2250 （会）散（了）	sa⁵⁵	2279 生（锈）	ʑi³³n̩i³³dzo²¹
2251 散步	ko³³	2280 生（疮）	（gæ²¹gæ²¹）gæ²¹
2252 （鞋带）散开	tha²¹	2281 生（孩子）	a³³ni³³ɕyo³³/ɕo³³mo³³
2253 解开	phu³³khæ³³	2282 省（钱）	sə²¹
2254 扫	sə̩³³	2283 生气	tɕhi⁵⁵tsa̩³³
2255 杀（人）	se⁵⁵	2284 剩	dʑe³³la⁵⁵
2256 杀（鸡）	se⁵⁵	2285 胜利	ɣo²¹dzʅ²¹
2257 筛（米）	va²¹	2286 升起	mɯ³³tu³³le³³
2258 晒（衣服）	lɯ⁵⁵	2287 差劲	n̩²¹tsæ³³
2259 晒（太阳）	lɯ⁵⁵	2288 失败	sʅ²¹pæ³³
2260 闪电	mə²¹ʑi⁵⁵	2289 释放	phyo²¹
2261 扇（风）	sa³³	2290 试	sʅ⁵⁵
2262 骗（猪）	ve̩²¹mæ⁵⁵dæ³³	2291 是	ŋa³³
2263 骗（鸡）	ze³³mi⁵⁵	2292 使（他做）	pe³³lo⁵⁵
2264 伤（了手）	sa³³	2293 使用	ʑo⁵⁵
2265 商量	dzʅ³³bɯ³³	2294 使唤	da³³
2266 赏赐	me̩⁵⁵gə²¹	2295 收割	tshæ²¹
2267 上楼	de̩³³ʑi³³	2296 收缩	so²¹

2297 收到	ve^{33}o^{33}		2326 搜（山）	sə^{33}
2298 收伞	pi^{55}		2327 （米粒）碎了	di̠^{21}
2299 收拾	sə^{33}ʂʅ^{21}		2328 压碎	za̠^{21}di̠^{21}
2300 守卫	su^{33}		2329 （腿）酸	tsa̠^{33}no^{55}
2301 梳	pi^{55}		2330 算	sua^{33}
2302 输	su^{33}		2331 损坏	ko^{21}hæ^{21}
2303 熟练	su̠^{21}lie^{55}		2332 索取	li̠^{33}
2304 熟悉	sæ^{55}		2333 锁（门）	dzo^{33}
2305 饭（熟）	mi^{33}		2334 送（行）	xo^{33}
2306 （果子）熟	mi^{33}		2335 塌	bia^{33}
2307 瘦（了）	xæ̠^{33}		2336 踏	tho^{55}
2308 数（数目）	ɣɯ^{33}		2337 抬	thæ^{21}/pi^{55}（挑、扛）
2309 漱（口）	tɕhi^{21}		2338 抬得动	thæ^{21}tu^{33}do^{33}
2310 竖立	tə̠^{55}tə̠^{33}		2339 贪心	tha^{33}ɕie^{33}
2311 摔（下来）	kua^{33}tɕi^{33}le^{33}		2340 摊开（粮食）	tshe̠^{33}khæ^{33}
2312 摔倒	kua^{33}pɯ^{55}		2341 弹（棉花）	bæ̃^{33}
2313 衰退	ma^{21}o^{33}		2342 弹（琴）	tha̠^{21}
2314 甩	tsa^{33}		2343 淌（眼泪）	væ^{21}
2315 闩（门）	a^{33}du^{21}ɕo^{33}		2344 躺	lɯ^{33}/khu^{33}
2316 拴（牛）	ne^{55}		2345 烫（手）	tha^{55}
2317 涮	la^{55}		2346 逃跑	khə^{21}pe̠^{33}
2318 睡	zi̠^{21}		2347 掏	mo^{33}
2319 （使）睡	hæ^{21}sʅ^{55}		2348 淘气	tho^{21}tɕhi^{55}
2320 睡着	zi̠^{21}mi^{55}kɯ^{55}o^{33}		2349 讨（饭）	dzo^{33}me^{55}/dzo^{33}me^{55}（乞丐）
2321 吮（奶）	tshʅ^{55}		2350 套（衣服）	tho^{55}
2322 说	be̠^{33}		2351 套住	tho^{33}pɯ^{55}
2323 撕	tsə̠^{33}		2352 （头）疼	no^{33}
2324 死	ɕi^{33}		2353 疼（孩子）	dʐo^{21}（想念）
2325 渗入	zʅ^{33}			

2354 踢	tɕʰa³³（踢）	2383 吐（痰）	tʰi⁵⁵
2355 提（篮子）	tʰi³³	2384 涂（漆）	za²¹
2356 剃	dæ³³	2385 推	tʰue³³
2357 天阴	mə²¹di̠²¹	2386 推动	tʰue³³tu³³
2358 天晴	mə²¹tsæ³³	2387 推托	tʰue³³
2359 天亮	mə²¹tʰe²¹	2388 （后）退	tʰue⁵⁵
2360 天黑	ne̠³³ma²¹	2389 退货	xo⁵⁵tʰue⁵⁵
2361 填（坑）	tʰie̠²¹	2390 褪色	ʐe²¹sə²¹tʰue⁵⁵
2362 舔	læ²¹	2391 （蛇）蜕（皮）	（ɕia³³ma²¹dʑi³³）læ⁵⁵
2363 舀（饭）	kʰɯ⁵⁵	2392 拖（木头）	tʰo³³
2364 挑选	se³³	2393 拖延（时间）	tʰo³³
2365 挑（担）	pi⁵⁵	2394 脱衣	li̠²¹
2366 （用棍子）挑蛇	pʰa̠³³	2395 （头发）脱落	bæ³³
2367 跳舞	gu³³pe̠³³	2396 脱（臼）	tʰo̠²¹
2368 跳	tʰio̠³³	2397 驮	tse̠³³
2369 脉（跳）	mə²¹tʰio̠⁵⁵	2398 挖	kæ⁵⁵
2370 贴	ɳa⁵⁵	2399 弯	læ³³go²¹
2371 听	nɯ³³ni³³	2400 弯（腰）	dzo̠²¹tæ⁵⁵pɯ³³
2372 听见	po³³dʑo²¹	2401 弄弯	pe³³læ³³go²¹
2373 停止	nu²¹	2402 完	dʑa³³
2374 挺（胸）	dza²¹	2403 完成	pe³³dʑa³³
2375 路（通）	du³³	2404 刬	ɣə³³
2376 通知	tʰo³³tsɿ³³	2405 玩耍	ka̠³³vu³³
2377 捅	to²¹	2406 忘记	so⁵⁵ɳ̩²¹tsʰe²¹
2378 吞	lə²¹	2407 委托	tʰo²¹
2379 偷	kʰə²¹	2408 违反	pe³³tsʰo³³
2380 投掷	tsa³³	2409 畏（难）	pe³³ɳ̩²¹pi⁵⁵
2381 投降	tʰə²¹ɕa²¹	2410 喂（奶）	ta³³
2382 （湿）透（了）	tsʰɿ²¹pæ³³o̠³³	2411 歪（了）	uæ³³（o³³）

2412 闻（嗅）	nuɯ⁵⁵	2440 想	ʥo²¹（想念）
2413 问	nuɯ³³ni³³	2441 想起	de²¹tsha²¹tu³³le³³
2414 握（笔）	ve³³	2442 想（去）	ʑi³³gu³³mi⁵⁵ dza³³
2415 握（手）	lə²¹tɕa³³	2443 降伏	mi²¹la⁵⁵ o³³
2416 捂（嘴）	mi²¹khu³³le⁵⁵ pi⁵⁵ mi⁵⁵ la⁵⁵	2444 象	lo³³sɹ̩⁵⁵
2417 诬赖	vu³³læ⁵⁵	2445 献	se̥²¹
2418 吸（气）	se⁵⁵ ga³³	2446 羡慕	ɕie⁵⁵ mu⁵⁵
2419 （把火）熄灭	no⁵⁵ se⁵⁵	2447 相信	ɕa³³ɕie⁵⁵
2420 习惯	ɕi²¹kuã⁵⁵	2448 显露	lə⁵⁵ tɕhi⁵⁵ le³³
2421 洗（碗）	tɕhi²¹	2449 消化	ɕo³³xua³³
2422 洗（衣）	tɕhi²¹	2450 消失	mja²¹
2423 洗澡	tɕhi²¹	2451 （肿）消（了）	mja²¹o³³
2424 洗（脸）	tɕhi²¹	2452 消灭	dæ²¹se⁵⁵
2425 喜欢	ʐa⁵⁵ tæ³³	2453 精明	ne²¹
2426 希望	gu̥³³gu̥³³	2454 硝（皮子）	sɹ̩³³khæ³³
2427 瞎	ɕa⁵⁵	2455 削	ɕo̥³³
2428 下（楼）	dze̥²¹ʑi³³	2456 笑	ʑæ³³
2429 下（小猪）	xæ²¹	2457 小心	tso³³fu³³
2430 下（蛋）	fu³³	2458 写	væ²¹
2431 下（雨）	xo³³	2459 泻	xɯ⁵⁵ pɯ³³ga²¹
2432 下（霜）	ni³³phju³³phju³³	2460 擤	xe̥³³
2433 下（雪）	ɣo²¹ʥo³³	2461 醒	tsu³³tshu²¹
2434 下（雹子）	ɣo²¹sæ²¹læ²¹dæ²¹	2462 休息	ɣo²¹no⁵⁵
2435 下命令	mĩ⁵⁵ ɕa⁵⁵	2463 修（机器）	ɕu³³
2436 垂下（窗帘）	tio³³tɕi³³	2464 修（鞋）	pɯ³³
2437 吓唬	tɕu̥³³	2465 绣（花）	næ²¹
2438 下陷	ʥo³³	2466 学	za³³
2439 响	e³³	2467 燻	xɯ⁵⁵
		2468 寻找	tso³³

2469 压	za^{21}	2497 用尽	$zo^{55}dza^{33}$
2470 哑（了）	$lo^{21}hæ^{21}$	2498 游泳	$zi^{33}lu^{21}bæ^{33}$
2471 阉（鸡）	mi^{55}	2499 有（钱）	dza^{33}
2472 腌（菜）	tse^{33}	2500 有（人）	dza^{33}
2473 咽（口水）	$(a^{33}zi^{33})kə^{21}$	2501 有（树）	dza^{33}
2474 研（药）	$to^{21}mɯ^{33}$	2502 有（事）	dza^{33}
2475 扬（场）	li^{33}	2503 有益	$tsæ^{33}$
2476 仰（头）	$thæ^{21}$	2504 有用	$zo^{55}tæ^{33}$
2477 痒	zo^{21}	2505 遇见	$tə^{55}tæ^{33}$
2478 养（鸡）	$çyo^{33}$	2506 约定	zo^{33}
2479 养（孩子）	$çyo^{33}$	2507 越过	$ko^{21}zi^{33}$
2480 摇晃	zo^{21}	2508 月蚀	$ço^{33}bo^{33}læ^{33}$
2481 摇（头）	$(o^{55}dɯ^{33})ve^{55}$	2509 头晕	$o^{55}pa^{33}$
2482 （被狗）咬	$a^{55}nu^{55}khɯ^{55}tæ^{33}$（狗咬着了）	2510 允许	do^{33}
		2511 愿意	$ze^{55}zi^{55}$
2483 咬	$khɯ^{55}$	2512 栽（树）	$se̩^{33}dʐɭ^{33}ga^{21}$
2484 咬住	$khɯ^{55}la^{55}$	2513 在	$ɣə^{21}$
2485 舀（水）	$zi^{33}khɯ^{55}$	2514 糟蹋（粮）	$la^{55}fe^{55}$
2486 要	li^{33}	2515 增加	$myo^{21}tu^{33}le^{33}$
2487 医治	gu^{33}	2516 赠送	$me^{55}gə^{21}$
2488 （水）溢	$bi^{33}phi^{55}$	2517 凿	$tɕho̩^{33}$
2489 依靠	kho^{55}	2518 责备	$kuæ^{55}$
2490 赢	$dʐɭ^{21}$	2519 炸（油饼）	$za̩^{21}$
2491 隐瞒	$be̩^{33}n̩^{21}no^{33}$	2520 （刀）扎	$tɕi^{55}$
2492 迎接	$tɕe̩^{21}$	2521 扎（刺）	$tɕi^{55}$
2493 引诱	$zu^{55}xo^{55}$	2522 眨（眼）	$tɕhi̩^{33}$
2494 应该	$ze^{33}kæ^{33}$	2523 炸（石头）	$dæ^{21}$
2495 引（路）	$xæ^{21}$	2524 榨（油）	$dæ^{21}$
2496 拥抱	$te̩^{33}$	2525 摘（花）	$ve̩^{33}lu^{33}ɲæ^{55}$

2526 粘（信）	ȵa⁵⁵		2554 肿	phɯ⁵⁵
2527 站	ȵæ²¹		2555 拄（拐棍）	to̩³³
2528 占有	tsa⁵⁵		2556 煮	tse⁵⁵
2529 蘸（墨水）	tsa⁵⁵		2557 著（书）	væ²¹
2530 张（嘴）	ŋa⁵⁵		2558 筑（堤）	te̩³³
2531 长（大）	ʐæ²¹		2559 抓住	tɕa³³la⁵⁵
2532 涨（大水）	ga̩²¹		2560 转（身）	tsa³³
2533 肚子（胀）	tshə³³		2561 转（弯）	tsa³³
2534 着（火）	bju³³		2562 转动	tsaŋ³³
2535 着急	tso̩²¹tɕi²¹		2563 使转动	tsaŋ³³tu³³le³³
2536 着凉	dze̩³³tæ³³		2564 组装	tsɿ⁵⁵
2537 召集	e³³pɯ³³		2565 装得下	tɕi³³tæ³³
2538 找（零钱）	tso̩²¹		2566 追	ga̩²¹
2539 找到	tso³³tæ³³		2567 捉	ga̩²¹
2540 （太阳）晒	lɯ⁵⁵		2568 捉住	ga̩²¹pɯ⁵⁵
2541 （马蜂）蜇	tɕi̩³³		2569 准备	tsue²¹pe⁵⁵
2542 睁开（眼睛）	phu³³khæ³³		2570 啄	tho̩³³
2543 遮蔽	pi⁵⁵ tu³³le³³		2571 走	ko³³
2544 震动	bæ²¹ʐo⁵⁵		2572 足够	lo̩²¹
2545 争夺	tsə³³		2573 租（田）	mi³³po³³
2546 蒸	pɯ⁵⁵		2574 租（房）	xe³³po³³
2547 知道	sæ⁵⁵		2575 钻（洞）	lə̩²¹
2548 织	dzæ²¹		2576 钻	tsa³³
2549 制造	tsho⁵⁵		2577 醉	fa⁵⁵
2550 值得	tsɿ²¹do³³		2578 坐	ɯ⁵⁵
2551 指	to²¹		2579 做	pe³³
2552 种（麦子）	sɿ⁵⁵		2580 做生意	væ³³li²¹pe³³
2553 中毒	no⁵⁵ /to⁵⁵		2581 做梦	ʑi̩²¹mi³³kha³³

附录三　新平彝族腊鲁人语言使用情况调查问卷

编号：

调查地点：　　　　　　　　调查时间：　　　　　　　　调查人：

　　您好，本问卷的目的是为了调查我国少数民族语言的使用情况，问卷内容仅供科学研究使用。答案无是非之分，请您放心填写。填写时请注意按要求完成，在您认为合适的选项上画"√"。

i. 您的姓名：_____，民族_____，自称_____，支系_____

ii. 本人情况：

性别：①男　②女	年龄：	职业：	文化程度：	婚否：

iii. 您出生在本地吗？①是　　　　　　　　　　②否

现居住地名_____　原住地名_____

1. 您家有几口人_____人。

称　谓	民　族	年龄	职业	文化程度	您跟他们交谈时使用的语言（可多选）
爷爷	①彝族②汉族③哈尼族④其他_____				①彝语　②汉语　③哈尼语④其他_____
奶奶	①彝族②汉族③哈尼族④其他_____				①彝语　②汉语　③哈尼语④其他_____
外公	①彝族②汉族③哈尼族④其他_____				①彝语　②汉语　③哈尼语④其他_____
外婆	①彝族②汉族③哈尼族④其他_____				①彝语　②汉语　③哈尼语④其他_____
爸爸	①彝族②汉族③哈尼族④其他_____				①彝语　②汉语　③哈尼语④其他_____
妈妈	①彝族②汉族③哈尼族④其他_____				①彝语　②汉语　③哈尼语④其他_____

续　表

称　谓	民　族	年龄	职业	文化程度	您跟他们交谈时使用的语言（可多选）
岳父（公公）	①彝族②汉族③哈尼族④其他＿＿＿				①彝语　②汉语　③哈尼语④其他＿＿＿
岳母（婆婆）	①彝族②汉族③哈尼族④其他＿＿＿				①彝语　②汉语　③哈尼语④其他＿＿＿
妻子（丈夫）	①彝族②汉族③哈尼族④其他＿＿＿				①彝语　②汉语　③哈尼语④其他＿＿＿
兄	①彝族②汉族③哈尼族④其他＿＿＿				①彝语　②汉语　③哈尼语④其他＿＿＿
弟	①彝族②汉族③哈尼族④其他＿＿＿				①彝语　②汉语　③哈尼语④其他＿＿＿
姐	①彝族②汉族③哈尼族④其他＿＿＿				①彝语　②汉语　③哈尼语④其他＿＿＿
妹	①彝族②汉族③哈尼族④其他＿＿＿				①彝语　②汉语　③哈尼语④其他＿＿＿
儿子	①彝族②汉族③哈尼族④其他＿＿＿				①彝语　②汉语　③哈尼语④其他＿＿＿
（大）	①彝族②汉族③哈尼族④其他＿＿＿				①彝语　②汉语　③哈尼语④其他＿＿＿
儿子（小）	①彝族②汉族③哈尼族④其他＿＿＿				①彝语　②汉语　③哈尼语④其他＿＿＿
女儿（大）	①彝族②汉族③哈尼族④其他＿＿＿				①彝语　②汉语　③哈尼语④其他＿＿＿
女儿（小）	①彝族②汉族③哈尼族④其他＿＿＿				①彝语　②汉语　③哈尼语④其他＿＿＿
孙子	①彝族②汉族③哈尼族④其他＿＿＿				①彝语　②汉语　③哈尼语④其他＿＿＿
孙女	①彝族②汉族③哈尼族④其他＿＿＿				①彝语　②汉语　③哈尼语④其他＿＿＿

2. 您会自己民族的语言吗？①会　②完全不会（注意：选择此项的请直接回答20题以后的问题）

3. 您何时开始学习或懂得本民族语？①从小就会　②上小学以后　③上中学以后　④工作以后　⑤其他＿＿＿＿

4. 您是怎样学会本民族语的？①长辈传授的　②和本族人交往时学会的　③在学校里学的④其他途径＿＿＿＿

5. 您认为您的本族语程度如何？①熟练　②一般　③不太好　④能听懂但不会说

6. 以下问题将调查您使用本民族语的情况：

	①只用本族语	②多用本族语	③较少用本族语	④不用本族语
在家里				
在村里或工作单位				
和同胞见面打招呼时				
和同胞平时聊天时				
思考问题时				
说心里话时				
举行民族活动时				

7. 您使用本族语是因为：_____（本问题可以有多种选择）

①非常适合目前工作、生产和生活环境　②是自己的母语，有很深的感情　③因为周围的人都在说　④为了使自己民族的语言更好地保存下来　⑤因为不会说别的语言

8. 您经常在以下何种情况下接触本民族语？（本问题可以有多种选择）

①日常生活中的谈话　②听别人讲故事　③其他方面_____

9. 您跟以下这些本民族同胞说话时会用什么语言：

辈　分	爷爷辈	父辈	兄弟姐妹	儿子辈	孙子辈	同辈人	年轻人	政府工作人员
①只使用本族语								
②只使用汉语								
③使用其他民族语_____								
④大多使用本民族语，有时使用____语								
⑤较少使用本族语，大多使用____语								

10. 您认为如何才能保持自己民族的语言？

①家庭内部必须使用本族语　②学校应专设本族语课　③必须创制文字形式　④其他方面_____

11. 您认为目前腊鲁话处于何种状态？①保持状态很好　②保持状态一般　③处于弱化状态　④处于濒危状态

12. 您认为本民族的语言还能保持多久？①很长时期　②大约三代人　③大约两代人　④大约一代人　⑤不知道

13. 一般情况下，您与会说腊鲁话的其他民族交谈时：

①使用腊鲁语　②使用汉语　③多种语言混合使用：主要用＿＿＿＿语，其次用＿＿＿＿语
④使用其他少数民族语言，即＿＿＿＿＿＿语

14. 您周围有只会本民族语而不会汉语或其他语言的本族人吗？

①有 ──────┐　②没有　　　③不知道

请问：1. 他们的数量：①很多　②较多　③较少　④很少　⑤几乎没有
2. 他们的年龄层次（可多选）① 60 岁以上　② 40 岁至 50 岁　③ 20 岁至 30 岁　④ 10 岁至 20 岁　⑤ 10 岁以下
3. 您认为他们为什么没有学会其他语言？
①因为只生活在狭小的环境里　②和汉人或其他民族很少接触　③没有上过学　④其他：
4. 假设您是这样的人，有机会您现在愿意学汉语或其他语言吗？
①非常愿意　②愿意　③会一点总比不会好　④无所谓　⑤不愿意

15. 如果您的家人或邻居中有在外打工或从事其他活动后回到家乡不愿意再说您的民族语，您会觉得：

①可以理解　②无所谓　③有些不习惯　④反感

16. 当您遇见一个会说腊鲁话的同胞但他却不用腊鲁话和您说话，您会觉得：

①可以理解　②没什么特别的感觉　③有些别扭，不舒服　④很讨厌，不想继续交谈

17. 在这种情况下（指 16 题的情况），您会：

①用本族语而不管他用什么语言　②转用他说的语言和他交谈　③希望他用本族语　④不想再继续交谈

18. 您会本民族语，当您遇到一个不会说本民族语的本族同胞，您会有什么感觉？

①可以理解　②无所谓　③觉得不应该　④有点瞧不起他　⑤非常讨厌

19. 您遇到一个会说多种语言的人，您更愿意他们跟您：

①使用自己的民族语　②多种语言混合使用：主要用＿＿＿＿＿＿语，其次用＿＿＿＿＿＿语、
＿＿＿＿＿＿语

20. 您希望自己的孩子继续使用您的民族语吗？

①非常希望　②希望　③无所谓　④不希望　⑤反对

21. 您所掌握的多种语言的熟练程度依次是：①＿＿＿＿＿＿语　②＿＿＿＿＿＿语　③＿＿＿＿＿＿语　④＿＿＿＿＿＿语

22. 您是怎样学会这些语言的？①从小就会　②在学校里　③通过和别的民族经常接触　④其他情况＿＿＿＿＿＿

23. 您所掌握的多种文字的熟练程度依次是：①＿＿＿＿＿＿文　②＿＿＿＿＿＿文　③＿＿＿＿＿＿文　④都不会＿＿＿＿＿＿

24. 您是怎样学会这些文字的？①从小就会　②在学校里　③通过和别的民族经常接触　④其

他情况_____

25. 您觉得使用多种语言：①非常适应社会发展和目前的生活环境 ②无所谓，没什么影响 ③多余，没有任何意义 ④其他_____

26. 您经常在以下场合使用两种或多种语言吗？（本问题可以有多种选择）

①家里 ②村里 ③集市里 ④工作单位 ⑤其他场合_____

27. 您妻子（或丈夫）会哪几种语言，熟悉程度依次为：①_____语 ②_____语 ③_____语 ④_____语

28. 您妻子（或丈夫）会哪几种文字，熟悉程度依次为：①_____文 ②_____文 ③_____文 ④_____文

29. 您的孩子会哪几种语言，熟悉程度依次为：①_____语 ②_____语 ③_____语 ④_____语

30. 您的孩子会哪几种文字，熟悉程度依次为：①_____文 ②_____文 ③_____文 ④_____文

31. 您认为自己的其他语言听说能力达到以下哪种程度？

①在任何情况下都可以流利地用_____语进行交流 ②能用_____语听广播和看影视节目 ③能用_____语进行简单的交流 ④只能用_____语听懂一般招呼用语和一些简单的问题

32. 您认为自己的汉字使用水平达到以下哪种程度？

①能很好进行书面语的写作 ②能阅读书、报纸、杂志和一般公文 ③只能用汉语填表或书写简单的词 ④只能读懂简单的标语或商店的招牌 ⑤只能听说不能书写

33. 您所居住的区域汉族多吗？

①非常多 ②较多 ③不太多 ④很少 ⑤没有

34. 您们与本地汉族的民族关系怎样？

①非常融洽 ②处得不错 ③关系一般 ④关系紧张 ⑤关系很差

35. 您所居住的区域内的汉族懂得你们语言的人多吗？

①非常多 ②较多 ③不太多 ④很少 ⑤没有

36. 您所居住的区域都有其他哪些少数民族？

①傣族 ②拉祜族 ③哈尼族 ④彝族其他直系 ⑤其他_____

37. 您们与这些少数民族关系怎样？

①非常融洽 ②处得不错 ③关系一般 ④关系紧张 ⑤关系很差

38. 您周围有只会汉语而不会本族语的本族人吗？

①有 ②没有 ③不知道

请问：1. 他们的数量：①很多　②较多　③较少　④很少　⑤几乎没有
2. 他们的年龄层次（可多选）：①60岁以上　②40岁至50岁　③20岁至30岁　④10岁至20岁　⑤10岁以下

39.您不会本民族语,当您遇到一个懂得本族语和其他多种语言的本族同胞,您会有什么感觉?

①有点羡慕他　②会说多种语言是一件很好的事情　③很正常，因为这里这样的人很多
④无所谓

40.您的孩子如果不会本民族语，您认为：①很不应该　②不应该，但无奈　③更适合社会的
发展　④无所谓

41.如有条件，您希望您的孩子学习本族语吗？①非常希望　②希望　③无所谓　④不希望
⑤反对

42.您认为对您孩子今后的发展最重要的语言依次为：①_____语　②_____语　③_____
__语　④_____语

43.您觉得孩子的本族语水平应达到：①能流利地用于交流　②能进行一般的交流就行　③能
听懂简单招呼用语

44.您认为有无必要使用本民族文字？

①非常有必要　　　②无所谓　　　　③没必要

请问：1. 您认为应使用哪种文字形式？①老彝文　②拼音文字　③汉文　④其他形式：
2. 您认为目前推行的彝文拼音方案：
①非常适合腊鲁人学习　②不如彝文合适　③不如其他文字形式合适
3. 您认为彝族的文字可以使用在以下哪种情况？（可多选）
①学校教材课本　②政府牌匾、标语等　③主要记录民间文学故事等　④其他方面：_____

45.与其他民族结婚，您认为会影响夫妻感情吗？①不会　②可能会　③肯定会

46.您希望您的孩子的配偶最好是什么民族？①本民族　②汉族　③其他民族（请注明）____
_____　④无所谓

47.您认为目前这个地方的民族政策落实情况如何？①很好　②比较好　③一般　④不太好
⑤很不好

48.您认为国家应该给您的民族落实哪些民族政策？（在以下空白处提出您的简短建议或意见。
问题到此，感谢您的配合！）

附录四　看下面的图，
用腊鲁话说出物体的名字

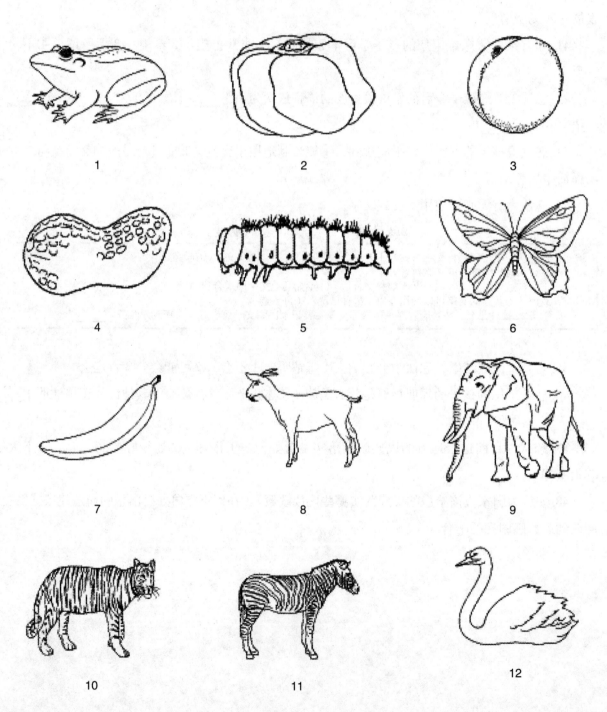

1

2

3

4

5

6

7

8

9

10

11

12

附录四　看下面的图，用腊鲁话说出物体的名字

13

14

15

16

17

18

19

20

21

22

23

24

25

26

27

28

29

30

31

32

33

34

35

36

37

38

39

40

41

42

43

44

45

46

47

48

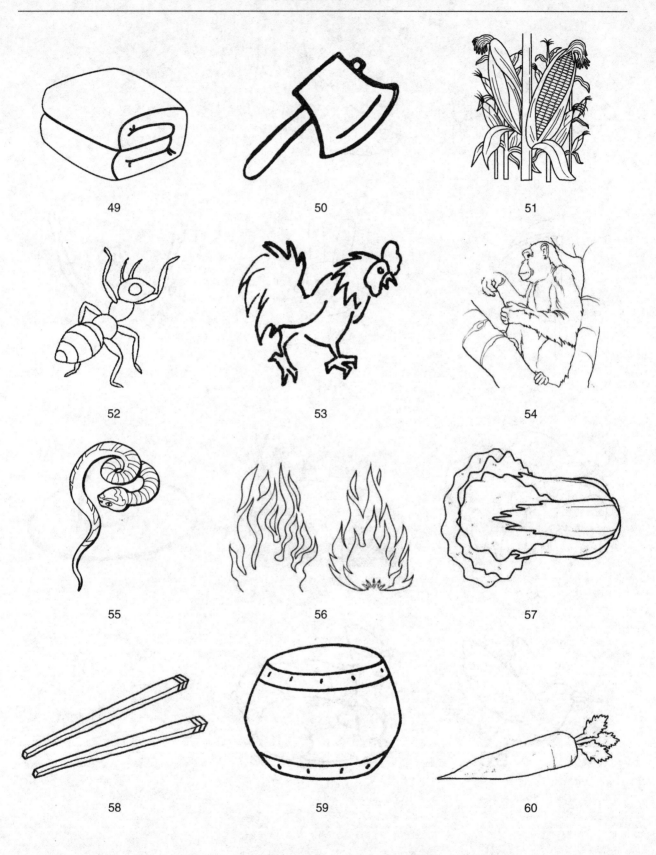

49

50

51

52

53

54

55

56

57

58

59

60

参考文献

一、著作类

[1]《彝族简史》编写组.彝族简史.北京：民族出版社，2009.

[2]陈康，巫达.彝语语法（诺苏话）.北京：中央民族学院出版社，1998.

[3]陈士林，边仕明，李秀清.彝语简志.北京：民族出版社，1985.

[4]陈士林.彝语语言学讲话.成都：四川民族出版社，1985.

[5]戴庆厦.浪速语研究.北京：民族出版社，2005.

[6]戴庆厦.社会语言学教程.北京：中央民族大学出版社，1993.

[7]戴庆厦.彝语词汇学.北京：中央民族大学出版社，1998.

[8]戴庆厦.中国少数民族语言研究60年.北京：中央民族大学出版社，2009.

[9]戴昭铭，周庆生.人类语言学在中国：中国首届人类语言学国际学术研讨会论文集.哈尔滨：黑龙江人民出版社，2007.

[10]戴昭铭.文化语言学导论.北京：语文出版社，1996.

[11]丁椿寿.黔滇川彝语比较研究.贵阳：贵州民族出版社，1991.

[12]丁椿寿.现代彝语.北京：中央民族学院出版社，1991.

[13]丁椿寿.彝语通论.贵阳：贵州民族出版社，1988.

[14]丁石庆.社区语言与家庭语言：北京少数民族社区及家庭语言调查研究.北京：民族出版社，2007.

[15]丁石庆.双语族群语言文化的调适与重构：达斡尔族个案研究.北京：中央民族大学出版社，2006.

[16]周国炎.仡佬族母语生态研究.北京：民族出版社，2004.

[17]高华年.彝语语法研究.北京：科学出版社，1958.

[18]郭熙.中国社会语言学.杭州：浙江大学出版社，2004.

[19]胡明扬.西方语言学名著选读.北京：中国人民大学出版社，1999.

[20]胡素华.彝语结构助词研究.北京：民族出版社，2002.

[21]黄伯荣，廖序东.现代汉语：增订四版.北京：高等教育出版社，2007.

[22]黄布凡.藏缅语族语言词汇.北京：中央民族学院出版社，1992.

[23]李大勤.苏龙语研究.北京：民族出版社，2004.

[24]李生福.南部彝语研究.北京:民族出版社,1996.

[25]李永燧.桑孔语研究.北京:中央民族大学出版社,2002.

[26]刘丹青.语法调查研究手册.上海:上海教育出版社,2008.

[27]刘润清.西方语言学流派.北京:外语教学与研究出版社,2002.

[28]柳远超.盘县次方言彝语.北京:民族出版社,2009.

[29]马学良.汉藏语概论.北京:北京大学出版社,1991.

[30]马学良.马学良民族语言研究文集.北京:中央民族大学出版社,1999.

[31]木仕华.卡卓语研究.北京:民族出版社,2003.

[32]孙宏开,等.藏缅语语音和词汇.北京:中国社会科学出版社,1991.

[33]孙宏开,等.中国的语言.北京:商务印书馆,2007.

[34]王成有.彝语方言比较研究.成都:四川民族出版社,2003.

[35]张莆,张世进.新平方言志.昆明:云南民族出版社,1986.

[36]张公瑾,丁石庆.浑沌学与语言文化研究新视野.北京:中央民族大学出版社,2008.

[37]张公瑾,丁石庆.文化语言学教程.北京:教育科学出版社,2005.

[38]张公瑾.文化语言学发凡.昆明:云南大学出版社,1998.

[39]中国科学院少数民族语言调查第四工作队.彝语调查汇报副件.彝族语言文字科学研讨会,1956.

[40]中国社会科学院民族研究所,等.中国少数民族语言使用情况.北京:中国藏学出版社,1994.

[41]中国社会科学院民族研究所语言研究室.中国少数民族语言音档·云南墨江彝语.1985.

[42]中央民院彝族历史文献编译室,中央民院彝族历史文献班.滇川黔桂彝汉基本词汇对照词典.1984.

[43]周德才.他留话研究.昆明:云南民族出版社,2004.

[44]周庆生.中国语言人类学百年文选.北京:知识产权出版社,2008.

[45]周一民.现代汉语.北京:北京师范大学出版社,2006.

[46]朱德熙.现代汉语语法研究.北京:商务印书馆,1980.

[47]朱文旭.彝语方言学.北京:中央民族大学出版社,2005.

[48]祝畹瑾.社会语言学概论.长沙:湖南教育出版社,1992.

[49]〔澳〕D.布莱德雷.彝语支源流.乐赛月,陈康,等,译.成都:四川民族出版社,1992.

[50]〔德〕威廉·冯·洪堡特.论人类语言结构的差异及其对人类精神发展的影响.姚小平,译.北京:商务印书馆,2002.

[51]〔瑞士〕费尔迪南·德·索绪尔.普通语言学教程.高名凯,译.北京:商务印书馆,

2002.

[52]〔法〕梅耶.历史语言学中的比较方法.岑麒祥,译.北京:世界图书出版公司,2008.

[53]〔美〕爱德华·萨丕尔.语言论.陆卓元,译.北京:商务印书馆,2005.

[54]〔美〕本杰明·李·沃尔夫.论语言、思维和现实:沃尔夫文集.高一虹,等,翻译.湖南:湖南教育出版社,1999.

[55]〔德〕弗里德里希·温格瑞尔,汉斯－尤格·施密特.认知语言学导论:第二版.彭利贞,许国萍,赵微,译.上海:复旦大学出版社,2008.

[56]〔日〕桥本万太郎.语言地理类型学.余志鸿,译.北京:世界图书出版公司,2008.

[57]〔英〕彼得·伯克(Peter Burke).语言的文化史:近代早期欧洲的语言和共同体.李宵翔,李鲁,杨豫,译.北京:北京大学出版社,2007.

[58] Gary B. Palmer.Toward A Theory of Cultural Linguestics.Austin: University of Texas Press, 1996.

[59] Franz Boas.Introduction to Handbook of American Indian Languages & J. W. Powell. Indian Linguestic Families of America North of Mexico, Edited by Preston Holder.Lincoln: University of Nebraska Press, 1966.

[60] Mark Janse.Language Death and Language Maintenance: Theoretical, Practical and Descriptive Approaches.Amsterdam: John Benjamins Publishing Company, 2000.

[61] John Gibbons and Elizabeth Ramirez.Maintaining a Minority Language: A Case Study of Hispanic Teenagers.Clevedon: Great Britain by the Cromwell Press Ltd, 2004.

[62] David Bradley and Maya Bradley.Language Endangerment and Language Maintenance. London: RoutledgeCurzon, 2008.

[63] Ronald Wardhaugh.An Introduction to Sociolingustics(Third edition).Beijing: Foreign Language Teaching and Research Press, 2000.

[64] B. Kopke, M.Keijser, and L. Weilemar, eds.Proceedings of the International Conference on First Language Attrition: Interdisciplinary Perspectives on Methodological Issues. Amsterdam: John Benjamins, 2003.

[65] H.W.Seliger and R.M Vago.First Language Attrition. London: Cambridge University Press, 1991.

[66] L.A.Grenoble and L.J.Whaley.Endangered Languages: Language Loss and Community Response. London: Cambridge University Press, 1998.

[67] Hulsen.M. Language Loss and Language Processing. Three generations of Dutch migrants in New Zealand. Unpublished Doctoral Dissertation.Nijmegen: Khatholieke Universityeit Nijmegen, 2000.

[68] Ammerlaan T. "You Geta bit Wobbly……" —Exploring bilingual lexical retrieval processes in the context of first language attrition.Unpublished Doctoral Dissertation. Nijmegen: Katholieke Universiteit Nijmegen, 1996.

二、论 文

[1]陈康.彝语的声调系统:第三次中国民族语言学术研讨会论文.中国社会科学院民族研究所,1986-08.

[2]蔡寒松,周榕.语言耗损研究述评.心理科学,2004(1).

[3]邓佑玲.谈少数族群的语言转用和语言保持.中央民族大学学报,2003(1).

[4]丁石庆.论语言保持:以北方人口较少民族语言调查材料为例.中南民族大学学报:人文社会科学版,2008(4).

[5]段伶.彝语俄毛柔话概述.大理师专学报,1998(3).

[6]黄布凡.同源词比较词表的选词范围和标准:以藏缅语同源词比较词表的制订为例.民族语文,1997(4).

[7]黄成龙.语法描写框架及术语的标记.民族语文,2005(3).

[8]江荻.汉藏语言历史比较词表的确定.民族语文,2000(3).

[9]李大勤.藏缅语人称代词和名词的数.民族语文,2001(5).

[10]李生福.彝语峨颇话概况.民族语文,2007(6).

[11]李永燧.缅彝语语素比较研究.民族语文,1994(3).

[12]倪传彬,刘治.影响母语磨蚀的相关因素分析.当代语言学,2009(3).

[13]普丽春,王成有.小白彝语概况.民族语文,2007(1).

[14]孙宏开.论藏缅语的语法形式.民族语文,1996(2).

[15]王成有.彝语阿哲话语音.西南民族学院学报:哲学社会科学版,1998(6).

[16]王成有.彝语仆拉话概况.民族语文,2004(6).

[17]吴安其.汉藏语同源问题研究.民族语文,1996(2).

[18]袁毓林.一价名词的认知研究.中国语文,1994(4).

[19]钟书能.语言流损研究对我国外语教学与研究的启示.外语教学,2003(1).

[20]周德才.他留话概况.民族语文,2002(2).

[21]周庆生.语言流失和语言保持:以加拿大印第安诸语和中国阿尔泰诸语为例.世界民族,2003(3).

[22]周国彦.论弱势语言生存的基本要素.广西民族大学学报:社会科学版,2006(5).

[23]朱德熙.自指和转指:汉语名词化标记"的、者、之、所"的语法功能和语义功能.方言,1983(1).

[24] 朱文旭，张静. 彝语水田话概况. 民族语文，2005（4）.

[25] 戴庆厦. 彝语支语言的清浊声母. 中央民族学院学报，1981（2）.

[26] 戴庆厦. 藏缅语族松紧元音研究. 藏缅语族语言研究（一）. 昆明：云南民族出版社，1990.

[27] 孔江平. 凉山彝语松紧元音的声学研究. 藏缅语研究. 成都：四川民族出版社，1997.

[28] 朱文旭. 彝语元音 i 和 ʅ 的对立. 民族语文，2002（1）.

[29] 陈康. 彝语韵母方音对应研究. 语言研究，1987（2）.

[30] 陈康. 彝语 *a、*e 的地域推移. 民族语文论文集. 北京：中央民族学院出版社，1993.

[31] 陈康. 彝语自动词与使动词的形态标志及其由来. 民族语文，1990（2）.

[32] 陈康. 彝语人称代词的"数". 民族语文，1987（3）.

[33] 马学良. 彝语"二十"、"七十"的音变. 民族语文，1980（1）.

[34] 马学良. 试论彝语语法中的几个问题. 民族语文，1989（1）.

[35] 陈士林. 凉山彝语的使动范畴. 中国语文，1962（8-9）.

[36] 胡素华. 彝语动词的体貌范畴. 民族语文，2001（4）.

[37] 胡素华. 彝语结构助词语义虚化的层次. 民族语文，2000（2）.

[38] 胡素华，沙志军. 凉山彝语类别量词的特点. 中央民族大学学报，2005（4）.

[39] 胡素华. 凉山彝语的差比句. 民族语文，2005（5）.

[40] 胡素华. 彝语诺苏话的联动结构. 民族语文，2010（2）

[41] 木乃热哈. 凉山彝语动词的种类及其标记. 民族语文，2009（2）.

[42] 刘鸿勇，顾阳. 凉山彝语的引语标记和示证范畴. 民族语文，2008（2）.

[43] 李生福. 彝语助词略谈. 云南民族语文，1993（2）.

[44] 罗木边果，海勒木呷. 论彝语引述人称代词. 民族语文研究新探，成都：四川民族出版社，1992.

[45] 武自立. 阿细彝语形容词的几个特征. 民族语文，1981（3）.

[46] 李民. 凉山彝语动词、形容词的重叠. 中央民族学院学报，1982（2）.

[47] 李民. 凉山彝语的主动句和被动句. 西南民族学院学报，1984（1）.

[48] 李世康. 彝语的宾语后置式. 民族语文，1988（6）.

[49] 朱文旭. 彝语句法中的语序问题. 民族语文，2004（4）

[50] 朱文旭、张静. 彝语被动式研究. 语言研究，2004（3）.

[51] 陈世良. 彝语疑问句浅析. 彝语文集，贵阳：贵州民族出版社，1993.

[52] 苏联科. 凉山彝族亲属称谓词的语义分析和词源结构研究. 民族语文，1988（2）.

[53] 巫达. 凉山彝语骈俪词调律探讨. 民族语文，1995（2）

[54] 欧木几. 彝语宾动式名词. 民族语文，1994（6）.

后　记

　　没有哪一个春天不如期来临，这是 2020 年新型冠状病毒肺炎期间最鼓舞人心的话语，中国在经历了两个月的疫情考验之后再次迎来了春暖花开。于我来说，这个春天意味着我博士毕业已 9 年，当初才呱呱坠地的女儿，如今已是一个小学三年级的学生。流年逝去，忍不住思绪万千。

　　师恩难忘，非常感谢我的导师丁石庆教授，是他引导我走入民族语言研究的殿堂，并在做学问、为人处世等多方面对我产生深刻的影响。还记得入学之初，我对自己专业的发展方向和学业规划懵懵懂懂，整天都在看书，但脑子里却是一团乱麻，困惑良多。当我把自己的境况向老师说起时，老师很清晰地给我讲解了本学科的前沿问题及自身的研究体会。这一下，让我茅塞顿开，有了更为清醒的认识和目标。老师常说，做学问要注意深，但也要博。把自己整天关起来做学问的方法是不对的，应有开放的眼光和海纳百川的气度，才会既在自己的领域有所专长，又能旁顾其他的学科。每次接受老师的指导，都会让我对自己的专业充满激情，感觉心里有使不完的劲。老师和师母都是极其善良的人，每个假期回家及开学来校，师母都会仔细询问我们家里的情况，忧我们所忧，急我们所急，常为我们的人生指点方向和目标。记得老师刚搬新家的时候，把我们叫到家中，他和师母下厨给我们煮了一顿可口的新疆风味的饭菜，至今仍然还齿颊留香。

　　2009 年暑假，老师带领我们千里奔赴大漠，进行语言学田野调查。当时正值"七五"期间，形势紧张，为了让我们既能学到扎扎实实的田野调查基本功，又能平平安安地顺利返回，在塔城的多少个日日夜夜，老师都辗转反侧。老师，您辛苦了。

　　读博的时间紧张而又充实，虽然我从来不敢放松自己，但总觉得自己还有很多书要读，还有很多事要做，而每每这个时候，耳边便响起老师的教导：做学问要注意科学发展观。这是一句语重心长的经验之谈，既不能死钻牛角尖，又不能拖垮身体以致前功尽弃。老师常说，教书育人要因材施教，根据不同学生的条件及兴趣，帮忙指导和规划其学问之路和人生之路。这些谆谆告诫，在我今后的人生中不断启迪和鼓舞我，让我充满信心，在学术和教书育人的道路上不断前进。

　　感谢少语系的前辈张公瑾先生、戴庆厦先生，培养了我严谨的学术思维和治学态度，开阔了我语言探索的新视野。感谢周国炎老师、胡素华老师、石德富老师、朱文旭老师、敖特根老师、司提反老师，您们精彩的讲解，让我在中央民大这样一个融汇各种语言的天堂中尽情遨游；您们的热心教导，让我从一个民族语言的门外汉渐渐入门，并能知晓了一些东西。

感谢我的同门师兄孟德腾、王松涛、马伟，师姐胡艳霞、宫海荣、德红英等，原谅我不能一一提及你们的名字，但这三年来，与你们的交流让我获益匪浅，和你们在一起的时光，是我读博最快乐的日子。感谢少语系 2008 级的博士同窗们，我们的友谊之花会万古常新。

同时，我也要向新平县建兴乡磨味村委会的周家福一家致以诚挚的谢意。在上磨味做田野调查期间，我一直住在他们家里。为了让我收集到更多的语料，他们发动亲戚朋友帮我想出许多平时已经汉化的本族词。待我回到昆明，他们在云南交通职业技术学院读书的女儿周成艳还经常帮我核对语料。感激之情，寸心难表。另外，还要感谢建兴中学的党委书记张有祥老师，他平时很重视腊鲁文化的整理研究，在我收集素材及做关于小学生词汇磨蚀的调查时给予了我很多帮助。

感谢云南民族大学的李骞老师，他既为老师又为兄长，在我的成长中，常得到他真诚的鼓励和支持，让我铭记于心。

感谢上天让我遇上一个宽宏、贤淑的妻子。2010 年 3 月，在我读博期间，妻子怀上了我们的小宝宝。怀孕的时候，她的反应很大，整天食不甘味，而我远在北京，无法照顾，待回到家中，又忙于各种调查，陪她的时间少之又少。2011 年 1 月，我们的小宝贝出生，而我却又赶上博士论文的攻坚阶段。妻子一直任劳任怨，辛苦有加，每每看见她疲惫的眼神，总让我心中泛起阵阵的歉疚。

血浓于水，亲情化人。感谢我的父亲和我的兄弟姐妹，教会了我从小坚强面对人生，乐观接受生活。这么多年来，您们困难中不断给我鼓励，坦途上常给我提醒。感谢我的岳母，没有她在我艰难时期的无私奉献和支持，我的博士生活不会那么充满阳光，并专心致志于学业。

最后，要感谢云南人民出版社的海惠老师。因为我工作的变动和个人的拖延，早期的出版计划一推再推，给海惠老师带来了较多的烦扰，但她一直鼓励并支持我，本书的顺利出版，跟她的辛勤付出有莫大的关系。